凤凰文库
宗教研究系列

儒佛道思想家与中国思想文化

RUFODAOSIXIANGJIA
YUZHONGGUOSIXIANGWENHUA

洪修平 主编

江苏人民出版社

图书在版编目(CIP)数据

儒佛道思想家与中国思想文化/洪修平主编. --南京:江苏人民出版社,2015.1(2021.7重印)
ISBN 978-7-214-14133-0

Ⅰ.①儒… Ⅱ.①洪… Ⅲ.①思想史-研究-中国 Ⅳ.①B2

中国版本图书馆CIP数据核字(2014)第256785号

书　　　名	儒佛道思想家与中国思想文化
主　　　编	洪修平
责 任 编 辑	戴宁宁　金书羽
责 任 监 制	王　娟
装 帧 设 计	刘葶葶
出 版 发 行	江苏人民出版社
地　　　址	南京市湖南路1号A楼,邮编:210009
网　　　址	http://www.jspph.com
照　　　排	江苏凤凰制版有限公司
印　　　刷	江苏凤凰扬州鑫华印刷有限公司
开　　　本	652毫米×960毫米　1/16
印　　　张	30　插页2
字　　　数	410千字
版　　　次	2015年1月第1版
印　　　次	2021年7月第2次印刷
标 准 书 号	ISBN 978-7-214-14133-0
定　　　价	88.00元

(江苏人民出版社图书凡印装错误可向承印厂调换)

目 录

绪 论 *1*

儒家篇

第一章 儒家思想家与儒家思想文化 *23*

第一节 先秦儒家思想家与先秦儒学 *24*
一、孔子仁学的建立 *25*
二、孟子的"性善论"与"天人合一"思想 *30*
三、荀子的"礼论"与"知论" *35*

第二节 汉唐儒家思想家与汉唐儒学 *37*
一、董仲舒的神学化儒学思想 *39*
二、韩愈与李翱的性情论 *42*
三、柳宗元与刘禹锡的天论 *50*

第三节 宋明理学家的新儒学思想 *58*
一、周敦颐、邵雍、张载的思想及其特色 *59*
二、程朱的理学新说 *67*
三、陆王的心学体系 *74*

第四节 明末清初儒家思想家与儒学基调的转变 *80*
一、明末清初智识主义的兴起与儒学基调的转变 *81*

二、从李贽到戴震　88

第二章　儒家思想家与中国传统思想文化　98
　第一节　儒家思想家与中国传统伦理　98
　　一、"圣性"与圣人人格　99
　　二、礼乐文化与伦理本位　104
　　三、儒家的道德修养论　111
　第二节　儒家思想家与中国传统心性论　115
　　一、早期儒家的人性论　116
　　二、心性论与本体论的交涉　119
　第三节　儒家思想家与中国教育思想　125
　　一、先秦儒家教育思想　126
　　二、汉唐时期的教育思想　131
　　三、宋明时期的教育思想　135
　第四节　儒家思想家与中国王道政治　142
　　一、为政以德与民本主义　143
　　二、从内圣到外王　149
　　三、宋明的书院与乡约　156

第三章　儒家思想与中国思想文化之基　164
　第一节　儒家思想与中国人文精神　165
　　一、中国思想文化的人文精神　165
　　二、儒家思想与中国人文精神　170
　第二节　儒家思想与中国思想文化　178
　　一、儒家仁德文明与中国思想文化的主流　179
　　二、德性伦理、内在超越与中国思想文化的特质　183
　　三、儒家传统与中国思想文化的走向　189

佛教篇

第一章　中国佛教思想家与佛教的中国化　197
　第一节　佛教的传入与中国化的开始　197
　　一、道安的佛学思想及其对中国佛教的贡献　198

二、慧远的佛学思想及其对中国佛教的贡献　201
　　三、僧肇的佛学思想及其对佛教中国化的贡献　203
　　四、竺道生的佛学思想及其对佛教中国化的影响　208
第二节　佛教中国化的完成(上)　211
　　一、智顗的佛学思想与天台宗的形成　212
　　二、道绰、善导与净土宗的形成　214
　　三、法藏、澄观的佛学思想与华严宗的形成发展　216
第三节　佛教中国化的完成(下)　219
　　一、玄奘、窥基与法相唯识宗的形成　219
　　二、神秀、惠能与禅宗的形成发展　225
　　三、宗喀巴与藏传佛教改革　231

第二章　中国佛教思想家与中国佛学　238
第一节　中国佛教心性本体论　238
　　一、佛教心性本体论讨论的主要问题　239
　　二、中国佛教心性论范式的比较　245
　　三、中国佛教心性本体论的基本特征　253
第二节　中国佛学的思维特点　262
　　一、吉藏与中道思维　262
　　二、一心三观与三谛圆融　267
　　三、相即相入与唯心回转　271
第三节　中国佛教道德修养论　277
　　一、天台宗的道德修养论　277
　　二、华严宗的道德修养论　280
　　三、禅宗的道德修养论　284

第三章　佛教思想家与中国思想文化　288
第一节　中国佛学对儒家思想的影响与渗透　288
　　一、中国佛教心性本体论与宋明理学的道德形而上学　289
　　二、中国佛教思想与宋明理学的人性论　293
　　三、中国佛教心性解脱论与儒家道德修养论　298

第二节　中国佛教思想对道教思想的影响　302
　　一、中国佛学与道教心性论的历史形成　302
　　二、中国佛学与道教道体论　307
　　三、中国佛学与道教道性论　310
　　四、中国佛学与道教内丹学　315

第三节　中国佛学对中国思想文化的贡献　320
　　一、佛教因明逻辑　320
　　二、佛教思维方式　322
　　三、佛教人生观　325
　　四、佛教生死观与命运观　330
　　五、佛教伦理观　334

道家道教篇

第一章　道家思想家与道家思想　343

第一节　先秦秦汉道家思想的形成和发展　343
　　一、老子与道家学派的创立　344
　　二、庄子与道家思想的发展　347
　　三、稷下道家与汉初黄老之学　352

第二节　玄学家与魏晋玄学　358
　　一、何晏、王弼与正始之音　359
　　二、阮籍、嵇康与竹林风度　363
　　三、裴頠、郭象与元康之学　367

第三节　道家思想家与道家的思想品格　369
　　一、宇宙的思者与道家哲学　370
　　二、文化的清流与道家精神　376

第二章　道家思想家与中国传统思想文化　379

第一节　开放的胸襟与文化的创造和发展　379
　　一、文化源头活水与文化主脉的形成　380
　　二、传统文化的整合与外来文化的融通　383

第二节　玄远的品格与文化的哲思和精神　386
一、传统哲学思想的主干构成　387
二、传统文学艺术的精神韵质　391
三、传统人文精神的重要维度　393

第三章　道教思想家与道教文化　395
第一节　道教思想家与道教的形成发展　395
一、道教的创教与早期道派　396
二、葛洪神仙道教与南北朝道教改革　400
三、隋唐道教思想家与道教的兴盛发展　406
四、钟吕金丹道与张伯端金丹派南宗　412
五、南宋金元道教与王重阳全真道　416
第二节　道教思想家与道教的信仰理论和实践　420
一、道教思想家对道教信仰理论的发展　420
二、道教思想家对道教宗教实践的推动　426

第四章　道教思想家与中国传统思想文化　434
第一节　对传统文化演进与传统文化精神的影响　434
一、古代文化的传承和传统文化的建构　435
二、生命超越观的凸显及其文化意义　442
第二节　对民间社会和古代科学技术的广泛影响　445
一、对民间信仰和民俗文化的影响　446
二、自然的探求与古代的科学技术　451

结语：道家道教的现代意义与价值　461

主要参考文献　464

绪　论

中国传统思想文化历史悠久，内涵丰厚，在数千年的发展演变中，逐渐形成了以儒佛道三教为基本组成部分的多元融合的文化系统，入宋以后出现的以儒为主、佛道为辅的"三教合一"更是构成了上千年中国思想文化发展的基本格局。儒佛道三教思想的历史变奏，既构成了汉代以来中国思想文化发展的主要内容，也从一个侧面展现了儒佛道三教在冲突中融合、在融合中发展的基本历史画卷。悠久而丰厚的思想文化是人创造的，又是通过具体的人而得以传承和延续的。中国思想文化的三大主干离不开一个个具体的儒佛道三教思想家实际的理论贡献和思想创造活动，儒佛道思想家的思想又能在一定意义上代表三教的思想，从而表现整个中国思想文化。因此，从儒佛道思想家与中国思想文化关系的角度切入来进行研究，将有助于从一个侧面来深化对中国思想文化发展过程、主要阶段及其基本特点的认识。本书即是在这方面的一个尝试，希望通过对儒佛道思想家与儒佛道思想的互动这一特殊的视角，来展示中国思想文化的丰富内涵、历史变奏以及重要特点，并为我们今天正在进行的新文化建设提供有益的借鉴。

一

儒学是中国思想文化的主流和基础。儒学的形成和发展当然有深刻的社会历史文化根源,但儒学的创立及其历史展开,儒家思想的特点与精神,以及儒学对中国思想文化的贡献,无疑都离不开具体的儒家思想家个人的努力。

儒学创立于先秦时代。先秦是我国学术思想发展史上一个光辉的历史阶段,经过殷周之变而至春秋战国诸子百家纷起的"轴心时代"①,出现了孔子、老子和墨子等贤哲,其中孔子创立的儒家是对后世影响最大的学派。儒学的思想之源固然可以追溯到孔子之前的上古社会,例如作为儒家思想中心观念的"仁"与"礼"都不是孔子的"创造",孔子本人也曾自称"述而不作"、"信而好古",但孔子个人的创造性贡献仍然是十分巨大的。因为儒学中的许多思想因子在孔子之前是潜在的或不系统的,它们并没有一个"一以贯之"的"道",是孔子在前人的基础上,以"仁"为中心,倡导仁、礼并重,如果说"仁"主要体现了对人的意义、价值与本质的探讨,"礼"则体现了对人伦关系的重视。孔子正是通过对人的本质与意义及人伦关系的探讨,完成了儒家特有的价值体系的构建。与道家思想文化相比较,面对"礼崩乐坏"的社会现实,如何选择文化发展的方向?如何为文明的进步和人类社会的健康发展提供思想文化指导?孔子所创的儒家选择了重建礼乐文化制度、以仁义礼乐教化为主要特点的人文指向,从而形成了与道家"效法自然"的不同文化倾向。这是孔子对中国思想文化资源创造性整合与创新性发展的重要成就,并奠定了中国主流思想文化发展的基本路向。

---

① 关于"轴心时代",请参见雅斯贝斯《历史的起源与目标》(华夏出版社 1989 年版);依此,则有人将殷周时期称之为"前轴心时代",关于中国古代文化的"前轴心时代",请参阅许倬云《中国文化与世界文化》(贵州人民出版社 1991 年版)第 55—56 页、陈来《古代宗教与伦理》(北京三联书店 1996 年版)第 5 页、姜广辉《论中国文化基因的形成——前轴心时代的史影与传统》(载《国际儒学研究》第六辑)等。

孔子以后，子思、孟子、荀子等人对孔子儒学又从不同方面作了发展。子思①发挥了孔子"道中庸"、"致中和"的思想，对孟子有一定的影响。孟子提出性善论，发展了孔子学说中"仁"的内在性的一面，强化了儒学中天人合一的观念，为儒学的"仁道"寻找到了"天道"的根据，并据此而提出了"仁政"的政治主张，要求将仁义道德的原则作为施政的根据。孔孟之学成为后来中国儒学的正统形态。荀子则提出了性恶论，发展了孔子学说中重礼的倾向，并对先秦的思想文化做了初步总结。如果说，孟子将孔子学说中的"仁"作了新的拓展，那么，荀子则对"礼"作了重要的发挥，他在"隆礼"的同时又吸取了黄老道家的政治学说而主张礼法兼治，王霸并用。由孔子经孟、荀，由仁和礼发展出来的重视人与人伦关系的两种倾向，构成了儒家思想的两重性格，儒学在这两者之间的动态摇摆，在一定意义上决定着儒学后来的发展走向，并成为影响中国思想文化发展的重要因素②。

汉代儒学在形式上经学化，在内容上神学化，导致了学术界一般对汉代的儒学评价不高，但实际上，以董仲舒为主要代表的汉代儒学家不仅沿袭了传统儒学重视仁义的基本理路，而且在今文经学的形式下仍然在许多方面推进了儒学的发展：一是提出"元者为万物之本"的思想③，不仅开拓了建构哲学本体论的基本理路，而且为汉代大一统政治的建立奠定了哲学基础。二是将儒家伦理提升到天道的层面，所谓"仁之美者在

---

① 相传子思是孔子高足曾参的学生，著有《中庸》，出土的《郭店楚墓竹简》中的《五行》、《缁衣》、《成之闻之》、《尊德义》、《性自命出》等可能就属亡佚的《子思子》(参见《先秦儒家著作的重大发现》，《中国哲学》第20辑，辽宁教育出版社1994年)，这些篇所述的思想如"性自命出，命自天降，道始于情，情生于性"(《性自命出》，《郭店楚墓竹简》，文物出版社1998年版)与《中庸》是基本一致的，表明子思作《中庸》是大致可信的。
② 请参阅洪修平《论儒学的人文精神及其现代意义》，载《中国社会科学》2000年第6期。
③ 董仲舒曾说："谓一元者，大始也。"(《春秋繁露·玉英》)"唯圣人能属万物于一而系之元也。终不及本所从来而承之，不能遂其功，是以《春秋》变一谓之元。元犹原也。其义以随天地终始也。故人唯有终始也，而生不必应四时之变。故元者为万物之本，而人之元在焉，安在乎？乃在乎天地之前。"(《春秋繁露·重政》)

于天。天，仁也"①，使先秦儒家的仁爱精神具有了神圣性和普遍性，"三纲五常"作为儒家伦理道德规范的集中体现在汉以后也就得到了帝王的普遍奉行。以上两点同时也预示着儒学经由魏晋玄学本体论、隋唐佛教心性论而走向宋明理学的可能性。三是天人感应的神学目的论的出现，既是对君权神授的神学论证，也利用了天神的权威来限制日益膨胀的世俗王权。

随着经学化、神学化的汉代儒学日益走向僵化，并束缚人性之自然，作为其反动的魏晋玄学思潮应运而生。玄学家夏侯玄、何晏、王弼、阮籍、嵇康、裴頠、向秀、郭象等人，都站在哲学的高度来观照社会人生，通过诠释《老》《庄》《易》"三玄"，来探讨有无、一多、言意、本体与现象等哲学问题。玄学家讨论的问题表面看来很玄远深奥，但其根本着眼点却是为了解决现实的名教与自然问题，玄学家是在魏晋这个特定的时代对社会的和谐发展与人的安身立命之本进行了创新性的理论探索，他们关注的是人性自然与名教社会的协调问题，其哲学精神与道家相通而伦理精神却不外乎儒家传统的人本与人伦关系。以融合儒道为特点的玄学对哲学本体论的建构与运用，一方面推进了儒家思想的哲学化，另一方面则为后来的宋明儒学家在吸收佛道思想的基础上重建新儒学提供了哲学基础。魏晋玄学家对战国中期以来出现的儒道合流趋势所做的理论上的总结和实践上的探索，对中国思想文化最终形成儒佛道三教合流的格局所产生的影响也是值得重视的。

初唐，儒学虽然处于官方正统意识形态的中心地位，但儒学本身却并不发达。随着魏晋南北朝以来佛教和道教的发展对儒家的刺激，在儒家内部要求推进思想发展的压力与呼声大增，但直到中晚唐出现像韩愈、李翱、柳宗元、刘禹锡这样的思想家，才促成了唐代儒学的复兴。这种复兴一方面通过韩愈的道统论和性三品说以及李翱的复性论来呈现，另一方面则表现为柳宗元与刘禹锡的天人之辩。如果说韩愈、李翱等人

---

① 《春秋繁露·王道通三》。

受到佛教心性论的影响而比较关注新理论的开拓与生长,那么柳宗元、刘禹锡等人则比较注意对旧观点的清洗,以求为新的世界观开辟道路,因此,柳、刘的理论兴趣主要集中在通过天人之学而唤起新的时代精神,当刘禹锡把发挥"人之能"放在对法制的强调上,力求通过建立法制完善的社会,使赏善罚恶有一个正确而健康的机制(即做到"理明"),这就在客观上加大了儒学对社会生活的参与力度。

宋明理学在宋代出现,这与魏晋南北朝以来儒佛道三教不断冲突争斗而又相互融合吸收是分不开的。而入宋以来讲学之风兴起,各地兴建书院,形成了研习儒家经典的风气,造就了众多的儒家学者,也为理学的产生准备了大量的人才。北宋初是理学的形成与发展时期。宋初三先生即胡瑗、孙复、石介,他们不重汉儒训诂,而重《春秋》与《周易》的研究,宣扬儒家经义与道统,并大兴讲学之风,为理学的发生做了理论先导。理学的实际开创者"北宋五子"周敦颐、张载、邵雍、程颢、程颐,他们皆强调通过心性修养来彰显道德主体性,挺立道德人格,并在实践上突出了对社会移风易俗方面的影响。他们对儒学的理论贡献各有侧重,周敦颐主要是借鉴道教的思想而提出了对世界本体及其形成发展的论证以及太极、理气、性命等许多重要的哲学范畴,张载则以其"太虚无形,气之本体"(《正蒙·太和》)的气本论提升了儒学对抗佛道的理论水平。如果说邵雍强调"先天之学,心法也。故图皆自中起。万化万事生乎心也"(《观物外篇》第二)的先天象数学透露出理学不仅吸纳"道家和道教的《易》学传统"而在儒道结合的基础上谋求创新①,而且也对佛教有所吸取,那么,二程"自家体贴出来"的"天理"②说所主张的"性即是理",认为"在天为命,在义为理,在人为性。主于身为心。其实一也"③,则表现出理学基于儒家立场在吸取佛教的理论资源而又回应佛教提出的问题中对儒学的新拓展。如果没有北宋五子奠基性的理论创新,宋代儒学将无法掀开全

---

① 请参阅唐明邦:《邵雍评传》,南京大学出版社1998年版,第35—38页。
② 《河南程氏外书》卷十二《上蔡语录》。
③ 《二程遗书》卷十八。

新的一页。理学在后来的发展过程中出现了以朱熹为代表的理学和以陆九渊、王阳明为代表的心学。从朱熹将"理"视为外在的客观之理到陆九渊将"理"规定为内在的主观之心,这在儒家思想史上是一个具有重大意义的理论转折。心学理论至明代王阳明"心外无理"、"心外无物"和"致良知"等的提出而在理论上臻于成熟。程朱陆王为主要代表的宋明新儒学吸收佛道的理论成果而对性命天道的理论探讨和阐发,将传统儒学的发展推向了顶峰。

明末清初,长江流域一带商品经济得到了长足的发展,西方先进的科学技术、商品经济意识、自然科学成果和社会文化观念传入中国,导致了社会中出现了资本主义的萌芽。在这一背景下,思想界出现了"实学"思潮或曰启蒙思潮,并涌现出了方以智、顾炎武、颜元、黄宗羲、王夫之、戴震等思想家,他们抨击君主专制的政治体制、批判窒息人性的理学、讲究经世致用、关注社会现实,既使"实学"成为明清儒学思想的主流,也促进了中国古代思想学术向现代的转换。从儒学的历史发展看,明末清初的儒学开始进入一个转折期,此时的儒家思想家不仅面临着自我批判,而且还要承受从未有过的来自外部的冲击。到了近代,随着西方文化入侵,新学兴起,儒家思想在中国意识形态中的主导地位也就从此一蹶不振。

然而,有着悠久历史的儒学作为中国传统思想文化的主流,毕竟包含着对人类有价值的东西。因此,从 20 世纪 20 年代开始,就有人不断地援引西学来重构儒学,或希望通过"创造性的阐释"来发掘儒学在现代社会的意义和价值,从儒学中开出适合现代社会发展的新意,从而肇始了现代新儒学思潮。

二

道家和道教是中国思想文化的又一重要源流和支柱。与儒家差不多同时产生的道家思想对中华民族先民的生存经验和思想智慧做了另一番独到的批判性总结和创新性发展,其在诸子百家中哲学意味最浓,对后世的影响,除了儒家之外,也没有哪家可以望其项背。

道家学派的创始人老子与儒家的创始人孔子大约生活于同一时代，面对同样的"礼崩乐坏"的社会现实，老子提出了不同于孔子的解决方案。如果说，孔子提出了仁和礼为核心的价值体系，倾向于用礼乐教化的方法来重建伦理道德和社会秩序，那么，老子则提出了一个以"道"为核心的思想体系，通过对社会文明异化的批判，来解构仁和礼对中国社会生活的约束而导致的人的异化，以实现对个体生命的关怀。老子作为中国历史上最具有原创性和影响力的哲学家，其在《道德经》中不仅突破了上古三代对鬼神、上帝、天的信仰，而且还将理性精神贯串于对天地人之道的分析和体认之中，其所建构的以道论为核心的思想体系包括了哲学思辨、社会政治理论和人生关怀等丰富的内容。

老子之后，战国初年，道家又有杨朱、列子、关尹之学。杨朱发挥老学中贵生轻物的思想，形成了"拔一毛而利天下不为也"（《孟子·尽心上》）的"为我"论。杨朱学说以贵生重己、全性葆真为要，与儒家提倡的投身社会、"兼济天下"和墨家提倡的"兼相爱"、苦己利人都形成了对立，但却为活跃于齐燕滨海地区的神仙方士所宗。当时与杨朱齐名的道家学者还有关尹和列子，《吕氏春秋·不二》将他们学说的特点概括为："关尹贵清，子列子贵虚"，可见他们都是对老子思想某一方面的阐发。贵"清""虚"的思想后来都成为道教理论的重要概念。关尹和列子也都被道教奉为神仙。

对老子思想加以继承并有较大超越和突破的是生活于战国中期的庄子。庄子对老子思想的继承与创造性的发展主要体现在他建构了以道为本的宇宙论、以齐物论为核心的认识论和以逍遥自在、安时处顺为特色的人生论等方面。庄子改变了老子对社会政治的一般性关注，致力于探讨个体生命存在的意义与价值，将对人生的关怀发展为对人格独立和精神自由的追求，表现出心灵哲学和境界哲学的特征。庄子通过对得道神人、至人和仙人的逍遥境界与特异功能的描绘，将老子的清静无为、顺应自然、长生久视等思想具象化，为后来道教建构"得道成仙"的信仰提供了重要的资源。老子与庄子共同倡导的静观、玄览、守一、坐忘、心斋、导引等修养方法,也都为后来的道教所继承,并成为道教重要的修炼术。

战国中后期,南方楚文化的老子学说与北方中原文化的黄帝崇拜相融合而形成了黄老之学。黄老之学的出现标志着道家思想发展到了一个新阶段。从学术层面上看,黄老之学以道家的道论为核心而兼取了百家之学,而从思想内容上看,则为适应当时社会变革的需要而表现出了明显的政治化倾向。黄老学在战国时主要是作为一种学术思想而提出,主要代表人物有宋钘、尹文、田骈、慎到、彭蒙、接子、环渊等,到了西汉初,其"清静无为"的宗旨则被当作一种政治方略而得到了推行,在百废待兴的汉初社会政治生活中发挥了一定的积极作用。汉武帝实行"罢黜百家,独尊儒术"之后,黄老道家逐渐退出了政治舞台,并向注重个体避世修身以求成仙的黄老道演化。

道家思想在魏晋时通过与儒家结合而形成了玄学,并透过玄学的理论形式而使道性自然、人性自然的思想得到了彰显。从道家学派史的角度看,魏晋玄学之后,实际上已不存在专门的道家学派,道家理论主要通过道教学者对道家著作的注疏和对道教思想的发挥而得以延续和发展。当然,儒家和佛教对道家思想的借鉴、吸收和发挥(例如宋明理学和禅宗),是否可以在一定意义上看作是道家思想在中国文化中的延续和发展,这也是值得做进一步探讨的。

道教奉老子为教主,神化老子和老子之道,是以老子道家思想为主要理论依托、以"得道成仙"为基本信仰的中国土生土长的传统宗教[①]。道教源自于上古时期的原始宗教、战国时期的方仙道和秦汉时期的黄老道,在先秦老庄道家思想的基础上,又融会吸收儒、墨、阴阳、神仙、方技、养生等诸家的思想,从而形成了独特的思想理论体系和修道方法。道教在近两千年的历史发展中,涌现出许多杰出的道教思想家,他们基于道教的立场而为中国传统思想文化的发展做出了重要的贡献。

例如东晋道士葛洪,也是著名的道教思想家和炼丹家,他的《抱朴

---

① 请参阅洪修平《老子、老子之道与道教的发展》,载《南京大学学报》1997年第4期。

子》在融合儒道思想的基础上,对神仙实有、神仙可学、长生能致等神仙道教的核心理论加以系统论证和发挥,并总结和提炼出一套以还丹金液为大要的修仙方术,建立了神仙道教的理论体系。葛洪的神仙道教思想和宗教实践,不仅集传统神仙思想之大成并加以创新,而且以儒家伦理为尺度来改革早期道教的弊端,为道教在魏晋南北朝时期的发展开辟了新的道路。

东晋南北朝时期,随着神仙道教的兴起,一些具有较高文化水平的世家名门子弟纷纷入道,他们致力于造作道书,整理教理教义,制定斋醮科仪,创立适应士族精神需要的新道派。在对早期民间道教的改造中,以北朝寇谦之和南朝陆修静最为成功,影响也最大。北天师道的寇谦之是"专以礼度为首,而加之以服食闭炼"[①]来改革传统天师道,即对道教中符合儒家礼制的内容加以保留和增益,反之则加以革除和废弃,在此基础上再辅之以服食仙药、辟谷养生等方术修炼。而南天师道的陆修静则不仅注重整顿天师道组织,汲取儒家的礼法道德和佛教的"三业清净"等思想,制定了"九斋十二法"的道教科戒制度和斋醮仪式,而且通过制定"三洞四辅"的道书分类法来开展道教文化建设。陆修静之后,南朝齐梁著名道士陶弘景对葛洪的金丹道教、上清派及陆修静的南天师道,进行了总结改革。他不仅弘扬上清经法,开创了上清派茅山宗,而且还在葛洪神仙道教的基础上发展了道教的修炼理论,同时还通过整理神仙谱系而将道教信仰系统化。陶弘景完成了自葛洪以来南朝士族道教徒对早期民间道教的改造,成为南北朝时期道教改革的集大成者。

道教经过南北朝道教思想家理论和实践的改造之后,其信仰体系、教理教义、道法方术、斋醮科仪都得到充实和健全,从而为隋唐时期道教的兴盛奠定了基础。唐代时,道教思想家辈出,道教思想的发展呈现出鼎盛之势,为唐代思想文化的繁荣做出了贡献。

从思想发展的层面上看,唐代最具影响力的是重玄学及其影响下的

[①]《魏书·释老志》。

道教性命之学。重玄学是魏晋南北朝以来学术界出现的借用佛教中观学"非有非无"的方法来对老子"玄之又玄"加以发挥以阐释道体有无、道性自然、性命修炼等问题的一股学术思潮,到了唐代,重玄学被道教学者纯熟地运用着,他们以"重玄"为宗旨,从道体、道性和修道等多方面对"道"进行哲学思辨和义理阐发,从而大大提升了道教的理论水平,并促进了道教仙学理论从追求肉体不死向追求性命双修的方向转型。唐代重玄学的主要代表人物有成玄英、李荣、王玄览、唐玄宗、强思齐、杜光庭等,尤以成玄英最负盛名。在重玄学的影响下,以司马承祯和吴筠为代表的注重心性修养的理论和实践有了很大发展。司马承祯将重玄学与上清派养生方法相结合,一方面阐发服气养神之道,另一方面又将重玄学的心性修养论化为宗教实践,主张在"坐忘"、"主静"的践行中复归人的本来之真性。上清派道士吴筠则进一步将这种静心坐忘的修真理论与以道为核心的宇宙论相结合,在天人合一的大框架下,主张修道从去除情欲开始,根据道、神、气、形这一道化生人的顺序,通过反向的形、气、神的修炼,回归于至虚之道。这些思想对宋代道教的内丹心性论的崛起有着一定的影响。唐末五代的"道门领袖"杜光庭,吸取玄、儒、佛的思想和方法,对道教的哲学理论、思想源流、修道方法、斋醮科仪、神仙信仰等作了比较系统而全面的总结性研究,并追随唐代道教哲学由宇宙本体论转向心性论的发展趋势,完成了道教宇宙本体论向以道性论为核心的心性论的转型,他对性命双修的强调为内丹心性学在唐末五代的兴盛,并在宋代以后成为道教思想与实践的主流奠定了基础①。

五代宋初时期是道教发展的重要阶段,这个时期的著名道教思想家有钟离权、吕洞宾、陈抟、谭峭等,他们在继承东汉魏伯阳《周易参同契》以来道教模拟天道自然的丹道理论的同时,又吸收了隋唐罗浮山道士苏元朗"归神丹于心炼"的思想,进一步推进了道教内丹学的发展。华山道士陈抟的《无极图》提出的"顺以生人,逆以成仙"的还丹理论和所发明的

---

① 请参见孙亦平著《杜光庭思想与唐宋道教的转型》导言,南京大学出版社2004年版。

"玄牝之门、炼精化气、炼气化神、炼神还虚、复归无极"等内丹修炼的五个阶段或境界,奠定了内丹道的基本框架,并对宋代复兴的儒学产生了一定的影响。谭峭以"虚"为万物之源,以"化"为立论的重心,强调"道之委也,虚化神,神化气,气化形,形生而万物所以塞也;道之用也,形化气,气化神,神化虚,虚明而万物所以通也"①,不仅从哲学的角度对宇宙、社会和人生的规律作了探讨,而且从事物生生不息的变化中来阐扬修道成仙的思想,并初步勾勒了顺道气则成物生人,逆道气返虚复本而成仙的宇宙生化模式,为道教的内丹心性学提供了基本思路。而钟吕内丹道的出现则为内丹心性学的兴起并在宋代之后迅速发展开拓了道路。钟离权、吕洞宾所传的内丹学从修丹应当效法天地阴阳之化出发,具体而系统地论述了修仙的要旨与方法,从而为五代宋初道教内丹心性学理论与实践上的进一步发展提供了理论依据。

北宋时期钟吕金丹道已颇具规模。随着理论和实践的发展,钟吕金丹道本身也在不断总结和创新,出现了以张伯端为代表的道教思想家。张伯端根据丹道"修丹与天地造化同途"的思维模式,把内丹修炼分为筑基、炼精化气、炼气化神、炼神还虚四个阶段。在修炼方法上,张伯端主张性命双修,但他根据逆炼成丹的原则,主张先修命,后修性,这成为金丹道南宗修炼的圭臬。张伯端援佛入道,倡"道禅合一",反映了宋代以后,随着儒佛道三教融合趋势的加强,佛教和道教之间的相互渗透影响更为深入和全面。

宋辽金元时期,民族矛盾与社会矛盾纷繁交织,南北分裂,社会动乱,人们对生命的存在和生死等问题也就给予了特别的关注,与此相应,众多各具特色的新道派也在大江南北相继出现并在社会生活中产生着广泛的影响,一批道教思想家也应运而生,尤其是在全真道派中。

全真道的创始人王嚞就是当时道教中具有代表性的重要思想家,他以三教合一为立教宗旨,一方面适应了宋代以后儒佛道三教融合的文化

---

① 《化书·道化》,《道藏》第 23 册,第 589 页。

发展大势,为全真道的发展拓宽了生存空间,另一方面,通过对儒佛思想和修养方法的吸收,使道教的宗教理论和炼养方法得到了新的发展。王嚞及其弟子们对性命双修、真功真行的倡导,使全真道以改革派的姿态,以内丹心性学的理论特色,代表了宋辽金元时期道教发展的新走向。虽然全真道的思想家对于性与命在修道中的作用有不同的看法,并由此而导致其内部出现了不同的流派,但他们都以"全真而仙"为最高目标,并通过一些实际可操作的方法来引导人们关注每一个个体生命的存在,由此而扩大了道教在中国社会中的影响。

金元以后,与全真道并立发展的还有由传统天师道演变发展而来的正一道。元明时期的正一道虽然比较得到统治者的恩宠,但却没有出现杰出的思想家。明清时期,道教仍有一定的发展,如明代武当道的崛起,清初全真龙门派的短暂中兴和内丹学的普及等,但从总体上看,这个时期并没有出现具有开创精神的重要思想家,道教的教派分化也趋于停滞,教义学说没有新的突破,道教的衰微也就成为不争的历史事实。这也再次表明,思想家的出现有赖于一定的历史条件和社会需要,而思想文化的发展又与思想家有着密不可分的重要关联。

三

作为中国传统思想文化三大组成部分之一的佛教,乃是产生于印度而兴盛在中国。佛教自两汉之际经西域传到中国内地,在与传统思想文化的交融中,经历了一个不断中国化的过程,最终发展成为中国的民族宗教。中国佛教思想文化,也就成为整体的中国思想文化的重要有机组成部分。佛教的中国化和中国佛教的发展也都离不开一个个佛教徒或佛教学者的实际弘法和思想创造活动,从一定意义上讲,正是他们的活动与思想构成了一部中国佛教史,通过对历史上重要佛教人物的生平事迹和思想学说的了解,也就能大致地了解和把握中国佛教的历史过程与阶段,展示出中国化佛教思想文化发展的基本轨迹及其丰厚与多彩。

佛教初传,主要依附于当时社会上盛行的黄老神仙方术。随着佛教经典的大量译出和佛教的广泛传播,佛教义理逐渐为中土人士所理解和接受。特别是魏晋玄学兴起以后,佛教大乘般若思想的思辨理论日益引起了人们的兴趣,佛教般若学依附玄学而得到了迅速的传播,并与玄学合流,产生了众多的佛教学派,佛教思想也就真正登上了中国思想文化的历史舞台。当时所谓的"六家七宗"的佛教般若学派的主要代表人物道安、支遁、慧远等,成为我国最早创立学派的重要佛教学者,他们一生从事的佛教活动以及他们的佛学思想,对中国佛教的发展产生了极其广泛而深远的影响。他们对汉代以来安世高和支娄迦谶两大译师所译介的小乘禅学和大乘般若学两大系的思想加以总结,并结合中国传统的思想文化加以发挥,大大推进了佛教中国化的进程。稍后,鸠摩罗什的弟子僧肇、竺道生分别以对般若中观思想、涅槃佛性思想的出色理解和弘扬,开拓出中国佛教发展的新纪元。如果说僧肇主要是"在前人的基础上,借助于罗什译出的大小品《般若经》和'三论',既较为全面而准确地把握了印度佛学的要旨,又通过中国传统思想的概念、命题和结构形式来加以表达,创立了中国佛教史上第一个比较完整的中国化的佛教哲学思想体系,从而把佛教的中国化推向了一个新的阶段"[1],开了中国佛教相对独立发展的先河,那么,竺道生则主要是通过融会般若实相说与涅槃佛性论而在中国佛教史上开一代新风。中国佛学的重心在晋宋时由般若之真空转向涅槃之妙有,以及融会了般若实相说的佛性论成为隋唐以后中国佛学的主流,竺道生在其中起了关键性的作用。竺道生所倡导的新说,开创的新风,标志着相对独立的中国化的佛教进一步趋于成熟,预示着中国佛教文化鼎盛时期的到来。

如果说道安、慧远、僧肇和竺道生等人主要都是由于他们的佛学造诣以及对中印文化的交融做出的努力而从不同的方面推进了佛教中国化的进程,为佛教在中土的流传发展作出了贡献,那么梁代的僧佑和慧皎则分别以对佛教史籍和人物的研究整理而影响后代,僧佑所作的佛教

---

[1] 洪修平:《中国佛教文化历程》(增订版),江苏教育出版社2005年版,第84页。

经录《出三藏记集》和"弘道明教"的《弘明集》以及慧皎所撰的《高僧传》等，都为中国佛教的进一步发展做出了重要贡献。南北朝时期，在佛教经论仍大量译出的同时，中国僧人纷纷倾心于对佛教义理的探求，经论的讲习之风日盛，并由于讲习经论的不同而形成了不同的学派，出现了许多著名的成论师、地论师、涅槃师等重要的佛学家，他们对佛理的探讨研究，从思想理论上为隋唐佛教宗派的创立做了充分的准备。

隋唐时期是中国佛教发展的鼎盛时期，随着封建统一王朝的建立和寺院经济的进一步发展，佛教各个学派得到了更好的融合发展的机会，顺应思想文化大统一的趋势，一些学派在统一南北学风的基础上，通过"判教"而形成了宗派。隋唐佛教宗派的形成，一方面是中国佛教数百年发展逐渐累积的结果，另一方面，也与这一时期不断涌现的佛教思想大家的杰出创造活动有很大的关系：天台宗的创立者智𫖮在方便法门的旗号下对佛教的各类经典和不同学说作出了折衷，对南北各地形成的不同学风进行了调和，并对中印两种不同的思想学说加以融通，从而创立了中国佛教史上最早的一个佛教宗派，对中国佛教的进一步发展影响深远。三论宗的创立者吉藏大力阐发诸法性空的中道实相论，使中观般若的思想和方法成为隋唐佛教各宗派创立各自思想体系的重要理论基础和思想方法。法相唯识宗的创立者玄奘西天取经、回国译经传教，其弟子窥基著述发挥其师所译传的唯识学和因明学，促进了中印文化交流，丰富了中国佛教文化的宝库。华严宗的实际创立者法藏依《华严经》立论，同时又融合吸收法相唯识宗和天台宗的一些思想，对华严教义作出了创造性的解释与发挥，并进而在"判教"的基础上构建了华严宗以"法界缘起"为主要特征的具有中国特色的佛教理论体系，标志了中国化的佛学理论的成熟。禅宗南宗的创立者惠能，和净土宗的昙鸾、善导，他们结合中国社会实情而分别对禅与净土思想的弘扬，更使中国化的佛教渗透到了中国文化和社会生活的方方面面。正是由于这些隋唐佛教思想家的出色努力和不朽贡献，才使唐代的佛教与儒和道并立，在当时成为中国传统思想文化的主流，并完全融入了中国传统思想文化，在历史上发挥着持久而深刻的社会影响。

入宋以后,由于理学的形成和定于一尊,佛教思想的许多精华为其所吸收,因而佛教本身的发展日趋衰微。但仍然有一些佛教思想家进行着薪火相继的工作。例如,禅宗是宋代佛教中最为流行的一个派别,当年惠能南宗门下出现了众多卓有成就的禅师,他们分头弘化而使禅宗演化出了所谓五家禅,至宋代临济宗下又分出杨岐和黄龙两派,著名禅师如杨岐方会、黄龙慧南、圆悟克勤、大慧宗杲、雪窦重显、佛日契嵩,天童正觉、万松行秀等,他们追随中国佛教发展的总趋势,对内倡禅净教融合,对外强调佛儒道三教合一,不但进一步加深了佛教与传统思想文化的融合及其对社会文化各个领域的渗透,而且通过文字禅的形式吸引了大批文人学士的兴趣而为禅的精神融入宋明理学进一步开辟了道路。

明清时期,中国佛教本身的理论发展近乎处于停滞阶段,但佛教通过与中国固有的思想文化的融合,在这个时期已经潜移默化地渗透到了中国社会文化的各个方面,特别是在与民间信仰的结合中,对民俗产生着重要影响。明代四大高僧云栖袾宏、紫柏真可、憨山德清、蕅益智旭对三教合一的强调,促进了佛教与传统文化的不断融合,使之具有了更大的社会影响力,而这个时期在居士中兴起的一股研究佛教的风气,则表明佛教的价值并不因其发展的停滞而被人忘却,它对明末和清代佛教的一度复兴也起到了很大的作用。明代的文学家宋濂、袁氏三兄弟、思想家李贽、焦竑等都是著名的佛教居士,他们不仅信佛研佛,而且都留下了佛学研究专著。到清代时,大思想家王夫之著有《相宗络索》、《三藏法师八识规矩论赞》等,开了清代在家研佛的先风。后来有居士杨文会,更创立了金陵刻经处,培养了一大批佛学研究人才,如僧人太虚、居士欧阳竟无、著名学者章太炎、谭嗣同等,都是他的学生,以至于梁启超曾说:"晚清所谓新学家者,殆无一不与佛学有关系,而凡有真信仰者,率皈依文会。"①这从一个侧面揭示了清代佛教思想家对中国传统思想文化的特殊影响。

---

① 《清代学术概论》,商务印书馆1944年版,第165页。

四

由轴心时代兴起的儒、道思想文化进入后轴心时代以后得到了持续的发展,而外来佛教在两汉之际传入中土后,在与儒道等中国固有的传统思想文化的冲突与融合中,也逐渐融为中国思想文化的一部分。儒佛道思想家站在各自的立场上,从不同的角度去追求宇宙人生的真理,建构了各具特色的思想体系,形成了不同的文化倾向,对社会人生发挥着不同的独特作用。明代高僧憨山曾言:"不知《春秋》,不能涉世;不精《老庄》,不能忘世;不参禅,不能出世。此三者,经世、出世之学备矣。"①儒佛道思想家所建构的思想体系之间既有相异冲突,又有相融互补,它们共同构成了中国传统思想文化的三大主干②,使中国传统思想文化在千百年的递嬗演变中精彩纷呈,成为我们今天所承继的巨大而丰富的宝贵文化遗产。

儒佛道思想家在推动中华文化的传承和发展中所起的作用是各有不同的。从历史上看,儒学在中国传统思想文化中一直是主流和基础,儒家思想的特点与精神,以及儒学对中国思想文化的贡献,无疑都离不开孔子对"仁"和"礼"的倡导,对人和人伦关系的重视,以及对人文教化的强调,而对人的生命境界的追求则成为儒家思想发展的根本动力与精神归宿。自孔子以来,儒家思想家都以其学术慧命与人格感召力塑造了中国思想文化的诸多特征,成为中国思想文化的生命力源泉。在儒家思想的影响下,中国思想文化在道德伦理、教育理念、王道政治、心性思想等方面形成了鲜明的个性特点,其至今仍然在塑造中国人的民族性格中起着潜移默化的重要作用。

与儒家思想家积极参与现实政治以实现道德理想和政治目标的实践态度与现实品格不同的是,道家思想家通常是退隐的,超然的,他们所关注的世界更为恢弘远大,他们的玄思也更为深刻超迈。相对于儒家思

---

① 《憨山大师梦游全集》卷三十九。
② 请参见洪修平《论儒佛道三教人生哲学的异同与互补》,载《社会科学战线》2003年第5期。

想家对宗法伦理和社会政治的关注,道家思想家则更多地关注个体的精神自由,表现出玄远的思辨性格,他们崇尚自然,向往清静无为,主张返璞归真,同时也具有深刻的现实社会批判精神。他们对社会人生的关怀,往往是基于"道"的立场,通过"自然无为"这一主干理论,推演出天人一体同源的理论体系,并以此来推展其独特的社会政治理论和人生哲学。道家思想家更多地是从本源的形上智慧出发来观照宇宙和人生,这与儒家对人和对人伦关系的重视形成了鲜明的对照。道家对独立人格的强调和精神自由的追求,在以封建宗法伦理为基础的君主专制制度下,只能是一种美好的向往,但它却成为中国传统思想文化中不可或缺的又一种极为深刻的哲学底蕴,其基于对宇宙人生的洞察而表现出的对现实的批判精神与儒家的经邦治国理念共同构成了中华文化相互依存的发展两翼,尽管这两翼往往表现为似乎有主次之分。

道教思想家通过对道家理论核心"道"和道家创始人老子的不断神化,将道家的思想进一步推向了宗教的轨道,从而发展出了道教的信仰核心"道"及其人格化的至上神。在长期的历史发展过程中,道教思想家以老庄思想、黄老道家以及玄学理论为思想资源,又借鉴吸收了儒家伦理和佛教的思辨哲学,并结合古代的鬼神崇拜和神仙方术等,以"得道成仙"、"长生不死"为基本信仰和追求而构筑了一个庞杂而又富有特色的道教神学思想体系,并以"杂而多端"的种种道术来实践其宗教信仰,在展示中华本土宗教独特的精神风貌的同时,也为中华文化开辟了另一番别有洞天的发展路向。其对生命本真的追求及对仙人仙境的向往,为中华文化增添了更多绚丽的生命情怀和浪漫情调。

如果说道教所实践的是一条独特的生命超越之路,那么佛教所追求的则主要是一种精神超越。中国佛教思想具有鲜明的形上特征,中国佛教思想家通常并不是一般性地讨论众生的本性和成佛如何可能的问题,而是将心性问题的探讨提升至本体论的高度,但与此同时,中国佛教思想家讨论形上层面的问题又总是将其落实在人们当下追求解脱的实践之中,使虚玄的理论探讨与心性的解脱并不成为相分离的两端。这样,中国佛教心性本体论及其建构哲学体系的方法都并非是其最终目标,大乘佛教所有理论的终极归趣乃是解脱成佛这一根本特点仍然在中国佛教中得到了充分的张显。与儒家的成圣、道家的成真及道教的成仙不同,中国佛教所讲求的成佛,是在印度佛教修行方法的基础上,又借鉴了儒学注重现实人生的品格和道家道教对生命的关注,从而创造性地建构了具有中国特色的佛教解脱之道。

儒佛道思想家对各自本家思想的继承与发展,以及对其他各家思想的批判与吸取,从某种意义上说,是中国传统思想文化具有生生不息内在思想活力的重要原因,正是具有了这些在不同时代对当时的时代精神具有引领意义,或对某门学科的建立与发展具有引领意义的儒佛道思想家,才使中国思想文化绵延数千年而至今仍具活力。历史表明,思想家对时代精神的引领往往并不限于一时一事,而是具有一定的穿透力和前瞻性,能够突破当下的时代或思想局限。他们的思想有时在当时可能悄无声息,独处彷徨,甚至不能见容于当下。如孔子在周游列国宣传其思想时,就曾被人讥讽为"累累若丧家之犬",但他的思想本身所包含的真理性却为后人所接受,并通过一代代思想家的阐释与发展而不断焕发出夺目的光彩,其对中华民族思想文化的引领和穿透显然更体现在对"未来"的影响上。

儒佛道思想家的文化创造是推动中国思想文化发展的重要动力,而他们的创造精神往往又与他们对不同文化的融合有密切的关系。例如在中国思想文化之中,佛学具有较高的抽象性和思辨性,中国佛教思想家以博大精深的哲学和辩证思维方式所建构的佛学思想体系,是对中国哲学乃至对世界哲学的重要贡献,其中体现出了鲜明的中道思维和圆融思维特征,中道思维可谓主要来源于印度中观学,而圆融思维则可谓是更多地得益于中国文化的熏陶。这种中道和圆融思维不仅使中国佛学充满生机,而且还影响到道教以非有非无、有无双遣为基本特征的重玄学的展开,并对道教仙学由追求肉体长生而转向通过"性命双修"而获得生命的超越产生了重要的影响。同时,它也对儒家思想家产生深刻的刺激,促进了唐宋儒学的创新与发展。同样,以儒、道为主要代表的中国固有的思想文化,也成为中国佛教思想家从事思想创新活动的重要资粮。

每一种成熟的思想文化都包含对人的生命和生存境遇的深切关怀,优秀的中国传统思想文化尤其如此,而在这方面也正表现出儒佛道思想家对中国思想文化的特殊贡献。从根本上看,中国儒佛道思想家的思想探讨和文化创造都是以人为中心而展开的,这也使得中国思想文化具有浓厚的人文主义色彩。儒家作为中国思想文化的主流,其关注现世现生的人文精神表现得最为充分,而本质上讲求出世的外来佛教正是在儒家重人事、重人伦、重心性和重视主体及其修养以及积极入世的人文精神的影响下,将抽象的佛性与具体的人心结合在一起,极大地发展了中国化的佛教解脱理论和心性学说,并通过对主体自我的肯定而一步步走向了对人的生活的肯定,走向了对儒家伦理的认同,由此而确立了中国佛教"出世不离入世"、"入世以求出世"的重要特色。中国土生土长的道教同贬低或否定现实世界和肉体生命、将生命关怀投射到超越的彼岸或寻求神的救赎的许多宗教相比,从一开始就表现出明显不同的个性特点,道教在宗教形式下所表现出的是对现实世界和现实生命的肯定,希望通过自我的修炼以实现肉体生命的永恒和神仙般的美好生活。道教在"我命在我不在天"的指导下积极探求修炼成仙、延年永寿的炼养方术,但成仙的途径却并不离现实的生活,"先成人道,再成仙道"构成了道教仙学的独特内容。当然,中国思想文化偏重对心性的探讨以及对心性修养的强调也带来了某些对外在自然世界、对科技和物质文明的创造不够重视等负面影响,这在一定程度上容易成为阻碍中国社会向现代化方向迈进的障碍,这也是我们应当充分注意的。

综观世界历史,古代四大文明传统中,其他的文明或者早已没落,或者已失去了生机,只有中国思想文化传承数千年而至今生生不息,其原因是多方面的,中国思想文化内部始终存在着文化倾向和文化追求各有不同的儒佛道思想家,他们之间的相互争鸣和相互借鉴,显然是推动中国思想文化的不断更新发展的重要原因之一,它使中国传统思想文化不是一潭死水而是一团因能不断加入新燃料而可以熊熊燃烧的火焰，从而给整个中华大地带来光明、温暖和无限的生机。虽然近代以来，中国传统思想文化因遭遇到内在与外在的各种冲击而出现低潮，但不可否认的是，它仍然是我们今天建设新文化的重要资源。

儒佛道思想家相互竞争、共同发展的历史也表明，在中华文化体系中，不同的文化能够在冲突中融合，在融合中发展，正是在相互取长补短、不断更新自我之中，最终促成了中华文化的整体发展。这对全球化的今天讨论世界多元文化的并存、对话与交流以及在此背景下中国传统思想文化的进一步发展，都会有一定的启示：多元文化的并存是可能的，也是必要的，不同的文化应该相互尊重，相互理解，在并存中求同存异，共同发展，共同为世界的和平与人类的幸福做出贡献，共同成为人类一体文化中的多元色彩。就中国思想文化的创新与发展而言，也必须在更为广阔的文化视野下真正面向现代和未来，努力在世界多元的文化格局中寻求新的突破，更好地展示其自身的独特价值，并融入新的文化以发展自己，从而更好地发挥其积极的作用。就此而言，儒佛道思想家不仅对中国思想文化的过去有所贡献，也对其未来的发展提供了智慧。

最后要说明的是，本书是由多人合作完成的，参加者都是在高校任教的教授，且都具有博士学位。其中绪论部分由洪修平执笔，儒家部分由江海执笔，佛教部分由杨维中执笔，道家道教部分则由白欲晓执笔，全书最后由洪修平统一通读和修改定稿。由于参加本书工作的各位的学术观点并不完全一致，有些观点也并不完全代表主编的看法，因此，主编在统稿的过程中，曾想将不同的观点一致起来，但后考虑到传统思想文化的复杂性以及不同学术观点争鸣的必要性，便没有再做强行的统一，而是保留了各自的观点，供读者参考，敬请读者批评指正。

洪修平

于南京大学

儒家篇

　　儒家思想是中华传统文化的主要代表,是中国传统思想的主流,对中国的思想与文化具有最大的影响力。儒家思想的形成和发展,当然要借助于外缘的力量,而且它的成长也离不开社会经济、政治、文化等诸种因素的影响,它本身也是历史发展的一部分,但在儒家思想发展史上,儒家思想家对儒家思想的形成和发展无疑起着重要的决定性的作用,他们的理论和实践是决定儒家思想特色的关键,他们的努力,不仅使儒学成为一种重要的思想学说成为可能,更为中华文化提供了用他们的生命来实践的一个新的价值观体系。这种价值观对中华传统文化的发展乃至对现代中华文化同世界文化的交流所产生的广泛影响,至今仍然清晰可见,并富有活力。儒家文化既是中国传统文化的主干和基础,也是中华民族精神的象征。在漫长的历史岁月中,它对中国传统社会的政治、经济和文化精神等诸多方面都产生了巨大的形塑作用和促进作用。儒家思想,以及作为儒家思想直接体现的儒家思想家的思想,在这一过程中经历了艰苦的同时也是激动人心的思想历程,追踪这一历程——这将是本编的主要任务——我们将看到,中华传统文化是如何慢慢地打上了儒家思想家的烙印,这将同样是艰苦而激动人心的。

第一章 儒家思想家与儒家思想文化

儒家在中国思想文化史上占有特殊的地位,并与时代和社会的发展息息相关。春秋末期,孔子创立了儒家学派。在先秦,儒家是百家中较大的学派,为当时的显学。秦"以法为教",汉初崇尚黄老,儒家一度消沉。到西汉,汉武帝采纳董仲舒"罢黜百家,独尊儒术"的建议,使儒家成为统治思想,此后直到清末长达两千多年间,儒家思想一直占据着中国思想界的主流地位,为中国历史上影响最大、延续时间最长的思想流派。在长期的发展过程中,儒家虽然内部有分立与差别,但又有其共同性,汉代司马谈《论六家要旨》说儒家"以六艺为法,六艺经传以千万数,累世不能通其学,当年不能究其礼","若夫列君臣父子之礼,序夫妇长幼之别,虽百家弗能易也",《汉书·艺文志》说儒家"游文于六经之中,留意于仁义之际,祖述尧舜,宪章文武,宗师仲尼,以重其言",这说出了儒家的共性,即在典籍上以六艺即《诗》、《书》、《礼》、《易》、《乐》、《春秋》为经典,提倡仁义,维护君臣、父子、夫妇、兄弟等伦常关系,这说明儒家是有一定典范与核心的价值观体系。万变不离其宗,儒家虽然在历史长河中有所分化与不断发展,但其基本价值观并没有太大的变化。

在近代之前,儒家的发展大体上经历了先秦时期、汉唐时期、宋明时期与明末清初等几个大的阶段。在这几个大的阶段中,儒家思想家呈其心力与智慧,以其学术人格塑造了中国思想史上多姿多彩的壮丽景观。下面分别简要评述之。

第一节 先秦儒家思想家与先秦儒学

先秦是我国学术思想发展史上一个光辉的历史阶段,在这期间,出现了孔子、老子、墨子、庄子等贤哲,他们创立了后来影响中国思想发展的几乎所有的哲学流派。几乎同一时期,在世界的其他地方也出现了众多富有原创性的、对迄今为止的人类历史与文明产生深远影响的思想家。印度出现了《奥义书》和佛陀,伊朗有琐罗亚斯德,在巴勒斯坦,涌现了从以利亚经由以赛亚和耶利米到以赛亚第二的先知,希腊出现了文学家荷马、哲学家巴门尼德、赫拉克利特和柏拉图以及修昔底德和阿基米德及众多悲剧作者[①]。对后世有直接而深远影响的世界各大文明都奠定在此时期。现在人们常用"轴心时代"来称呼这个时代,而在中国,学者则习惯于用"子学时代"这个称呼。子学时代的称呼是与先秦之后进入儒家独尊的经学时代相比较而言,它既指这个时代产生了众多的学术思想流派如儒家、道家、墨家、法家等,同时也指它们之间的相互辩难、攻同伐异的自由的百家争鸣的局面。这是中国思想文化史上的黄金时代。孔子开创的儒家思想是这一黄金时代的起点,以后的历史也表明,它同时是这一时代的最大的成果。儒家思想最终成为中国传统思想文化的主流,不能不与这一时期儒家思想家的创作相关,特别是孔子创立了以"仁"为中心的仁学,仁礼并重,通过对人与人伦价值的探讨建立了儒家价值体系的核心与框架,几乎涵蓄了中国思想与文化的最有代表性的特质。继孔子之后,子思、孟子、荀子对孔子的儒学从不同的侧面作了发展。子思发挥了孔子"道中庸"、"致中和"的思想,孟子提出了性善论,发展了孔子学说中仁的内在性

[①] 参见雅斯贝斯:《历史的起源与目标》,华夏出版社1989年版,第8页。

的一面,强化了儒学中天人合一的观念,孔孟之学后来成为中国儒学的正统形态;荀子发展了孔子学说中重礼的倾向,并对先秦儒家思想做了初步的总结。孔、孟、荀是先秦时期儒家的最主要代表,他们对以后的思想文化的影响极为深远。

一、孔子仁学的建立

孔子是儒家思想的创立者。在一定意义上,对中国漫长的传统社会的信儒尊儒者而言,孔子可以比之为西方基督教中的耶稣,多少具有些遥不可及和神秘的意味。虽然在孔子留下的儒学遗产中并没有什么神秘或神性的东西,但是经由他所指示的成人与成圣的目标前进的路依然太富于挑战与艰辛。

现代很多人对儒家思想的起源很感兴趣,并将儒家思想的根源上溯到孔子之前的上古社会。无疑,在孔子之前,即已有不少人的思想具有后来儒家思想才具有的特质,但这些思想在孔子之前,多少是潜在的,或者是混杂的,最重要的是没有一个核心以为统系的中心,即没有"一以贯之"的"道"。孔子之创儒学,自称"述而不作","信而好古",他把自己对后世称之为儒家的理解看作是对先人的继承,而非创作。他认为,作为人的本质的"仁"先人业已昭示,只不过后人没有正确认识,因而它本质上是历史的产物与观念。以"仁"为中心的儒家思想并不是孔子的"创造",《尚书》《诗经》里都出现过"仁",《国语》与《左传》中更多,孔子把自己的认识归之于在他之前特别是西周礼乐长期演化的自然结果,并把对此归纳出来的"仁"理解为是先人对人本身加以认识的结果。对于人的认识和把握有多种,只有将人规定为"仁"方有照于人的真实性。与孔子差不多同时或其后,出现了其他的很多思想家如老子、墨子等,但他们的学说大都为新创。孔子的学说固然有很多是他自己的新说,但更多的是对前代思想的继承并有目的地加以选择与创新。可以说,孔子的儒家思想在很大程度上是对前代思想的重新"发现",而非创造。当然,他的"发现",并非无统系,而是确立起了一个以"仁"为中心、一以贯之的新的思想体系,因此先秦时即有"孔子贵仁"①之说。可以说,只有到了孔子,才赋予"仁"以一种特殊的内涵,藉此造成了以"仁"为中心的儒家学说。

孔子的这种创教方式与内容同其他学派相比,最突出的特点就是其明确的人文指向。与道家、墨家不同,孔子建立的观念主要地不是他个人创作的结果,而是照察历史的结果。今天我们知道,儒家的产生是作为中国史前时期向古代文明过渡之后的夏商周文化漫长演变的一个自然结果。在儒家产生之前,中国的文化在夏商周三代已经历了漫长的历史演化期,并终于在春秋时代决定了中国文化重人文与伦理的基本取向。这种转变,在当时世界范围内是一种比较普遍的现象,经过这种转变,人类文明摆脱了史前时期的为巫术和神话所主导的局面,奠定了理性认识的基础和对人类处境及其基本意义的新的理解,宗教伦理化了,神话变成了语言的材料,成为用以表达与原意极为不同的含义的寓言②。不过,在西方,对神话的诸神反抗造成了唯一神的信仰,人类由认识到自身的局限而转向超越的无限存在。而在中国,"以儒家为代表的诸子百家并没有一个神话时代作为背景和出发点,宗教的伦理化在西周初即已完成"。在这一过程中,"更多地似乎是认识到神与神性的局限性,而更多地趋向此世和'人间性',对于它来说,与其说是'超越地'突破,毋宁说是'人文的'转向。"③这种转变至西周时已经完成,夏以前的巫觋文化发展为殷商时期的祭祀文化,至周代产生了理性化的规范体系"周礼"。在周礼中,确立起了注重外在举止与强调控制内在情感的有条理的生活方式和社会规范体系,不仅如此,它同时包含了对人的超越之源的信仰的理性化。在周人的观念里,作为价值之源的"天"的观念也趋于理性化,表现为它开始具有伦理性,同时,周人天命观里带有不断增强的民意内容,使得民意成为实际上人们关注的历史政治力量的主要内容。对人间性文化与人文价值的关注成为儒家产生的基体与源泉。

---

① 《吕氏春秋·不二》。
② 参见雅斯贝斯:《历史的起源与目标》,华夏出版社1989年版,第9页。
③ 陈来:《古代宗教与伦理——儒家思想的根源》导言,北京三联书店1996年版,第4页。

在这个基础上,以孔子的天纵之圣的才华,儒家学说可谓顺理成章。孔子对前代思想的发现集中在对"仁"与"礼"的意义的发现上,两者都是古已有之的。如"礼"的演变在孔子之前即有很长的历史。孔子对"仁"与"礼"都加以改制,如赋予"礼"以仁的内在性,要求在"礼"中也要体现仁的精神;对"仁"加以强调,把它从一般的德目提高为整个道德体系的核心。"仁"在孔子那里主要体现了对人的意义、价值与本质的探讨,而"礼"则体现了孔子对人伦关系的重视。重人与重人伦构成儒家的两个最重要维度,由此决定了儒家后来的走向,并成为影响中国思想文化的主要因素①。

"仁"的具体含义是什么呢？孔子说过"仁者人也"②,后世的孟子也说,"仁也者人也"③,孔子将仁理解为人之为人的本质所在,而"爱人"则是仁的基本内涵。如何做到"爱人"呢,须知孔子讲的仁爱不是博爱,不是对任何人都平等"兼爱",而是从亲亲尊尊的宗法、等级原则出发,实行爱有等差的仁爱,其中亲子手足之爱是最重要的,放在优先地位,所以孔子主张父亲偷了别人的羊,做儿子的不能为公义而检举他,而要为他隐瞒④,同时,爱人不是不分善恶,而是要是非分明,要从大处、高处着眼,其对象可以是个人,也可以是群体,这说明孔子的"仁爱"精神带有西周宗法等级制的明显痕迹。这反映了孔子思想出现的时代环境对他的影响。不过,孔子"泛爱众,而亲仁"的仁爱思想具有普遍性和超越性,这反映在孔子不把仁爱单纯地作为一种道德上的要求,而是把仁爱所体现的人道原则自然化,认为由仁爱为中心的道德要求是人之所以为人的自在的本质,是人性的自然而超越的本相。这是我们读《论语》时可以经常体察到的。比如孔子讲"孝弟也者,其为仁之本与"⑤,这并不表明孔子主张孝弟

---

① 请参阅洪修平《论儒学的人文精神及其现代意义》,载《中国社会科学》2000 年第 6 期。
② 《中庸》。
③ 《孟子·尽心下》。
④ 参见《论语·子路》。
⑤ 《论语·学而》。

所本的是或者主要是道德上的要求。在他看来,孝弟所本的应是人的本性的自然呈现。他指出,孝不能仅仅是在形式上做到侍奉供养父母,那样就和饲养犬马没有区别,真正的孝是敬爱父母的情感,而一旦这样做了,侍奉父母时就会自然流露出愉悦的容色,这并不是容易做到的,然而却是为孝的根本所在①。再比如,孔子主张爱人的基本方法有两条,一是"己欲立而立人,己欲达而达人"②,一条是"己所不欲,勿施于人",前者从积极一面说自己有某种需求要满足,也要想到别人也有这种需求,从而要尽量满足别人;后者则是消极地说自己所不希望得到的,也要想到这也是别人所不希望的,不要强加于人;前者谓忠,后者谓恕,"夫子之道,忠恕而已矣"③!两者也是孔子仁爱之道的基本原则,这两条原则的确立可以说是儒家伦理道德观的核心所在,它在形而下的层面可以用之于人们的日常生活,在形而上的层面可以供理论上超验的探讨。后来儒家在实践与理论上的运用与探讨无不是对孔子这两条原则的展开,而其亦奠定了仁爱思想在中国思想史上的主流地位。

如果说孔子的仁爱思想体现了孔子思想中重人的维度的话,那么体现"礼"的要求的重人伦思想则是孔子思想中另一个重要的维度。"在孔子的思想体系中,礼是仅次于仁的重要观念"④,关于孔子的礼乐思想我们在下一章将有进一步的深入探讨。总的来说,孔子将礼作为实现其仁爱思想的主要手段,"克己复礼为仁。一日克己复礼,天下归仁焉"⑤。孔子讲的礼,主要是指周礼,是反映宗法等级关系的制度和规范,主要的内容是亲亲与尊尊,即着眼于处理宗法人伦关系问题。不过,孔子重周礼,并不是着眼于其礼节、礼仪方面,而是关心礼所反映的仁爱精神和秩序观念。在孔子仁爱思想中,"礼"体现了爱有等差的原则及其实现的形

---

① 参见《论语·为政》"今之孝者"章。
② 《论语·雍也》。
③ 《论语·里仁》。
④ 匡亚明:《孔子评传》,南京大学出版社1995年版,第193页。
⑤ 《论语·颜渊》。

式,即将父子、兄弟、夫妇伦常之间的伦理关系扩大为重建整个国家政治、伦理秩序的基础。礼是仁的外在准则,仁是礼的内在依据。孔子把以仁为主导的伦常之礼看成是实现其政治、社会的教化与规范的主要手段,不赞成单纯地用刑罚来处理国家政事,反映了孔子赋予人伦关系以特殊的内涵与作用。

以仁礼并重的思想为主导,孔子确立的儒家思想具有浓厚的人文主义色彩,特别注重德性修养与道德践行。孔子把人的德性价值视为人优先的追求与价值,德性要超越于人的智力与才艺,所以他说"弟子入则孝,出则弟,谨而信,泛爱众,而亲仁。学有余力,则以学文"①。将德性放在优先考量的地位,由此形成了儒家德性传统,重德而不重智,重内在的存在体验而不重外在超越的求知,重体悟而不重经验,对自然科学的智性探讨远远要少于对自我的意义追求。这在客观上不利于中国自然科学的发展及实用理性的形成,使中国在科技方面远远落后于西方国家。但重德性与儒家的联结在某种意义上却可说带有宿命性。孔子接受的前人思想在很大程度上还带有宗教的孑遗,孔子将人文思想注入之,创立了儒家思想学说,但孔子的创立儒家在很大程度只是对前人思想的一种"发现"和选择,因而孔子的儒家思想在很大程度上还保留了前人思想中的宗教因素,这表现在孔子以人文的德性追求去取代宗教对天命与上帝的追求,但他对德性的追求诉之的仍然不是世俗的人间理性,而是类似宗教性的执著。就对目标的追求而言,儒家比起宗教体系来说,并不缺乏相应的执著,甚至是信仰,只不过它更多地倚仗了理性。孔子自己一生的行事就是证明,他执著于"仁",终其一生追求之,"君子遵道而行,半途而废,吾弗能已矣"②,又说"君子无终食之间违仁,造次必于是,颠沛必于是"③,为此,他甚至到了"知其不可而为之"④的地步。事实上,孔子

---

① 《论语·学而》。
② 《中庸》第十一章。
③ 《论语·里仁》。
④ 《论语·宪问》。

执著的仍然更多的是价值理性原则而非现实理性原则,其理想与现实的冲突是注定的;而在现实与理想的冲突中,又注定了他只有坚持自己的价值原则才能维持自己的信念,所以他现实努力的结局就可想而知。后来的庄子讽刺儒家迂阔无用即为此意。儒家为自己设定的目标不是从现实出发,也不以现实为归,而是一切以其德性目标为归,以其对人的本质的规定为归。如此,在理想与现实的对抗中,儒家不可能因为来自现实的原因而改变自己的理想,因为儒家在这个过程中力图实现的本就不是现实的目标,而是在表出德性的价值与意义,在于对人的本质意义的坚持。

很多人对儒家是不是宗教感到困惑。从以上所述可以看出,孔子的儒家思想实具有宗教之内在的意义。儒家与现实的关系,就其坚持的终极目标而言,只能是宗教与世俗社会的关系。换言之,儒家意欲实现的目标不能从现实方面得到规定,而只能从其对德性意义与人的意义的实现的角度来理解。儒家的这种特征使其具有明显的非俗世特征。它的祈向虽不至于像西方一样导致寻求超人间的上帝,但儒家对人之意义的探讨也不像一般人认为的那样就没有超越性,完全是即世的。儒家关于人与人伦关系的说法与理论不是针对实际人生的现象描述,而主要是对意义世界的探讨,而这点也许恰恰构成了儒家思想的独特价值所在。

总之,儒家思想的历程以孔子开其端,并与整个中国思想文化的演进密切相伴。孔子以其儒家思想创立者的角色而在中国思想文化史上占有特殊的重要地位。在整个儒家思想发展史和中国思想文化史上,孔子的思想都代表了儒家思想的本源。孔子给后人和中华民族思想文化留下了一个欲说还休的精神宝库,直到今天仍深富启发意义。

二、孟子的"性善论"与"天人合一"思想

孔子之后对儒家思想有重大发展的当推孟子。在孟子之前,有子思,今人将子思与孟子合称思孟学派。孟子师从子思的学生,子思的思

想对他有一定影响①。子思,孔子之孙,名伋,人称"述圣",相传他受学于孔子的高足曾子,著有《中庸》。《史记·孔子世家》言子思"尝困于宋,作《中庸》",《汉书·艺文志》称:"子思二十三篇","《中庸说》二篇"。不过,今人对《中庸》是否为子思所作,普遍抱有怀疑态度。但最新出土的《郭店楚墓竹简》,其中《五行》、《缁衣》、《成之闻之》、《尊德义》、《性自命出》等篇当属亡佚的《子思子》②,这些篇所述的思想如"性自命出,命自天降,道始于情,情生于性"③与《中庸》是一致的,这表明子思作《中庸》是可信的。

《中庸》一书发挥孔子"过犹不及"的"中庸"思想,追求一种"和而不流"、"中立不倚"的"君子中庸"境界,"君子之中庸也,君子而时中",力图在君臣、父子、夫妇、兄弟、朋友这五种关系中实行智、仁、勇三德,以此为修身、治人、治天下国家的根本。不过,《中庸》中有特别引起后世儒者注意并引为生发的观念和思维方式。《中庸》发挥孔子"中"的思想,将"中庸"提高到本体的高度,并鼓吹"存诚尽性",认为通过"诚"可以"经纶天下之大经,立天下之大本,知天地之化育",并将之提升为天地万物赖以存在的根本,"诚者物之终始,不诚无物",《中庸》甚至将这些观念神秘化,宣扬"天人感应"和有神论,认为"至诚之道,可以前知","鬼神之为德,其盛矣乎!视之而弗见,听之而弗闻,体物而不遗。使天下之人,齐明盛服,以承祭祀。"这些观念其实就是"天人合一"思想的神秘化,它宣扬实体即主体,主观客观合二为一,具有将主观的心同外在客观的物相联系的本体化的倾向,这种思想在先秦并没有多大影响,不过在唐宋的新儒学思想中却发生了重要作用,特别是宋明本体论化的理学注重《中庸》,受《中庸》思想的启发很深。从儒家的发展来看,《中庸》思想在先秦

---

① 比如在 1995 年湖北荆门郭店 1 号楚墓出土的竹简中,其中有一篇《鲁穆公问子思》,子思答鲁穆公何谓忠臣之问时说"恒称其君之恶者,可谓之忠臣矣",孟子在《离娄上》中讲的"格君心之非"显然受到了子思这一思想的影响。
② 参见《先秦儒家著作的重大发现》,《中国哲学》第 20 辑,辽宁教育出版社 1994 年版。
③ 《性自命出》,《郭店楚墓竹简》,文物出版社 1998 年版,第 2—3 页。

构成了儒家思想的潜流,使儒家有发展其形上学的空间,对后代产生了重大影响。

孟子受业于子思的弟子,子思的思想对孟子影响很大。与孔子一样,孟子的思想对中国思想文化特征的形成也具有至深至远的重大影响。孟子对中国思想文化的影响主要集中在三个方面,一是提出了王道政治论,主张王道政治,"保民而王","行不忍人之政"(关于孟子的王道政治,详见下章的讨论),二是在伦理道德观上提出义利之辨,以为其"天人合一"说的理据,三是提出了性善论,以为孔子仁性的内在依据。

孟子并不反对人们追求"利",这点大同于孔子。他们不像宋明儒那样极力排斥人欲,他们不反对世俗的人欲,只是向世人提示有比此更高的追求。不过,孟子把"利"看成是一般人的追求,所谓"欲贵者,人之同心也"①,"若民,则无恒产,因无恒心"②,这样的人,用儒家的价值目标来衡量,实际上还没有"成人"。孟子提出了"人之所以异于禽兽者几希"这样一个很有趣的命题,他说:"人之所以异于禽兽者几希,庶民去之,君子存之。舜明于庶物,察于人伦,由仁义行,非行仁义也。"③在他看来,人如果不践仁行义,无疑就与禽兽没有多少差别。为什么这样讲呢?在他看来,仁义是人的本质所在,"仁,人心也;义,人路也。舍其路而弗由,放其心而不知求,哀哉!"④正因为仁义构成人的本质,所以人应当"先立乎其大"⑤,所忧的不在利,而是成人。据此,孟子提出了君子之忧:"君子有终身之忧,无一朝之患也。乃若所忧则有之:舜,人也;我,亦人也。舜为法于天下,可传于后世,我由未免为乡人也,是则可忧也。忧之如何?如舜而已矣。"⑥君子当忧自己不如舜。那么,如何成为舜一样的人呢?既然仁义是人的本质,要成人就不要为外物所牵,必要的时候为了义甚至可

---

① 《孟子·告子上》。
② 《孟子·梁惠王上》。
③ 《孟子·离娄下》。
④ 《孟子·告子上》。
⑤ 同上。
⑥ 《孟子·离娄下》。

以"舍生而取义"①。这样做,才得着为人的本质与意义。不仅成人如此,在统一天下与治国的过程中,也要秉承仁义的原则,"何必曰利,亦有仁义而已矣"②,要做到"行一不义,杀一不辜,而得天下,皆不为也"③。孟子之所以持这种义利观,同他将人性本质看成是善的性善论密不可分。

　　孟子的性善论认为人性本来是善的,"人性之善也,犹水之就下也。人无有不善,水无有不下",不善无关于人的本性,"若夫为不善,非才之罪也"④。善的依据在于人有内在的善端,"人皆有不忍人之心者,今人乍见孺子将入于井,皆有怵惕恻隐之心。非所以内交于孺子之父母也,非所以要誉于乡党朋友也,非恶其声而然也。由是观之,无恻隐之心,非人也,无羞恶之心,非人也,无辞让之心,非人也。恻隐之心,仁之端也。羞恶之心,义之端也。辞让之心,礼之端也。是非之心,智之端也。人之有是四端也,犹其有四体也。"⑤因此,仁义礼智是内在于人的,是人的超越本性,"仁义礼智,非由外铄我也,我固有之"⑥。这表明,孟子只以良心的本心来论性,良心本心实际上是人的超越的价值性上的共感性,正像孟子所讲的,见到一个小孩掉到井里,人见了自然会起恻隐之心,这是一定的,普遍的。同样的道理,仁义礼智都在人性中有其自然而普遍的根据,所以仁义构成人的本质,这就在理论上回答了为什么孔子要将仁规定为人的本质的问题。

　　但孟子对性善的根据的探讨还不止于此。良心本心就其是人的价值感受性来讲,是主观的,但就其是无例外和普遍的讲又是客观的。孟子更将这种客观性用"天"来表出之。这就是他所谓的"尽心知性知天"与"万物皆备于我"之说,"尽其心者,知其性也,知其性,则知天矣。存其

---

① 《孟子·告子上》。
② 《孟子·梁惠王上》。
③ 《孟子·公孙丑上》。
④ 《孟子·告子上》。
⑤ 《孟子·公孙丑上》。
⑥ 《孟子·告子上》。

心,养其性,所以事天也。夭寿不贰,修身以俟之,所以立命也"①。又说:"万物皆备于我,反身而诚乐莫大焉。强恕而行,求仁莫近焉。"②孟子将人性与天联系在一起,认为尽心就能知性,进而知天,存心养性就可以事天。进一步说,人性的内在性实与天、命为一,所谓"天""命",是指"莫之为而为者,天也;莫之致而至者,命也"③,即外在于人的支配性的力量。孟子认为,尽心即践证人性的善,即可知天命,也可以达到"万物皆备于我"的境界。这说明,孟子走的是道德心性的路子,将道德本心视为本体性的东西。不过,对于主观之心何以能贯通客观之天、命,孟子并没有什么令人信服的论证,但他肯定了这个原则却对后世儒家产生了重大而深远的影响,其确立的实际上即是"天人合一"的观念,尽管孟子并没有明确提出这个观念,并在哲学上进行论说。"天人合一"被有的学者认为是中国传统文化可以贡献给未来人类最重要的资源④,对它的论证也是宋明儒家哲学所要解决的主要问题之一。其实,"天人合一"的观念远远不止于是哲学上的,它同时也是儒家信念的一部分。由于"天人合一"向来是一个颇带神秘性的观念,至少在孟子那里,对它的论证是不充分的,但孟子对此持论甚高,这不能不与其信念有关,带有信仰化的倾向。

　　孟子王道主义的政治论、伦理道德上的性善论以及他确立的"尽心知性知天"的"天人合一"观念,对中国文化传统以及后来儒家思想的发展具有很深刻的影响。在漫长的封建社会里,封建政治体制都以王道政治为其理论依据,同时,它也是儒家士人追求理想政治与入世济世的政治实践的精神动力。而性善论的确立最终使儒家形成了一种正统形态的儒家价值体系,宋明之后往往孔、孟并举,将孔孟为代表的心性论儒学列为正宗儒家,正统思想。这同时也规范了中国普通人对幸福的把握方式。由于孔子特别是孟子确认人性善,进而认为人可由对自己本性的体

---

① 《孟子·尽心上》。
② 同上。
③ 《孟子·万章上》。
④ 参见钱穆:《中国文化对人类未来可有的贡献》,《中国文化》1991年第4期。

认而达到天人合一、德福一致的境界,它对中国人在道德伦理领域注重个人良知,追求个人完善,并以良知为个人与公众行为之准则的特征的形成具有决定性的影响。这既使中国人的精神世界摆脱了对外在超越力量的依赖,同时也进一步凸显了儒家重内省、重仁性、德性而不重智性的基本特征。中国思想与文化都明显地受到了孟子这种双重性的影响。

三、荀子的"礼论"与"知论"

先秦另一个对儒家思想有重大贡献且成为后代儒家思想重要来源的是荀子思想。荀子的思想在许多方面很大程度上都是孟子思想的对立面,他的思想对后来的法家也有重要影响。但荀子和孟子一样,同样是孔子儒家思想的继承者,甚至在很多方面有过之而无不及,例如荀子对礼的强调,就很符合孔子重礼的外范作用的思想。

荀子对儒家思想有重大的创新,他提出了与孟子"性善论"相反的注视外在"礼义"的"性恶论",认为孟子对"性"的规定有重大失误。何谓"性"?荀子说:"不可学,不可事,而在人者谓之性。可学而能,可事而成之者在人者,谓之伪。是性伪之分也。"①又说:"性者,本始材朴也;伪者,文理隆盛也。无性则伪之无所加;无伪则性不能自美。"②他针对孟子的性善论而指出:"孟子曰:'人之学者,其性善。'曰:'是不然,是不及知人之性,而不察乎人之性伪之分也。凡性者,天之就也,不可学,不可事。礼义者,圣人之所生也,人之所学而能,所事而成者也。'"③孟子崇尚人的自然本具的天赋善端,而与其相反,荀子则认为人"天之就"的自然天赋实乏善可陈,要体认礼义之善,需要的是对善之何为善、对"道"的理性认识,他说:"心知道然后可道","心不知道,则不可道而可非道"④,"凡人莫

---

① 《荀子·性恶》。
② 《荀子·礼论》。
③ 《荀子·性恶》。
④ 《荀子·解蔽》。

不从其所可而去其所不可。知道之莫之若也,而不从道者,无之有也。"①人一旦认识了道,对善恶有以辨之,知道善恶之本质,则必然择善而从。基于此,他提出"塗之人可以为禹",他说:"塗之人可以为禹……仁义法正有可知可能之理;然而塗之人也,皆有可以知仁义法正之质,皆有可以能仁义法正之具,然则其可以为禹明矣。"人可以为禹,成善的根据在于人的认识和对行为原则的选择能力以及实践能力,"然而孝子之道,礼义之文理也。……用此观之,然则人之性恶明矣,其善者伪也。"②荀子的这个主张后来构成了程朱理学的一个重要来源,因而也成为儒家思想的重要源头。孔子的思想就已有通过外在的礼文来修饰人之质即重外范的思想,他讲"克己复礼为仁"、"文质彬彬,然后君子"、"性相近,习相远",无不强调外在的礼文对人性的完善作用。荀子则进一步将此作为人格完善的唯一道路。他认为,人先天的资质是不可靠的,不足以为善,人之善完全来自于对礼义的认识与实践。荀子的知论实为其学说的核心所系。在荀子看来,成善的重点不在于自心的内省,不是返观于人已有的东西,而是以对礼义的认识"知"为中介来强化外在的礼义规范。他特别注重"礼"对性恶之人性的矫正作用,"礼者,人道之极也"③,"性善则去圣王,息礼义矣;性恶则与圣王,贵礼义矣",又说:"古者圣王以人之性恶……是以为之起礼义,使皆出于治,合于道者也。"④在他看来,礼体现的是合乎道、合乎圣王之理的人道原则,是人去其性恶之情性之后应该达到的目标;而要达到此目标,人应该以礼义来规范自己,整饬人性,使之合乎礼义。"隆礼"、"重法"、注重学知是荀子对人性修养的结论。同时,在自然观上的唯物论倾向使荀子在主张隆礼重法与性恶时并没有走向禁欲主义,相反,他对"情性"持一种宽容和客观的态度。他提出"礼者养也"、"称情而立文"的主张,他说:"礼起于何也?曰:人生而有欲,欲而

---

① 《荀子·正名》。
② 以上引文见《荀子·性恶》。
③ 《荀子·礼论》。
④ 《荀子·性恶》。

不得,则不能无求。求而无度量分界,则不能不争。争则乱,乱则穷。先王恶其乱也,故制礼义以分之,以养人之欲,给人之求。使欲必不穷乎物,物必不屈于欲,两者相持而长。是礼之所起也,故礼者养也。"他还提出了著名的礼义与情性两合的论断,认为"人一之于礼义,则两得之矣,一之于情性,则两丧之矣。"①可见,荀子的人道原则包含了功利原则。荀子对德性与功利兼顾的思想对后代儒家特别是对唯物论的儒家思想家影响很大。

从思想史上看,后世儒家对荀子的思想从正面继承得很少,这使得荀子思想逐渐淡出了儒家思想的正统视野,几乎无传,但实际上荀子的思想对后世儒家的思想仍然产生了很大的影响。与孟子一样,荀子同样追求合乎儒家之道的仁义境界,只是他对达到此目标的人性根据和修养方法与孟子的思想迥异。由于孟子自宋代起受到了普遍的推崇,并在相当大程度上笼罩了儒家思想特别是正统儒家对荀学的吸取,因而荀子的思想成为儒家思想的旁流。不过荀子的思想始终构成了儒家思想的一个极重要的源头,它不仅在后代唯物论的儒家思想中获得了发展,而且就是在程朱的思想中也依稀可见其影响。

第二节　汉唐儒家思想家与汉唐儒学

从西汉到唐末,中国历史上经历了汉和唐两个极盛时期,同时也经历了国家与民族大分裂,但终至民族融合,国家统一。在思想文化发展史上,其间经历了汉代儒学及其经学化、魏晋玄学与佛学、隋唐佛学等重要的发展阶段。就儒家思想的发展而言,汉代是儒学发展的一个重要转折期。在此期间,由儒生董仲舒首倡"罢黜百家,独尊儒术","诸不在六艺之科、孔子之术者,皆绝其道,勿使并进"②,并得为统治者所采纳。自此,百家之学虽然仍然存在,并有所发展,但儒家取得了正统独尊的地

---

① 《荀子·礼论》。
② 《汉书·董仲舒传》。

位。董仲舒创立"天人感应"的神学化儒学体系,宣扬"王道之三纲,可求于天","天不变道亦不变"的伦理与政治观念,最终成为汉代占统治地位的官方哲学。这也标志着儒家战胜他家学术,成为中华文化的代表。这个时期多次出现过儒法或儒道对立与斗争的局面。在儒家内部,随着儒家独尊地位的出现,儒家典籍成为经典,出现了经学。两汉是经学的全盛时期,但其内部又出现了今文经与古文经的争论,两派的纷争不绝如缕,对汉以后的学术思想也产生重大影响。儒家的经学化同时也是儒家的政治化的过程,儒家政治化的过程和儒家的经学化相表里,二者都使儒家思想不可避免地走向僵化。汉末,谶纬之学大兴,其以阴阳、五行学说为据,结合数术与经学,含有天文、历法等自然科学的因素,但其核心是神学,理论基础是天人感应论。谶纬在东汉被尊为"秘经",其学被封为"内学",经说的是非与国家礼乐制度都以谶纬决断,谶纬具有神学法典的功能,迄至魏晋统治者厉行禁止始歇。

魏晋时期出现了反对僵化的儒学的思潮,即玄学思潮。魏晋玄学以有无、一多、本体与现象等抽象问题为讨论的中心,其实不外乎解决现实的名教与自然的问题,就其最后调和二者的关系而论,玄学探讨的问题并不离于现实的社会与人生问题,其表面上是一种辨名析理的道家清谈,实质上则是以道解儒,以儒合道,儒道兼综,其哲学精神与道家相通而伦理精神却不外乎儒家传统的人本与人伦关系,这反映了在魏晋儒道的分合中,儒家对当时的思想影响仍然很大。不过在魏晋南北朝和隋唐,思想创获最大最持久并产生巨大影响的还是外来的佛教,佛教在这个时期与中国的传统思想文化相互竞长,相互争斗,并渐渐地与中国本土文化相融合,以至于对中国儒家的思想统治地位提出了挑战,冲击了人们对传统儒家的信仰。再加佛教作为一种宗教,有其独立的政治与经济利益,与国争利,不可避免地会对社会产生危害。但尽管如此,佛教的传入与兴盛发展,极大地刺激了儒家。经此刺激,儒家内部发展儒家的压力与呼声大为增加,终于在中晚唐出现了像韩愈、李翱、柳宗元、刘禹锡等儒家思想家。经过他们的努力,儒学在唐代出现了重兴的迹象。儒家重新唤起了人们的注意,回到了人们关注的视野。下面我们主要探讨董仲舒神学化的儒学以及中唐儒学的新兴。

一、董仲舒的神学化儒学思想

董仲舒(前179—前104)的儒学是在秦"焚书坑儒"之后,儒家学术离析,天下学无所归而面临转折点的汉初出现的,"仲舒遭汉承秦灭学之后,《六经》离析,下帷发愤,潜心大业,令后学者有所统一,为群儒首"①。董仲舒经营儒学,"治《公羊春秋》,始推阴阳,为儒者宗"②。董仲舒从阴阳家中寻找思想资源,着意建立"大一统"的为新统治秩序作辩护的思想体系,其学最终流于神学也不难想象。

董仲舒在理论上的创造主要是提出了"天人感应论",这是一种典型的目的论。董仲舒的"天",虽也有自然之天的意义,但更多的是具有人格神的意味,如他讲"天者,百神之大君也,事天不备,虽百神犹无益也"③,"天者,群物之祖也"④,"人之为人,本于天,天亦人之曾祖父也"⑤。在董仲舒看来,天是最高的主宰,人则是由它创造,与其相符的;人身上的三百六十六小节是一年三百六十六天的副本;人身上有大节十二分,与一年十二月相符;人有五脏与五行之数相合,四肢与四季相符;人有刚柔,相符冬夏,人有哀乐,与阴阳相应⑥。人仅是天的副本,天人可以相互感应,同类相动,"美事如美类,恶事如恶类。类之相应而起者,如鸟鸣则鸟应之,牛鸣则牛应之。帝之将兴也,其美祥亦先见,其将亡也,妖孽亦先见。"⑦因此,人事与天象是一体的,人间的社会关系取秩于天道,"仁义制度之数,尽取之天。天为君而覆露之,地为臣而持载之;阳为夫而生

---

① 《汉书·董仲舒传》。
② 《汉书·五行志》。
③ 《春秋繁露·郊语》。
④ 《举贤良对策》二,《汉书·董仲舒传》。
⑤ 《春秋繁露·为人者天》。
⑥ 参见《春秋繁露》之《人副天数》与《为人者天》。
⑦ 《春秋繁露·同类相动》。

之,阴为妇而助之;春为父而生之,夏为子而养之,秋为死而棺之,冬为痛而丧之。王道之三纲,可求于天。"①说到底,董仲舒的"天人感应目的论"是为了说明人事的一切并不是无由而来,而是取决于天,都要以天为则。这样以"天"为准,既便于说明人间不合理统治的合理性,同时也能为在现实中实现儒家传统的"仁义"观和王道政治开辟空间,所谓"圣人副天之所行以为政"②,这样就能方便地将儒仁义之道的提倡放在顺天之行的名义上,"为政而任刑,不顺于天"③。不过,基于当时的形势,董仲舒显然首先注意到的是如何维护天命的权威和对天道的顺从,这在现实中体现为对王权与伦理道德秩序的顺从,要人们善于体会"天意"所在,并自觉地贯彻天意,"受命之君,天意之所予也,故号为天子者,宜视天如父,事天以孝道也。"④他把君主专制说成是君权神授,是天意所在,是合理的。然而,为君主专制作辩护,这只是董仲舒神学化儒学的一个权宜之策。按照他的天人之说,宇宙间最大的统治者显然并不是地上的"君主",而是"天",之所以要服从地上的君主,那仅仅是因为君主是"王者承天意以从事",是"天意之所予",所以服从君主只是服从"天"的表现。天的德性是"仁",所谓"仁之美者在于天。天,仁也"⑤,"人之受命于天也,取仁于天而仁也"⑥,换言之,"天"只是董仲舒借用来强化儒家之道并将之神秘化的载体,其内容还是儒家的仁义道德之说。董仲舒把天德的内容实体化,并认为其是永恒的,"道之大原出于天,天不变,道亦不变"⑦,同时他又继承了邹衍的"五德终始"说,提出了"三正"、"三统"说。所谓"三正"、"三统"是认为,相继的朝代都要"徙居处"、"更称号"、"改正朔"、"易服色"、自成一统,以应天命,例如夏朝以寅月为正月,其时天统气始通化

---

① 《春秋繁露·基义》。
② 《春秋繁露·四时之副》。
③ 《举贤良对策》一,《汉书·董仲舒传》。
④ 《春秋繁露·深察名号》。
⑤ 《春秋繁露·王道通三》。
⑥ 同上。
⑦ 《举贤良对策》三,《汉书·董仲舒传》。

物,尚黑,为"黑统";商朝以丑月为正月,其时,天统气始蜕化物,万物萌芽,其色白,为"白统";周朝以子月为正月,其时天统气始施化物,物始动,其色赤,为"赤统"。在董仲舒看来,历史的发展就是按照黑、白、赤的三统循环不止。

董仲舒认为人之道体现天之道,故为永恒不变,但他并不反对政治上的"更化",在伦理上他也提出了"经"与"权"的关系。董仲舒将人事与天道统归为"天意",并以此作为政治与伦理观念的依据和来源,这种理论路数对先秦儒家做了很大的理论拓新,并对后世儒家影响极大。不过,与先秦儒家强调人性化不同,董仲舒的神学说教充满了尊卑等级观念,当然这也被说成是"天意":"天之亲阳而疏阴"[1],"阳贵而阴贱,天之制也"[2],所以"丈夫虽贱,皆为阳,妇人虽贵,皆为阴"[3],如此,董仲舒强调君臣、父子、夫妇的"三纲"就是理所当然的了。

在董仲舒的神学化儒学中,天是至高无上的,而人间可以配得上天的只有君主,但按照前面所说,他实际上又认为天的德性是"仁",仁德是天的根本特性,那么一般人是否有可能越过君主而直接承天意天命呢,这个问题在董学中是一个很重要的问题,为此,我们需要先看一下他的"性三品说"。

从人是天的副本之说出发,董仲舒认为天有阴阳之施,人亦有贪、仁之性,人性可分为性情,有善有恶,只不过善是主导的方面,情欲是从属的方面。董仲舒把人性看作是与生而来的自然之资,原始之质[4],其性可以教化成善,所以他主张人性与教化都不可偏废:"性者,天质之朴也。善者,王教之化也。无其质,则王教不能化;无其教,则质朴不能善。"[5]按照这个理论,人性应该是一样的,可是不然,董仲舒又认为,根据天所赋

---

[1]《春秋繁露·基义》。
[2]《春秋繁露·天辨在人》。
[3]《春秋繁露·阳尊阴卑》。
[4] 参见《春秋繁露·深察名号》。
[5]《春秋繁露·实性》。

予人的阴阳二气的搭配不同,人性又分为三等:圣人之性、斗筲之性与中民之性。圣人是纯善的,体现"天意"所属;斗筲之民先天从利,贪欲很重,虽经圣人教化也不堪改造成善①;中民则虽有善质,但仍须经王者教化才能达到善。为此,董仲舒把他的学说同孟子相比较,认为两者说法不同,其原因在于对"善"的定义不同,孟子所说的善是"善于禽兽,则谓之善"②,说的其实还是自然之质,而董仲舒这里所谓的善,只能是教化的产物,"循三纲五纪,通八端之理,忠信而博爱,敦厚而好礼,乃可谓善"③,即明理,循天道而行方可谓善。

董仲舒这些说法的背后是其天人感应的目的论,按他以上所说,他实际上是认为,个人是可以直接承天意以成就性善的,但其前提是要能在实践上做到"循三纲五常"等合乎"天意"的所为,至于此天意何来,他不像孟子那样把它说成是内在于人,而是强调对神秘化的天意的遵从,其来源于人之外,是要经过人的后天的实践才能实现的,而他从天道"阳贵而阴贱"的恒常性出发,认为有不可改易的斗筲之性,这与他理论的基本倾向又成矛盾,这种矛盾反映了董仲舒神学化儒学在儒学发展过程中的过渡性质。

二、韩愈与李翱的性情论

董仲舒之后,儒家思想开始进入了停滞期,其后直到唐代儒家兴起这一长段时期,主要是玄学与佛道占据了思想界的主流地位。在当时的思想界,佛教与道教之所以能成为思想界的主流,重要的原因在于佛道有比较发达的心性论,它是佛道产生广泛思想影响的主要理论基础,而儒家在这方面却缺乏相应的理论。当时甚至最先进的儒家思想家对佛道的心性思想都着迷很深,并且对此毫不隐瞒,例如刘禹锡说:"予策名

---

① "圣人之性不可以名性,斗筲之性又不可以名性,名性者,中民之性。"见《春秋繁露·实性》。
② 《春秋繁露·深察名号》。
③ 同上。

二十年,百虑而无一得,然后知世所谓道,无非畏途,唯出世间法可尽心尔。"①柳宗元也持有相似的观点,他在《送僧浩初序》中说:"浮图诚有不可斥者,往往与《易》、《论语》合。诚乐之,其于性情奭然,不与孔子异道",在《送元十八山人南游序》中则说佛教"要之与孔子同道。皆有以会其趣"。柳、刘二人对佛教心性论表示无原则的赞同,认为他们不与儒家义理相悖,可以照搬到儒家中来。就连反佛不遗余力的韩愈在政治失意、与僧人交往中也对佛教的精神修养大为羡慕②。这些正可以说明儒学缺乏一种具有深度与吸引力的心性理论。儒学要与佛教对抗,就十分需要寻找心性论上的突破。儒家这方面的努力可以从韩愈的性三品说和李翱的复性论反映出来。

韩愈的性三品说主要体现在《原性》一文中。在文中,他认为性是与生俱来的,"性也者,与生俱来也",其可分为三:"上焉者,善焉而已矣,中焉者,可导而上下也,下焉者,恶焉而已矣。其所以为性者五,曰仁,曰礼,曰信,曰义,曰智……上焉者之于五也,主于一而行于四,中焉者之于五也,一不少有焉,则少反焉,其于四也混,下焉者之于五也,反于一而悖于四","上之性就学而愈明,下之性畏威而寡罪,是故上者,可教而下者,可制也,其品孔子谓不移也。"在韩愈看来,人之性可分上、中、下三品,上品可谓纯善,下品可谓纯恶,中焉者可导而上下。按照他对性与生俱来的定义,此三品之性也是天生如是,本质不可移易,其可以改变的程度有限。与此同时,韩愈还提出了情分三品的说法,他说:"情也者,接与物而生也","情之品三,而其所以为情者七……曰喜,曰怒,曰哀,曰惧,曰爱,曰恶,曰欲,上焉者之于七也,动而处其中,中焉者之于七也,有所甚,有所亡,然而求合其中者也,下焉者之于七也,亡与甚直情而行者也。"这就是说,上品之性的人,其情是"动而得其中",完全符合道德仁义的要求,中品之性的人则有时符合,有时不符合,然而有求得符合的要求,下品之

---

① 《送元暠南游诗·引》。
② 参见韩愈:《与孟尚书书》,《韩昌黎全集》,中国书店1994年版,第266—267页。

人则听任情欲,完全不能符合。韩愈接着列举了孟子、荀子和扬雄的人性论观点,认为他们所谈的人性都只是就中品之性而言,是"举其中而遗其上下者也",没有就性的三品来讲。在历史上,主张性三品说的还有汉代的董仲舒和王充,韩愈的性三品说有资借于他们的地方,但也有其独到之处,它肯定了性是"与生俱生",又有三品之分,也就是说,人天生就有性善性恶以及处其中的分别,所以韩愈反对孟子、荀子等人把人性看成只具有一种属性(或善或恶或善恶混)的说法。不过这样一来,性三品的说法就有了矛盾:既然性是与生俱来、而"所以为性"的又是儒家的五德,那性当然就应该是普遍为善的,怎么还会有根本违犯五德的性恶之人呢?①

其实韩愈的性三品说并不表明他真的就认为人性有三品之分,他只是说性的表现有三②,而"所以为性"者,即性的本质是一样的,都是"仁义礼智信"五德,这就说明,韩愈在《原性》一开始讲的"性也者,与生俱生也"的"性"实际上指的是性的具体表现,而非性的本质,就性的具体表现而言,性是具体的,即可分为三品。这说明,人性的本质要高于人性本身。韩愈在《原人》中的一段话也许对我们理解他的人性论思想有所帮助:

> 形于上者谓之天,形于下者谓之地,命于其两间者谓之人。形于上,日月星辰皆天也;形于下,草木山川,皆地也;命于其两间者,夷狄禽兽皆人也。曰:然则吾谓禽兽人,可乎?曰:非也。指山而问焉,曰:山乎?曰:山,可也;山有草木禽兽,皆举之矣。指山之一草而问焉,曰:山乎?曰:山,则不可,天道乱,而日月星辰不得其行;地道乱,而草木山川不得其平;人道乱,而夷狄禽兽不得其情。天者,日月星辰之主也;地者,草木山川之主也;人者,夷狄禽兽之主也,主

---

① 参见张跃:《唐代后期儒学》,上海人民出版社1997年版,第128页。
② 参见赵吉惠等主编:《中国儒学史》,中州古籍出版社1991年版,第483—484页。

而暴之,不得其为主之道也,是故圣人一视而同仁,笃近而举远。①

韩愈的这段话实有可细心体味的地方,其中所寓含的天道思想实为后来宋明儒家天道观的滥觞。韩愈在这里严人禽之辨,禽兽不得其情,在于"人道"未行,不仅人道如此,天地亦如此,天地之道倘不得其道,天地亦不为天地也,所以,天、地、人无非一理,无非一道,圣明者当体察其为主之道,一视而同仁,举微而见著,由天地之道而知人道,由人道而见察天地之道,体会它们的共性与同理。韩愈的这些天道观含有不少的新意,其最大的特点是开始以天人合一的角度探讨普遍的"道"或"理"并初步得出了二者应是一体的结论。

天、地、人在韩愈看来,皆有其一贯之道,实际上此道即仁义礼智信,对于人来说,重要的不是人"性"的情状(分三品)如何,而是"所以为性"者。同样,作为"接于物而生"的情,当合乎其本来面目,即为上情,反之即为中、下情,这里,重要的还是如何践证仁义礼智性的问题。也就是说,韩愈的性情论在实践上的意义,主要也是如何化恶成善,成为圣人。但韩愈的这种提法仍然是在极为传统的意义上提出的,并没有从心性的意义上着眼,也没有具体的成圣的阶次与方法,他还片面地坚持与佛教划清界线,认为"杂佛老而言"性,不足为据,这妨碍了他在心性论上的理论探讨。在这方面,李翱的理论要比他更进一步。

李翱的主要哲学著作是《复性书》。李翱和韩愈一样,主张排佛,但韩愈据以排佛的儒家经典主要是《大学》,而李翱则找出了《中庸》。《复性书》在很大程度上可以看作是《中庸》义理的展开,是"《中庸》之义疏"②。

韩愈在《原道》、《原性》、《原人》等文中为儒家认定了以仁义为统系的道统,认为儒家之道"非向所谓老与佛之道也。尧以是传之舜,舜以是传之禹,禹以是传之汤,汤以是传之文武周公,文武周公传之孔子,孔子

---

① 《原人》,《韩昌黎全集》,中国书店1994年版,第178页。
② 《读李翱文》,《欧阳文忠公文集》卷二十三。

传之孟轲,轲之死,不得其传焉"①。韩愈确立的儒家道统之说多从道德和政治伦理立义,而于个人身心修养的心性论方面仍较缺乏,《复性书》则主要从"尽性命之道"出发,力图为儒学传统注入心性论的根基。在李翱看来,《中庸》"性命之书"其"天命之谓性,率性之谓道,修道之谓教"这个"性命之道"乃"性命之源",它由孔子首倡,孔子主张"人之性皆善,可以循之不息以至于圣也,故制礼以节之,作乐以和之"②,孔子以此传之颜回,颜回得之,"拳拳不失",惜其短命而死,子思得之,作《中庸》以传孟子,孟子死后,"性命之书虽存,学者莫能明",人们谈性命,"皆入于庄、列、老、释",而以为儒家之道"不足以穷性命之道"③,故佛道之说盛行,儒家之说又不足以穷性命之道,而反佛、排佛论者如韩愈只能从经济和政治方面,却没有从哲学的高度同佛教展开斗争,"惑之者溺于其教,而排之者不知其心"④。为此,李翱奋起承担,以"性命之道"的道统继承人自命,务求从哲学理论高度为儒家开一新说,"开诚明之源","以理其心",并自负地认为"夫子复生,不废吾言矣"⑤。观其《复性书》之作,确有不少新见。

《复性书》的理论创新主要围绕着性情关系而展开,其性情论从内容上看仍然探讨传统的人性论,主要是支持性善论的说法。与韩愈一样,李翱将性与情分开,他说:"性者,天之命也,圣人得之而不惑者也"⑥,性是天命的,即天赋的,其质地,圣人凡人均是一样的,是至善无恶的,"性无不善",而情"有善有不善"⑦,"情者,性之动也,百姓溺之而不知其本者也","喜、怒、哀、惧、爱、恶、欲七者,皆情之所为也",情是性的表现,其具体化为可见的人的日常情感,就情与性的关系来说,两者是相即相离的,

---

① 《原道》,《韩昌黎全集》,中国书店1994年版,第174页。
② 《复性书》上,《李翱集》卷二。
③ 同上。
④ 《去佛斋(并序)》。
⑤ 《复性书》上,《李翱集》卷二。
⑥ 同上。
⑦ 《复性书》中,《李翱集》卷二。

"无性则情无所生矣,是情由性而生,情不自情,因性而情,性不自性,由情以明",这不仅是说性情是相互依存的,相互作用的,同时还在于说性情实际上是一物的两个侧面,是一体两面的,"性与情不相无也","无性则情无所生矣"①。性情的关系不是两种物体之间在现象上的联结,它们实际上是体用关系,李翱举例子来说明:"水之浑也,其流不清,火之烟也,其光不明,非水火清明之过,沙不浑,流斯清矣,烟不郁,光斯明矣,情不作,性斯光矣。性与情不相无也。"②性犹河之水,烟之火,水和火本来清明,如有不明,则是河中的沙和火中的烟作用的结果。性犹如夹杂着泥沙的水流和笼罩着烟雾的火光,待到泥沙沉积烟雾消散,水流便清,火光便明。情不困扰着性,性便能圆满地表现自己的清明本性。

性与情的这种关系反映在人身上就有圣人与凡人之别,在一个人身上也有圣性与凡情的区别,李翱说:"百姓之性与圣人之性弗差也。虽然,情之所昏,交相攻伐,未始有穷,故虽终身而不自睹其性焉。"③"人之所以有圣人者,性也;人之所以惑其性者,情也。"④这就是说,人之所以能成为圣人,是因为人天赋地具有至善之性,这种天赋之性为圣人凡人所同具。但人除却天赋的"性"外,还具有迷惑至善之性的邪妄的"情",迷于"情"则性不能终于性,圣人之所以是圣人,是因为其能使性终于性而不为情所迷惑,凡人之性则不免为情所惑。克实地讲,情与性不是两物,情之觉即为性,"觉则明,否则惑,惑则昏",圣人即是能觉"情"本来为性者,"圣人者人之先觉者也,觉则明,否则惑,惑则昏,明与昏皆谓之不同,明与昏,性本无有,则同与不同二者离矣。夫明者所以对昏,昏既灭,则明亦不言矣。"⑤这是说,圣人之对于性的明觉和凡人之对于性的昏惑,实际上对于"性"来说都是外在的,这亦即说明性至善乃是内在于人的。人

---

① 以上引文见《复性书》上。
② 《复性书》上,《李翱集》卷二。
③ 同上。
④ 《复性书》中,《李翱集》卷二。
⑤ 《复性书》上,《李翱集》卷二。

之性本来如此,其本来是清净远离邪妄的,是远离是非善恶的价值判断的。这种见地对儒学来讲是一种崭新的见解。以往的人性论指陈人性(包括性善与性恶以及善恶混)的理据都是从是非善恶的人的主观感受和价值判断上立言的,而李翱在这里提倡的性善的理据则说人性本来清明,这是从人性的客观的实体的层面上来讲性,这与后来宋明儒学从天理观上说明人的心性,从实体说明主体是一致的。也就是说,李翱之说的依据实即以本体论为理据。

基于此,李翱对人性特别是对作为人之善性的反面的"情"有了独特的认识,作为"性"之邪的"情",它本来是"性"之动,不能外性而独立存在,"情由性而生,情不自情,因性而情",所以,性和情的关系不是两物之间的关系,而实是一物内部的消长。性进则情退,"情既昏,性斯匿矣",当情"七者循环而交来,则性不能充也"①。这种说法和后来宋代理学如朱熹讲"天理人欲不并立","天理存则人欲亡,人欲胜则天理灭,未有天理人欲夹杂者"②实无二致。这说明,李翱对人的情欲倾向于作负面的评价,他主张"灭情复性",有禁欲主义的取向。但他之所以有这种主张,是从他对性情的独特理解出发,即他将人性中的恶和情欲方面理解为是人性的纯善的一面的遮蔽,是一种不正常的状态,而其本又是奠基于人的清净之性上的。这种说法,显然是受到了佛教佛性论的影响。佛性是成佛之因和成佛的根据,中国佛教自晋宋竺道生以来确立起一阐提人皆可成佛的思想,认为佛性人人具有。隋唐佛家诸宗派在对佛性为清净之因上皆无异辞,李翱对儒家性情的观点显然也受到了佛家这一根本思想的影响。

《复性书》中篇论述成圣的修养方法,下篇论述修养的必要性,成圣的方法如上文所指出的,实际上就是去情、灭情,以回复到本来清净至善的"性",所以名曰"复性"。李翱说:"妄情灭息,本性清明,周流六虚,所

---

① 《复性书》上,《李翱集》卷二。
② 《朱子语类》卷十三,中华书局2011年版,第224页。

以谓之能复其性也。"①人性本来清净无恶,如其不然,则是妄情生蔽,障蔽了清明之性,只要妄情止灭,复归于其性,就会成为圣人。具体怎样复性成圣呢。李翱说:

> 或问曰:人之昏也久矣,将复其性者,必有渐也,敢问其方?曰:弗虑弗思,情则不生,情既不生,乃为正思。正思者,无虑无思也。②

这是李翱复性说的第一步,在这一步中,要做到弗虑弗思,使情不生,这就是所谓的"正思",但正思还是思,其可称为"无虑无思"者只是因为思虑非情生之思虑。这就是所谓的"斋戒其心"阶段。这个阶段,李翱用动静来形容,"有静必有动,有动必有静;动静不息,是乃情也",当其无思无虑时,犹处"静"、"犹未离于静焉"③。从无虑无思更进一步就到了"动静皆离,寂然不动"的"本无有思"的阶段。这个阶段也叫做"至诚",亦即《中庸》所言的"诚","《中庸》曰:'诚则明'矣。""至诚"作为圣人之境,有其独特的认识能力和认识特点,当其之时,人对物的关系不是一种简单的认识关系,而是一种感觉关系:"寂然不动,广大清明,照乎天地,感而遂通天下之故,行止语默无不处于极也"④,"物至之时,其心昭昭明辨焉,而不应于物者,是致知也,是知之至也"⑤。这就提出了独特的致知的认识论主张,即通过鉴照天地来体知万物而不为物所转,保持对万物的超然,"其心不动,是不睹不闻,不闻之闻也。其复之也远矣","其心寂然,光照天地,是诚之明也"⑥。

韩愈和李翱的性情论在大端处已经显示了儒学正在发生的巨大转折,其说对于宋代理学的发生具有很大的开启作用。

---

① 《复性书》中,《李翱集》卷二。
② 同上。
③ 同上。
④ 《复性书》上,《李翱集》卷二。
⑤ 《复性书》中,《李翱集》卷二。
⑥ 同上。

三、柳宗元与刘禹锡的天论

在唐代造儒运动中柳宗元是其中杰出的一位,与韩愈在身后受到一致的推崇不同,对柳宗元却代不乏指责和贬抑。其中有相当多数的人是针对柳宗元的个人人格及其政治行事方面的,其挚友韩愈于此也不能苟同于他,曾说柳宗元不能"自持其身","勇于为人,不自贵重"①,这是指责柳宗元从王叔文政治集团而言。大儒如欧阳修、苏轼、王夫之、王鸣盛等对此也持有相同的观点。而且,后代对柳宗元的推崇似乎也是信其文甚于信其道的,这些都显示出柳宗元在思想上的建树有区别于正统儒家的一面。

柳宗元立意重振儒学,经常提及"道"和"大中之道",以为评断的标准和己身的准的,那么,这个"道"和"大中之道"究系何指呢?

柳宗元在《与吕道州温论非国语书》中说,"近世之言理道者众矣,率由大中而出者咸无焉,其言本儒术,则迂回茫洋而不知其适……故道不明于天下,而学者之至少也。"②柳宗元在这里指责当时人们不能由"大中之道"起而立道,而关于这个"道"的具体内容是什么,柳宗元并没有集中统一的表述,或许这是因为他自己对此也并不了然于胸。他所论及的"道",内容偏重于社会之政治、经济方面,而对于个人立身行事特别是道德践履和心性修养方面殊少着眼。从柳宗元对儒家经典资源的重视和采用的情况来看,同时代的韩愈和李翱特重《孟子》、《大学》、《中庸》,而他所重的则要广泛的多,其中对《春秋》着意尤深,很重要的原因就在于他欲借《春秋》来突出重德政的传统,"辅时及物"。在中唐儒家中,柳宗元主要是通过对民生问题的强烈关注来传达其重新认同儒家价值。他的著作处处可见对民生问题及人的尊严、人的生存状态的关心。《国语》载晋国正卿赵盾向晋灵公推荐韩献子为司马,在秦晋河曲之战中,赵宣

---

① 《柳子厚墓志铭》,《韩昌黎全集》,中国书店 1994 年版,第 408 页。
② 《柳河东全集》,中国书店 1991 年版,第 337 页。

子为考察韩献子,故意派仆人驾着他的兵车扰乱行军的行列,韩献子把那个仆人抓起来杀了,赵宣子不因自己仆人被杀而谴责韩献子反而表扬他能干。柳宗元严厉指责赵宣子这种草菅人命的作法。有人说,史载"执而戮之",而"戮"也有侮辱之意,并不一定是杀死,柳宗元说,即使是侮辱也不行,"犹不可以为君子之道",他特别引证孟子说的"杀一不辜而得天下,君子不为"①,这说明柳宗元继承的儒家乃是自孟子以来的儒家民本思想。这与韩愈、李翱从道统心性方面推崇儒家相辅相成。

柳宗元在自然观上是一个很典型的唯物论者,具有明显的战斗性品格。比较系统地体现他的自然观的著作有《非国语》、《贞符》、《天对》、《时令论》上下、《封建论》、《断刑论》等,其中最具系统的自然观著作是《非国语》,包括上下两篇,大都作于流放永州时。

柳宗元的自然观突出地强调了天人相分,其彻底性为前人所不及。春秋时,屈原作长诗《天问》,诗中提出了一百多个问题,内容涉及天地万物、人神史话、政治、伦理道德等许多方面。根据王逸《楚辞章句》,《天问》应该是屈原被放逐后的作品,其对天人神史的大胆问难明显地带有激愤之情,对此,柳宗元深有体会。《天问》的卒章,屈原自怨自艾地说自己明知楚怀王就像其兄堵敖一样短命而死,何必要为了自己扬名而苦苦地进言君上呢。柳宗元说,如果你真是不想追求忠名,何必要如此淋漓尽致地奋辞作诗呢?《天对》这一长文明显地贯穿着天人相分的思想,只是其侧重点在于说明"天",指出自然界是有规律的客观存在,只是元气,并没有主观的情感意欲,更不用说有主宰万物的有意志的天、神的存在了。柳宗元指出,在未有有生之前,天地间浑沦的只是元气,"本始之茫,诞者传焉,鸿灵幽纷,曷可言焉!旮黑晳眇,往来屯屯,庞昧革化,惟元气存,而何为焉。"②元气不仅存在于遂古之初,还由其自身的运动推动万物的发展变化:"合焉者三,一以统同,吁炎吹冷,交错而功",这是说阴阳天

---

① 《非国语下·赵宣子》,《柳河东全集》,第518页。
② 《天对》第一章,《柳河东全集》,第152页。

三者都是元气的形变,统一受元气支配,元气或慢或快地吹动,造成气象上的冷暖,冷热阴阳结合,造成万物的发展变化。是谁造就了万物的如此神妙?"冥凝玄厘,无功无作",没有谁,无非是元气的没有意识的自然的凝聚、互构而已。据此,柳宗元甚至认真地对待《天问》中出现的神话素材。《天问》问:"斡维焉系,天极焉加?八柱何当,东南何亏?"意思是说,使天旋转的枢纽上的绳子是怎样系缚的,天的极际又是怎样加上去的,八根擎天的巨柱竖立在何方,大地的东南角为何倾塌?这些本是神话传说,对此本可不予理会,但柳宗元还是认真了。他说,天本来如是,哪里需要系上绳子才能固定自己的位置,天无边无际,无限广大,如果要将某种形体加给天,又哪里有这么大的家伙呢。天本来广大无边,运动不息,又哪里需要什么栋梁支撑,哪里会有什么边缘。天是宏大散漫的,并不是连成一个固体,又哪里需要什么八柱来支撑。认为女娲是所谓的人头蛇身,一日七十变,这都是人们占卜推类想象以及画匠故意骗人。类似的问题还有很多,显然,柳宗元在这里的目的是为了说明自己对"天"的见解而不在于对神话加以解释,他以自然主义的方式对自然现象作出理性的解释,反对对事物作主观的或神异的理解。在对历史现象的解释方面,他也用人的活动来解释历史与自然的改变,认为历史是一个自然过程。《吴越春秋》载禹年三十未娶,行到涂山,自恐时暮,失其制度,因娶涂山女,同时他又不以私害公,婚后才住了四天,便去治水,不似常人贪图男女之欢。对此,柳宗元有自己的看法,他认为,禹是担忧没有嗣续,才急切地与涂妇结婚,而禹为治水把腿上汗毛都磨光了,三次路过家门都没有进屋,他听到自己儿子呱呱哭声,也顾不得回头看望,哪里还会贪图男女之欢!

柳宗元对天和历史如此地加以自然的解释,认为神秘的由天及人的现象都有其并不神秘的自然原因。我们注意到,柳宗元反对的多半是粗俗的对天的见解,以及不符合理性的看法。其实,柳宗元的目的并不在于反对一种特定的天命观或对历史的唯心见解,他的目的是要确立一种有意识的理性意识,《天对》以及《非国语》的很多地方都可以证明这一点。柳宗元并没有树立起另一种理论来反对在他看来是错误的观点,他的破大于立,从这点上看,柳宗元所站的立场是一种理性的启蒙立场。当然,他的理性启蒙并不仅仅在于横扫一切不符合理性的蒙昧观点,更重要的是要树立一种新的儒学观点,即合乎他的"大中之道"的急生民的德政观点。这反映出柳宗元与同期的其他力图重振儒学的学人的一个重大区别。与韩愈比起来,柳宗元比较注意对旧的观点的清洗,以便为新的世界观让路,而于理论建树的兴趣则集中在唤起新精神的抽象方面。而韩愈、李翱等人则比较关注新理论的生长,重视对理论的现实开拓。围绕《天说》的争论或能体现此一二。

元和八年,韩愈时为史馆修撰,作《答刘秀才论史书》,其中说道:"夫为史者,不有人祸,则有天刑。"韩愈在同柳宗元通信时将此信附给在永州的柳宗元,柳宗元不同意此说,答书谓:"凡居其位,思直其道,道苟直,虽死不可回也。""凡鬼神事,渺茫荒惑无可准,明者所不道,退之之智而犹惑于此。"大概两人继有通信,韩的书信或是文章有论及"天",其文已佚,但柳宗元的《天说》完整地引用了其中的文字,使韩愈的观点得以保留下来。后来刘禹锡也参加进来,作有一长文,将这场争论推到高潮。有论者认为:"这次争论标志着唐代对这一问题的解答的最高水平。"[1]

韩愈论"天"曰:"……今夫人举不能知天,故为是呼且怨也。吾意天闻其呼且怨也,则有功者受赏必大矣。其祸焉者受罚亦大矣。"柳宗元的答书谓:"……天地,大果蓏也,元气,大痈痔也,阴阳,大草木也,其乌能赏功而罪祸乎。功者自功,祸者自祸。欲望其赏罚者大谬。呼而怨,欲望其哀且仁者,愈大谬矣。子尔信子之义以游其内,生而死尔,乌置存亡得丧于果蓏痈痔草木耶。"[2]韩愈认为天能赏善罚恶,柳宗元则明确指出,天、元气、阴阳与自然界存在的果蓏痈痔草木一样是自然之物,都是物质性的,丝毫没有什么超越、神秘的意义。在这段话的最后,他并且稍带讥

---

[1] 孙昌武:《柳宗元评传》,南京大学出版社1998年版,第171页。
[2]《天说》,《柳河东全集》,第195页。

诮韩愈说,假如你坚信你的仁义并把它作为立身行事的准则,那就应该为仁义而生,为仁义而死,又何必把生死得失寄托在像瓜果、痈痔、草木那样没有意识的"天"呢?

柳宗元的《天说》写成后,刘禹锡以柳宗元的结论为起点,续作了《天论》三篇。在刘禹锡看来,柳宗元的言论仍有过激的地方,他在《天论》篇首说:

> 余之友河东解人柳子厚作《天说》,以折韩退之之言,文信美矣,盖有激而云,非所以尽天人之际。故余作《天论》,以极其辩云。

《天论》在"天人关系"的问题上提出了"天与人交相胜,还相用"的观点,对柳宗元的天人观有进一步的理论创新。但柳宗元在收读《天论》之后,写了《答刘禹锡论〈天论〉书》,认为《天论》三篇只是《天说》的"传疏",他并且对刘禹锡的看法表示不满:

> 子之所以为异者,岂不以赞天之能生植也与?夫天之能生植久矣,不待赞而显,且子以天之生植也,为天耶,为人耶,抑自生而植乎。……子所谓交胜者,若天恒为恶,人恒为善,人胜天则善者行。是又过德乎人,过罪乎天也。又曰:天之能者生植也,人之能者法制也。是判天与人为四而言之也。余则曰:生植与灾荒,皆天也;法制与悖乱,皆人也,二之而已。其事各行不相预,而凶丰理乱出焉,究之矣。凡子之辞,枝叶甚美,而根不直取以遂焉。①

这里,柳宗元分三层表明其说与刘禹锡之不同,一是关于"天之能生植"的问题,二是关于天人"交相胜"的问题,三是关于天人之分的问题。按《天论上》刘禹锡言:"大凡入形器者,皆有能有不能。天,有形之大者也;人,动物之尤者也。天之能人固不能也,人之能天亦有所不能也。故余曰,天与人交相胜耳。其说曰,天之道在生植,其用在强弱,人之道在法制,其用在是非。"天能生植,与人相胜,其中有辩证的意味,但从另一方

---

① 《答刘禹锡论〈天论〉书》,《柳河东全集》,第334—335页。

面而言,这种主张特别是主张天与人之间的"交相胜",势必要把天与人联系起来,要从人的角度来理解"天",这就有把自然之天主观化的可能。正因为此,柳宗元断然予以拒绝,他认为,天能生植只是一个自然过程,"天之能生植久矣,不待赞而显",说天恶人善,人胜天等,都是对天人本来相分,"二之而已"的错误认识。在柳宗元看来,天与人没有什么必然的联系,天是天,人是人,"其事各行不相预",而刘禹锡的看法则有可能导致将天人相联系从而把天加以神秘化的可能,这种认识在柳宗元看来是不能容忍的。从中我们可以看出柳宗元自然观上的唯物主义具有简单性和片面性的缺点。但这只是问题的一个方面,从另一方面来说,对天人问题的唯物主义认识,即主张"天人相分",只有发展到柳宗元这里才真正走到顶点和成熟的地步。由此观点出发,柳宗元在许多方面的认识上都取得了长足的成就。

与柳宗元的天论相表里的还有刘禹锡的天论。刘禹锡在哲学上的建树主要是其《天论》三篇之作,极天人之辨,总结了先秦以来关于天人关系问题的长期争论,批判天人感应论,并提出了"天与人交相胜"的新观念,在儒家思想史上占有重要地位。

在《天论》一开始,刘禹锡将以往对天人关系的种种说法归纳为二种类型:一种是天与人相互感应,作恶的必然得祸,行善的必然得福,此为"阴骘之说",认为存在着一个赏善罚祸的主宰之天;另一种是天人相异说,认为天人之间没有任何联系,也没有主宰,这是"自然之说"。刘禹锡这里所说的两种看法显然都是有所指的。其中主张天人感应的阴骘之说是针对韩愈的天命论观点,而所谓的自然之说则主要是针对柳宗元严天人之分的自然观。刘禹锡认为柳宗元的《天说》"文信美矣,盖有激而云,非所以尽天人之际。故余作《天论》,以极其辩云。"[①]刘禹锡不满于柳宗元的主要之点即是后者认为天人实二,不相联系,而刘禹锡则认为,天人实相关联,即所谓的"天与人交相胜"。其根据何在呢,在于天与人不

[①]《天论》上,《刘宾客文集》卷五。

同而又各有所能,"大凡入形器者,皆有能有不能。天,有形之大者也;人,动物之尤者也。天之能,人固不能也;人之能,天亦有所不能也。"①究竟天与人各自所能什么呢,"天之道在生植,其有在强弱;人之道在法制,其用在是非。"②凡是体现自然存在的阴阳变化、木坚金利、壮健老赢等以气力决定雄长的,为"天之能",而凡能利用自然规律以为其用,如"阳而艺树阴而群敛"、"防害用濡禁焚用光"以及以礼义为原则处置一切的为"人之能"。可见,刘禹锡区分天与人不是以现象为准,而是从起作用的方式、功能来区分的,"人能胜乎天者,法也"③,"天之所能者,生万物也,人之所能者,治万物也。"④决定天人之分的不是自然与社会现象本身,而是现象背后起作用的本质。在刘禹锡看来,人之区分于天的关键在于天是自然存在的,以气力为支配原则的;而人是以礼义观念为准,以道德与法制为规范的,这样,在人类社会中也存在着"天之能"起作用的现象,比如"壮健老赢"。他还举了一个例子,人成群结队地到荒野,如果要寻找茂密的树荫休息,要寻找清凉的泉水解渴,一定是身强力壮的人捷足先登,即使是圣人、贤人也不能和他们竞争。如果同样的人在城里,要寻找华丽的房屋居住,饱餐丰盛的饭菜,必定是圣者贤者占先,身强力壮的人也没法与之相争。由此可见,天与人的区分是相对,"一日之途,天与人交相胜矣",刘禹锡把这种天人之别叫做人理与天理之别,"是非存焉,虽在野,人理胜也;是非亡焉,虽在邦,天理胜也。"⑤也就是说,天理不仅存在于自然,凡不以是非为准则而争以气力的,就是天理胜于人理;而人理存乎是非,在于能循法制礼义以为准则,"人能胜乎天者,法也"⑥,如果是非不分,法制松弛,那就会天理胜于人理,"法小弛,则是非驳。赏不必尽善,罚不必尽恶。或贤而尊显,时以不肖参焉","法大弛,则是非易位。

---

① 《天论》上。
② 同上。
③ 同上。
④ 同上。
⑤ 《天论》中。
⑥ 《天论》下。

赏恒在佞,而罚恒在直。义不足以制其强,刑不足以胜其非,人之能胜天之具尽丧矣"①。法制是区分天与人的关键因素。刘禹锡进而认为,实行法制不力是天命之说兴盛的原因,如果能根据人道办事,则不谈天命,相反,只有在政治腐败,不知任贤举能之时才托以天命。

由此可见,刘禹锡对天与人的界定并不是从天与人的现象和自然意义出发,不是指实体的自然现象和人类社会现象,其所谓的"天与人交相胜"之说也不是通常意义上所理解的自然与社会之间的相互联系与相互作用,但刘禹锡此说的含义常被人误解,就连与他同时的柳宗元在看完《天论》三篇之后,对此也不能理解,并提出了批评。在柳宗元的批评中,柳宗元正确地看到了刘禹锡的天人观实际上涉及到天与人,天之能与人之能四者的关系,而且,刘禹锡的观点没有把握好天与人之间的度量分界,即没有将生植与灾荒归之为自然之天,将法制与悖乱归之于人事。但据上所说,刘禹锡的天人观本非完全如此,很多人对此有误解,并因此而常将刘禹锡的天论在通常的意义上来把握,其实刘禹锡天论的旨趣别有所在。

刘禹锡也在通常的意义上使用天的概念,不过他所重的不是可见的"有形之大"的天,而是支配万物的数与势,"夫物之合并必有数存乎其间焉,数存然后势形乎其间焉"②,他认为"天"是不能"逃乎数而越乎势"的,同样的无形之物"空"也不能越乎数与势,由此而归结为"万物之所以为无穷者交相胜而已矣,还相用而已矣。天与人,万物之尤者尔"③,"大凡入乎数者,由小而推大必合;由人而推天亦合。以理揆之,万物一贯也"④。所谓的天人交相胜,万物一贯,实际上是指人理战胜天理,人之所以能为"倮虫之长,为智最大",就在于人能"执人理与天交胜,用天之利,

---

① 《天论》下。
② 《天论》中。
③ 同上。
④ 《天论》下。

立人之纪,纪纲或坏,复归其始。"①在《天论》的最后,刘禹锡列举历史上重天命却无征验的事来质问:"由是而言,天预人乎?"②

由是可见,刘禹锡与柳宗元一样,是赞同天人相分的,不相信天之能对人之能有所作用,但柳宗元所重的是天人相分,而刘禹锡所重的则是如何发挥"人之能"以驱除天命思想得以产生的根源,刘禹锡把发挥人之能放在对法制的强调上,力求通过树立一个法制完善的社会,使赏善罚恶有一正确而健康的机制,即做到"理明"。刘禹锡的这一天人论是对天人关系说的重要发展,以往的天人关系说只重天人的分际,至多也只是强调人之能的作用,主张人胜,却对人之所以能胜天的原因缺乏探讨,而刘禹锡则在前人天人关系说的基础上提出了其根据,这是难能可贵的。

第三节 宋明理学家的新儒学思想

宋明时期是儒家思想发展的第二个重要的阶段。在经历了魏晋南北朝和隋唐长期的暗淡无光之后,"华夏民族之文化,历数千载之演进,造极于赵宋之世"③,儒家在宋代重新回到了思想界的主流地位。这一时期,儒家以理学为主,强调通过心性修养来彰显道德主体性,挺立道德人格,其本质意义在于孔孟道德意识的复苏,在实践方面则突出了对社会移风易俗方面的影响。理学以周敦颐、邵雍、张载、二程为先驱,在发展过程中又分为以朱熹为主的理学和以陆九渊与王阳明为主的心学两系,两系都对儒家传统思想有不少的开拓性贡献,但两者存在着偏重尊德性还是道问学等的差异,这种差异充分暴露了儒家价值观内在的矛盾,并被理论化,而理论分析的明晰又有利于儒家的自身批判与自力发展。朱陆异同成为儒门最大的公案,其后几成为儒家学术与思想发展不得不面对而始终无法绕过的难题,影响极为深远。

---

① 《天论》下。
② 同上。
③ 陈寅恪:《邓广铭〈宋史职官志考证〉序》,《读书通讯》第 62 期,1943 年 3 月。

理学在宋代的出现,在理论前提上是魏晋以来儒、释、道三教相互竞长、斗争而又相互融合的结果,此外,入宋以来讲学之风兴起,各地兴建书院,形成了研习儒家经典的风气,出现了不少学者,也为理学的产生准备了理论与实践的人才。当然,理学的兴起从根本上讲是儒家自身发展的结果。理学给儒学带来了结构性的重大变化,儒学虽能保持自身以成圣与成人为宗旨,但由于外缘的时代的变化,儒家身心追求,体用格局都有了明显的变化。它在吸收佛、道心性理论的基础上,发展起了儒家的心性理论,形成了以心性论为中心的儒家思想体系与思维模式;同时,它改变了儒家影响政治与世人的方式,日益摆脱狭隘的得君行道的路线,而转向更为广阔的社会与人心。这时期也是中国文化稳定性格的形成与奠定期,这与同时期儒家的这种转变有密切的关系。

一、周敦颐、邵雍、张载的思想及其特色

北宋初是理学的形成与发展时期。宋初三先生即胡瑗、孙复、石介,他们不重汉儒训诂,而重《春秋》与《周易》的研究,宣扬儒家经义与道统,并大兴讲学之风,为理学发生的理论先导。理学的实际开创者是被称作"北宋五子"的周敦颐、张载、邵雍、程颢、程颐。他们的思想已卓具新儒学的特征。《宋元学案·濂溪学案》说:"孔孟而后,汉儒止有传经之学,性道微言之绝久矣。元公(指周敦颐)崛起,二程嗣之,又复横渠诸大儒辈出,圣学大昌。故安定(胡瑗)徂徕(石介)卓乎有儒者之规范,然仅可谓有开之必先,若论阐发心性义理之精微,端数元公之破暗也。"理学从周敦颐发端,至二程、张载已卓然挺立,成一代之新学。以下让我们通过对周敦颐、邵雍和张载哲学思想的了解来把握这个时期儒学的特点。

周敦颐是理学的奠基人,但他在生前和死后的长时间里都不受重视。二程虽曾受教于其门下,但二程实际上受其影响并不是很大,"终身不甚推濂溪"。倒是南宋理学家胡宏、张栻特别是理学的集大成者朱熹对周敦颐推崇有加,周敦颐理学奠基人的地位就是经朱熹宣扬始为确立。不过周敦颐的很多思想富有原创性,为以后的理学家提供了不少

启发。

周敦颐从北宋初道士陈抟的无极图出发,参以《周易》与佛道理论,吸收改造为儒家的新说,演绎出儒家宇宙论的见解,其《太极图说》虽然很短,却包括了对于儒家来说极富创新性的理论观点,它正式提出了"穷天理之根源,究万物之终始"的宇宙论问题,同时提出了"道德性命,礼乐刑政"的道德修养与伦理政治等问题,并将这二者联系起来,认为二者是同源的,从而构建了理学理论体系的基本理路。正如朱熹所说的:"其高极乎无极太极之妙,而其实不离乎仁义礼智刚柔善恶之际;其体用一源,显微之无间,秦汉以下,诚未有臻斯理者,而其实不外乎六经、论语、中庸、大学七篇所传也。"①

周敦颐的主要著作有两部分,都很短,一是《太极图说》,虽只有250多字,但却论述了宇宙的生成与万物化生的原理与过程,朱熹哲学的大厦在很大程度上即建筑在此上面:

> 无极而太极,太极动而生阳,动极而静,静而生阴,静极复动。一动一静,互为其根;分阴分阳,两仪立焉。阳变阴合而生水火木金土,五气顺布,四时行焉。五行一阴阳也,阴阳一太极也,太极本无极也。五行之生也,各一其性。无极之真也,二五之精,妙合而凝。乾道成男,坤道成女。二气交感,化生万物,万物生生而变化无穷。

这里,以无极为中心,周敦颐把宇宙与万物的生成看作是无极自我分化而又复归自身的过程,先是由无极分化为太极,从无到有,再由太极动静生出阴阳二气,续由阴阳二气变化生出金木水火土,二气五行妙合而成万物,变化无穷,而又卒归于无极。这里太极与无极的关系问题很微妙,太极在《太极图说》中由无极而生,但《通书》只讲太极,不讲无极,认为气五行归本于太极,可见太极也是一个和无极一样本体性的范畴,为什么在无极之外又需要一个太极呢?这个问题在后来的朱熹与陆九渊之间

---

① 《周濂溪集》,中华书局1985年版,第225页。

就发生了激烈的争论。陆九渊认为《太极图说》是周敦颐在学问未定的情况下讲的,无极和太极是一回事,故"无极而太极"之说是"叠床上之床,架屋下之屋";而朱熹则把《太极图说》看成是《通书》之源,"《通书》一部,皆是解《太极说》","太极图得《通书》而始明"①。两人所说,都从自己学说的需要出发,不足为客观的解说。不过,"无极"这个概念来自《老子》,"太极"来自《易传》,"无极而太极"之说显然是融合了儒、道的说法,透露出周敦颐吸收道家道教之宇宙论来贯通儒家之说的企图。值得注意的是,周敦颐由此说而引申出其伦理道德与政治上的结论。

在社会与人生观方面,周敦颐提出"诚"这个范畴,与宇宙论方面提出无极这个最高范畴相应,"诚"是一个贯通天人,将宇宙论与社会人生沟通起来的中介,具有客观与主观相统一,主体与客体相沟通的特征。由于周敦颐赋予其宇宙论的意义,作为主观性的"诚"就具有了实体的力量:"大哉乾元,万物资始,诚之源也。乾道变化,各正性命,诚斯立焉","元亨,诚之通;利贞,诚之复"②,也就是说,诚是化生万物的本源,与变化同源,为万物本性。不仅如此,同一个"诚",还是"圣人之本","五常之本,百行之源"③,在体性上是"纯粹至善"的,这就把万物实体上的来源与社会伦理道德的依据看成是同源的,把封建伦理道德原则提高到了世界本体的高度。

"诚"作为本体,就人的体现上来讲是"寂然不动"、"诚无为"的,"几善恶"④的,"几"指善恶的最初分化,实际上认为诚是无善恶的,但现实中却是有善有恶的,那么,善恶是怎样来的呢?"形即生矣,神发知矣,五性感动而善恶分,万事出矣"⑤,"民之盛也,欲动情胜,利害相攻,不止,则贼灭无伦矣。"⑥也就是说,善恶来源于情欲,人心的本体是善的,可是,本体

---

① 《朱子语类》,中华书局2011年版,第2389页。
② 《周濂溪集》,中华书局1985年版,第74—75页。
③ 同上,第79页。
④ 同上,第81页。
⑤ 同上,第13页。
⑥ 同上,第126页。

一旦发用,就难免善恶。那如何回复本体之善呢?"圣人定之以中正仁义而主静,立人极焉"①。如何"主静"? 一句话,"无欲故静",具体方法是:"一为要,一者无欲也。无欲则静虚动直,静虚则明,明则通;动直则公,公则溥。明通公溥,庶矣乎!"②实际上,主静的核心即是无欲,禁欲。周敦颐特别推崇孔子、颜回安贫乐道的精神,与学生大讲所谓的"孔颜乐处",要人们在自律与禁欲中体会本体至善的境界,这是后来程朱理学"存天理,灭人欲"的修养理论的先声。

从总体上看,周敦颐的理论"推一理二气五行之分合,以纪纲道体之精微"③,将天道与人道贯通为一,把宇宙论、人生论、认识论、修养论和政治伦理思想融贯其中,提出了系统的理学理论的纲领,故能奠定理学之基,开一代新学之风。

在宋初理学的发生中,邵雍则是唯一在理论形式上具有神秘主义因素的理学家,他的理论被称为"先天象数学",具体内容是认为天地万物的生成变化都是按照"先天象数"的图式展开的。天地按照元、会、运、世的周期循环运行,一元分为十二会,一会三十运,一运十二世,一世三十年。实际上一元就是按照一年十二月、一日十二辰、一时辰三十分放大开来的,这样一元就有十二万九千六百年。天形成于元的子会,地形成于丑会,人产生于寅会。人类历史发展到第六会巳会,即尧之世,达到了兴盛的顶点;从午会即第七会开始,开始由盛转衰,即为夏、商、周到宋,到亥会即第十二会,万物归于消亡;同时开始另一元的周期,在一个周期内,历史是退化的;由远古的尧到宋,要经过"皇、帝、王、霸"四个阶段,可谓一代不如一代。

不过,邵雍的这些神秘论与宿命论虽是他思想的主体部分,却并不是他的思想产生影响的主要方面,他的象数学有丰富的哲学思想。他把天地运行归之于先天象数,又把先天象数归之于心,"先天之学,心也",

---

① 《周濂溪集》,中华书局1985年版,第17页。
② 同上,第107页。
③ 同上,第73页。

"先天之学,心法也,故图皆自中起,万化万事皆生乎心也"①,这就把天地纳入于人心,为后来陆九渊的"吾心即宇宙,宇宙即吾心"张了本。邵雍认为人之所以灵于万物,最根本的原因在于人能知天地万物之理。如何知?他提出"以物观物":"夫所以谓之观物者,非以目观之也,非观之以目,而观之以心也,非观之以心,而观之以理也"②。这个观点的新意在于肯定了人心能如物如理地照察万物,同时指出了人之所以能如此并不在于人的感知能力,而在于人心超乎经验的对于物理的直觉。凡此,对理学的发展都发生了或明或暗的影响。

再来看张载。张载,世称横渠先生,其学派被称为"关学"。张载年轻时读《中庸》,苦无所得,又博览佛道之书,仍无得,返求儒家六经,特别是易学,然后学有所定,"以易为宗,为中庸为体,以孔孟为法"。张载重视研究军事、政治、经济等现实社会问题,并提出了一些改革措施,曾在家乡和学生"买田一方,画为数井",试验井田制度,未成。他主张渐变,不赞同王安石的激烈变法主张。他虽被称为北宋五子之一,但在学术思想上与其他四个人有明显的分歧。张载是二程的表叔,在学术上与二程相互影响,但对立之处也不少。他的理论主要以易学为根基,对佛、道理论有较深入的吸收与批判,其哲学的基本倾向是唯物主义的,但他提出的很多理学观念,对朱熹等人都具有深刻的影响力。

张载的哲学思想在自然观、认识论与人性论方面都有所建树,对宋代理学以及后代都产生了重要的影响。

在自然观上,张载继承了气一元论思想,认为整个世界是由气构成的,"凡可状皆有也,凡有皆象也,凡象皆气也"③。他在自然观上提出了"太虚即气"的观点,所谓"太虚","太虚者,气之体"④,"太虚无形,气之本

---

① 《观物外篇》下。
② 《观物内篇》。
③ 张载:《张子正蒙》,上海古籍出版社2000年版,第233页。
④ 同上,第241页。

体。其聚其散,变化之客形耳"①,"太虚者,天之实也,万物取足于太虚,人亦出于太虚"②,太虚是气的本体,无形无状,然而又为至实,万物乃至于人都取实于它。实际上,太虚就是宇宙与人生的主宰,是世界的本质,太虚与有形世界的中介是气,凡有形可象之物为气;不特如此,可接于目当然为气,不能接于目,如"健顺动止,浩然湛然"等可用语言来描述的亦皆为气,气是太虚的具体化,其本身是物质性的,只有幽明,没有生灭,"气之聚散于太虚,犹冰凝释于水,知太虚即气则无无"③,"知虚空即气,则有无、隐显、神化、性命,通一无二,顾聚散、出入、形不形,能推本所从来,则深于易者也"④,整个世界就是以气为实体的世界。不过在气与太虚之间,仍有区别,"气之为物,散入无形,适得吾体;聚为有象,不失吾常。太虚不能无气,气不能不聚而为万物,万物不能不散而为太虚"⑤,太虚无非是气,为什么还要气来作为太虚与万物的中介呢?对此,张载似乎没有明确的回答,大概他有感于太虚的难以把握,"惟是有无相接与形不形处,知之为难"⑥,不过他肯定了太虚是物质性的,是外在于人的主观心识而存在,而不是无。正是在这一点上,他对佛、道之说持激烈的批判态度。他批评佛教"以心法起灭天地,以小缘大,以末缘本,其不能穷而谓之幻妄,真所谓疑冰者与"⑦;批评道家虚能生气,无能生有,"若谓虚能生气,则虚无穷,气有限,体用殊绝,入老氏有生于无自然之论,不识所谓有无混一之常"⑧。佛教以主观的心识,道家以虚无为气之本,其病都在不以物质性的客观存在为世界本体,故都是"失道"之言。不过张载显然也把"太虚"作为精神与物质现象的本体,所以他也把太虚作为人的先验

---

① 张载:《张子正蒙》,上海古籍出版社 2000 年版,第 86 页。
② 张载:《张子全书》,商务印书馆 1935 年版,第 267 页。
③ 张载:《张子正蒙》,上海古籍出版社 2000 年版,第 92 页。
④ 同上,第 89 页。
⑤ 同上,第 87 页。
⑥ 张载:《张子全书》,商务印书馆 1935 年版,第 239 页。
⑦ 张载:《张子正蒙》,上海古籍出版社 2000 年版,第 147—148 页。
⑧ 同上,第 89 页。

本性，其并不随着人形体的消亡而消亡，并认为万物是太虚"神化之糟粕"，这反映出张载和其他宋明儒家一样，其理论旨趣强烈追求万物统一的本体世界，为此不惜走向神秘主义和唯心主义。

在气的运动上，张载有明显的辩证法思想，他认为万物内部都处在阴阳矛盾之中，运动变化来源于事物的内部，都是气的自然神妙过程，"神天德，化天道。德其体，道其用，一于气而已"①，就是说，气有体有用，其神妙不测为体，表现为变化无端，要之归于一气之理，"天地之气虽聚散攻取百涂，然其为理也，顺而不妄"②。张载将之概括为"一物两体"："一物两体，气也。一故神（自注：两在故不测），两故化（自注：推行于一），此天之所以参也"③。一指一气，因其内部有矛盾而引起变化，是为"一故神"；而矛盾相互作用，又化合成新的统一体，是为"两故化"。事物的这种矛盾斗争最终归于和解，"气本之虚则湛一无形，感而生则聚而有象。有象斯有对，对必反其为；有反斯有仇，仇必和而解"④。这种矛盾和谐论与太虚的本体性是分不开的。

张载在认识论上提出了见闻之知与德性之知，他注意到人对于事物的知识离不开耳目感官，肯定外物是感觉的来源，他说："人谓己有知，由耳目有受也，人之有受，由内外之合也"，"感亦须待有物，有物则有感。无物则何所感？"不过，张载又认为，这些知识只是对于有限的具体之物的知识，而对于气之变化本性的"神"和变化过程的"道"，则非耳目之知所能感觉，对后者的认识，乃出于人的"德性"，德性之知完全不依赖于耳目之知，他说："见闻之知，乃物交而知，非德性之知。德性所知，不萌于见闻。"⑤对德性之知的强调，并不能简单地视为张载对感觉经验的轻视，在张载看来，要想达到对宇宙整体的认识，单靠闻见是无法达到的，"闻

---

① 张载：《张子正蒙》，上海古籍出版社 2000 年版，第 114 页。
② 同上，第 87 页。
③ 同上，第 100 页。
④ 同上，第 97 页。
⑤ 同上，第 144 页。

见不足以尽物","今盈天地之间者,皆物也,如只据己之闻见,所接几何,安能尽天下之物,所以欲其尽心也。"①尽心目的是为了尽性,尽性即可以与天为一,"性者万物之一源,非有我之得私也"②,要尽心尽性,就要发挥人的诚明所知,天德良知,并要有道德上的实修,做到"德盛仁熟"。由此可见,德性之知不仅是一个认识论上的概念,同时也是一个实践概念,其目的是要达到对于整个宇宙人生的认识与把握,即达到天人合一之境。这种思想对宋明理学的影响很大。

在伦理思想上,张载首先提出了天地之性与气质之性。他从气一元论出发,认为人和万物都由气构成,气的本性就是人和万物的本性,气的本来状态就是人和万物共同所有的"天地之性",它是纯善的;人生成之后,由于禀受的阴阳二气不同,形成其特殊的本性,构成"气质之性",它是善恶混的,人要变其后天的"气质之性",就应当通过修养功夫,变化气质,以保存"天地之性",恢复先天的善性。

张载还发挥了儒家传统的仁孝道德观念,并将它同本体论上的"天人合一"追求结合起来,提出调和等级矛盾的兼爱思想。他认为,人和万物都是天地所生,性同一源,本无阻隔。整个社会就应当像一个大家庭,人与人之间应当"立必俱立,知必周知,爱必兼爱,成不独成",彼此相亲相爱,在这个大家庭中,君主是天的长子,大臣是帮助君主的管家,每个人都应当努力对天地尽孝道。做到安分守己,乐天安命。

张载的思想对时人及后代的影响都很大,朱熹在《伊洛渊源录》中把张载和周敦颐、程颢、程颐、邵雍并列为理学的创始人。张载的著作,在明初永乐年间被编入《性理大全》,作为开科取士的必读书。明代王廷相推崇张载,认为太虚即气的理论是"阐造化之秘,明人性之源,开示后学之功大矣。"王夫之宣称自己是张载学说的继承者,在《自题墓石》中说:"希张横渠之正学,而力不能企",认为"横渠学问思辨之功,古今无两,其

---

① 张载:《张子全书》,商务印书馆1935年版,第272页。
② 张载:《张子正蒙》,上海古籍出版社2000年版,第131页。

言物理也,特精于诸老先生。"

二、程朱的理学新说

宋明理学,基本上可以以二程(程颢、程颐)兄弟与朱熹的理学及陆九渊与王阳明的心学为代表。二程是宋明理学的开创者,二程中的程颢后来被认为倾向于心学,追求"浑然与物同体"、"与天为一"的道德境界,他的学说为后来陆王心学所继承,而程颐则强调天理的绝对性,其说为朱熹所发扬光大。在论及创立理学之思想动机与渊源时,二程都说到出入于佛老,然后返求六经而后得之,程颢还说过"吾学虽有所授受,天理二字却是自家体贴出来"①的话。在他们立说之后,他们都一再地回到孔子孟子的学说,并以孔孟之学为他们立说的渊源。其实,他们的理论可说是对孔孟学说的一种新发现。理学将这种关系理解为是对于孔孟"道统"的继承。道统的观念是宋明儒突出的标志性观念,宋明儒认为,儒家有个一以贯之的"道",他们把这个"道"视为宇宙与人生的根本所在,并认为只有儒家与真正的儒者才会体验到它。奠定在道统基础上的理学,在理论内容上偏好于对终极之道的探求,更在研究方法上开辟了注重内心体验的思维模式。

二程奠定了理学的基本规模,提出了理学整个体系的框架结构,其新说对于当时及后世的影响都极大。

二程理学新说以"理"为中心,理是世界的本体,是一切事物存在的依据及意义的来源,它在自然与社会之外独立存在,是现象世界的总根源。程颐认为,理冲漠无朕而万象森然已具,它在事物之中,又在事物之外,为创造万物之根源。他区分形而上与形而下,阴阳之气是形而下的,离开阴阳就无道(理),但道(理)不等于是阴阳,而是阴阳之所以为阴阳的根据。理与万物之间是体与用的关系,所谓"至微者理也,至著者象

---

① 《二程外书》卷十二。

也,体用一源,显微无间"①,万物都各有其理,而一物之理即万物之理,天地间只有一个理。理不仅是世界存在的根据,同时还是伦理道德的根据。"礼即是理也"②,"人伦者,天理也"③,封建伦理规范与等级秩序的忠孝仁义,礼乐法度都是理在社会人生中的具体化,"父子君臣,天下之定理,无所逃于天地之间"④。不仅如此,理同时还是人之为人的根本,是人性的根源与人最终修养以成圣的归依,"人之所以为人者,以有天理也,天理之不存,则与禽兽何异矣。"⑤人性分本然的天命之性与"生之谓性"的气质之性,天命之性与天理是同一的,纯粹至善,人所以有不善,是由于才的不同,才由气禀所决定,气有清浊不同,故才有善恶之别,"善固性也,然恶亦不可不谓之性也"⑥,所以"论性不论气不备,论气不论性不明,二之则不是"⑦,只讲本然的善性,不能说明人何以有恶;只讲气禀之性,则不能说明人性本善。要复归于本然之善,就应当变化气质,办法是"持敬",程颐说:"人心不能不交感万物,亦难为使之不思虑,若欲免此,惟是心作主,如何为主？敬而已矣。"⑧持敬的实质是体认人性本然中合乎天理的质地,并通过实践以实现之,为此,首先必须明理之在万物包括人心的所在,这就是所谓的"格物致知"的认识与道德修养方法。理之所在,遍在于自然界与社会、人心,"在天为命,在义为理,在人为性,主于身为心,其实一也"⑨,要体认理之所在,必须内外结合,即物而穷其理,这就是所谓的"格物致知"。程颐说:"格,至也；物,事也。事皆有理,至其理,乃格物也"⑩,格物包含了对对象世界的事物的认识,所谓"凡眼前无非

---

① 程颐:《易传序》。
②《二程遗书》卷十五。
③《二程外书》卷七。
④《二程遗书》卷五。
⑤《二程粹言》卷二。
⑥《二程遗书》卷一。
⑦《二程遗书》卷六。
⑧《二程遗书》卷十五。
⑨《二程遗书》卷十八。
⑩《二程外书》卷二。

物,物物皆有理,如火之所以热,水之所以寒,至于君臣父子之间皆是理","语其大,至天地之高厚;语其小,至一物之所以然,学者皆当理会"①,但格物的最终目标是达到对天理的领悟,而天理不外乎人心,"非由外铄我也,我固有之也","近取诸身,百理皆具"②,故求证天理须外求与内知相结合,"今日格一件,明日又格一件,积习既多,然后脱然自有贯通处"③,达到对天理的顿悟,实现变化气质之性的要求,从而达到道德上的至善与成圣人目的。格物致知以至于穷理的这些基本观念为后来的朱熹等人所继承,并加以完善,成为理学认识论与修养方法的主要内容,是理学家奉行的基本原则。

　　二程的理学,已经建立起一套系统的新说,体用一致,理论与实践的诸环节都已备具。二程"谓孟子没而圣学不传,以兴起斯文为己任",在孟子之后,承续汉唐儒学的长期变化而自为树立,提出以天理为中心的理学的儒家新说,实现了儒家理论继先秦、汉唐之后的又一次更新。先秦特别是汉代以来,儒家中心的观念都建立在人文化的礼乐之上,儒家主要是教化的工具,为伦理道德的规范学说。理学观念的确立,则取消了传统的建立在礼乐之上的制度性体制对于人的权威,它宣称个人可以凭借自力,通过道德践修以达到至高的善。天理被标举出来以作为最高的存在之依据以及意义的来源,随着它的确立,学术思想的方向也开始了转变,对传统名物训诂、对经典的诠释让位于对圣人微言大义的带有个人体验的主观体认,这就是所谓的重义理的宋学风气的建立。二程的理学新说开辟了儒家思想学说与方法论上的新风,对儒家思想的发展影响与贡献都极为重大。

　　朱熹紧随二程之后,集后者之成,建立起庞大的理学体系,是宋代理学的集大成者。但朱熹的影响实际上已经远远超出儒家思想史甚至中国思想史的范围而具有世界意义。他是继孔子之后最著名的思想家、政

---

① 《二程遗书》卷十八。
② 《二程遗书》卷十五。
③ 《二程遗书》卷十八。

治家和教育家,对中国的政治、经济、哲学、经学、伦理、史学、文学、教育、宗教、文献学等各个领域的发展都作出了突出贡献。他全面而系统地总结了中国传统的思想文化,把儒家文化发展到一个新的历史阶段,从而大大丰富了中国思想文化的内涵。他的思想经过历代的广泛传播和提倡,被确立为社会的正统思想,对他之后七百多年的中国文化结构、社会政治生活、伦理道德和民族文化心理等都产生了重大影响,而且远播海外,传入日本、朝鲜和越南等国,对东亚各国的思想文化都有重要影响,形成了以中国为核心的东方文化圈,在世界文化史也占有重要地位。

朱熹在很多方面都卓有贡献,我们在后面对他的政治、伦理、教育思想等方面都有探讨,本节主要探讨他的哲学思想。

朱熹在哲学上的建树主要体现在天理论、心性论与格物致知论三大方面,它们是朱熹整个学术思想的核心和理论基础。

在朱熹看来,理是整个宇宙的本体,它是永恒存在的,同时也是天地万物存在的依据,先于天地而存在,并不以天地的存亡而存亡。万物产生之前,理已经存在;当万物消尽之后,理依然存在。天、地、人各因其理而各得其性。这最高的"理"亦称天理,它同万物的关系如何呢?朱熹用"理一分殊"的说法来解释一理与万物、一理与万理的关系,"理一分殊,是理之自然如此"①,天理只有一个,然而天理是存在于万事万物之中,通过分殊之万物表现出来的;认识到一理存在于事事物物之中,又认识到理是事物之所以然的根据,就算是认识到了"理一分殊","万物皆有此理,理皆同出一原。……物物各具此理,而物物各异其用,然莫非一理之流行。"②朱熹认为,万物皆同出于理,本身又各具有理,而且万物之中的理"处处浑沦"、"个个完全",都是理的完整体现。朱熹在提出"理"是天地万物的依据的同时又吸取了张载的气本论,提出"气"充满天地之间,人与万物都由之构成,承认人与物的生成离不开气的作用,一气又分为

---

① 《朱子语类》,中华书局 2011 年版,第 1829 页。
② 同上,第 398 页。

阴阳两种相反相成的因素，两者相互作用化生出万物。但这并不是说在宇宙本原的问题上，朱熹是一个理、气二元论。在理与气的关系上，朱熹认为从宇宙的本原上看，是先有理，后有气，气只是在理的支配下才流行发育的；但万物都从阴阳二气产生，从具体的万物的禀赋上看，又是先有气，后有理，有是气而理随以具。这样，朱熹肯定了理气有则皆有，"无是气，则是理亦无挂搭处"①，理气不可分离，不可分说，但又"决是二物"②。但就本质而言，理是形而上，气是形而下，理是"生物之本"，气是"生物之具"，理生气，理本气末。理是宇宙占主导地位的本原。这说明，朱熹虽然承认并吸取了张载思想中气本论的思想，但他和二程一样，只承认气化，而不讲气本，最终以理本气末论取代张载的气本论。

在心性论上，以"心统性情"说为纲领，朱熹继承、改造并发展了以往儒家的心性之学，提出了一套系统的理论，重建了理学心性论思想，这种思想与同时代陆九渊心学的心性之学，代表了宋代儒家心性论发展的两个不同方向，对此后的学术思想产生了极为重要的影响。

朱熹把"心"主要看成是认知的主体，兼有伦理学的善恶的意义，但没有把它看成是宇宙的本原，这是朱熹"心"论应该注意的一个地方。作为认知主体，心具有感觉外物与思虑"理"而觉其是非的能力，朱熹提出"人心虚灵"，把心认识外物比做明镜照物，心犹镜，物来能照。他也说过"人心至灵，主宰万变，而非物所能宰"③之类的话，但心的主宰仅限于主体方面，真正的宇宙主宰是理，"心固是主宰底意，然所谓主宰者，即是理"④，他批评佛教只讲心为主宰而不见天理的思想是"流于自私"⑤。总之，朱熹对主体之心的规定大都是从其与天理的从属关系着眼，反映了理本论下的心论同陆九渊心学对心的本体规定有明显的不同。心不具

---

① 《朱子语类》，中华书局2011年版，第3页。
② 《答刘叔文》，《朱文公文集》卷四十六。
③ 《答潘叔度三》，《朱文公文集》，卷四十六。
④ 《朱子语类》，中华书局2011年版，第4页。
⑤ 《答张钦夫》，《朱文公文集》卷三十。

有本体"理"的属性,但不表明人身上没有"理"的体现,理在人身上体现为"性"。宇宙之间,无非一理,而天地万物,包括人在内,各得之以为性,性即理也。物物皆有其性,而各不同,作为人之性,"性即天理,未有不善者也"①,其基本内涵是仁义礼智四德。朱熹吸取张载天地之性与气质之性的说法,认为人生来是性与气相合,性为理,先于气而存在,并可以永存,性与气虽不相混杂,但却不能相分离。天命之性寓于气质之性之中,但不可认气质为性命,"故论天地之性则专指理言,论气质之性则以理与气杂而言之,非以气为性命也。"②

朱熹的根本观念显然受到了荀子之说的影响。但朱熹在久浸于佛教之说之后,受到佛教的影响同样显然而且深刻,不过同样明显的是,佛教对宋明儒的影响也许很大程度上只是本体论与心性论的思维模式。它开拓了理学家的思路,使之有可能在更大的理论视野上开拓儒学自己的本体论与心性论。在此之后,儒学家都把他们立说的根据牢牢地放在孔子和孟子的思想之源上,强调他们的理论来源于儒家的先圣之道,并转而排斥佛道二教。这一切源于宋明儒家认为自己所持理论的正确性。

以朱熹为代表的理学在哲学上的贡献主要是建立起了以理为主的儒家本体论,并在此基础上重建儒家的心性论与认识论。理本之说显然受到了来自佛教的挑战与启发,目的在于说明包括人在内的整个世界的统一性问题,以及揭示其意义。儒家传统注重说明现世人生的生活与德性,并没有形上学的单纯兴趣。但自魏晋以来,首先是玄学,其次是佛教,都注重探讨形上学问题,这种探讨往往能使他们在心性与道德问题方面得其立论的基础与根据,也有理论深度。儒家在这种挑战面前,很快就意识到要建立他们自己的形上学基础,即建立起自己的本体论,以回应并加强自己在心性道德修养方面的优势。宋明儒家就是在这种情势下发生的。但宋明儒家往往把自己这种应对看作是破天荒的,看作是

---

①《孟子集注》卷十一,《四书章句集注》,中华书局1983年版,第325页。
②《答郑子上十四》,《朱文公文集》卷五六。

直承先秦儒家的,而不愿提及他们深入佛道的学思,至多只肯定佛道对他们领会孔孟之道的启发意义。这种看法很耐人寻味。不能说他们的这种表态是一种虚伪,我们可以发现,在宋明儒家精心构建的儒家本体论与心性论中,确实存在着与先秦原始儒家极为一致的旨向,那就是儒家安身立命的基础。孔孟以仁义定义内在之体,以礼乐的外在规范为用,并且主要是从人性论方面寻找根据;而宋明儒家则从宇宙论与本体论角度来为他们在心性论方面的安身立命基础作论证。在朱熹那里,他的本体论是为他的心性论作准备的。心性论表现为他的理本论也是他全部理论的结论与意义之归宿。孔子指出,仁是内在于人的,"我欲仁,斯仁至矣"①,但其根据究竟为何,孔子并没有明说,到孟子那里,则明白地指出成圣的根据在于内在的性本善,"乃若其情,则可以为善"②,并初步提出了成圣至善的途径,即通过返观内在的性善,"求放心"、"尽心"以"知性",进而达到"知天"。孔孟之所说,大体上只限于以人论人,单纯从道德伦理的角度来探讨人。对性与天道的问题,不是语焉不详(如孔子弟子就很少听到孔子讲有关性与天道的问题),就是详之不尽(如孟子"尽心知性知天"并没有多少有力的论证)。只有到了宋明儒家建立起理本论以来,才有了真正的心性论基础。在二程、朱熹那里,成圣的根据在于一统世界的"理"。在朱熹看来,人的圣性的表现与根据都在于人对于"理"的达成;理是世界统一的本体,万物与它的关系是分有的关系,即所谓的"理一分殊",用他的弟子陈淳的话来说就是:"自其浑沦一理而言,万物无不森然具备。自其万理著见而言,又无非即此一理也。一所以贯乎万,而万无不本乎一。"③朱熹还用了"月印万川"的比喻来说明这种关系:"本只是一太极,而万物各有禀受,又自各全具一太极尔。如月在天,只一而已;及散在江湖,则随处可见,不可谓月已分也。"④万物的意义即

---

① 《论语·述而》。
② 《孟子·告子上》。
③ 《北溪字义·一贯》。
④ 《朱子语类》,中华书局1986年版,第2409页。

在于体现"理",但万物是死的,理的体现是消极的,只有人是唯一有灵的,能主动地达成天理。

朱熹这里的观念包含着对孟子思想的一个修正。对孟子思想的根本观念想必朱熹是不大赞成的,他在上述引文的后面接着说:"惟于理有未穷,故其知有不尽也。是以大学始教,必使学者即凡天下之物,莫不因其已知之理而益穷之,以求至乎其极。至于用力之久,而一旦豁然贯通焉,则众物之表里精粗无不到,而吾心之全体大用无不明矣。"①在孟子看来,人返观内在的性善之端即足以发现"圣性",成就圣人体性,而在朱熹看来,由于"理"才是第一性,人需要接近发现"理"才有可能实现"圣性",而"理"并不是由于人性单方面得以规定的,它需要在追究包括心物在内的整个世界的"理"性才得以发现,对于人来说,理不是内在于人,理只内在于理本身,但在人身上并非不能体现理,朱熹通过将人"心"二分为"性"与"情"的方式来解决人与理既内在又分离的关系。"心统性情",人心的"性"体现合"理"性的方面,即客观的方面、共性,具体体现为人心的"天理","情"则体现人心的任性、个体性,不合"理"性的方面,具体体现为"人欲"的方面。要使人合乎"理"性,唯一的道路即是让"天理"战胜"人欲",而且唯有人欲净尽,天理流行,才能使"圣性"的呈露成为可能,而这就是"吾心之全体大用"的呈现。

朱熹对人心与理性的这种理念,影响了其学说的全体,他在认识论上持一种向外求索的格物致知论,所谓"今日格一物,明日格一物",主张在物理上求人心之天理之所在,而在人性论上,他更持一种严格的禁欲主张,所谓"饿死事小,失节事大"虽不必是朱熹直接主张,但要之也为他所同情。

三、陆王的心学体系

程朱理学,以朱熹集其成,对于宋明儒家思想的发展是一个极大的

---

① 《大学章句》。

促进,对于整个儒学和中国思想文化的发展也是一个极大的开拓。朱熹之学具有向外求索的精神,有求知求智的倾向。朱熹之学,固然有重于外物而偏向于外物的倾向,但克实地说,朱熹之说仍是儒家的正统观念。今人如牟宗三等人多有批评其不合儒家正统,这种说法其实多以孟子为儒家正统来衡准。但朱熹的观念确有很多新说,不免与传统的义理有不相符合的地方,这引起了当时思想界的反弹。朱熹之说,在当时就遭到与他同时的陆九渊的激烈反对,在明代更为大儒王阳明所反对。心学家反对朱熹观念的一个中心点即在反对朱熹外心而物理,他们认为"心即物","心即理",求理应该主要放在心地的澄明上。陆九渊与王阳明在宋明时形成陆王学派,一般称为心学,成为与程朱理学相对立的宋明理学的一个重要分支。

陆九渊自述其心学是在读《孟子》中受到启发而直承孟子而来。他的学说集中在"心即理"说。陆九渊讲"人皆有是心,心皆具是理,心即理也"[①],这里的"理"的概念来自于朱熹将"理"视为世界本体的规定,只是朱熹将"理"视为外在的客观,而陆九渊则认为心即理,把心作为客观世界的根源,作为世界的本体。由朱熹将"理"视为外在的客观到陆九渊将"理"规定为内在的主观的心,这在儒家思想史上是一个很大的转折,具有重大的意义。"心"在儒家思想发展过程中,渐次地被赋予超出单纯主观性的意义,但如何在"心"的内涵中容纳进客观的内容,这却始终为儒家理论所无法很好地解决。孟子已有"尽心知性知天"的"天人合一"思想,但孟子的"心"还是主体性,还没有超出主体性之外的客体的含义,心性与天毕竟是二而非一体,其天人合一只是以人认识天,所谓"万物皆备于我",也只是在认识的意义上提出的。至心学,则赋予心以实的意义,即认为心不仅仅是主体,同时还是客体,天人合一是因为人本身即具有天之属性,人本身即是天。不过陆九渊对心何以是支配世界的"理",天人何以是一,并没有很严密的论证,到了明代,王阳明以其"心外无物"、

[①]《陆九渊集》,中华书局 2010 年版,第 149 页。

"心外无理"论,才对此作了比较详尽的论证。

陆九渊不仅在心与理的关系上不同于朱熹,在认识论上也不赞成朱熹"即物穷理"的方法,认为那样太烦琐,陷于支离,他主张一种反省内求的"简易"、"直截"的"求放心"的方法。在陆九渊看来,理就在每个人的心中,明理用不着探求外物,甚至连读书也是多余的,他说:"心之体甚大,若能尽我之心,便与天同。为学只是理会此。"①他认为,认识本心即认识了全世界,读书只是为了印证"此心之良,人所固有",你之心,我之心,圣人之心,只是一个心,"六经皆我注脚"②。因此,存立本心,这是做人处事的首要大事,叫做"先立乎其大者",不懂得此,书读得越多,知识越渊博,只会"假寇兵,资盗粮"③,这是非常危险的。儒家传统中尊德性的方面在陆九渊这里得到了突出的表现。如何存养本心呢?陆九渊认为,蒙蔽本心的主要有两个因素,一是物欲,二是意见,为此,必须破除物欲与意见,才能使本心复明。陆九渊提出"切己自反"、静坐冥思地"剥落"物欲的方法,他说:"人心有病,须是剥落。剥落得一番,即一番清明,后随起来,又剥落,又清明,须是剥落得净尽方是。"④

陆九渊确立起了心学的基本观念和思维框架模式,他上承孟子尊德性传统,奠定了与程朱理学道问学传统不同的思想学术路数,对中国思想文化产生了巨大且深刻的影响。不过他的学说过于粗疏,没有充分展开。心学到了明代王阳明才得以广为传播,并在社会上产生巨大影响。

王阳明的思想形成经过了长期探讨和多次变化,始泛滥词章,继遍读朱熹之书,出入佛老之学,学凡三变终于悟出圣人之道,吾性自足,不假外求,从而建立了知行合一说,此后其学又经历了以静坐澄心为学的、专提致良知三字和晚年达到化境三个阶段⑤。他的哲学主张可以概括为"心外无

---

① 《陆九渊集》,中华书局 2010 年版,第 444 页。
② 同上,第 395 页。
③ 同上,第 463 页。
④ 同上,第 458 页。
⑤ 参见黄宗羲:《明儒学案·姚江学案》。

物"、"心外无理"说,"知行合一"说,"致良知"说和"四句教"几个部分。

王阳明把心看成是包容万物、主宰万物的最高本体,万物不能离开心而存在,"心外无物,心外无事,心外无理,心外无义,心外无善"①。"心外无物"并不是说王阳明主张在个体的心之外外物并不存在。他曾通过不同的中介来对"物"的概念加以界定,如在"事"的意义上理解"物","物者,事也,凡意之所发必有其事,意所在之事谓之物"②。类似的话还有:"如意在于事亲,即事亲便是一物;意在于事君,即事君便是一物;意在于仁民爱物,即仁民爱物便是一物;意在于视听言动,即视听言动便是一物。"③在这些地方,物仅仅是指"意"所指向的对象,那么未被意所感知、指向的东西是不是物呢?"先生游南镇,一友指岩中花树问曰:'天下无心外之物,如此花树,在深山中自开自落,于我心亦何相关?'先生曰:'你未看此花时,此花与汝心同归于寂。你来看此花时,则此花颜色一时明白起来,便知此花不在你的心外。'"④这表明,王阳明同时在一般的意义上使用"物"的概念。从经验上看,花树自和人不相关,怎么说它不在心外呢?王阳明说,你未看花时,心未为花所感,意亦未动,处于寂的状态,但不能说心不存在;进一步讲,花的存在不存在完全要依赖于感知它的心的存在,如果后者不存在了,前者也将归于无。他在回答学生提出的"天地鬼神万物,千古见在,何没了我的灵明,便俱无了"的质疑时说:"今看死的人,他这些精灵游散了,他的天地万物尚在何处?"⑤在这些地方,王阳明所用的物还是指"意所在之事谓之物"。这说明,王阳明关心的不是山河大地的实然世界,而是与主体活动相关的意义世界,强调的是人的实践意向对于人的实践活动的意义⑥。不过很明显的是,他的这些说法很像是佛教"万法尽在自心,何不从自心中顿见真如","自心能含万法

---

① 《王阳明全集》,上海古籍出版社1992年版,第156页。
② 同上,第972页。
③ 同上,第6页。
④ 同上,第107—108页。
⑤ 同上,第124页。
⑥ 参见陈来《王阳明哲学的心物论》一文,《陈来自选集》,广西师范大学出版社1997年版。

是大,万法在诸人性中"①说法的儒家翻版。在王阳明之前,陆九渊也讲"宇宙便是吾心,吾心便是宇宙","万物森然于方寸之间,满心而发,充塞宇宙,无非此理"②,"心之体甚大,若能尽我之心,便与天同"③。这些说法,表达的一个中心观念即是所谓的"天人合一"思想,尽管从孟子以来的儒家都在不同程度上对此作论证,但始终没有得到清楚的提示,王阳明的心外无物论同样如此。但这并不妨碍它成为儒家的信念之源,这反映出儒家内在的神秘性和信仰化一面。实际上,宋明理学特别是心学一系的理学家都有过神秘体验,这种体验对于形成宋明理学的很多论点都有直接的作用。

在心与理的关系上,理学中存在着朱熹与陆九渊性即理与心即理的争论。王阳明接受了陆九渊心即理之说,并进一步提出了"心外无理",这是他的心外无物论的自然延伸。他认为,理是"心之条理",虽千变万化,"而莫非发于吾之一心"④,因而理不可离心而独在,他反对朱熹"求理于事事物物"的说法,比如在父母身上求孝之理,如果说孝之理只在父母身上,那么当父母死后,难道我心就没有孝之理了吗?人见孺子将入井而生怵惕恻隐之心,难道能说此心来自孺子吗?阳明这些对理的辩解实际上说明的只是道德意识内在于心,说明内外统一方可构成道德行为。但他进一步认为,"物理"同样不外于"心","夫物理不外于吾心,外吾心而求物理,无物理矣;遗物理而求吾心,吾心又何物邪?心之体,性也;性即理也。故有孝亲之心,即有孝之理;无孝亲之心,即无孝之理矣……理岂外于吾心邪?"⑤这样,王阳明就把物理同样纳入到了人的道德认识中,对客观事物的认识并不在他的视野之内。

王阳明另一个创见是知行合一说。其说的源由,用王阳明自己的话说是因为"近世学者分知行为两事,必欲先用知之功而后行,遂致终身

---

① 《六祖坛经·般若品》。
② 《陆九渊集》,中华书局2010年版,第423页。
③ 同上,第444页。
④ 《王阳明全集》,上海古籍出版社1992年版,第277页。
⑤ 同上,第42页。

不行,故不得不为此补偏救弊之言"①,即主要是针对朱熹知先行后之说盛行以后,人们知行脱节,只知讲之以口耳,不知应之以身心,最终使忠孝仁义流于形式。同时,"今人学问,只因知行分作两件,故有一念发动,虽是不善,然却未曾行,便不去禁止。我今说个知行合一,正要人晓得一念发动处,便即是行了;发动处有不善,就将这不善的念克倒了,须要彻根彻底,不使那一念不善潜伏在胸中。此是我立言宗旨。"②这说明,知行合一也是为了服务于道德实践上的需要,为了破除"心中贼",清除潜藏在心中的恶的念头。由于其理论上将"行"的范围扩大至起心动意、"一念发动处"之时,进入闻见之后的意念心理活动,都属于"行",因而知与行实际上就不可分,只是一件事。明末清初王夫之批评此说"销行以归知"③,确是中肯的批评。

王阳明学说最后以"致良知"说为归宿。他认为,良知为人心所固有,"良知只是个是非之心,是非只是个好恶,只好恶就尽了是非,只是非就尽了万事万变。"④这样的是非善恶标准,人人皆有,圣愚皆同,本来圆满,原无欠缺,不须假借,因而推扩开来,人人"胸中原是圣人"⑤,因而有"满街都是圣人"之语。人心的良知即是天理,不可在良知之外别求天理。他说,良知是造化的精灵,"生天生地,成鬼成帝",天地万物都从良知产生。没有良知,就没有天地万物。王阳明晚年又提出"无善无恶心之体,有善有恶意之动,知善知恶是良知,为善去恶是格物"的"四句教"作为立言宗旨,告诫弟子以后教人务要以此为准。在对"四句教"的解释中,他把良知称作"太虚",太虚一过即化,天地万物在太虚中发育流行,而无一物能为太虚之碍。王阳明的这种说法与儒家传统的性善论相对立,引起同情他与反对他的人的强烈质疑,这种说法也是导致王学在他身后迅速分化的一大原因。

---

① 《王阳明答周冲书之四》,《中国哲学》第一辑。
② 《王阳明全集》,上海古籍出版社 1992 年版,第 96 页。
③ 《尚书引义》卷三。
④ 《王阳明全集》,上海古籍出版社 1992 年版,第 111 页。
⑤ 同上,第 93 页。

不过,王阳明四句教法实际上表达的不是着眼于伦理上的善恶,而是从人的生存情态上,对心体的无执著性、无滞碍性所作的实存的描述,它反映出宋明理学到王阳明那里,经历了一个从本体论到生存论的转变。四句教的中心在于要人从人心的无碍性、无执著性、与万物一体的清净心体中体认圣性,成就心之本然的圣境。王阳明把他的晚年四句教法作为其晚年定论,教诫弟子从此勿要更此教法。从儒家思想的发展史上看,四句教法也确实代表了重内在超越的儒家心性学说的最高峰。

王阳明力图纠正宋明以来程朱理学烦琐与僵化的流弊,直接诉诸人本有的良知,从而使儒家道德践行、成圣目标变得人人可行。王阳明的思想流行达150年之久,形成了阳明学派,大大促进了思想解放,成为明代最重要的思想流派,王阳明也成为中国儒学思想发展史上最重要的思想家之一。但王阳明的学说也存在着忽略客观的知识,片面重视个人的德性与道德修养的偏弊。在他死后,弟子分化,其中有些弟子"虚玄而荡,情识而肆",故后人多有将明亡的原因归结于其学的流行。

王阳明的心学是儒家思想的最后高峰,是中国传统道德哲学的最后辉煌。在王阳明之后,由于时代风气的转变,儒家和整个中国思想学术都开始了转向,无论是正面的资粮还是负面的影响,王阳明的心学都未能为思想界所充分的吸收。尽管如此,他的思想还是对明末包括改变了思想基调而具有现代性萌芽的清代思想界发生了深刻的影响。事实表明,王阳明的思想作为儒家传统思想的代表,不仅具有一种恒久的影响力,同时也是现代思想可资借镜的重要思想源泉。

第四节 明末清初儒家思想家与儒学基调的转变

儒家思想发展到明末清初,开始进入一个转折期,它有别于儒家历史上其他的转折期。由明末发端的儒家思想变动不仅使儒家基调有了转变,而且展开了对自身的批判,同时,儒家还要承受从未有过的来自外部的冲击。这种冲击到了近代西方文化入侵,新学兴起,终于使儒家思想在中国一劫不复。虽然这一结果主要的是由于外部冲击所造成,不一定代表儒家思想发展的内在规律,但这个时期无疑是儒家思想发展的一个独特的阶段。

这时期一个重要的现象是反理学思潮的出现,产生了具有启蒙意义的新说和思想家。它产生于中国思想内部,如果任其发展下去,是否会使中国演变成一个类似西方资本主义性质的社会?这个问题如果抽象地说,可以转换成一个重大的理论问题,即中国现代化的动力是内生原发的,还是像很多西方学者如马克斯·韦伯认为的那样,中国不存在走向现代化的文化背景?这在很大程度上要取决于对这一时期的思潮的评价。此外,儒学在中国近代的解体,主要的原因一般的意见是认为反儒学运动特别是西方思想在外部对儒学的冲击,但通过对这一段思潮的研究我们可以看出,这时期出现的儒学的批判思潮很多来自于儒家内部,其中不乏追求新的儒家价值观的尝试。从这个意义上看,后来儒学的解体究竟是儒学内部批判抑或是外部冲击的结果,尚是一个问题[①]。

一、明末清初智识主义的兴起与儒学基调的转变

从汉武帝"罢黜百家,独尊儒术"开始直到明清,儒家一直是占统治地位的思想意识形态。在这期间,不同形式的思想固然对儒家有所挑战,如魏晋时玄学对儒家正统思想的挑战,隋唐佛教、道教与儒家争雄,以及宋代陈亮、叶适的永嘉事功学派反对理学,但它们只构成一种"异端",没能对儒家的思想统治地位构成威胁,也无法取代儒家、或像儒家一样提供适合封建宗法社会的思想意识形态和价值观念体系。不过儒家也有局限性,而且它本质上是适合于封建社会的价值系统。随着封建社会本身在明末走向下坡路,封建制出现了危机,它表现在很多方面,如明末长江流域一带商品经济得到了长足的发展,西方自然科学和社会文

[①] 参见余英时《现代儒学的回顾与展望》一文,《现代儒学论》,上海人民出版社1998年版。

化观念传入中国,产生了资本主义的萌芽,思想界出现了儒家批判思潮,等等。在这一背景下出现了明末清初的"实学"思潮或曰启蒙思潮。这一思潮持续了约一个世纪①,其中涌现了如方以智、顾炎武、颜元、黄宗羲、王夫之、戴震等实学家和大思想家。在这段时期中,反理学,讲究经世致用、注重实际成为主流的思潮。各个思想家对传统儒家不同程度上都有所背离,都在不同程度上反对宋明理学,但又苦于新说无由建立,因而对传统又有一定的依赖性。王夫之五十一岁自题堂联"六经责我开生面,七尺从天乞活埋",其中即透露出对传统的两面态度,一方面无法忍受传统社会的思想,立意别开生面;另一方面,未能明了新思想来源于何处,还只能从传统的儒家经典中寻找新思想的立意根基。在明清儒学基调已变的情况下,这种状况在明清之际的思想家身上多少有些代表性。这从清初三大儒即顾炎武、黄宗羲、王夫之三人的思想可以看出来。

　　在注重知识与实学思潮推动下,三人对崇德性的宋明理学都有不同程度的批评,而批评主要集中在以下几个方面,一是理气观,一是对人欲的看法,一是在主智的观念上反对程朱对德性之知的倚重。

　　当时的思想界普遍反对程朱的理本气末、理气分殊论。明末,刘宗周从王阳明心学出发,以慎独为宗旨,主张理气一元论,认为"盈天地间,一气而已"②,"理即是气之理,断然不在气之先,不在气之外"③。顾炎武提出"盈天地之间者,气也"④。颜元认为理气是统一的,"气即理之气,理即气之理"⑤。黄宗羲对朱熹的"理生气"尤为反对,认为"天地间只有一气充周,生人,生物"⑥,"若谓别有先天在形气之外,不知此理安顿何处?……世儒分理气为二,而求理于气之先,遂堕佛氏障中",他认为理气是统一于气的,"盈宇宙间一气也。即使天地混沌,人物消尽,只一空

---

① 参见萧萐父、许苏民《明清启蒙学术流变》导论部分,辽宁教育出版社 1995 年版。
② 《刘子全书》卷二《读易图说》。
③ 《刘子全书》卷十一《学言》中。
④ 《日知录》卷一。
⑤ 《颜元集》,中华书局 1987 年版,第 1 页。
⑥ 《孟子师说》卷二。

虚,亦属气耳"①,"理为气之理,无气则无理"②。戴震把道作为宇宙的本体,提出"气化即道":"道,犹行也;气化流行,生生不息,是故谓之道"③,他把理看成是事物的特殊性,即"分理","理者,察之而几微必区以别之名也,是故谓之分理"④,"事物之理,必就事物剖析至微而后理得"⑤。对程朱理气论最有系统辩驳的是王夫之。王夫之与其他同时期的儒者一样,认为构成世界本体的是实体性的"气","太虚即气,絪缊之本体"⑥,"太虚之为体,气也,气未成象,人见其虚,充周无间者,皆气也"⑦,元气只有聚散或显隐之殊,而无生灭,"凡虚空皆气,聚则显,显则人谓之有;散则隐,隐则人谓之无","聚散变化,而其本体不为之损益","散而归于太虚,复其絪缊之本体,非消灭也"⑧;他进而把元气的存在抽象化,认为"诚"是元气的本质属性,"夫诚者,实有者也"⑨,这样就把客观实存性作为宇宙实体的存在样式,显示出他已经洞见到以具体的元气来统一世界的局限性。王夫之以此为准来理解理气的关系,认为理不能离开具体的事物,"理者,物之固然,事之所以然也"⑩,理只是气的理,"凡气皆有理在"⑪,因此他反对朱熹"理与气决是二物",认为理气是不能分开的,"将理气作为二事,则是气外有理矣","气者,理之依也"⑫,"理只在气上见,其一阴一阳,多少分合,主持调剂者即理也"⑬,"盖言心言性,言天言理,俱必在气上说,若无气处则俱无也。"⑭

---

① 《明儒学案》卷二十,中华书局 2008 年版,第 468 页。
② 《明儒学案》卷七,中华书局 2008 年版,第 112 页。
③ 《孟子字义疏证》,《戴震全书》第六册,黄山书社 1995 年版,第 175 页。
④ 同上,第 151 页。
⑤ 同上,第 212 页。
⑥ 《张子正蒙注》卷一《太和篇》。
⑦ 《张子正蒙注》卷九《乾称篇》。
⑧ 《张子正蒙注》卷一《太和篇》。
⑨ 《尚书引义》卷三,中华书局 1976 年版,第 70 页。
⑩ 《张子正蒙注》卷五《至当篇》。
⑪ 王夫之:《读四书大全说》,中华书局 1975 年版,第 335 页。
⑫ 《船山思问录》,上海古籍出版社 2000 年版,第 49 页。
⑬ 王夫之:《读四书大全说》,中华书局 1975 年版,第 335 页。
⑭ 同上,第 718 页。

明末清初儒者对理气观的这种看法并不能简单地归约为哲学上唯物论思想的重兴。事实上,对理气的唯物主义可以得出极不相同的结论,例如方以智、黄宗羲等人,理气论上的唯物主义并不妨碍他们持有心学的唯心主义见解,黄宗羲就力主"心即气",提出了"盈天地之间皆心也"①的心学观点。明清儒者在理气关系问题上反对程朱理气二分的观念,同当时兴起的儒家智识主义的背景有关,在这个背景下,人们反对超越性与主观性,更多地倚重于经验,对不能凭知性把握的即予以反对。明清儒者的理气观就是立足于这种新价值观之上的。

反对程朱禁欲主义的理欲观与重建合乎人性的情理观也是当时思想界的普遍倾向。这在李贽身上有突出的表现,李贽根本否认有与"人欲"相对立的"天理",主张"穿衣吃饭即是人伦物理"②,他推崇情性,认为"自然之性乃自然真道学","非情性之外复有礼义可止也"③,并提出因人之异,在自由竞争中"各遂千万人之欲"。王夫之、费密、颜元等人虽反对私欲,但主张"人欲之各得即天理之大同"④,认为"欲不可禁,亦不可纵",主张欲较之天理更为人类活动的本质。陈确肯定有"私"的"人欲",反对道德至上。唐甄则从"生于血气,避苦求乐"的自然人性论出发,探讨人的"血气"与"心智"的调和,肯定"欲"是人的活动的原动力⑤。而提倡自然人性论最具理论深度的是戴震的"血气心知"论。戴震以"血气心知,性之实体"拟之于"阴阳五行,道之实体",认为血气心知构成人的自然性,欲、情、知、理都奠立在其基础上,"欲生于血气"⑥,"惟有欲有情而又有知,然后欲得遂也,情得达也"⑦,"理者存乎欲者也"⑧,而且最重要的是,戴震以

---

① 《明儒学案·自序》,中华书局 2008 年版,第 9 页。
② 《焚书》,岳麓书社 1990 年版,第 4 页。
③ 《焚书》,岳麓书社 1990 年版,第 132 页。
④ 《诗广传》卷四。
⑤ 参见《潜书·七十》。
⑥ 《孟子字义疏证》,《戴震全书》第六册,黄山书社 1995 年版,第 160 页。
⑦ 同上,第 197 页。
⑧ 同上,第 159 页。

此为基点,强烈批判宋明儒,这种批判不同于一般唯物论者的地方在于,他确认血气之自然是人的道德内在性的基础与根据,这与宋明儒将抽象的天理、良知规定为人的道德内在性的根据针锋相对。他说:

> 由血气之自然,而审察之以知其必然,是之谓理义;自然之与必然,非二事也。就其自然,明之尽而无几微之失焉,是其必然也,如是而后无憾,如是而后安,是乃自然之极则。若任其自然而流于失,转丧其自然,而非自然也。故归于必然,适完其自然。①

戴震在这里清楚地指出,礼义之必然性只有奠立在血气之自然之上,相反,人性在礼义必然性上的完善实则是血气自然的归宿。他激烈地批判宋明儒天理人欲两分的主张:

> 凡出于欲,无非以生以养之事。②
>
> ……天下必无舍生养之道而得存者,凡事为皆有于欲,无欲则无为矣。有欲而后有为,有为而归于至当不可易之谓理。无欲无为,又焉有理。③

戴震此说,反对宋明儒的倾向极为明显,而其新说能成为对宋明儒"天理人欲"之说的系统反驳又极为鲜见。过去的儒家在重视仁德价值观的支配下,一般总要返之于人内在的德性去寻求其依据,但总是把德性抽象化,脱离人的自然性、情欲,戴震强烈地反对这种德性观,他并非不要德性,他对儒家传统的仁德也是赞同的,但他力图将人的德性奠定在人的自然性基础上,通过知识的进路以成其德性,这是儒家发展史上的一个根本性的转折,反映出清初儒家对传统儒家已有系统的批判意识,儒家在清初已经开始转向,其背景与理论基础,即在于这时期儒家知识分子的知性精神的发展,即儒家智识主义的兴起。

---

① 《孟子字义疏证》,《戴震全书》第六册,黄山书社 1995 年版,第 171 页。
② 同上,第 160 页。
③ 同上,第 216 页。

儒家以追求德性为主，对知识问题没有进行独立探讨的兴趣。但讲求身心修养必然同时指涉对外物的知解方面，故知识问题仍能在儒家如《大学》所提示的"格物致知，正心诚意"的一贯之道中取得一席地位，内向追求与外向追求仍能保持一定的平衡。至宋明，由于程朱对"格物致知"的强调，遂造成了"道问学"与"尊德性"的紧张，同时由于儒家传统上的特点，尊德性之风在儒家中占了上风。明清之际，儒者鉴于宋学空谈心性而流于形式之弊，转而强调"道问学"，反宋学遂成为潮流。当时很多人在知识方面的建树很大，如黄宗羲的《明儒学案》是中国第一部系统的学术史，他的史学研究直接启迪了清代"浙东学派"的兴起；顾炎武在音韵学上作出了巨大贡献，其"复兴汉学"的实践开后代汉学研究先河；王夫之则将中国古代唯物主义推进到一个灿烂的阶段。明中叶以后考证学兴起，表明明代儒学在主张义理、尊德性的反智识主义发展到高峰时开始转向注重智识，而这部分地也是明代义理之学向前发展的需要。义理之学所重在尊德性，在义理之学占据主导地位的宋明时期，对知识的追求，即道问学，基本上是为了服务于尊德性的需要，知识之有意义仅在于它能使人成就德性，而不是由于它本身的内在价值。这可说是儒学从孔子和孟子以来对知识的传统态度。朱熹虽然比较倾向于智识论，对知识的独立意义有所认识，但并不突出。主张道问学相对于尊德性的独立性始于明中叶以后考证学的兴起。方以智、杨慎、焦竑等人论博约的话语即为显例。如焦竑在回答他人"颜子殁而圣人之学亡，后世所传是子贡多闻多见一派学问，非圣学也"之问时明确指出，"多闻择其善者而从之，多见而识之，是孔子所自言，岂非圣学？孔子之博学于文，正以为约礼之地。盖礼至约，非博无以通之。故曰：博学而详说之，将以反说约也。"①这里，强调知识本为孔子所重，博文是约礼的必经之途，这就扩大了圣学的领域，将多闻博识纳入到了孔门儒家之内。与之相似，罗钦顺主张义理的是非必须"取证于经书"，方以智晚年提出了"藏理学于经学"的口号。演至清代，终于造成了儒家智识占据思想学术界主导地

---

① 《古城答问》，《澹园集》，卷四十八，《金陵丛书·乙集》。

位的局面。

清初经学考证之兴起可以顾炎武"经学即理学"之论的提出为标志,清代学术由虚而入实。自张载以来,宋明儒多以德性之知与闻见之知分际知识,从二程、张载到陆九渊和王阳明,大都认为"德性之知,不假见闻",到了阳明后学,主张所谓的"现成良知",闻见之知在儒学中益显次要。这种局面到了明末清初有所改观,如刘宗周《论语学案》对二者关系问题已经有了全然不同的看法,"世谓闻见之知与德性之知有二,予谓聪明睿知非性乎？睿知之体不能不窃于聪明,而闻见启焉。性亦闻见也;效性而动者学也。今必以闻见为外,而欲隳体黜聪以求睿知,并其睿知而槁矣！是隳性于空,而禅学之谈柄也。"①在这里,刘宗周主张闻见为必须,反对将德性与闻见截然相分的态度至为明显。至清初三大儒顾炎武、黄宗羲和王夫之,持道问学立场益坚。顾炎武以《论语》的"博学于文,行己有耻"之言为教,表明其已将知识与道德视为二事。黄宗羲认为"读书不多无以斯理之变化;多而不求于心,则为俗学"②,他晚年改定《明儒学案序》,提出有名的"心无本体,功力所至,即其本体"之论。王夫之《张子正蒙注》对"闻见之知"的看法最为全面,最具系统。他说:"见闻之知不足以累其心,而适为获心之助,广大不测之神化,无不达矣。此尽性知天之要也。""多闻而择,多见而识,乃以启发其心思而会归于一,又非徒存神而置格物穷理之学也"③,"内心全外物以启,觉心乃生,而于未有者知其有也;故人于所未见闻者不能生其心。"④张载《正蒙》强调"见闻之知,乃物交而知,非德性所知。德性所知,不萌于见闻"⑤,反映的是典型的将德性之知与闻见之知分为二截而重德性轻闻见的看法,王夫之并非不明白,他自己本也认为德性之知得之于天,是先验的看法,但他在对

---

① 《刘子全书》卷二九。
② 全祖望:《梨洲先生神道碑文》。
③ 《张子正蒙注》卷四,古籍出版社1956年版,第106—107页。
④ 《张子正蒙注》卷九,第276页。
⑤ 《正蒙·大心篇》。

《正蒙》的注释中处处要人正视闻见的作用,反映了其理气论上重气的观点背后是重知识的独立作用的知识论基础,他说:"知见之所自生,非固有。非固有而自生者,日新之命也。原知见之自生,资于见闻,见闻之所得,因于天地之所昭著与人心之所先得。人心之所先得,自圣人以至于夫妇,皆气化之良能也。"①

正是在这种背景下,戴震提出了对程、朱"详于论敬,略于论学"的指责,从来只有嫌程朱论学太多,而戴震却嫌他们论学太略,这反映了当时儒家智识主义发展到高峰时代的典型看法②。在这样的背景下,讲义理比讲考证要承受更大的压力,戴震是当时极少数对义理之学仍有兴趣并有志创树的代表,其"不甘以考订为事,而欲谈性道以立异于程、朱"③,但在当时的考证家朱筠、钱大昕等人看来,其《原善》等义理之作是"有用精神耗于无用之地"④,可以无作。这充分说明,明末清初儒学道问学的成分大大增强,智识主义抬头,反映了明清儒学基调已经转向以智识为主流。明清考证学兴盛之际,智识取向甚至成为唯一的标准,义理上的探讨被束之高阁,这很容易让人将明清智识主义理解为单纯的方法论的运动,而在儒家的义理旨趣方面无多建树,或者其义理方面的贡献仅仅被理解为宋明理学的余波。但事实是否如此呢,让我们回到李贽与戴震重建儒家的努力中来看看吧。

二、从李贽到戴震

明末清初的中国思想界有了很大的转机,如上文所说,反理学与儒家内部智识主义的兴起就是很重要的现象。由于这些思潮发生在中国历史发展的一个特殊转折关头,众多思想倾向与背景不同的思想家都参与了进来,对中国传统思想产生了很大的冲击,但这股思潮的复杂性,导致了对其认识的多义性。其中最有歧义的是,这股思潮在性质上究竟属

---

① 《思问录》内篇,古籍出版社 1956 年版,第 21 页。
② 参见胡适:《戴东原的哲学》,《胡适学术文集》,中华书局 1991 年版。
③ 《理说驳戴震作》,《复初斋文集》卷七,文海出版社 1966 年影印本,第一册,第 321 页。
④ 章学诚:《答邵二云书》,《章氏遗书》卷九,商务印书馆 1936 年影印本。

于旧思想的继续,还是超出了传统思想,是现代思想的前夜,换言之,这股思潮究竟属于传统正统文化,还是属于带有近代性质的早期启蒙思潮?不过可以肯定的是,这时期出现的很多社会现象与观念都具有明显的同传统思想与社会制度相悖的特征,是以截然不同于传统的面目而出现。儒学的基调有了巨大的转变,中国社会处于一个新时代的前夜。

明清是君主专制的高峰时代,士人受专制集权的摧残最深,因而反对封建专制、抨击君主专制的政治体制的呼声高涨,其中以黄宗羲的《明夷待访录》和唐甄的《潜书》最为典型。唐甄公开叫骂帝王:"自秦以来,凡为帝王者,皆贼也","杀人者众手,天子实为大手"①。黄宗羲认为,"朝廷与学校相反,不特不能养士,且至于害士",他认为学校才是养士的所在,不仅如此,学校还应该是讨论国家大是大非的舆论机构,应该"公其是非于学校",以改变"天下一是非于朝廷"的局面②。抑制君权,成了明清之际思想界的趋势③。不仅如此,攻击与挑战传统伦常观念和孔子至圣至尊地位也蔚为大观,李贽公开打出"不以孔子之是非为是非"的旗帜,认为"咸以孔子之是非为是非,故未尝有是非耳"④,对孔子加以调侃戏笑,并提出"六经皆史",认为六经只是历史研究的素材,多有史官臣子过为褒崇赞美之词,很多是靠不住的,同样,《论语》、《孟子》也只是孔孟的"迂阔门徒,懵懂弟子,记忆师说,有头无尾,得前遗后,随其所见,笔之于书","大半非圣人之言"⑤,根本不必执实。泰州学派的何心隐,"人伦有五,公舍其四,而独置身于师友贤圣之间"⑥,即其五伦独尊朋友一伦,置君臣、父子等封建伦常于不顾。有十七世纪思想界"异军"之称的傅山反对儒学独尊,将周秦诸子与孔子等量齐观,并提出"天下者非一人之天

---

① 《潜书·室语》。
② 以上引文见《明夷待访录》,万有文库本,第7—8页。
③ 陈登原:《国史旧闻》第3分册,中华书局1980年版,第505页。
④ 《藏书世纪列传总目前论》,《藏书》,中华书局1959年版,第1页。
⑤ 《童心说》,《焚书》,中华书局1975年版,第99页。
⑥ 李贽:《何心隐论》。

下,天下人之天下也"①。在学术思想上,反对理学空疏清谈之风,主张经世致用的实学在当时占据了主流。朱舜水沉痛总结明亡教训时指出,八股取士,使士之不复知读书之义,明亡于清,"亦中国士大夫之自取之也"②。顾炎武说:"以明心见性之空言,代修己治人之实学,股肱惰而万事荒,爪牙亡而四国乱,神州荡复,宗社丘墟。"③王夫之更从哲学上揭示了空疏学风得以产生的陆王心学的谬误。费密、唐甄痛斥清谈害实,无补于家国、政事与民生④,并阻碍了自然科学的发展⑤。

不过我们也应该看到,尽管这股思潮在反叛封建传统的伦理与思想观念方面前进了一大步,但究竟有没有为人们提供了新时代的设计方案与新的不同于传统价值观的不同的价值体系,则仍是一个未知数。为此,我们可以从李贽到戴震的新学努力中来作一番探讨,看他们在对旧学有了明显的决裂意识的同时,又如何努力地为未来设计符合人性与理想的社会模式。

李贽在他同时代的外国传教士利玛窦眼中是"中国人罕见的典例"⑥,在明末,他是对旧时代做最坚决决裂的思想家。万历八年(1580),他坚决辞官,五年后,他送走了家眷,自己住进了维摩庵,又三年,他在湖北麻城削发为僧,这标志着他弃官弃家置一切封建伦理于不顾而开始一个独立的思想家的开始。李贽并不是为信佛而出家,他的出家,倒不如说是对封建制下令人窒息的伦常的抗议,"余唯以不肯受人管束之故,然后落发"⑦,之后,他在友人的资助下,生活较为稳定,他的著作大部分都是在这段时间写就的。他在著作里对封建伦理作了激烈的抨击,在民间影响很大,"举国趋之若狂",其所著《藏书》、《焚书》,"人夹一册,以为奇

---

① 傅山:《霜红龛集·谈〈老子〉道常无名解》。
②《中原阳九述略·致房之由》,《朱舜水集》上册,中华书局1981年版,第1页。
③《日知录》卷七,"夫子之言性与天道"条下。
④ 参见费密:《弘道书》。
⑤ 参见唐甄:《潜书·辨儒》。
⑥《利玛窦中国札记》,中华书局1983年版,第388页。
⑦《豫约》,《焚书》第187页。

货"①。在当时,作为向封建思想作最彻底决裂的思想家,李贽对传统思想的批判远远超出了当时人们所可接受的范围,这从迫害、弹劾他的人不是别人,而恰恰是进步的东林党人冯应京、张问达即可看出。冯应京曾因站在市民一边反对陈奉以税使身份聚敛掠收财富而被明神宗收捕治罪,而张问达也曾对明神宗派矿监税使对商民进行掠夺多次上疏请陈矿税之害,最后也被人弹劾"植党乱政"和有贪赃行为,被明熹宗强令捐白银十万两而活活气死。但正是张问达弹劾李贽"惑乱人心","同于禽兽而不之恤"②,这促使明神宗以"敢倡乱道,惑世诬民"将其逮捕。李贽最后在狱中用剃刀自裁。而冯应京则策动了焚毁李贽居所芝佛院、逮捕李贽的追随者并驱逐李贽的行动。这突出地反映了新旧交替之际儒家价值观内在性的矛盾与危机。

传统的儒家价值观发展到李贽之世,已经失去了应有的活力,以人及人伦关系为基本内容、突出德性与伦理的价值观日益显出其另一面的弊端,即对人的自然性与私欲追求的抑制,在伦理关系上过分强调群体而压抑人性自由,在学术上突出宏大的思想义理而较少实用的政治经济治世主张。在新旧交替之际,有人维护旧价值,有人则欲破除之。张问达等人就是前者,而李贽身受封建伦常之苦,经过痛苦的抉择,最终与之决裂,他的思想反映了对传统儒家思想的一种系统的反动。

李贽认识到,人本身并不是为德性、为义而存在的,人同样也是自然存在物。他指出,人最本真的存在是"童心",童心是人的最本质面目,其特点是"真"。李贽的"童心即真心"之说主要是针对当时人的原初之真心的泯灭从而造成"无所不假","满场皆假"的虚伪丑恶的人与社会而言,他指出,障蔽人的真心多是所谓的"道理闻见",而这些大多是从读书、识义理而来,"六经语孟,乃道学之口实,假人之渊薮也,断断乎其不可语于童心之言明矣"③。李贽之反对孔孟儒家,很显然地是因为后者将

---

① 朱国桢:《涌幢小品》,转引自许苏民:《李贽的真与奇》,南京出版社1998年版,第93页。
② 顾炎武:《日知录》卷十八。
③ 《童心说》,《焚书》,中华书局1975年版,第99页。

"仁义"看作是人的本质,要人们舍弃自然之心而去追求仁义礼智信等德性。李贽指出,这种对德性的追求并不符合人的真实存在,人实际上是"无私则无心"的,"夫私者,人之心也。人必有私而后其心乃见。若无私,则无心矣。"自私自利是人心最基本也是最本质的属性,"无私则无心",人必有私,"为无私之说者,皆画饼之谈,观场之见,但令隔壁好听,不管脚根虚实,无益于事,只乱聪耳,不足采也"①。他曾在《明灯道古录》中揭露孔子言论的自相矛盾和虚伪,以说明"圣人不能无势利之心"。李贽由此而提出了"自然真道学",推崇自然人性和人的情感欲望。他主张"吃饭穿衣即是人伦物理",强调离开了吃饭穿衣,就无所谓人伦物理。他从人民的实际生活中寻找道德与施政的依据,倡导"实学":"夫当行而后言,非通于道者不能;可行而后言,非深于学者不能。……通于道、深于学者,……其言之当行而可行者,……实学也;其政,实政也。"实学的"通于道",即是明白吃饭穿衣的道理,"吃饭穿衣,即是人伦物理。除却穿衣吃饭,无伦物矣。世间种种,皆衣与饭之类耳。故举衣与饭,而世间种种自然在其中,非衣饭之外,更有所谓种种绝与百姓不相同者也。"②具体地说,就是为天下理财,在"并育而不相害"的前提下,使各人得以各遂其生,各获所愿,这反映了早期资本主义萌芽生长的要求,为此,他鼓吹社会发展的规律就是生存竞争,适者生存,"强者弱之归,不归则并之;众者寡之附,不附即吞之。此天道也,虽圣人其能违天乎哉!"③这是为当时商业和手工业中出现的资本主义萌芽辩护,为新兴的剥削辩护。

　　李贽的思想反映了初兴的新的生产力发展的要求,但李贽之说的破坏大于建树,其对旧道德旧伦理摧破有余而对新道德新伦理建设不足。事实上,由于他的思想的极端性而使其说不复与传统思想有相容性,他的思想在更大程度上表现为是旧思想的异端,是对中国传统思想的全盘否定,这突出地反映了当时的思想状况与时代要求之间的紧张关系。

---

① 以上引文见《德业儒臣后论》,《藏书》卷二十四,中华书局1959年版,第544页。
② 《答邓石阳》,《焚书》,第4页。
③ 《明灯道古灵》卷下,《李氏文集》卷一九。

与李贽相比较起来,认真地探讨传统文化在新时期的延续,这在明清之际特别是清代前中期仍或明或暗地成为一股思潮。不过,这种努力被淹没在与宋明以义理为主迥然不同的重考据的汉学的形式中。

清初顾炎武提出"经学即理学",主张由训诂以明义理,清代学风开始转向,重训诂,重实证,经义明得以训诂明为前提。考证作为达到义理的手段,在清代学风的大环境中,获得了独立的意义,学界普遍认为只有考据实证之作才真正称得上是学问,而义理则为无用和无意义。当时,坚持义理探讨的思想家要面临很大的压力。但在这股方法重于内容的潮流中,仍然有个别思想家注重思想义理的探讨,比如王夫之、戴震、章学诚与方东树等人。

王夫之是当时少数还对义理感兴趣的人,王夫之在哲学上有很多突破性的见解,但他认同传统的伦理道德观念,对传统思想有很深的同情,这与李贽对传统思想的决裂形成了鲜明对比。在考证学甚嚣尘上之时,对汉学的研究裹挟了对宋明义理之学的研究,而当时能对这股思潮进行抗击的实际上都只能是末流和枝节,而且作这种抗击要承受的压力也很大。正因为此,所以清学也就很容易被人理解为只是一种方法论的运动,其思想上的见解则被认为至多只是宋明理学的余波。

戴震作为乾嘉时期考据学的领袖,其在学术界的地位是由其突出的考据学成就而奠定的,在当时人的眼中,他也只是以一个考据学家被人所理解,他的思想性的著作被同时代的考据大家称为"可以无作"。但戴震自己并不这样看,虽然在当时同行风气的压力下他只能以考据与之相委蛇,但他对自己在义理上的建树的自负更甚于在考证学上取得的成就,他曾经把自己的义理之作比作"轿中人",而把自己的训诂、声韵、天象、地理之作视作"抬轿人",他自负地说:"余所明道,则乘舆之大也;当世号为通人,仅堪与余舆隶通寒温耳。"①

戴震义理学说的系统之作主要有《原善》、《孟子字义疏证》、《读易系

---

① 章学诚:《书朱陆篇后》,《文史通义校注》,中华书局1994年版,第275页。

辞论性》等,特别是其晚年的《孟子字义疏证》,可以看作是其晚年定论。戴震通过这些著作树立起的思想中表现出了对中国传统儒家义理的尊重与继承,他晚年欲"竭数年之力,勒成一书,明孔、孟之道"①,说明他除了以上义理之作之外,还想有一更具系统的义理之作。这样,我们看到,在戴震那里,考证学获得了超过考证本身的吸引力和单纯的方法论意义,对他来说,考证成为义理的必要准备,所谓"训故明则古经明,古经明则贤人圣人之理义明,而我心之所同然者,乃因之而明"②,考证在戴震这里成为通向义理之路的先期工作。

戴震"由故训以明理义",主张经学理义要由训诂以明,训诂明则理义可明,他确信通过训诂可以对理义达到"十分之见",这可说是对汉学与宋学的结合,赋予了传统儒家孔孟之道以一种新的方法论基础,它使得传统的儒家之道特别是宋明儒家的德性之路发生了很大的转折,开出了一条新的知性之路。换言之,以前的儒家一向重视德性,重内在的体证、直觉和对超乎经验的本体的描写,而戴震转而让儒家面对经验,面对实际,特别是面对知性。他赋予知识以一个相对于德性来说独立的地位,并使德性真正要依赖于知性。对比一下朱熹对经学的观点,我们就可对此获得一个比较直观的了解。朱熹曾讲:"字画音韵,是经中浅事,故先儒得其大者,多不留意。"③而戴震对训诂名物的关注甚至到了苛刻的地步,他"自尊所业,以谓学者不究于此,无由闻道","如韩、欧、程、张诸儒,竟不许以闻道"④,对于这一点,即使是同他一样有义理兴趣的与他同时的思想大家章学诚也不能理解。其实,戴震的这种作法本来是新基础之上的作法,是他忠于自己原则的自然结果。在新原则的基础上,戴震与李贽不同,他表现出了对建立新说的极大热忱,在建立新说的过程中,他表现出了对旧说的极大同情和批判。而他的新说,是儒家自身批

---

① 《戴东原戴子高手札真迹》,中华丛书本。
② 《题惠定宇先生授经图》,《戴震全书》第六册,黄山书社1995年版,第505页。
③ 《答杨元范》,《朱文公文集》卷五十。
④ 《文史通义校注》,中华书局1994年版,第275页。

判并欲开出一新方向的产物,"戴震确有见于此,其志愿确欲为中国文化转一新方向"①。

戴震为建立新说,以突出知识理性的方法来整理和总结中国古代文化。他有写作《七经》的计划,分训诂(文字学)、原象(天文、数学、工程)、学礼(典章制度)、水地(地理)、原善(哲学)五个方面(戴震称之为篇),他在这五个方面中的每一个方面都能独立成家,卓有建树。当时人们称道于他在前四个方面的成就,却认为其哲学之作可以无作,而戴震自己则认为前四者"约之以《原善篇》",对义理之作情有独钟。但他的义理与哲学思想不同于宋学的地方在于,他强调义理来自于对经典的考证,认为"'经之至者道也,所以明道者其词也,所以成词者字也。由字以通其词,由词由通其道,必有渐。'……一字之义,当贯群经、本六书,然后为定。"②由经义明则理必明,相反,理的证成如果没有经典的证据,则是不可采信的。但实际上,作为"志存闻道"、"由考核以通乎性与天道"的思想家,戴震在这里提出的恐怕也只是一个方法论上的原则,事实上很难保证他的义理之作是建立在单纯考证的基础之上。不过,他对这个原则的肯定凸显了与宋学义理直接诉诸天理与良知不同的重"道问学"的取向。戴震认识到这一点也是经历了一个过程,"先生(指戴震)初谓:天下有义理之源,有考核之源,有文章之源,吾于三者皆庶得其源。后数年又曰:义理即考核、文章二者之源也,义理又何源哉?吾前言过矣。"③戴震对宋学,特别是对主"道问学"的程朱理学,早期是信赖的,后来渐次持批判态度,其主要理由也在于程朱对知识并没有给予独立的价值。比如在理的问题上,程朱认为理得于天而具于心,又用理一分殊来解释理与世界的关系,这就超出了经验的范围,戴震指出,理在事中,人心只是能知的工具,理只是事物的条理,并没有所谓"浑然一体而散为万事"的天理,穷理诚然是程朱讲的"今日格一物,明日格一物"、"今日穷一理,明日穷一理",

---

① 《清代学术概论》,《近代中国学术论丛》,香港崇文书店1973年版,第75页。
② 《与是仲明论学书》,《戴震全书》第六册,黄山书社1995年版,第370—371页。
③ 《东原年谱订补·附著述辑要》,《戴震全书》第六册,黄山书社1995年版,第708页。

但这种工夫并不能导致"一旦豁然贯通"的大彻大悟,而只是穷究一件件事使无余蕴。程朱为了论证其学在经典上有根据,抬出了《太极图说》,并对之作了适合自己的解说,这在戴震看来尤其不是客观的态度,他"发狂打破宋儒家中《太极图》",作《绪言》,讽刺程朱不懂得古书"之谓"与"谓之","形而上"与"形而下"的用法才将形上形下分开,以形上属理,以形下属阴阳的误解。又如对于朱熹等人借"易有太极,是生两仪"以衍太极生阴阳,理生气之说,戴震指出,极乃会归之义,仪者指以奇偶两爻来表示天道之一阴一阳,而后儒误认两仪为阴阳,从而求太极于阴阳所由生①。戴震通过这些字词训诂,指出程朱天理本体论的主观性与无根性,为他自己的自然气化的宇宙观铺路。在他看来,世界是一个自然过程,如果说有理的话,理也只不过是事物发展中的必然性而已,"阴阳流行,其自然也。精言之,期于无憾,所谓理也。理非他,盖其必然也。阴阳之期于无憾也,犹人之期于无失也,能无失者,其惟圣人乎!"②

戴震提出的血气心知的自然人性论也是在相同的方法论原则下的产物,关于此,戴震是通过注解《孟子》的《孟子字义疏证》来实现的。在这部渗透了考证原则的义理之作中,他同样坚定地表达了与传统儒家尊德性不同的对人的本质的关注,他指出,人之区别于动物者当在人的理性能力,"凡血气之属皆有精爽……而人能进于神明也"③,"专言乎血气之伦,不独气类各殊,而知觉亦殊。人以有礼义,异于禽兽,实人之知觉大远乎物则然"④。戴震此说显然是针对孟子"人异于禽兽几希"的观点,孟子实际上是以礼义作为人的本质,而人之有礼义,孟子是以人有先天即有的恻隐之心等四端,而戴震则是以人的知觉、心知的能力要高于动物,实际上即是以人的理性能力。孟子之说,实是从道德先验立意,故很难在理性的层面上得以落实。相反,戴震所说,则可为理性所接受,并更

----

① 参见《绪言》卷上,《戴震全书》第六册,黄山书社1995年版,第83—85页。
② 同上,第87页。
③《孟子字义疏证》,同上,第156页。
④ 同上,第191页。

可为情欲与闻见开辟道路。戴震曾言:"人生而后有欲、有情、有知,三者,血气心知之自然也",并进而指出:"喜怒哀乐,爱隐感念,……饮食男女,……胥成性则然,是故谓之道……"①戴震晚年思索的一个中心是理欲观,而其晚年巨著《孟子字义疏证》着眼的也是理欲观。他所要想要解决的问题是,富有人文与人性的中国文化为什么会造成"以理杀人"的文化悲剧?戴震的这种思索无疑很接近现代人对中国文化的批判反省,他用的方法与站立的基础与现代人实际上也没有什么两样,即都是以一种客观的理性的标准出发,从自然人性出发,不规定人的先验本质,不把德性放在人本质的优先地位。这可说是戴震探索儒家文化出路的最终归宿,它清楚地表明,戴震已经找到了摆脱为德性基因所困扰的儒家在发展过程中出现的不适应时代的病症的出路。

若将戴震与李贽相比较,我们可以清楚地发现,明清对传统儒家的反省与重建所获得的成果是令人振奋的。在李贽的时代,理论批判还看不清自己的方向,不明白自己的归宿;而到了戴震,理论批判已经结出了果实。事实上,戴震所创立的思想仍应属儒家的本义,他所念兹在兹的也无非是还人们一个"孔孟之道",用胡适先生的话说,戴震的哲学可谓是对宋明理学的根本革命,也可谓是新理学的建设,哲学的中兴。冯友兰先生也说过,清学虽然表面上反理学,其实还是理学的继续。戴震等人所思考的义理无疑还是中国传统儒家义理特别是宋学的继续。不过,我们也应该看到,清学已经渐次脱出了传统儒家义理的矩镬,可以说是走出了儒家文化的"中世纪",而在本质上开启了现代背景下的儒家出路问题的探讨。因此,晚清之后中国的思想界开始了对儒家的正面批判,这不纯是受外部西方冲击的结果,在很大程度上,它也是明清以来儒家自身批判的自然结果。

---

① 《原善》卷中,《戴震全书》第六册,黄山书社1995年版,第15页。

第二章 儒家思想家与中国传统思想文化

"轴心时代"兴起的中国的思想文化传统在进入后轴心时代以后得到了持续的发展,最终造成了缤纷多彩的中国传统文明并一直持续至今。在长期的发展中,中国思想文化表现出对人文世界的强烈关注,形成了一些稳定而独具特色的特点。这一过程,无疑与儒家思想家的努力分不开。从孔子以来,儒家的思想家表现出对中华文化的强烈认同感与使命感,他们用学术慧命与人格感召力塑造了中国思想文化的诸多特征,是中国思想文化的生命力源泉。在儒家思想的影响下,中国思想文化在伦理、心性思想、教育思想、王道政治等方面形成了鲜明的特点,共同构成了中国传统思想与文化的特质。

第一节 儒家思想家与中国传统伦理

中国传统社会是以伦理关系为主的社会,称之为伦理中国亦无不可,这显然与儒家对伦理的强调分不开。儒家的伦理观念影响到中国社会与人们精神生活的方方面面,形成中国社会独具特色的伦理观念以及人与人之间的伦理关系。在精神层面上,儒家将伦理奠定在德性的基础上,发展出了丰富的德性伦理,强调道德在人生与社会中的地位与作用。

儒家相信道德构成人的本质，从而人可以在道德践行中成就自身与超越自身，受此影响，中国的思想文化认为人本身即可实现对自身的超越，圣人作为超越性的人格，其与普通人是同位同格的，同样，成圣的内在根据即"圣性"是人内在的先天的禀性。儒家思想的人文性、即世性与世俗性使其特别注重对人的本质以及人与人关系的探讨，对前者的关注产生了儒家道德形上学的人学思想及其相应的道德修养理论，而对后者的关注则伴随着其持续的制度化的努力，也就是对社会礼乐秩序的建设，它使得礼乐在人们社会生活中占有举足轻重的地位。

一、"圣性"与圣人人格

儒家思想自孔子有系统的"述作"以来，"圣人"这一儒家人格形象即告确立，随着儒家的思想影响及于国家建制与社会生活，"圣人"也成为中国文化传统追求的人格形象和一般人道德观念的组成部分。然而，儒家决不是在一般或象征的意义上追求成圣，正如探讨上帝在基督教中所处的特殊意义一样，追求成圣的过程也是儒家最基本的核心所在。儒家注重现世，对于死后的世界不存兴趣；同样，儒家只注重人生，对于人生以外的超越世界也不加关心。由此，成圣就落实在现实的人本身何以成圣的探讨上，亦即成圣之因的探讨上。成圣之因，实际上即是儒家理想中的"圣人"之所以为"圣人"的"圣性"。虽然"圣性"这个概念在儒家的概念系统中始终没有正式提出过，但对它的探讨却与儒学史相始终。

儒家把道德规定为人的本质。孔子把"仁"理解为人的内在本质。但其实"仁"是一个道德概念，至少就其表现而言是如此。后来孟子更直接以性善分际人性，认为善是人的先验的存在本质。孟子的这种说法在儒学道德学说中占有主流的影响力，直接影响到了中国传统道德观念的重德性、伦理生活中德性伦理占主流的特征。

以道德规定人的本质、重德性的道德主张与两个观念相联系，一是确立人生追求的超越性是向往道德上的至善，此即儒家道德主张中的圣人情结,因为只有圣人是道德完善与至善的代表;二是提示人何以成圣的成圣之因,此即"圣性"。在儒家思想中,形上、超越的问题远远不是关注的中心。它们所关心的,似乎是一个无所不在的理性追求,即如何成为一个圣人。而由于儒家对于人与圣人的同位同格一向没有怀疑,孟子的人性本善,陆九渊的"心即理",王阳明的"满街都是圣人",都是对于人与圣人同位同格的不同表达。因此,儒家把人的一切作为都直接地服务于如何成为圣人这一问题,或曰圣性的认同问题。如何成圣才是儒家关心的焦点所在,因而儒家基本上被当作一种道德哲学即通过道德上的修养达到道德上的完善(即圣人)来对待,其中伦理生活成了这些追求得以展开与实现的场地。

不过,在圣人人格与圣性的关系之探讨上,儒家和其他学说、宗教信仰体系一样充满了紧张关系。这种关系表现在圣人人格可能永远只是理想中的目标,而非普通人所可企及。但圣性是否为普通人所具有呢?我们知道,中国佛教对佛性是否为一般人所具有这个问题的探讨同样经历了漫长的历程,最终确立了佛性得为人人所具的观念。对于儒家来说,由于圣人是圣性的"人格化",与人是"同位"、"同格"的,因而圣性为人所具有的观念并没有受到多少挑战。相对于后世来说,孔子在人与圣人的关系上持一种保守的态度,他认为成就圣人是一件很困难的事。但他还是认为人身上有圣性,是具足成圣之因的。孔子的这种态度对后世影响很大,后世虽然在肯定人能成圣上径下断语,如王阳明就认为"满街都是圣人",但实际上又很难找到与圣人同位格的人,其实王阳明自己本人也未必能认可自己就是圣人①,因此,后世的成圣追求实际上还是围绕着"圣性"的探索展开的。

孟子从性善论出发,认为善是人先天具足的,这实际上肯定了人通过回复到先天的性善就可以达到圣人之境。与孔子不同,孟子探讨了人

---

① 不过,王阳明的《传习录》已经大大淡化了圣人的人格意义,而将成圣视为可以达到的目标。清代更有士人张伯行作《圣人可学而至论》,主张圣人与我同类,圣人可学而至。

成圣的依据，即性善问题，人性善是成圣之因。人性善，用孟子的话来说就是人有善端，扩而充之就可以成就仁、义、礼、智、信，但值得注意的是，按孟子对"性善"的看法，他并不是简单地说人性已善，而是说"乃若其情，则可以为善，乃所谓善也"①，这实际上是说人具有为善的潜力。但人有为善的潜力，也有为恶的潜力，就像后来荀子指责的一样，何以前者为人性本质而后者就不是呢？对此，孟子并没有给出明确的回答，他只是在一个譬喻中认为，人性不能就人之现实性、自然性一面而言，他在对"生之谓性"加以反驳时说："然则犬之性犹牛之性，牛之性犹人之性与？"②在这里，他明确地表明他所说的人"性"善绝不是自然而然意义上的，那么他究竟是在什么意义上肯定"善"的先在性与普遍性呢？细绎孟子的意思，以现在的观点来看，孟子想说的实际上只是肯定人性在为善方面有价值感受性上的共同性与超越性，即人在价值感受上具有同感性，而这种同感性又是超越的，就如他所指出的，当一个人看见小孩子掉入井中，心中首先产生的一定是恻隐之心，这是普遍的，也是超越的。以价值共感性来理解人之为善的先在性、圣性，孟子这种对于成圣之因的见解直接启发了宋明儒，当然，只有到后者那里，对于这个问题才有了哲学上的系统性论证。

  稍后于孟子的荀子提出了性恶论。荀子虽然主张人性本"恶"，但他同样坚持儒家的圣人人格目标，在修己以成圣的目标上，他与其他儒家学者并无二辞。荀子显然是一个他律论者，他认为人性恶，按他对人性恶的说法，是认为人性按其自然性来说是恶，并不涉及人性的超越性方面。这与孟子以价值感受性的超越处来理解人性的观点显然不同，这也表明他们对人性的界定并不一致。荀子比较重视人的自然性以及对人欲望的考察，对其力量有较为审慎和客观的估计。但他同样受到儒家成圣目标的吸引，虽然对人性恶有所照察，但目的却放在如何更好地化解，

---

① 《孟子·告子上》。
② 《孟子·告子上》。

办法即是"化性起伪","伪"是人为的意思,就是要用人力(如"隆礼")来化解、克服人性先天的恶。为此,他把成圣之因完全放在了人后天的修为上,实际上是把成圣之因理解为外在的东西。在这一点上,他背离了儒家正统的思想,也许因为这个原因,在后来正统儒家人性论思想中就很少见到荀子思想的影响。荀子在儒家思想史和中国思想史上的影响是在其他的方面。

先秦之后的汉唐儒者对儒家的圣人观并无什么突出的说法,真正能接承先秦儒家而又别开生面的是宋明理学。

宋明儒按一般的说法可以分为程朱理学和陆王心学。这两派在成圣的目标上并无分歧,有分别的是对成圣之因或曰圣性的看法,其中分别以朱熹和王阳明的说法最具有代表性。

朱熹在本体论上建树很高,他从理气关系入手,把世界分为气和理两部分,理主气,理气又互不相离,理是世界的规律性的支配的东西,它本身可以脱离具体的事物,但又只能表现于具体的事物之中。朱熹把这套理论用于考察道德时,他的看法就显得有几分暧昧。他认为,心具有两重性,心统性情,一是"性",当属于"理",是人需要呈现的圣性的一面;一是"情",是性之所感于物而动。人心如何使圣性全幅呈现出来呢?他通过对传统儒家经典《大学》加以补注的方式对这个问题做了说明:

> 人心之灵莫不有知,而天下之物莫不有理,惟于理有未穷,故其知有不尽也。是以《大学》始教,必始学者即凡天下之物,莫不因其已知之理而益穷之,以求至乎其极。至于用力之久,而一旦豁然贯通焉,则众物之表里精粗无不到,而吾心之全体大用无不明矣。①

根据朱熹这里的说法,他虽然承认圣性内在于人,但他和孟子的观点以及陆九渊"本心"的观点显然有很大的不同。朱熹讲的"人心莫不有灵",只是肯定人心有合乎圣性的质地,而并不肯定人心本来就具有圣性。而

---

① 《大学格物章补》,朱注《四书章句》。

按照陆九渊所言,人的本心本来就是理,所谓"人皆有是心,心皆具是理,心即理也"①,"心,一心也;理,一理也。至当归一,精义无二。此心此理,实不容有二"②,只要返观之,使本心全体呈现之,即圣性具足。朱熹的观点,与之显然不同。朱熹只肯定人要呈现圣性,只有合乎圣性的质地才有可能,而这种质地是人先天即具足的,所以朱熹认为人要成圣,只有不断地格物致知,以人本具的内在的合圣性之质来融理于心,最后至"全体大用一旦豁然贯通"才可能得着圣性呈现。可以看出,朱陆两家确实存在着明显的区别,两人相持不下,不仅在当时人们无从分辨其是非,即使是后代也没有多少人能分解。但两人的争论并非没有意义,后人发展儒学就有鉴于两人的纷争,王阳明即是一个例子。

王阳明在其"致良知"教说中,特别是在晚年的"四句教"中,对朱陆两人的争论显得成竹在胸。但应该看到,王阳明自己的学说也是有变化的,其晚年的"四句教",有人以为其近禅而忽之,实际上"四句教"为王阳明的晚年定论③,并可以说是王阳明晚年思想的核心。在"无善无恶心之体,有善有恶意之动,知善知恶是良知,为善去恶是格物"的四句教中,较为费解的是第一句"无善无恶心之体",它并不符合儒家本心即善的一向信念。但王阳明在这里的意思,其实并没有关于伦理层面上的善恶问题,而是生存情态意义上的情感问题,是关于心体的问题。除此之外,王阳明在这里显然也表达了对朱熹学说的吸收。按他的看法,心体的"无善无恶"也不表明人心即具圣性,而只是"合于"圣性,所以在他弟子质疑"无善无恶"是否即"彻上彻下语",即本体是工夫时,他并不表示同意,而是表示格致诚正的工夫仍然不可少④。实际上这也表示无善无恶的心体只是合于圣性成长的质地,其本身还不是圣性本身。当然,王阳明在这

---

① 《与李宰》,《陆九渊集》,中华书局 2010 年版,第 149 页。
② 《与曾宅之》,同上,第 4—5 页。
③ 参见陈来《王阳明哲学的有无之境》,《陈来自选集》,广西师范大学出版社 1997 年版,第 225 页。
④ 参见王阳明《传习录》卷下,《王阳明全集》卷三。

里毕竟有不同于朱熹的地方,那就是他认为心体的本然状态是合于圣性的而不是染着的,是本无滞碍的。而在朱熹那里,心统性情,心地本来也包含着情,是二元的。王阳明将心同理一的依据归于心体的清净与无执性,并以为是成圣之因的首要关键、主要依据,以此生发出的儒家心性论观念与修养实践对于儒学来说具有极关重要的意义。首先,它有助于澄清孟子性善论以及后来的陆九渊心学观点给人带来的认为人之圣性已足的观念,指出了人心所具备的圣性并非为心所本具,而只是一种潜质,只是合于圣性成长的质地,而非已足,其所成与否端赖于后天的修为。其次,它承继了孟子等人所坚信的圣性与人二合一的传统理念,认为圣性为人心所具备,只是需要后天的创发。这对程朱等人天理与人心的非同一的观念有所反驳,卫护了儒家对圣性与人合一关系的传统理解。

可以说,至王阳明已经把中国圣人人格的最重要基础的成圣之因表露无遗。从中可以看出,儒家虽然有其典型的内倾性特质,但其理论本身的诉求中却并不乏外向开拓的追求。总起来看,儒家把道德上的完善即达到圣人之境视为人的本质与超越之境的实现,同时赋予人以一种对于道德境界完全的能力,从而构成了中国价值观的即世性与俗世化特征,并偏向于内倾。但这不是说,中国的圣人观与对圣性与人的关系的认识就必然地要以内倾性的返求自我为归,在成圣与圣性的认同问题上,对儒家内部产生的不同见解的分梳在历史上以至直到今天仍然是发展着的儒家价值观内在的源泉。

二、礼乐文化与伦理本位

儒家传统文化以伦理为本位,具体体现为以仁为核心,以礼乐为用,重视家庭伦理。礼乐教化同时也是儒家政治思想的基本原则。孔子曾说:"移风易俗,莫善于乐;安上治民,莫善于礼"[①],"六经之道同归,而礼

[①]《孝经》引孔子说。

乐之用为急"①,礼乐文化构成儒家文化的一个向度。

礼乐合称,礼有广义与狭义之分,广义的"礼"即行为仪礼或规范,主要包括制度与礼仪,是文化形式、文化体系的具体体现。乐即音乐,但并非泛指所有的音乐,而是特指"雅乐",即《礼记·乐记》所谓的"德音"。不过礼乐的含义,后来具体内容就泛化了,具有了抽象的象征意义。礼代表的是一种"秩序理性",乐则代表一种和谐精神。礼的起源要早于儒家。今人有的认为礼起源于原始社会的风俗习惯②,有的认为起源于古代宗教③,还有的认为起源于事鬼神的祭祀行为④。初期的礼与后来儒家的礼乐教化所宣扬的并不一致,其原因要归之于周公与孔子对礼乐的改造。《礼记·明堂位》有周公制礼作乐的记载,虽不可信,但周公曾对礼进行加工和改造,减轻了礼所包含的物的交易性而增加了德与刑的内容,这却大体可信。对礼进行第二次加工的是孔子,他去掉了礼的商业内容,以仁作为礼的本质,"礼云礼云,玉帛云乎哉?乐云乐云,钟鼓云乎哉?"⑤孔子的另一功劳是对礼加以社会化,礼乐本来是贵族文化,所谓"礼不下庶人,刑不上大夫"⑥,而孔子则将礼乐文化社会化,使之成为教化万民的工具。孔子对西周的文化充满了敬意和景仰。他以久不复梦见周公为憾。在畏于匡地的危急时刻,他对周文化仍念念不忘,自负地说:"文王既没,文不在兹乎?天之将丧斯文也,后死者不得与于斯文;天之未丧斯文也,匡人其如余何?"⑦孔子志慕的周文化其实未必是孔子所理想中的礼乐文化,孔子在对西周礼乐的向往中表达的是他自己的礼乐观,他在承继殷周以来的礼乐文化时,加强了其人文性,并赋予其丰富的哲学含意。

---

① 《汉书·礼乐志》。
② 杨向奎:《宗周社会与礼乐文明》,人民出版社1992年版,第244页。
③ 参见谢谦《中国古代宗教与礼乐文化》,四川人民出版社1996年版。
④ 陈来:《古代宗教与伦理——儒家思想的根源》,第255页。
⑤ 《论语·阳货》。
⑥ 《礼记·曲礼上》。
⑦ 《论语·子罕》。

孔子之对礼乐的整理与改造,对中国人文精神的乃至整个中华文化的影响至为深远。一方面,孔子将人文精神注入传统礼乐中,从根本上改变了中国传统文化的走向,中国文化最后没有发展为宗教形态,与此颇有相关性。当然,这个过程首先是历史发展的结果,但也不可否认孔子个人在其中的天才作用。另一方面,即消极的一面,孔子制礼,影响及于后代,被封建统治者利用以炮制出禁锢个性发展的封建伦理教条如"三纲五常"等,这在中古以后延缓了中国社会的向前发展,成为近代中国难以转型的一个重要原因。

孔子之后,先秦的孟子和荀子对礼乐制度也多有阐述,而且创获颇多。孟子之世,礼已经成为道德的纲目,所谓仁义礼智。孟子认为,礼之德性根之于人内在的性善之端,"仁义礼智,非由外铄我也,我固有之。"① 由此,他把孔子外在的礼义来源置入人的内在世界里,因而对他来讲,重要的是对本心良知的呈明,即所谓的"求放心"。与孟子不同,荀子则充分注意到了"礼"的独立作用,就此而言,不能不说他较之于孟子更得孔子之义②。荀子认为,人性是人自然而然、天生而未经加工的素质,"本始才朴也"③,这种自然性是"天之就"的,其质地自然就是有情有欲,"饥而欲饱,寒而欲暖,劳而欲休",天生就有耳目口舌之欲,"生而有好利……生而有疾恶,生而有耳目之欲,有好声色",由此,荀子得出一个和孟子不同的结论:"人之性恶,其善者伪也。"④荀子认为人的自然本性可以改造变化,强调礼义与法制对于人性的抑制与整合作用,并认为人的道德意识的形成与道德规范的建立有赖于礼义法度的建立与完善。他以礼为基本价值准则对当时的各种文化流派和思想观念进行整合,为上古文化形态向中古文化形态的转型作了理论上的准备。不过,荀子的礼学工作

---

① 《孟子·告子上》。
② 事实上,荀子可谓"孔门的最大功臣",其对孔子学说的推阐较其他诸子尤为突出。参见廖名春:《荀子与六经关系新考》,《中国书院》第三辑,湖南教育出版社2000年版。
③ 《荀子·礼论》。
④ 《荀子·性恶》。

属于理论层面,并没有可供操作的规范性典制。这也是先秦时期儒家思想家礼乐观的共同特点,他们侧重的是对礼乐教化本质的探讨,而没有提出礼乐的具体规范。事实上,他们的礼乐观可否具体化本身还是一个很大的问题。

汉代以后,礼乐朝着规范化发展,对礼乐的理论探讨淡出,而代之以礼乐在政治与社会生活的典章制度化的构建。汉初,叔孙通草创"朝仪"、"庙乐"及"汉诸仪法",刘邦为之心动。文帝十六年,谋议以《六经》作《王制》①。汉武帝时,"兴太学,修效祀,改正朔,定历数,协音律,作诗乐,建封禅,礼百神,绍周后,号令文章焕焉可述"②。甘露三年,为评议《五经》异同,召开石渠阁会议,汉宣帝亲自出席。会议讨论经学,其中包括了礼仪规范,现保存在《通典》的《石渠礼论》中。东汉光武帝、孝明帝续有制礼,章帝建初四年,在白虎观召开经学会议,会议的原始文献《白虎议奏》已失传,不过班固根据会议讨论而纂修的《白虎通义》则记载了会议的大体情况。《白虎通义》主要着力于解决经学问题,但它以专题条目的形式广泛涉及了当时人们面对的名物规范,对儒家的礼仪进行了系统的规范并将之转化为典章制度。《白虎通义》反映了汉代人们价值观念与生活方式所受礼乐影响的广泛和深刻,同时也说明先秦儒家思想家追求的以礼乐规范社会与政治的理想获得了国家建制的支持。但无可争议的是,随着礼乐走向国家建制,礼乐在制度层面获得了实现,而在精神与本质层面却失去了本有的人文内涵。

两晋南北朝,玄学勃兴,同时外来的佛教在中土受到欢迎。玄学激烈反对儒家礼教,斥《五经》为"芜秽",仁义为"臭腐"③,"礼教所重,意悉绝之"④。佛教更与传统君臣父子的伦理格格不入。不过在经历过战乱和分裂重新统一之后,隋代及唐初的统治者又着力于恢复礼教。贞观年

---

① 《汉书·郊祀志》。
② 《汉书·汉武帝纪》。
③ 嵇康:《难自然好学论》。
④ 桓谦:《答桓玄论沙门敬事书》。

间,唐太宗对"败俗伤风,极乖人理"以及佛道"坐受父母之拜"①多所拨正,并诏令房玄龄等增修五礼,成《贞观礼》。唐玄宗时,诏萧嵩等撰成《大唐开元礼》,颁行天下。以后的各朝都依例修礼,代有新礼之作,如宋代的《政和五礼新仪》,明代的《明集礼》,清代的《钦定大清通礼》。宋以后,理学兴起,尤重礼制,私家礼仪也随之转盛。胡瑗、程颢、程颐兄弟、张载等人都编过家礼,明代屠羲英作有《童子礼》,而影响较大的则有司马光的《司马氏书仪》和托名朱熹作的《朱子家礼》,其中《朱子家礼》影响尤深,它分通礼、冠礼、婚礼、丧礼、祭礼五卷,对传统礼仪加以适时的变通与整饰,对明清两代社会生活产生了重大影响,成为"人家日用不可无之书","二千余年天下相为法守,独康成郑氏及朱子之书(指《朱子家礼》)"②。

从中国礼乐文化发展的总过程来看,先秦周孔对远古礼制的改制是一个重要的阶段,其特征是将远古宗教文化发展到人文文化,规定了此后中国文化的人文伦理型特征。这时期对礼乐多从其本质意义着眼,强调人文精神,中国文化之没有最终形成宗教型文化与此有极大关系,在中国文化面临多种走向与选择之时,中国最终能奠定礼乐文化模式,发展出以礼治为主的政治体制和重道德自觉的德性伦理的社会生活,这种文化模式构成了中国文化的核心机制,这是一个耐人寻味的现象。现代儒家思想家梁漱溟先生曾以理性早熟来解释之,认为中国的文化按常理是要经历过很长的时期才能发展出来的,但中国却过早地成熟了这种文化。确实,中国传统文化的很多现象不能用通常的社会理论来解释,其重要原因恐怕就是因为中国礼乐的特殊性。先秦的儒家思想家赋予礼乐的意义是多重的:一是作为仁的体现,"人而不仁,如礼何;人而不仁,如乐何?"这是礼的本质与精神所在,所以礼又有外在与内在之分,《中庸》所谓"礼仪三百,威仪三千"指的就是礼的外在形式,内在的礼又称

---

① 《贞观政要》卷七《论礼乐》。
② 郭嵩焘:《校订朱子家礼序》。

"义","义以出礼"①,"礼以行义"②,外在的礼是内在的义的表现,"礼之'义'即礼之普遍原理"③。二是作为社会规范,主要是礼可以确认等级差异、尊卑大小,所谓"礼别异"④、"礼者为异"、"礼辨异"⑤,"礼者,所以定亲疏,决嫌疑,别同异,明是非也。"⑥董仲舒对礼的规范作用更为重视,他认为礼的主要作用就是"序尊卑、贵贱、大小之位,而差外内、远近、新故之级者也"⑦,但这种规范是体现仁爱精神的,不同于强制,由此而引申出礼乐的第三重意义,即礼乐的规范作用是一种伦理规范,要以体现为日用伦理为实现的形式。孔子、孟子、荀子等儒家思想家大概是想以礼乐作为整合社会的一以贯之、体用一致且能达成内圣外王一致之功效的体制,他们对礼乐的三个方面侧重点各有不同,但对礼乐显然都抱有儒家参与社会的特有的不切实际的空想与理想主义性质。

如上所述,孔子、孟子与荀子对礼乐的重视,由于大都限于理论上的建构,见之于社会实践的层面较少,只能算是礼学。到了汉代,则是礼乐文化发展的第二个阶段,即礼学理论见之于实际的礼制建设,这个阶段从汉初到白虎观会议,基本上完成了由礼学到礼制的转变。也由此,礼制成为国家与社会的体制性东西,失去了礼乐本身的人文含义。所以在后代,礼乐成为虚名的现象比较突出。为什么会这样呢?《新唐书·礼乐志》给我们作了一个解释:

> 由三代而上,治出于一,而礼乐达于天下;由三代而下,治出于二,而礼乐为虚名。古者……凡民之事,莫不一出于礼。由之以教其民为孝慈、友悌、忠信、仁义者,常不出于居处、动作、衣服、饮食之间。盖其朝夕从事者,无非乎此也。此所谓治出一,而礼乐达天下,

---

① 《左传·桓公二年》。
② 《左传·僖公二十八年》。
③ 冯友兰:《中国哲学史》,中华书局1961年版,第414页。
④ 《荀子·乐论》。
⑤ 《礼记·乐记》。
⑥ 《礼记·曲礼上》。
⑦ 《春秋繁露·奉本》。

使天下安习而行之，不知所以迁善远罪而成俗也。及三代已亡，遭秦变古，后之有天下者，自天子百官名号位序、国家制度、官车服器一切用秦，其间虽有欲治之主，思所改作，不能超然远复三代之上，而牵其时俗，稍即以损益，大抵安于敬简而已。其朝夕从事，则以簿书、刀讼、兵食为急，曰：此为政也，所以治民。至于三代礼乐，具其名物而藏于有司，时出而用之郊庙、朝迁，曰：此为礼也，所以教民。此所谓治出于二，而礼乐为虚名。①

按这里《新唐书》作者的说法，礼乐在后代之所以会沦为虚名，主要的原因是后代对礼乐"习其器而不知其意，忘其本而存其末"②，忘记了礼乐的本质。三代政治礼乐合一，民众习于礼乐犹习之于政，所以能"治出一，而礼乐达天下"，后代政治与礼乐分开，政体现为国家建制，有实体，其用在治民，礼则藏于器物，只在特定场合方始为用，教民作用流于形式。这种看法是很有见地的。不过从汉代礼学转向礼制之后，礼乐成为虚名实际上伴随着一个历史的现象即公众政治与社会生活的伦理化。礼乐失去了其本质，礼乐的功能事实上已经化为伦理行为。这种转变始于宋代理学观念对社会生活的渗透。理学是在儒家经历了魏晋南北朝与隋唐漫长的危机之后，在深入吸收佛道心性论之后才产生的。它的产生表示儒学已经走出信念危机，重新找回了自信。理学的这种转变使它有可能以一种新的世界观来指导人们的日常生活。在先秦，礼乐构成人们共同生活的标准和伦理与道德的基础，而宋明儒却将天理作为万物的特性、道德的起源与标准，而天理内在于个人的先验之中③。与先秦儒家不同，这个时期人们开始认识到自身的力量，理学家宣称个人可以凭借自己的力量寻找到自己的圣性，个人可以凭借自己的力量来成圣，而并不需要外在的礼义的制约。这个时期对礼义固然不是全无关注，但是远

---

① 《礼乐志一》，《新唐书》卷十一。
② 《礼乐志一》，《新唐书》卷十一。
③ 参见汪晖：《天理之成立》一文，《中国学术》第三辑，商务印书馆2000年版。

远没有对自心的关注来得重要。礼乐淡出了人们信念的中心,取而代之的是人们对自己本质力量的关注。因而这时期在理学的影响下,人们更关心自己道德伦理上的修养,以此为成圣的必要途径。

理学促成的这种转变对于后期中国的社会转型具有很重要的意义,并且对于中国伦理本位特征的形成具有决定性的影响。有人说传统中国社会是一个伦理本位的社会,这只是一个笼统的说法,实际上,在理学兴起之前的中国是一个礼乐本位的社会,其伦理表现为礼乐,在先秦是礼学,在先秦直到隋唐是礼制;而在理学兴起之后,中国人则有了直面生活伦理的可能性,并在此后一直保持了这个传统。

三、儒家的道德修养论

儒家以"明德"为本,目的在于成就内在的德性,达到成人和成圣之目的,而其主要手段就是道德修养。儒家同时还赋予道德修养以更广泛的成人所以成物,立已所以立人的意义,认为道德实修为修身齐家治国平天下的根本。《大学》有一段经典的论述,即:"古之欲明明德于天下者,先治其国;欲治其国者,先齐其家;欲齐其家者,先修其身;欲修其身者,先正其心;欲正其心者,先诚其意;欲诚其意者,先致其知;致知在格物。物格而后知至,知至而后意诚,意诚而后心正,心正而后身修,身修而后家齐,家齐而后国治,国治而后天下平","自天子以至于庶人,壹是皆以修身为本。"可以说,儒家的道德修养论从来就不是个体单一的道德上的努力,而是一个需要在社会和家庭中实现为人与人伦要求的过程。这保证了儒家入世的品格,使之免于沦为禁欲主义或成为出世的宗教修习;但从另一方面看,儒家的道德修养论不可避免地也具有内倾与内省的封闭性与内向性格。

从消极性上看,儒家道德修养之所以必要,是因为恶的存在,因而说明恶的起源以及恶与人性的关系问题是首先需要回答的。但从历史上看,除了先秦荀子曾对此加以辩驳以及宋明的二程与朱熹曾对此加以分梳之外,以孟子为代表的性善论占据了儒家道德论的主流地位,认为德性构成人的内在本质一向是儒家的根本信念之一。善被视为人内在的德性的表现,而恶则被认为是人性的附加,是外在于人性或暂时偏离人性本然的结果。在儒学的发展中,人性本善的信念不断得到加强,不同时期的儒家从不同侧面对此加以论证;性善论的观念使中国的文化精神充满了对人的自信,不仰仗于外在的权威,对外在超越的宗教性理念始终无法形成大气候。中国文化因之被有些人称为"乐感"或"德感"文化。中国文化充满了人性味,但却妨碍了中国文化对外在于人的自然与人文世界作一种知性的探讨,决定了中国自然科学与对人文知识性的追求的落后。这是中国迟迟不能发展科学与技术,建立民主的政治体制的原因所在。不过,在儒家思想史上,和性善论相对的主张人性无定质,强调外在环境的作用,也为相当多的思想家所主张,只是远远不如性本善观念的影响来得大,只是在宋明形成的程朱理学对性善论的内在理念有过反省,朱熹提出的以"成性"说为主的道德修养论与孟子以来的以复性说为主的道德修养论形成了一定的张力。不过从总体上来说,即使是程朱的道德修养论也以注重德性为主,方法上以内求为主,形成了具有整体特色的儒家道德修养论。他们都把儒家道德修养看成是通过学习,磨炼并确立和提高自己的道德意识,完善其德性的过程,儒家将这一过程称之为"成德"、"成性",《易传》云"继善成性"、董仲舒言"教化成性",皆其然也。

儒家道德修养的内在紧张主要表现在"成性"与"复性",以及"尊德性"与"道问学"之争,它是先秦时期孟子与荀子之争,宋明时期程朱与陆王之争的一个侧面。"成性"说认为德性要靠外在的修养来对人性加以矫饰,换句话说,德性是人后天努力的结果,仁义礼智信的道德属性对于人性来说,是附加的,后天添附上去的。不过"成性说"也有两种,如荀子径直主张人性恶,则人性的本来面目不仅不是道德的,而且是反道德的,所以道德修养的目的就在于以外在礼义规范来限制人性的活动,对其加以符合群体活动所需要的道德规范的训练,以改变人性,是谓"成性";另一种看法如张载、程、朱等人,不把人性本身看成是反道德的,但也不认为人性本身已经本然的是具足德性的,而是相信人性本身具有成善的潜质，心地中自有一种适合成就道德与善的潜力，只要加以适当的引导，即可以成就善。这种看法里边仍有细微的差别。张载认为人有天地之性，也有气质之性，也就是说，这二者在人性里都有本然的一面，德性与气质都在人心中有现成的一面，因为气质之性对于人性来讲是现成的，所以人要用成性的功夫，即要用人内在的德性一面去克服气质的一面；而朱熹则不同，他实际上始终将人性与人心看成是一个知性的主体，德性的成就在于人知性地对天理的认识，人心只是能知，而德性之成在于人心对于天理的证成，这要求道德修养的实修要落于对外物事理的格致，这也是一种成性。

"复性说"在先秦以孟子为代表，在宋明时期以陆九渊和王阳明为代表。复性之说以德性为人所内在具有，其说以孟子性善论为典型，孟子认为人的本心已然具有恻隐之心，是非之心，羞恶之心，辞让之心，其发用扩充则为仁义礼智之德；人性本善，而道德修养的目的就在于返求本心，求其放心。宋明时期的陆九渊与王阳明大体继承了孟子的这种路数，以本心内在地即理，心即理，心与物合，心外无物，善恶不是相对，恶是来源于对本心的偏离，故主张返求本心。但是复性之说也有差别，如孟子、陆九渊之说，心侧重指实体的人心，主要是指人心的先验的道德禀赋，所谓"仁义礼智根于心"，并且赋予心的功能以神秘的意味，如孟子所谓"尽心知性则知天"，"万物皆备于我"，陆九渊所谓"吾心即宇宙，宇宙即吾心"，而王阳明虽然也在是非、能知虑的意义上指"心"，但他的心是包括物我的，即心外无物，心外无我，心外无理，这样，心具有了一个结构性意味，而不单纯地是一种实体性的。王阳明晚年更进而提出了心体无善恶的思想，将心进一步存在论化，突出心具有的非伦理道德层面的无执著性、无滞性的存在面相，把它与佛教的"心量广大，犹如虚空，……自性能含万法是大，万法在诸人性中"[1]结合起来，认为万物一体的理据在于人心与万物的无滞隔状态。这种对心地的看法必然要主张在一种不

---

[1]《六祖坛经·般若品》。

断地创造与生发中寻找对心的善质的增长,从而接近于成性说。

与上述成性与复性的诸说相对应的,道德修养的途径与方法也各不相同。复性说最主要的途径与方法就是返观本心与减灭物欲,如孟子的求放心、集义,陆九渊的减担法。而成性说主要的方法就是注重人为,格物穷理,如荀子重隆礼、化性起伪;张载提出"学以变化气质","学即能移"①,程朱重格物致知,并特主居敬穷理与立志涵养,这与他们的成性主张是分不开的。

不过在宋明儒中,无论是成性说还是化性说,都要人们放弃现实的物质利益,把人的欲望说成罪恶的渊薮,都主张"存天理,灭人欲",以"去欲"、"灭欲"作为修养的目的。这当然反映了儒家道德修养论具有相当程度的僧侣本性。不过两者的理论基础并不一样,强调的重点也并不完全相同。程朱强调存天理灭人欲,如朱熹之所以主张存理灭欲,在于心统性情的心性主张,由于心统性情,天理与人欲在人心都得其所,有其根据,所以"人之一心,天理存,则人欲亡,人欲胜,则天理灭"②,所以要以天理胜其私欲,克尽物欲,天理流行。而陆王则以本心为天理,恶本源于人心被外欲所蔽,只要回复本心之正即可,"欲去则心自存"③,所以他们重在存本心的基础上去欲。

成性与复性二者的差别反映了儒家传统中尊德性与道问学的差别,在深层原因上,儒家虽以强调德性为主,但知识问题历来也占有相当分量。复性说突出了尊德性的成分,而成性说则突出了道问学的成分。二者有时有激烈的冲突,有时则相对和缓;在不同哲学家身上,有人则兼重二者,有人则有所偏倚。不过,到明清实学兴起之前,儒家从来没有将知识问题摆在一个独立地位的意识,道问学的传统屈从于尊德性的传统,知识成为德性的附庸,反映在道德修养上,人们习惯于重视德性实修。关于这一点,从知行观上的演变也可以看出,无论是知还是行的观念,都

---

① 《经学理窟》,《张子全书》卷五。
② 《朱子语类》卷十三,中华书局2010年版,第224页。
③ 《养心莫善于寡欲》,《陆九渊集》,中华书局2010年版,第380页。

被理解为只针对道德伦理,而且对行的重视远过于对知的重视;到宋代经过朱熹的提倡,知行各分有了一个地位,即"论先后,当以致知为先;论轻重,当以力行为重"①。朱熹此说,明显地突出了知的地位,他提倡多读书,博观,然后归之于约,他的这种主张被主尊德性的陆九渊讥为"支离",陆九渊针锋相对地提出"先立乎其大",认为"既不知尊德性,焉有所谓道问学"②,对朱熹的道问学立场予以全盘打击。至王阳明,他提出"知行合一",其意也在于对知识持反对意见。只是到了明末,随着风气的变化,知识主义才抬头,并最终有了一个独立的地位。在道德修养过程中,究竟知识占有怎样的地位,实际上一直是儒家道德修养论纠结的中心问题。这个问题也关系到儒家与外部的关系,并直接决定儒家的兴衰。儒家的最终失去活力,不能在时代的应对面前推动时代向前发展,一个根本的原因是与儒家在道德论上最终不能容纳知识,不能在德性与知识之间保持一种正当的分合关系密切相关。由于不能使知识成为与德性相并列的独立的价值之源,儒家始终无法找到自身不断世俗化、人间化的力量,而只会使自己越来越内倾、神圣化。程朱理学被明清统治者利用就是一个突出的例子。知识问题有其客观的基础,并日生日长,以它为核心与价值之源的理性传统的确立,可以在伦理精神上实现世俗更化,而儒家道德修养观念最终不能实现德性与知识的分合可以说是儒家在近代最终不能实现近代化的重要原因所在。

第二节 儒家思想家与中国传统心性论

在儒家哲学思想中,心性论是一个重要的环节,而且在儒家哲学中心性论是一个具有表征性和归宿性的理论。心性论探讨的主要是关于人的心性方面的问题。儒家哲学探讨以人为中心,而人的问题在很大程度上又被归约为心性问题。对心性问题,儒家不把它当作一个简单的道

---

① 《朱子语类》卷九,中华书局 2010 年版,第 148 页。
② 《语录上》,《陆九渊集》,中华书局 2010 年版,第 400 页。

德问题，为了探讨它，儒家哲学广泛地涉及到了本体论等问题，结合进了其他理论的方方面面，并将它们联结为一个体用一如的整全体系。对于心性论，儒家内部有不同的理解和说明，从其历史演变中可以看出儒学理论发展的内在轨迹。

一、早期儒家的人性论

心性论最初是以对诸如"心"、"性"等问题的看法显现出来的。但是心性论问题从来就不是在自然的意义上简单地探讨心或性的问题，而是从探讨人性本质的意义上发问的，其中的一个中心问题就是探讨人性根源问题，进而为进德修身提供一个理论基础，也就是说，心性论同时是为了人性完善的实践所需的一个理论上的准备。这样，心性论包含着道德伦理上的要求，也就是如何说明人在德性上合乎善和社会伦理要求所需的德目的根源。先秦时期的人性论探讨同此有直接的关联。

孔子提出以"仁者爱人"为核心的学说，必然要求提出仁的根源的问题。而在先秦的理论思辨条件下，孔子以及后来的孟子等人都不可能通过天道论或本体论的方式提出，因而当时探讨仁的根源就落在了人性论问题上。

孔子并没有直接论及心，论性也只有一句："性相近，习相远"①，不过，孔子的其他论点涉及到对人性的看法也不少，而这些看法对后世具有很强的示范作用与暗示作用。后世的儒学举凡涉及人性论，通常都要回溯至孔子，通过合理解释以证明其不悖于孔子的人性观点，以换取说服人的权威。尽管对人性的论述不充分，但孔子有大量对"仁"的论述，而对仁的看法直接地是他对"人"的看法。这也是后世论述人性与心性问题所无法绕过去的。

孔子人性论的观点带有很明显的先验性痕迹，比如他将人分为四类：生而知之者，学而知之者，困而知之者，困而不学者。承认有生知是

---

① 《论语·阳货》。

明显的先验论。又如他说"未有小人而仁者"①,对女性也有一种根深蒂固的偏见,认为"唯女子与小人为难养也"②。终其一生,孔子授徒三千,但没有一个是女性。不过孔子又有明显的经验论的倾向,他说"性相近,习相远",说明他很重视后天的努力,认为人的天赋并不能决定人的一生,后天修养对于人性具有独立的意义。这是一个深具睿智的识见,所谓"道不弘人,人能弘道",充分肯定了人的自觉性的作用。这种观点的形成,对于后世儒家和中国文化的内倾性格有一种限制作用,开启了如荀子、朱熹、陈亮、颜元等重科学、重事功乃至儒家异端学说的可能性,使他们也有倚重孔子的时机。

孔子之后,子思、孟子形成一个学派,特重于心性论的探讨。从现在出土的郭店楚简来看,当时人们对心性问题已有直接的讨论。而作为其学的代表人物孟子,对心与性的问题都有深入的讨论。与孔子不同,孔子的重心还停留在仁本身,探讨的是"仁"是什么,为什么要行仁等问题,孟子则将重心转向"为仁之方",即如何行仁上,其具体内容就是性善论。孟子将人性看成是人区别于动物的本质,认为人性先天即是善的,"人性之善也,犹水之就下也。人无有不善,水无有不下。"人性之所以是善,是因为人生来就有"善端",表现为人先天具有的四种善心,这是构成人性与人心的本质所在,"无恻隐之心,非人也;无羞恶之心,非人也;无辞让之心,非人也;无是非之心,非人也。"③这四种善心,是生而向善的,由四善心可以发育为仁义礼智,所以,仁义礼智的道德品行,非由外力强加于人性,而是根源于人心与人性本身,为我所固有的。

由这种心性论出发,孟子相应地提出人成仁向善的关键在于能对人心人性内在的善端加以扩充。其方法有二,一是"尽心"、"求放心",二是"养气"。养气说是一种带有神秘色彩的修身方法,孟子认为天地间有一股至大至刚的正气,或曰"浩然之气",养气就是要使这股正气凝聚于身

---

① 《论语·宪问》。
② 《论语·阳货》。
③ 《孟子·公孙丑上》。

心。至于"尽心",孟子提出了"尽心知性知天"的理论,认为对人心加以体究至极则可以知人性之善,进而可以知天。就此而论,心与性还是微有区别,不过孟子并没有明确地说明,大致说来,性作为人的属性,较之于心,是更具有客观性、普遍性的概念。无论是心,还是性,孟子认为其都可以上通"天",这一方面说明孟子的心性论还是植根于客观性的天命,使其免于流为唯我论与经验论;另一方面也说明孟子已经肯定了天人相通、天人不二的天人合一思想,将人与天、自我与外物沟通连贯起来,肯定了人心和人性与天道不二,两者相通,并且可以通过尽心修性达到超越的价值之境。这是孟子心性论影响后世儒学比较突出的地方。不过,孟子并没有告诉我们这种天人合一的基础何在,又如何修证之。这是后来宋明儒所要解决的重要问题。

后于孟子的荀子同样基于人性而提出了与孟子正好相反的看法,荀子从经验出发,将心理解为感觉和认知之心,将性视为人的自然性上的喜好,其特点是不由学和作为而成,为人所本来具有,同时它是人后天学习和作为能加以改变的天性的基础,体现为好好恶恶,所谓"生而有好利焉","生而有疾恶焉","生而有耳目之欲,有好声色焉",如果顺其自然,人恰好是欲争无止的,故不得不对人性加以矫正,用礼之制度对人群加以合理规范,故他特重礼法,主张"隆礼"、"重法",而他的这种主张,与孔子殊途同归,意在于对仁义的维护。心性二分,天人相分,是荀子之学的重要特征。

由上述可知,先秦时期对心性的探讨,偏重于对人性的探讨,这种探讨的特点同时也是缺点,就是未能真正找出心性仁义的本体依据何在。虽然他们也在不同程度上力图联系天道观来探讨人性论,如孟子讲"尽心知性则知天",但他们都没有将之作为理论的出发点和重心来加以考量。只有到了宋明时期才得以将心性论问题照之于宇宙本体论,从而为心性论问题的解决奠定了基础。

二、心性论与本体论的交涉

儒家哲学的心性论问题,目的是为了解决道德的根源问题,为人性及伦理上的善提供形上的支持。但如上所述,孔子、孟子、荀子皆未能完满地解决此问题。只有到了宋明儒,才通过在天道观之本体论上的突破,找到了解决心性问题的途径。

天道之本体论上的突破始自周敦颐,后来的二程和朱熹都将周敦颐作为他们学说的精神导师。周敦颐的突破性在于,他从天道的观点出发,找到了一条将人间的律则上升为包括万物在内的宇宙的律则的道路。他先是在《太极图说》中创立了人与宇宙万有的统一的基础,即"无极而太极",又在《通书》中为人立极,找到了人通往无极或太极的道路。他认为,人的"诚"或"静"等德性可以贯通天人,使个我走向宇宙大全。二程和朱熹沿着他的道路,发展了天理说,将世界两重化,一为形而上的理世界,它是世界的本体;二是形而下的气世界,它是理之载体。理气相须,但是理主气。整个世界就是以理为中心的世界,作为具体的个物,要以理为其本质。朱熹用理一分殊来说明理与万物的关系,整个世界的本质是理,个物的本质与意义在于分有了这个理。不仅整个世界有其统一的理,即就每个个体来讲,亦有其个体之理,或者说,个体,不仅受制于整体之理,还受制于个体之理本身。朱熹将这种本体论应用到人身上,从而得出了关于人的心性的理论:人和宇宙间的万物一样,要以分有理为其本质,而人要做到这一点,根据在于"心"。朱熹认为,人的心分为性情二元,即"心统性情",其中"性"是天理之在人的要求和体现,人心要呈现天理性相,需要人不断地去领会遍在万物的理,方法是格物致知,直至一旦豁然贯通,体会理之为理,则人可跻圣位。

程朱的这种说法,特点在于将心性论和本体论联系起来,前者是奠定在后者的基础之上并与之息息相关。程朱理学有见于天道,并由此及于对人与自然的统一而提炼出理,以作为一统人与万物的基础。这说明他们在对形而上学的兴趣和研究深度上都具有了不同于先秦儒学的特点。但他们之所以如此的目的还是为了一向的德性追求,即成人或曰成圣的要求,他们提炼出形上学的本体论,目的还是为了为道德践修提供一个根据;由于在本体论上提供了一个统合世界的基础,在修行实践上就能找到一条在他们看来是彻底的路:既然知道了世界的本质,那么人当然在实践上唯有循之而行。这样,程朱理学的心性论就完全奠立于本体的客观性准则之上,而并不是一种道德说教。它摆脱了以往儒学在道德论上的无根性,而将其奠定于本体的实体性之上。

因此,程朱理学对于先秦儒学心性和道德修养论来说,是一个转折。在先秦,心性论只是一个环节,一个可以和其他理论环节相并列的一个部分,具有相对独立的意义。而到了程朱这里,情况则有了变化,心性论已经成为他们全部理论的有机组成部分,并且往往是理论的归宿。他们在本体论上的探索,最后无非都是为了说明成圣修行的依据以及如何在心性修行上用功以最后跻于圣域。儒学的经典时代如先秦两汉时期,既苦于其理论本身的分散,使人们无从掌握其理论重心,又苦于其理论基点的缺乏,无从使其理论系统化,并为之提供一个支柱性的生发点,对于像儒学这样实践性很强、并注重道德伦理的学说来说,对其实践旨归也缺乏一个可供表达的方式。心性论的出现,可以说是满足了儒学在上述诸端的要求,它内蕴着儒学实践性的旨归,同时由儒学的理论生发开来,又有着理论基础。

不过,从天道观着手而引申出天理本体论,并用来解决心性论问题的程朱式方法是否符合儒家的原意呢?与朱熹同时的陆九渊就对此大声地说了"不"。陆九渊尤重孟子学,称其心学是在读孟子书时受到启发的。其实朱熹同样重视孟子,而且,虽然朱熹对孟子的不少说法如性善说有所批驳,但他的思想同样也可以从孟子学说中得到印证。从上一节可知,孟子一方面认为人本心本性是善的,自然符合仁义礼智,但他同时也指出人心人性要本于天,所以主张尽心知性,存心养性,目的也是为了达到天道。可见,孟子之认为人的心性本善,仍然是以天为极则的,性善论表达的主要是就人的伦理心境而言①,而非在实体论上就主张人的心性是世界的本体、万事万物的理据。就这一点而论,陆九渊径断"心即理",将心作为万事万物之理,作为极则,这对孟子之说是一大改变,为孟子所本无。相反,朱熹则顺着孟子此说,肯定了人的心性以天为则的主要内容就是理,也就是说,心与天都一统于理,而且朱熹肯定人心可以通过格物致知而达到理,这同样肯定了"尽心知性知天"的原则。当然,朱熹和孟子也有不同的地方,孟子肯定了人的良心本心可以贯通天人,"万物皆备于我",也就是说,人的心性本身具备贯通实体的超越存在的能力,这是人的心性本身的能力,不需要借助外力。而从上文可知,朱熹肯定的实际上只是"性即理",而不是"心即理",也就是说,人的心性本身不具备这种理的本体性,它只是分有了理。相反,肯定心性本身对于超越存在的通达却为陆九渊所承继。我们且将最高存在物称为理体(宋明理学家通称天理),可以说,陆九渊从孟子那里吸收了心性"能达"理体的说法,但孟子并没有明确心性即天理,而陆九渊则明确了"心即理";朱熹从孟子那里继承了心性本于天的观念,并进而认为本于天即本于天理,但并不本于心性本身,他的理论重心在于心性对天理的功能,即肯定了通过格物致知而能通达天理。朱陆两人的说法都是对孟子心性论在不同侧面的展开,这两个侧面同时也展示了儒家哲学在心性论上的不同面向与可能性。对于儒家心性论来说,面临着两种出路:一个是承认心性即是超越的价值之源本身,即它本身即是最高的存在物理体,或者即使人的心性不与它是同位格的,至少也在本质上同其一致;另外一个是承认人之心性同理体是二物,但人具有通达理体的潜能。儒家走的是内在超越之路,实际上也就是第一条路。孟子虽然没有直接肯定它,但是也偏向于它。但在如何说明心性同理体的同一上,用心学的话来说就是如何证明"心即理",却始终不能从实证的角度获得解析。宋明儒家思想家习惯于用本体论的方式来说明世界的统一性与人的心性、价值等问题,但

---

① 参见杨泽波:《孟子评传》第七章,南京大学出版社1998年版。

是本体论如程朱对心性的问题所做的分析一样,至多只能证明上述出路的第二条路,即只能证明人与万物一样都以最高的理体为本质,并且通过一定的修养可以达到它,却无法证明心性同理体是同一的。这说明,以本体论的方式说明的心性论的结果,事实上是不能为陆王他们对于心性的坚定信念所采信的。实际上,后者也并不信赖本体论的方式。

比较一下陆九渊与王阳明,陆九渊只是肯定了心性同理体的合一,他最典型的说法就是:"人皆有是心,心皆具是理,心即理也"①,但这种说法一点也无助于说明这个问题。事实上,陆九渊更多的是运用人的直觉与亲证来达到悟入的目的,所以要说明心学对于心性与理体同一的观念,我们还要回到王阳明这里来。

心学家肯定人的心性同理体的合一通常是从"心体"出发,而不是像程朱学派那样通常从人的"性体"出发。从概念系统上看,程朱的理学与陆王的心学对这两个概念的使用频率与意义都不相同②。朱熹主要是在本然面目的意义上使用心体与性体的概念,心体指心的湛然虚明,以物来能照而得其真为目的;性体是指本然之性,即天理,仁义礼智之实。心体与性体主要是从认识论的意义上使用,并没有本体、实体的意义。心体在朱熹哲学中并不是一个重要的观念,朱熹所重的是性即理的性体;而在阳明学中,心体成为一个重要的观念,不过在大多数地方,阳明强调的是"至善者心之本体"、"心之本体即是天理",即心体作为道德主体的意义,这个意义相当于程朱性体的意义,以成就至善为目的。只是阳明始终有一种狂者胸次,他晚年提出了"无善无恶心之体,有善有恶意之动,知善知恶是良知,为善去恶是格物"的"四句教"法,其中"无善无恶心之体"中"心之体"的概念即不是从道德主体的意义上着眼,而是吸收了禅宗以清净无滞说心体,强调的不是伦理的善恶而是针对人的存在的情感状态,指心体的无滞性、无执著性。这意味着宋明儒家在心性论上由

---

① 《与李宰》,《陆九渊集》,中华书局2010年版,第149页。
② 参见陈来《王阳明哲学的有无之境》第三节"心体与性体",《陈来自选集》,第243—248页。

本体论向存在论的一种转化。在阳明身上，这固然反映了他深受佛教的影响。但事实上，这种转化在儒学中是有其渊源的。孟子提出的人心与理体的同一始终是儒家的一个中心观念，程朱学派未尝不是为此作论证，他们最后也肯定了人心与理体的统一，只是统一的方向是在理体，途径要在向外，这是一种求取实体的方法，主要通过了本体论上的论证。而陆九渊等人则明确地反对这种取向，他们肯定的原则是人心与理体应当统一于人的心性本身，而方法则应是返观内求，在理论上通过心性论得以阐明。这充分反映了在宋明儒家中本体论与心性论之间的一种紧张。只是在陆九渊那里，以及阳明立学与教人的长时期内对心体的探讨始终都因为受制于伦理与本体论上的要求，而肯定心体的主要内容是道德伦理上的至善。以伦理道德上的至善规定心体，实际上是将心性实体化了，将心作为万物之本，这种路向只能是理本论的另一种翻版，本质上仍然要取决于本体论。但是以本体之心的善如何能证成发用上的恶呢，毕竟恶是客观存在的，所以陆九渊只能说这是人欲与意见障蔽了人的本心，人只要能返观心性上的本然之体就可以回复圣性。这种方法推致出来只能是禁欲主义的修养路数。王阳明也一再强调恶只是偏了，本来不可以和善相并列，不是人心有一个善，又有一个恶的，所以只要回复到天理之正，恶自然就没有了。这仍然是将本心之天理作为一种实体的观点，隐藏的仍然是从本体论意义上看心物关系与性情关系。不过，王阳明的思想中也隐藏了另一种基调，即把心性不是理解为实体，而是理解为一种质地，一种属性，它本身并没有任何先验的内容，只有一个本质的面向，而心的这种本质实质上和最高的理体是相通的，它虽然还不是理体，要使心成就理体，人还要经过一长段的修养，这也就是王阳明一直不肯放过致良知的修养功夫的内在原因，如在天泉证道中他教诫弟子切不可少了"为善去恶是格物"的功夫①。心的这种本质构成心的最基本也是最重要的内容，王阳明认为它就是心的清净与无执著性。四句教的"无

---

① 参见《年谱三》，《王阳明全集》，第 1306—1307 页。

善无恶心之体"就是表达心的这种属性。王阳明在具体解释这句话时说：

> 良知本体原来无有,本体只是太虚。太虚之中,日月星辰,风雨露雷,阴霾饐气,何物不有？而又何一物得为太虚之障？人心本体亦复如是。太虚无形,一过而化,亦何费纤毫气力？①

他又说："良知之虚,便是天之太虚；良知之无,便是太虚之无形。"②这清楚地表明,王阳明认为心与万物是一而二,二而一,并且心同最高的理体也是同一的,而其根据就在于心性的清净与无执性。这样,王阳明就回到了儒家心性的立场上来。王阳明认为这是圣人之学的最重要之点。事实上也是如此,阳明心性论的观念为儒家提供了和程朱不同的理解人之本质及人的归宿的方向,是儒家价值体系中重要的地方,可说为儒家道统所系。

有一种理解认为,宋明理学特别是心学追求的道统是一种偏狭的观念,因为道统的标准在于有见于心体为超越与普遍的,即所谓的"见道",但是见道与否依赖于个体之心对超越的理体、道体的通达,要借助于超理性的证悟,局外人对此却是完全不知晓的,而道统论区分道统的根据却在于以个人见道的体证与否,这又如何保证其客观性呢③。事实上,我们从王阳明对心体的论述中可以看出,儒家对道统的理解并不在于"见道"与否,而是儒家成圣与成人的根本目标,即成圣的根据和途径是什么。心学所争的远远不是单纯的见道的目标,而是对人的最终超越的可能性的探讨。自从孔子确立成圣与成人的目标以来,儒家就作为价值体系得以确立,而作为价值体系,最根本的问题就是人的超越问题,儒家宣称其本质上是为己之学,以成圣或曰成为真正的人为人的超越之境,因而历代的儒家

---

① 《年谱三》,《王阳明全集》,第1306页。
② 《传习录下》,《王阳明全集》,第106页。
③ 参见余英时：《钱穆与新儒家》第五节"新儒家的道统论",《现代儒学论》,上海人民出版社1998年版。

实际上都在探讨成圣的内在依据是什么和如何才能真正成圣的问题,事实上,对这个问题的关注也即为儒家的道统所系。但是儒家特别是心学的儒家学人偏重于从肯定心与理体的合一角度来切入这个问题,这在孟子那里已经隐然可见,至陆九渊则明确提了出来,然而他们都没有很好地在理论上说明这个问题。直到王阳明,他充分吸收了佛道的生存智慧,在宋明儒家走向本体论的基础上,把儒家心性论奠定在生存论的基础上,实现了对心性与理体合一的理论上的阐述,可谓其功伟矣。

第三节 儒家思想家与中国教育思想

在几千年的发展过程中,中国创造了丰富而灿烂的传统思想文化,古代教育思想不仅是传统思想文化的一部分,而且还是其赖以存在和发展的重要基础,传统思想文化的传承在很大程度上就是靠古代教育一代代地延续下来的。

儒家教育思想是儒家思想的延伸,儒家基本价值观决定其教育思想的核心。从历史上看,儒家教育思想的发展大致经历了三个不同阶段,但基本教育思想仍保持一贯。

从先秦到汉初,是原始儒家或称先秦儒家阶段,它由孔子晚年删定六经和创立私学开始,一直到《孟子》、《荀子》、《大学》和《中庸》的完成,基本上形成了儒家思想体系和教育体系,《礼记·学记》记载了这一时期儒家教育理论的总结,它们一起构成了以后封建社会儒家教育的理论基础。原始儒家教育的基本观念是以仁与礼为本,主张通过个人的德性修养完善自己的人格,成为"圣人"、"贤人",然后推己及人,齐家治国平天下。这是一条泛道德主义、理想主义的教育道路,也是儒家教育思想的经典形式,其理论意义远大于实践意义。

儒家教育的第二个阶段是从汉代到唐末。这时期儒家教育由私学走向政治化,儒学成独尊的官方之学,并入了国家的统治体系。汉武帝采纳董仲舒"罢黜百家,独尊儒术"的建议,在中央设立太学,将儒家教育上升为国家教育。魏晋南北朝时期,儒家教育受到玄学、佛学思潮的冲击和影响。到隋唐时期,儒家教育又得到了迅速发展,它吸取了外来文化的精华,并通过唐代的留学教育和其他文化交流形式,使儒家教育思想远播海外。

　　第三个阶段是宋代到明清,这个时期的教育主要受宋明理学的影响。宋明理学通过吸收佛教和道教思想,将儒家学说发展到一个新的阶段,影响及于教育,出现了新的气象。特别是宋代的朱熹,集理学之大成,重新解释儒家的学说,并集注了《大学》、《中庸》、《论语》、《孟子》四书。朱注《四书》在南宋成为国家科举考试的钦定教材,极大地改变了儒家教育的内容和方向,使儒家教育更紧密地与科举考试联在一起。明代心学对程朱理学有过抵制和修正,但明代官僚政治的专制性限制了儒家教育的发展,而且明代实行八股取士后,一般士子只读坊间流行的八股刻本,对经史原文反而一无所知。儒家教育由此走向衰弱。明清之际,一批启蒙思想家力图振兴原始儒家精神,但囿于时代的限制,这股思潮陡起陡落,入清以后,学者迷恋于文字考据与纯粹的经学,儒家教育也彻底沦为科举教育。

　　从以上的儒家教育发展史可以看出,儒家教育具有很强的时代性,它与政治的联系也很密切。虽然如此,原始儒家创立的儒家教育成人的核心理念在历代却能以不同的形式而出现。

一、先秦儒家教育思想

　　中国的古代教育起源很早,现存的《尚书·周子》中就记载有箕子和周公有关教育的言论,说明当时就有过有组织的教育活动。但真正形成系统化、独立化的教育活动和教育思想,还是从孔子开始。孔子是儒家的创始人,同时也是中国教育史上的第一位教育家,由他以及后代的儒家思想家开创和形成的教育思想体系及教育教学活动的实践对中国传统思想文化产生了巨大的影响。

　　在孔子之前的殷周时期,学校设在官府,非官吏不能为师,文化教育事业由官府垄断,这就是后世所谓的"学在官府"。春秋时代,这种局面开始变化,出现了"天子失官,学在四夷"①的局面,私学应运而生,其中,孔子起了举足轻重的作用。孔子提出"有教无类"②,不分贵贱,宜同资教,使得教育向广大的平民开放。他收弟子的要求很低,只要向他进献十条干肉以示对师道的尊重即可。相传孔子一生弟子三千,其中成名者有七十二人。孔子的教育取得了巨大的成功,开创了中国古代教育私学的传统。私学对中国思想文化的传承与发展作出了重大的贡献。由于中国古代社会经常出现政局不稳、封建王朝更迭的局面,官办教育时有中断,相反,私学却能保持相对的稳定,即使在秦朝的高压政策之下也未曾中断;官学基本上只培养各类高等教育人才,而基础教育则基本上由私学承担。民间私学还具有自由讲学之风,如战国时期的百家争鸣和宋元明清时期的书院制度都促进了中国学术思想的繁荣。

孔子的教育思想观念贯穿于其教育的理论与实践中,形成了以成人为核心的教育思想。孔子教育思想的最核心内容是要培养一个具有君子人格的儒者,孔子认为这也是所有人应该具有的,所以他也称其为"成人"。成人的内容是很丰富的,"子路问成人,子曰:若臧武仲之知,公绰之不欲,卞庄子之勇,冉求之艺,文之以礼乐,亦可以为成人矣。"③就是说,有智慧、廉洁、勇敢、才艺与礼乐的修饰才能成为一个真正的人。但成人真正的条目实际上是仁与礼,学习则是次要的,孔子讲过一段很著名的话:"弟子入则孝,出则悌,谨而信,泛爱众,而亲仁。行有余力,则以学文"④。在孔子看来,学习的最重要使命不在于知识的获得而在于明白人之为人的道理,明白人的德性和价值所在,即明白仁。仁乃人之为人者。为了让人们能够达到这个目标,孔子认为最有效的方法就是行礼,所以礼也是孔子教育的核心理念。仁、礼并用构

---

① 《左传·昭公十七年》。
② 《论语·卫灵公》。
③ 《论语·宪问》。
④ 《论语·学而》。

成了孔子成人教育观的核心内容,仁是他力图通过教育使学生树立的根本理想和做人的基本原则,礼则是达到这一目标的手段。以此为指导思想,孔子确立了中国传统教育的基本框架,在教育的培养目标、教育的内容、教学方法、教学组织等方面,两千多年的中国传统教育都未能出其右。

孔子以成人为教育的根本理念,在德才之间又以德为先,所谓"子以四教:文、行、忠、信"①,其中行、忠、信都是道德教育,这种教育观对后代形成以德育为中心的教育观有直接的影响。不过孔子的道德教育并不是架空的,而是落实于具体的教育内容的,即通过"文"来实现的。《史记·孔子世家》说孔子以《诗》、《书》、《礼》、《乐》行教,其弟子三千中身通六艺者有七十二人。孔子通过对六艺的传授来培养学生的仁德精神。他的教育是全面的,《六经》除了知识的传授之外,还包含了丰富的美育与体育等多方面的内容。孔子很重视《诗》与《乐》,他认为"诗言志"②,"《诗》可以兴,可以观,可以群,可以怨;迩之事父,远之事君;多识于鸟兽草木之名。"③兴、观、群、怨从不同角度阐明了"诗言志"的思想。"言志"说是中国美学对文艺本质理解的主潮,这不能不说是受到了孔子诗言志之说的影响。在艺术的形式与内容关系上,孔子非常强调形式的重要性。《论语》记载了子贡批评棘子成忽视形式(文)的错误④,孔子自己也说:"言之无文,行而不远"⑤。但孔子对形式美的关注,更多的是关注形式背后体现出来的伦理道德上的善,"绘事后素"⑥,"质有余者,不受饰也"⑦,表现在对自然美上,也是从比德的角度来欣赏,孔子多用玉来比君子之德,注意山、水也多是因其体现的德性形象,所谓"智者乐水,仁者乐

---

① 《论语·述而》。
② 《尚书·尧典》。
③ 《论语·阳货》。
④ 参见《论语·颜渊》。
⑤ 《左传·襄公二十五年》。
⑥ 《论语·八佾》。
⑦ 《说苑·反质篇》。

山,智者动,仁者静,智者乐,仁者寿。"①比德说对中国文艺的理论与创作都有深刻的影响,屈原的《离骚》,陶渊明的松菊诗,都是运用比德说的典型。不过发展到后来唐代特别是宋明理学兴起之后,"文以载道"之说得到贯彻并有极端化的倾向,内容之善压制了形式之美,文艺作品成为干巴巴的道德说教,这对于文学艺术的消极影响也不浅。

孔子本人喜欢体育,在教学中也有体育的内容,六艺中的"射"与"御"就属于体育范畴。不过,孔子教学以德育为中心,六艺的传授都贯穿着德育,即如射击运动,孔子也不忘提醒"君子无所争,必也射乎!揖让而升,其争也君子"②,将之作为培养君子无争的道德品格的手段。孔子重德育的教育主张为后继的孟子、荀子所继承,在汉代则随着儒家独尊地位的确立而越来越得到加强,以"明人伦"为主的道德伦理教育成为古代教育的首要任务。这表明孔子确立的教育以"成人"为目标的理念得到了贯彻。

孔子的教育以成人为目标,抽象地说,他要求学生成为具有仁德之人,懂得为人的道理,但是在当时的条件下,孔子成人的目标又具有非常明确的政治指向,那就是要培养一批德才兼备的治世之才来安邦治国,以实现其仁政德治的政治抱负。孔子的这种思想,在主观上是想实现一种仁政,即所谓的"为政在人"③,但在客观上则造成了中国教育与政治的密不可分的联系,这为后代的科举取士奠定了思想理论基础。

孔子的弟子子夏有一句话叫"仕而优则学,学而优则仕"④,这其实是反映了孔子的思想。对这句话的解释有多种,不过人们通常接受这样的解释,即对于已有官职的人来说,有余力应当多学习,而对于尚未入仕的人,只要他学业优秀道德优长,就应当提拔出来做官。这个思想在周代"周道亲亲",政治上世卿世禄的背景下,主张平民只要德业优秀就应当

---

① 《论语·雍也》。
② 《论语·八佾》。
③ 《礼记·中庸》。
④ 《论语·子张》。

提拔出来做官，无疑是一种进步的革命性的主张，对传统的官僚体制产生了有力的冲击。

孔子以出仕激励其弟子，"不患无位，患无所以立"①，"耕也，馁在其中矣；学也，禄在其中矣"②，但孔子并不主张为出仕而出仕，出仕应当以德业优长为前提，同时他也不主张对出仕做太多的功利打算，史载孔子使漆雕开仕，后者对曰："吾斯之未能信"，孔子听了很高兴③，他又说："邦有道，谷；邦无道，谷，耻也"④，认为在一个无道的国家里做官，衣食无虞，是可耻的。孔子将"学而优则仕"作为他教育的明确的方向和目标，目的是为了实现儒家政治上的理想，但是从仕本身是利禄之途，难免会使儒家出仕的初衷大打折扣。孔子对此有清楚的认识，《论语·先进》载，子路让不学的子羔做县宰，孔子批评子路，子路反为狡辩，孔子很气愤。不过，在官本位的封建社会里，出仕不能不异化为名利场。"学而优则仕"的主张在隋唐时得到了制度化的体现，即科举取士制度。这一制度从隋代创建，中经唐、宋、元、明、清，直到清末，前后影响中国官僚体制达一千三百多年，对士人的精神世界也造成了持久的影响。科举制度对中国社会的影响是两面的，由科举形成的"唯才是举"比以门第决定用人，"上品无寒门，下品无士族"的士族制度毕竟要合理得多，它使一大批具有真才实学的寒士有可能被委以重任，从而极大地维护了封建制度的长治久安。科举制的推行也大大地推动了古代文化教育的发展，它使人们普遍重视文化知识，形成了"三尺童子，耻不言文墨"的社会风气。由于科举特别是从南宋以后以儒家经典命题，这就大大促进了儒家价值观念的普及与深入人心。不过，"学而优则仕"的科举制度包含着巨大的功利，用宋真宗的《劝学诗》来说就是，"富家不用买粮田，书中自有千钟粟；安房不用架高梁，书中自有黄金屋；娶妻莫恨无良缘，书中有女颜如玉；出门

---

① 《论语·里仁》。
② 《论语·卫灵公》。
③ 参见《论语·公冶长》。
④ 《论语·宪问》。

莫恨无随人,书中车马多如簇;男儿欲遂平生志,六经勤向窗前读",举业之途不流于名利亦难矣。科举制到后期,"科名声利之习,深入人心,积习难返,士子所为汲汲皇皇者,惟是之求,而未尝有志于圣贤之道"①,科举制的这种两面性一直延续到其终结。

要之,先秦时期,以孔子为首出的儒家奠定了儒家教育思想的总体大观及教育组织体系的基本格局,同时也确立了中国传统教育的框架。随着孔子与儒家地位逐渐占据思想学术的主流地位,先秦儒家的教育思想也被后代的教育奉为圭臬,影响极为深远。

二、汉唐时期的教育思想

汉代儒家独尊地位确立以后,儒家教育在不同程度上都贯彻了孔子的教育理念。虽然不同时期的教育思想有不同的特色,但实际上都是围绕着儒家特有的价值观,向着成人的目标所做的拓展。进入汉唐社会,儒家教育发生了巨大的变化,教育政治化,教育成为统治体系的一部分。但儒家教育的总体目标仍得以保存。这期间,儒家思想家针对新时期提出了新的教育思想,如董仲舒、韩愈和柳宗元等人在教育思想方面都有一定的建树。

董仲舒是西汉著名的哲学家与教育家,在教育方面,他在《举贤良对策》(史称《天人三策》)中提出了三大文教政策,这就是兴太学、重选举和独尊儒术,为汉代推崇孔氏,罢黜百家,立学校,举茂材等文教政策奠定了理论基础。董仲舒从"性分三品"的人性论出发,认为民性生来有善质而又未能善,有成善或成恶的两种可能,必须节制情欲,由统治者对他们进行教化,天道尚仁,王者应当承天意以从事,任德教而不任刑,以教化为大务。他认为教化的推行,关键在于各级官吏,因此他要求选用"德政之官",反对当时"任子"和"訾选"的入仕制度,主张选用官吏要"量材而授官,录德而定位"。他认为吏治不清的原因在于选举不当,他对选举提

---

① 《钦定大清会典事例》卷一〇九九,《国子监·六堂课士规制·课程》乾隆己亥下。

出了具体意见,主张只要尽心求贤,天下的贤才就能为朝廷所用。不过,他认为朝廷求取贤才,不但要求贤,更要养士,而养士最根本、最可靠的办法就是兴办太学,通过教育培养贤才,养士三法以太学最为重要。他说:"故养士之大者,莫大乎太学。太学者,贤士之所关也,教化之本原也。"①因为太学培养出来的学生,受过系统的儒家教育,选用他们为官吏,最能按照儒家经训来教化万民。他的三大文教政策为汉武帝所采用,影响及于后来的各个封建王朝。此后,太学就成为中国封建社会的最高学府之一。春秋战国时形成的私家养士风气由此发展成封建国家统一的养士制度。董仲舒对古代教育有很多开拓性的贡献,他把教育置于高于政治的地位,认为国家的治乱兴废都取决于礼乐教化,这对封建礼教的形成,起了重要的作用,而儒家教育在整个社会中的重要地位的基调也由他开始得以确立。

董仲舒之后,对儒家教育的发展做出重大贡献的是唐代的儒家思想家,其中韩愈最为突出。

韩愈是中唐的大教育家,他的教育思想上承孔子、孟子、董仲舒,下启朱熹、王阳明,是中国古代教育史上一个承前启后具有转折意义的教育家。他生活的时代注重门阀,世人耻于求师受教,其风所及,"不闻有师,有则哗笑之以为狂人"②,大儒如柳宗元都因"世久无师弟子,决为之,且见非,且见罪"而"惧而不为"③师,独韩愈"奋不顾流俗犯笑侮","抗颜而为师"④,以至于落到在长安席不暇暖,不得不求分司东都。韩愈作《师说》,明确了为师的使命与责任是传道、授业、解惑。这个思想后来成为师道的一个经典表述。韩愈始终不渝地招收并乐于奖掖、提携后学,韩自己出身寒微,发达以后始终乐于接迎寒微有才之士,培养了一大批有作为的人物,形成了韩门弟子盈门的现象。在他的倡导和实践活动的感

---

① 《对策二》,《汉书·董仲舒传》。
② 《柳河东全集》,第358页。
③ 《答严厚舆秀才论师道书》,同上,第361页。
④ 《答韦中立论师道书》,同上,第358页。

召下,中唐师风有了很大的改变,呈现出一代教育新风。

中国从春秋战国以来就形成了良好的师道传统,春秋战国时期各学派都自张旗帜,广收门徒,为社会培养了大批有用的治世人才,也为中国建立了良好的尊师重教的传统。此传统至秦始皇"焚书坑儒"受到破坏,至两汉而复兴,然而,自魏晋以降,师道不兴,人不事师,至唐更形成了以受师从教为耻的恶劣风气。其中深层的原因与佛道兴盛有关,士人崇佛道导致儒学不振,儒门淡泊,师道之不兴与此相表里。所谓"老佛显行,圣道不断如带,诸儒倚天下正议,助为怪神",至韩愈出,"以六经之文为诸儒倡"①,"文起八代之衰,道济天下之溺"②,倡古文运动,力排佛老,其直接的目的,就是重建儒家的道统,恢复儒学在中华文化与政治上的正统与核心地位。韩愈主要通过两方面的努力来达到这个目标。一是在文学上倡导古文运动,提出"文以载道"的主张,反对为应付科举而读书作文,主张文章要有内容,要能体现出周孔等人的先王之教;另一方面,韩愈在哲学上力辟佛老,明确提出周孔之道的具体内容是古圣传下来的仁义道德。他的教育思想也以此为归,他要士人认识到儒家之道之不同于佛老之道,而特揭明儒家之道首重仁义之教乃为了"有为",即可有经国济世之用。《师说》之言感于当时"师道之不传也久矣",奋起为师,其立意也不是因为当时没有教师,或没有学生从师,而是针对当时教师只知道授书和习句读、不能传授先王之道而发。他强调:"道之所存,师之所存",并把传道作为为师的首要任务。这些都和原始儒家将德教放在第一位,重视成人之教的教育思想相通。韩愈的这些思想坚持和丰富了儒家成人之教中济世匡俗的品性,对于抵制魏晋以来崇佛重道游心方外而忘却士人对于社会国家的责任是一种有力的反拨。

韩愈在教育上的杰出贡献的另一方面是提出了一些新的教育方法。他的《进学解》是一篇文字优美,感情洋溢的教育散文,文中论述了治学

---

① 《新唐书·韩愈传》。
② 《韩文公庙碑》,《苏东坡全集》后集卷十五。

的原则与方法,要治学者先精于所学,不要求责于有司或社会的不公,"诸生业患不能精,无患有司之不明,行患不能成,无患有司之不公",治学方法如勤学与深思相结合的原则,"业精于勤荒于嬉,学成于思毁于随",就为后世所习用。他强调读书要勤,所谓"口不约吟于六艺之文,手不停披于百家之篇",要做到"焚膏油以继晷,恒兀兀以穷年",在读书的过程中,要注意"论事者必提其要,纂言者必钩其玄",意思是说,读不同的书,要采取不同的方法:对史籍一类的书,要做出提纲挈领的提要,把握要点,对辑录古人言论的书,要探索其要旨,领会其实质。他又提醒人们"贪多务得,细大不捐"①,即要博观泛览务求有得,知识不管大小,要兼收并蓄,正确处理博与约的关系;"沉浸浓郁,含英咀华",即读书不能浮光掠影,一知半解,要熟读精读,对书中精华要细细咀嚼玩味,反复地体会。这些对我们今天仍然具有很深的借鉴意义。

与韩愈差不多同时,在教育思想上有所建树的还有李翱、柳宗元和刘禹锡等人,他们与韩愈相呼应,在教育目的和内容上都强化儒家仁义道德为核心的伦理道德的要求。李翱激烈地批评当时的教育说:"俗尚文学,为学者以抄集为科第之资,……入仕者以容和为富贵之路,曷尝以仁义博施之为本乎?由于经旨弃而不求,圣人之心外而不讲,干辩者为良吏,适时者为通贤,仕义教育之风,于是乎扫地而尽矣。"②他主张学者当以从道为关键,"君子从乎道也,而不从乎众也","吾之道,学孔子者也","是古圣人所由之道也"③。柳宗元也主张学者当以道为先,"学者务求诸道而遗其辞,辞之传于世者必由于书。道假辞而明,辞假书而传。要之,道而已耳。"④他主张"文以明道",这其实也是他在教育观上的主张,与韩愈不同的是,他极力避免有"师"之名,其实他这样做是因为他的政治处境,所避的只是"师"名,而于师道之实他与韩愈一样是重视的,他

---

① 以上引文见《进学解》,《韩昌黎全集》,第 186—187 页。
② 《与淮南节度使书》,《李文公集》卷八。
③ 《答侯高书》,《李文公集》卷七。
④ 《柳河东集·报崔黯秀才论为文书》。

说:"仆之所拒,拒为师弟子之名,而不也当其礼者也。若言道,讲古,穷文辞,有来问我者,吾岂尝嗔目闭口耶?"他主张"交以为师","苟去其名全其实,以其余易其不足,亦可交以为师矣。如此无世俗累而有益乎己,古今未有好道而避是者。"①更进一步,则以师为友,把师生关系,变为师友关系,这同时也反映了他在当时处境下发展儒家教育的坚定信念。

可见,在唐代,儒家传统的教育思想有过复兴,一些儒家知识分子为此作出了不懈的斗争。经过他们的斗争,儒家教育的在传统中所占的精神地位得以恢复,为以后宋明教育的兴盛做了有力的准备。

三、宋明时期的教育思想

入宋以来,学术界的一个巨大变化就是理学思想的形成。理学家们提出了封建伦常道德的永恒性的理论以及通过学习、修养、教导以体现此种道德的过程与工夫。其中,理学家们所讨论的问题的一个主要方面正是教育问题,它体现于为学、致知、存养、克治与教学等问题的讨论中。其中在教育思想上有突出建树并产生巨大影响的有朱熹和王阳明。

朱熹是一个教育家,一生从未放弃过教育活动。他的教育活动通常都以书院为中介,如知南康军时重建白鹿洞书院,在台州时,筑武夷精舍,在湖南又修复岳麓书院,后来又在建阳筑沧州精舍。朱熹在各地都有众多门弟子相从学习,他的学术与理论活动很多都通过书院教学来展开,当时他与吕祖谦、张栻、张九龄(子寿)、陆九渊(子静)、陈亮等人的学术辩难,是学术史上的重要事件,都以书院为基地,开启了后来书院讲学、讲会、会讲之风气,提倡自由讲学、各抒己见、同意才采纳、否则不变其说的学术自由精神,朱熹与门弟子论学也"往复诘难,其辩愈详,其义愈精"②。其门人记录朱熹论学言论甚多,黎靖德编纂的《朱子语类》140卷,即是朱熹一生进行教育活动和考究学术的记录。朱熹教育活动的另

---

① 《柳河东集·答严厚舆秀才论为师道书》。
② 《朱子语录大全》序目。

一个重要方面是整理编著教材,经其编订的教材对南宋元明各朝都有深远的影响。朱熹对易、书、诗、礼和孝经,对四书,以及周、程、张等理学家,乃至"小学"均有著述。其中有一部分如《诗集传》、《四书章句集注》、《近思录》(与吕祖谦合编)、《小学》等成为封建统治下正统的教科书,有关童蒙的教学著作,如《童蒙须知》、《训蒙诗》等,也为世所采用。此外,朱熹所到之处,办书院,收辑图书,刊刻书籍,在教育史上都有重大影响。

朱熹的教育主张根源于他的理学思想,他于儒家观念能极深研之,及于教育故能有极深广之主张。他对当时社会重科举的学校教育风气提出激烈的批评,认为科举与当时的学校教育制度都有悖于儒家教育的根本观念。他重申"明人伦"是儒家教育的根本目的,"先王之学以明人伦为本"①,具体来说,"圣贤教人,只是要诚意,正心,修身,齐家,治国,平天下。所谓学者,学此而已。"②他批评当时的学校没有按照这个目的进行教育,他说:"至于后世,学校之设虽或不异乎先王之时,然其师之所以教,弟子之所以学,则皆忘本逐末,怀利去义,而无复先王之意。以故学校之名虽在,而其实不举。"③又说:"自圣学不传,世之为士者,不知学之有本……所以求于书,不越乎记诵,训诂,文词之间,以钓声名,干利禄而已"④,而入学者也不关心先王之训,"不过以追时好,取世资为本;至于所谓修身、齐家、治国、平天下之道,则寂乎其未有闻也"⑤。他批评科举"甚夺人志",在《学校贡举私议》中,曾提出具体改革办法。朱熹属意于儒家传统教育中的成人目标的建树,而其取径之道就在人心的复天理上。

朱熹认为心统性情,其中"性即理","性者即天理也",是纯粹至善的;而情则因气禀不同,杂理与气,气有清浊粗细偏全,故气质不能无差别。人一心统有此两种属性,"仁即性,恻隐即情",性本为人心所具有,

---

① 《近思录》卷九注文。
② 《续近思录》卷二。
③ 《静江府学记》。
④ 《福州州学经史阁记》。
⑤ 《送李伯谏序》。

只是为嗜欲所迷,一齐昏了,只有通过修养与教育才能复其本然之善,"圣人只千言万语,只是使其反其固有而复其性","革尽人欲,复尽天理,方始是学"①,也就是说,"存天理,灭人欲"正是教育的终极目标。如何存天理、灭人欲呢,朱熹提出居敬穷理的方法,在他之前,程颐就提出了"涵养须用敬,进学则在致知",朱熹进而提出"致知必须穷理,持敬则须主一",穷理即是格物致知工夫,是复本然之性的必要工夫,而在两者中,"持敬又是穷理之本",敬体现在教育为学上就是对圣人之书的敬意上:天下之物,莫不有理,而其精蕴则已具于圣贤之书,故心由是以求之。观圣人书的过程就是穷理的过程,他在上疏中说:"为学之道莫先于穷理,穷理之要必在于读书,读书之法,莫贵于循序而致精;而致精之本则又大于居敬而持志;此不易之理也。"②

朱熹把这种思想贯穿于理学教育思想中。他把人一生的教育分为两个阶段,一个是"小学"阶段,一个是"大学"阶段。这种分法不仅着眼于学习的年龄次序,更主要的是从内容和意义方面来分。"人生八岁,则自王公以下,至于庶人之子弟,皆入小学,而教之以洒扫应对进退之节,礼乐射御书数之文。及其十有五年,则自一辈子之元子众子,以至公卿大夫元士之适子,与凡民之俊秀,皆入大学,而教之以穷理正心、修己治人之道。此又学校之教,大小之节,所以分也。"③小学阶段从儿童八岁起,主要教习洒扫应对进退的礼节,进而教授诗、书、礼、乐之文,目的在于使儿童在日常生活上,具体行事上,熟悉伦常礼乐之教。大学阶段则自十五成人之后始,主要以教授穷理正心、修己治人的道理为主,参以格物致知的功夫。"盖古人之教,自其孩幼而教之以孝悌诚敬之实,及其稍长,而传之以诗书礼乐之文。皆所以使之即夫一事一物之微,各有其知其义礼所在,而致涵养践履之功也。(此小学之事也,知之浅而行之小者也)。及其十五成童,学于大学,则其洒扫应对之间,礼乐射御之际;所以

---

① 《朱子语类》卷十三。
② 《总论为学之方》,《性理精义》卷七。
③ 《大学章句序》。

涵养之者,略已小成矣,于是不离乎此,而教之以格物而致其知焉。……此大学之道,知这深而行之大者也。"①小学所学者为礼乐射御书数及孝悌忠信之事,是"学其事";大学所学者为格物致知及所以为孝悌者的理,是所谓"穷其理",虽为两个阶段,理事却是一贯,大学所学的就是小学所学之事的理。朱熹固然重视大学之道,但他同样对小学之教也很重视,认为要明白道理,小学阶段须打好基础,存养已熟,要基已深,即读即教,即知即行,这样可以做到"习与智长,化与心成"。在《白鹿洞书院揭示》中,规定"大学"之教的内容为:

> 父子有亲,君臣有义,夫妇有别,长幼有序,朋友有信。右五教之目,尧舜使契为司徒,敬敷五教,即此是也。学者,学此而已。而其所以为学之序,亦有五焉,其别如左:博学之,明辨之,笃行之。右为学之序、学问思辨四者,所以穷理也,若夫笃行之事,则自修身以至于从事、接物,亦各有要,其别如左:
> 言忠信、行笃敬,惩忿窒欲,迁善改过。
> 右修身之要。
> 正其谊,不谋其利;明其道,不计其功。
> 右处事之要。
> 己所不欲,勿施于人;行有不得,反求诸己。
> 右接物之要。……②

在以上的学规规定中,朱熹比较全面地阐述了其教育指导思想,目的就是要通过教育把学生培养成自觉遵守五教五常的封建等级、家族伦理的人,为此,他提出为学之序是学、问、思、辨以穷理,笃行以行事,进而更好地"修身"、"处事"与"接物"。最终目的是为了让学生明白封建伦常之理是本然之理而为人性所本有,为学之要即在于体会和践行此本有之理:

---

① 《答吴晦叔书》,《朱文公文集》卷四二。
② 《白鹿洞书院揭示》,《朱文公文集》卷七四。

熹窃观古昔圣贤所以教人为学之意,莫非使之讲明义理,以修其身,然后推己及人;非徒欲其务记览,为词章,以钓声名,取利禄而已也。今人之为学者,则既反是矣。然圣贤所以教人之法,具存于经,有志之士,固当熟读深思而问辨之。苟知其理之当然,而责其身以必然。则夫规矩禁防之具,岂待他人设之,而后有所持循哉。

朱熹认为,教与学的目的不能只是为了学得杂博的知识,做华丽的文字,用来钓取声名,而是为了明理,修己治人,所以教人与为学都必须穷理,身体力行。

白鹿洞学规把世界观与政治要求、教育方向以及进行学习修养的途径结合起来,形成了封建时期比较完整的教育理论纲要,比较全面地表达了朱熹的教育思想。这一教育理论在后世产生了深远的影响,自元明两代到清中叶的教学——特别是一部分书院的教学——很多是以白鹿洞书院的学规为模范。宋元明清历代王朝都以程朱理学思想为正统思想,南宋末已"尊朱熹之学",元明清也一样。明洪武已"诏以熹书立于学宫"。明永乐时的《性理大全》,清康熙时的《御纂性理精义》等,基本上都是朱熹思想。在科举上,元明清科举都重视朱熹的《四书集注》,自南宋末以来,朱熹的思想控制了教育的课程设置,《四书》取得了高于《五经》的位置。南宋末以来,官学、私学、书院、蒙学的"教学计划"、书院的活动和教学方法都深受朱熹的影响,特别是他的《小学》、《近思录》、《白鹿洞学规》几乎支配了后来的教育活动。

朱熹之后,元明两代都以程朱之学为官方的教育理论,元代在教育思想方面没有什么重大的发展。到明代出现了薛瑄(1392—1464)、吴与弼(1391—1469)等程朱学派的理学家,中叶出现了王阳明,对程朱学派提出批评。同时期的罗钦顺(1465—1547)、王廷相(1474—1544)提出了具有唯物主义倾向的教育思想,对包括王阳明心学在内的理学提出批评。其中,王阳明(1472—1528)提出的教育思想在理论上有新的创新,对后世的教育思想产生了积极而重大的影响,标志了中国教育理论的一个新层次。这里我们只对王阳明的教育思想略作讨论。

王阳明哲学是作为程朱理学的对立面而出现的。程朱之学自元明两代成为正统思想之后，日益趋于形式主义，越来越成为束缚人们思想的教条，特别是在教育上，由于科举考试的命题要以朱注的《四书》为准，学校教育的内容也无例外地以之为归，一般知识分子除了朱注《四书》之外便不知有其他学问。在这种背景下出现的王阳明心学以简易直截地诉诸良知的特点，与程朱理学迥异其趣。王阳明以理于己已足，向外求理误矣为号召，对僵化的学风与士风具有很大的冲击力，笼罩了当时的思想界，对教育思想也产生了很大的影响。

王阳明的一生在政治上建有功勋，同时，他的一生从未放弃过教育活动，他很早就授徒讲学，被贬龙场后，建龙冈书院，不久又主讲贵阳书院。在滁州时亦聚门人讲学。在江西时立社学，并修濂溪书院，又集门人于白鹿洞讲学，后来又在浙江设会稽山书院讲学。他的哲学著作《传习录》上、中、下三编，就是门弟子记录的主要是他讲学时的言论。他的哲学思想影响及于当时和后世的观念主要是心外无物，心即理之说，认为"万事万物之理不外于吾心"，"心外无物，心外无事，心外无理，心外无善"，他认为程朱向外物格物致知以求天理是不当的，要求理，不能把心与理分为二，不可"外心以求理"，必须"求理于吾心"，这才是"圣门知行合一之教"。王阳明把它看作是教育和学问的根本，"君子之学，唯求得其心。虽至于位天地，育万物，未有出于吾心之外也"，学问的根本就是求得自心之理，求放心，舍此别无他求，"心外无事，心外无理，故心外无学"①，即此用功便是学，便是教育的根本途径。王阳明同样把明人伦作为封建教育的目的，只是教育的方法和理论基础放在求心之理，亦即"致良知"之上，他认为教育的主要问题就是如何"致此良知"，"致良知之外，无学矣"②。他把良知看作是"心之理"，是宇宙万有的根据，吾心之良知

---

① 《紫阳书院集序》，《王阳明全集》，第239页。
② 《书魏师孟卷》，《王阳明全集》，第280页。

即是事事物物的理,所以致良知也就是格物致知,反过来说,格物致知的目的也无非就是致自家的本心良知:"致吾心良知之天理于事事物物,则事事物物皆得其理。"①

王阳明的"知行合一"观也对教育观念产生了重大影响。按照他的看法,知行不仅仅是应当合一,而且是本来就合一的,所以分开就是被私欲隔断,不是知行本体了。圣贤教人知行,正是要复此本体;也就是说,知行合一也无非是良知本体的要求,其根本的方法也是"存天理,灭人欲"。基于"致良知"与"知行合一"的观念,王阳明对当时科举盛行,士人皆只知驰骛于记诵辞章,惑于科举功利,不复知"明伦之意"的教育习气提出了批评。他的批评还有很多是针对程朱理学的,如对读书穷理的看法,朱熹认为格物致知是穷理的根本途径,并认为所穷之理要从物上始,只有究得物理,至"一旦豁然贯通"处,方始识得吾心之大体,所以朱熹对读经书抱有很高的期望,认为对经书的细心体会是接近圣道的方法,因为经书是圣人格物致知的结果,对此要"持敬涵养"。王阳明对这些观念都有反拨。他认为,无论是格物还是读书,最后都回到心,必须考之于心,格物是吾心之天理,读书是为了明本心的常道。他反对朱熹返回到圣人的经书以求天理的作法,而主张一切以吾心之天理为准,即使是孔子与六经之语,都要"求之于心","夫学,贵得之于心。求之于心而非也,虽其言出于孔子,不敢以为是也,而况其未及于孔子者乎?求之于心而是也,虽其言出于庸常,不也以为非也,而况其出于孔子者乎?"②基于此,他提出教学只是引导学者"各得其心",学习贵于自得,"君子之学求以得之于其心"③,反对外来束缚,批判权威与教条主义、形式主义,主张自由自然的积极性,提倡活泼自由、注重个性的教学方法。

王阳明的学说在他生时即已流传和盛行,他死后,以其名著称的王学后学更为盛行,门弟子遍及全国,而且各阶层的人都有,其中分化也很

---

① 《答顾东桥书》,《王阳明全集》,第45页。
② 《传习录中》,《王阳明全集》,第76页。
③ 《观德亭记》,《王阳明全集》,第246页。

严重。他们在各地建祠堂,立书院,开讲会,形成学术上和社会思潮的一大运动。王学心学,对中国教育思想史的影响犹如其对中国思想史的影响一样深刻而巨大。王学心学直接将天理诉诸人心之良知,论证心即理的心本体论,极力渲染途之人皆可以为尧舜的圣性人格,重新定义儒家思想史上成人与成圣的关系,使儒家回归到先秦儒家特别是子思、孟子一系注重返求人的心性的学行路线上来,一扫程朱理学繁琐的天理说词和注重词章的学风,带来了思想解放的思潮。在教育思想上,他首倡"心外无物","心外无理",教导士人求学不离本心,无分内外以观万物,真正体悟"天地万物为一体"的"大学问"境界,丰富了儒家成人的教育思想,是中国教育史上为数不多的主要精神源泉之一。

第四节 儒家思想家与中国王道政治

儒家思想中充满了关于政治哲学的言论并含有明确的政治目标与政治理想,以至于很多人认为儒家哲学的中心是政治哲学。同样的,很多人都注意到中国传统社会的宗法制特征与此密切相关。中国社会脱胎于氏族公社时期的血缘宗法关系和血缘家庭、家族关系,在进入封建社会之后,宗法制仍得以长期保存,在宗法制下,以家族为本位,以宗法为依据。一国之中,国君之外,有百世不变的大宗,有无数五世则迁的小宗;小宗之宗人,共宗其小宗;群小宗各率其宗人,以宗大宗;大宗又率群小宗以宗君。凡民皆各有其宗,且可以随时增立。宗之所在,即民之所归。此种君与宗相待而成治,即为中国封建社会组织之根本。在这样的背景下,很多思想家都把国理解为家的扩大,"天下之本在国,国之本在家"①,表现在政治上,没有从公共权力的角度来理解国家,而是将君主和国家联在一起,社稷、宗庙一体,从而形成了"父传子、家天下"的专制格局,这构成理解中国政治文化传统的背景。

---

① 《孟子·离娄上》。

儒家衍宗法制之义以立政治思想,以宗法之家族伦理关系来覆盖政治上的国家与公民之关系,遂使中国政治思想具有浓厚的宗法家族与伦理本位主义色彩,由此而奠定中国政治思想具有若干重要之特征,其中最重要的就是德政主张与民本理念,而其实践模式则是内圣外王。中国特有的政治设施及政治思想,发育自中国特定的人文环境之中,而其中自不能免于儒家学者的创作。可以说,中国政治思想受儒家思想的影响要远远地比他家学说为深远。而儒家思想更把政治思想作为其学说中有机的一环,儒家从未隐瞒过其政治上的抱负。历代儒者都把"穷则独善其身,达则兼济天下"作为自己的人生目标,力求在政治上能为"帝王师",实现自己为儒者的抱负。这种情结从孔子始,一直延续到宋代。宋明之世,由于政治专制的加强,儒者才不得已反思传统儒者参与政治的格局,力图去开拓新的政治空间,比如教育上在官学之外重建书院之学,在地方上办乡约,力争在官僚体制之外开拓儒学影响世人的独立空间,可见政治气候的变化并没有使儒学的政治情结消弭,政治化的儒学似乎是儒学的先天结构。本章将渐次探讨儒家思想家与中国政治及政治思想的这些纠结。

一、为政以德与民本主义

中国古典的政治是伦理政治,伦理与政治是相互同化,同构一体的,这主要是儒家政治思想影响的结果。儒家政治思想最重要的特征就是以伦理、家族为本位,将家族与家庭的伦理观念适用于为国治道,以人伦之自然关系来处理一国的政治事务,其特点是重政务、重治体,以诉诸"君德"和圣人教化为实现手段,以德治、德教和仁政爱民为基本内容,基本原则是"德治"与"民本",可称之为"伦理政治型文化"①,这也是中国古代政治文化的传统与特点,它们都是由中国古代社会特有的宗法等级制度和"家国同构"的社会政治结构决定的。

---

① 徐复观:《学术与政治之间》,台湾学生书局1985年版,第48页。

"德治"与"民本"思想的产生要远远早于儒家的产生。殷商时期,政治还弥漫着原始的巫术迷信,统治权力被认为是上帝意志的体现,政事决之于占卜。殷末周初,成汤革夏,武王克商让人看到了天命靡常,虚于敬天、敬德保民的思想开始广泛出现,《尚书》等书提及"民为邦本,本固邦宁","皇天无亲,唯德是辅","以德配天","民之所欲,天必从之"等,当时的周公将夏商两代灭亡的原因归之于"惟不敬厥德,乃早坠厥命"①,周之所以代殷而得天下是因为"王其疾敬德"②。政治的轴心由"以天为宗"转向"以德为本"。史传周公还制礼作乐,将德、政、礼、乐的结合用典章制度与礼仪制度确定下来,此为中国伦理政治的发端。

　　孔子是第一个提出比较系统的德治主张的人,所谓"为政以德,譬如北辰,居其所而众星共之"③。孔子的这一思想继承了西周以来敬德保民思想的发展对原始宗教的清理,他并且进一步将家庭伦理原则运用于政治中,以人性为基础,将伦理与政治紧密结合,对前此以天命论为主的传统政治思想进行了价值转换。孔子以及后来的孟子等儒家思想家认为人性可以信赖,有共同的可期待的美好共性,孔子讲"道之以政,齐之以刑,民免而无耻。道之以德,齐之以礼,有耻且格。"④有什么理由认为老百姓习于德礼一定要胜于政刑呢,这是因为孔子认为人性有其普遍性,而且是可信赖的。道德天命自西周以来一直被认为来源于上帝,这时却被理解为根于人自身之中,人性与天命融合为一。孔子等人确信对人性的固有德性加以诱导,使其能自觉,以尽人之义务,那么必能保证有序政治的建立,换句话说,政治的确立必得借道于伦理道德上的善,"其为人也孝弟,而好犯上者,鲜矣;不好犯上,而好作乱者,未之有也"⑤,"孝"的观念,即因此以从尊父母而成为联络全族之政治观念,成为中国

---

① 《尚书·召诰》。
② 同上。
③ 《论语·为政》。
④ 同上。
⑤ 《论语·学而》。

伦理生活中重要之点,《孝经》借用孔子的话说:"夫孝,德之本,教之所由生也。……夫孝,始于事亲,中于事君,终于立身"①,此之谓也。不仅"孝"如此,仁、义、礼、信、悌等伦理德目也被看成是治国的不二法门。这种特质用孔子的话来说就是"为政以德",德政与王道构成儒家所追求的理想政治模式,而能体现此的就是礼治,礼治实际上就是孔子"为政以德"的具体实现方式,因为礼治的中心与立足点是强调人的伦理道德、思想意识对政治统治的决定性作用,政治被归结为伦理道德问题。"为政以德"代表着统治的合理性的根源,只有将政治统治建立在仁义道德的基础之上,对中国的伦理精神来说才具有了正义,这构成了中国"政道"的基础;同时,它还是"治道"的基础,以它为基础的礼治被认为是最佳的统治术,引导人相信政治统治要以德服人,任德不任力,以仁义取天下,施仁德于天下,这样就可以无敌于天下。孟子曰:"人皆有不忍人之心,先王有不忍人之政,期有不忍人之政矣。以不忍人之心,行不忍人之政,治天下可运之掌上。"②凡此,深刻地影响了中国政制重礼制与人治特征的形成。

儒家政治观的另一基本原则是民本思想,德治主张与民本思想是相为表里的。民本思想发育较早,《尚书》的《皋陶谟》和《泰誓》就提出"天聪明,自我聪明,天明畏,自我民畏","天视自我民视,天听自我民听",《左传》有言"民,神之主也",孔子也主张汤武革命是"顺乎天而应乎人",它表明就在当时,原始宗教的天的观念,已经具体落实于民身上,民上升到神的地位;不过在当时,超越的天意同时也被认为是政治之本,政治通常被归结于"敬天"的结果,如《易经》言"自天祐之,吉无不利"③,《诗经·皇矣》言"皇皇上帝,临下有赫,监临四方,求民之莫",又《尚书·酒诰》言"惟天降命肇我民"。与民本思想一样,认为政治本于天命的思想在当时同样也是一股有力的思潮。孔子虽然主张为政以德,但对天命也持肯定

---

① 《孝经·开宗明义章第一》。
② 《孟子·公孙丑上》。
③ 《易经·大有上九》。

态度,"道之将行也,命也;道之将废也与,命也"①,"不知命,无以为君子"②,这说明孔子虽然对民意力量有极大关注,但并不认为民意为政治的根本,因之对民本思想持论并不坚确。不过,到了孟子,民本思想的信念在儒家中大大增强了。孟子虽然仍然肯定"天命"的力量,说什么"莫之为而为者,天也;莫之致而至者,命也"③,但在孟子那里,天命只是虚说,民本方为本意。孟子与孔子一样,把行仁看成治国的有效方式,既可以保国于不亡,又可以无敌于天下,"天子不仁,不保四海,诸侯不仁,不保社稷;卿大夫不仁,不保宗庙","暴民甚甚,则身弒国亡,不甚,则身危国削"④,"王如施仁政于民,省刑罚,薄税敛,深耕易耨,壮者以暇日修其孝弟忠信,入以事其父兄,出以事其长上,可使制梃以挞秦楚之坚甲利兵矣!……故曰:仁者无敌,王请勿疑"⑤。孟子进而由此总结得出一个"道",那就是"得道者多助,失道者寡助",这个道就是民本,所谓"民为贵,社稷次之,君为轻。是故得乎丘民而为天子,得乎天子为诸侯,得乎诸侯为大夫。"孟子把这个道也称为"义","行一不义,杀一不辜,而得天下,皆不为也。"⑥民为本与义之道皆导源于人性本端,孟子说:"人皆有不忍人之心。先王有不忍人之心,斯有不忍人之下矣。以不忍人之心,行不忍人之下,治天下可运之掌上。所以谓人皆有不不忍人之心者,今人乍见孺子将入于进,皆有怵惕恻隐之心——非所以内交于孺子之父母,非所以要誉于乡党朋友也,非恶其声而然也。由是观之,无恻隐之心,非人也;无羞恶之心,非人也;无辞让之心,非人也;无是非之心,非人也;恻隐之心,仁之端也;羞恶之心,义之端也;辞让之心,体之端也;是非之心,智之端也。人之有是四端也,犹其有四体也。有是四端而自谓不能者,自贼者也,谓其君不能者,贼其君也。凡有四端于我者,知皆扩而充之

---

① 《论语·宪问》。
② 《论语·尧曰》。
③ 《孟子·万章上》。
④ 《孟子·离娄上》。
⑤ 《孟子·梁惠王上》。
⑥ 《孟子·公孙丑下》。

矣,若火之始然,泉之始达。苟能充之,足以保四海;苟不充之,不足以事父母。"①孟子在这里明确提出了政治与伦理同源的理论,论证它们都以人性善作为基础。

　　由性善的观点建立起来的政治观具有一种潜在的平等与民主性。它肯定人与人之间,治者与被治者之间在人格上的平等,不主张统治者有特权,同时政治也不被视为一种权力,国家也不是纯压迫的工具。在这种意义上,政治的根本理据在于内在的道德之善,即每个人性分上的"内圣",是天命于人,人人得而生而具有的道德法则。对此,每个人都是平等的,因此,儒家根本就不承认政治上的特权,皇天无亲,唯德是辅。这种观念可以引申出对君主专制的否认,在正统的儒家观念中,不仅残民以逞的暴君污吏,儒家思想不承认其政治上的地位,而对不能"以一人养天下",却"以天下养一人"最高统治者,儒家亦皆不承认其政治的地位。在抽象性上此种原则无疑与民主政治观念无异。另一方面,这种观念涵盖着对统治体制与统治方式的要求,它把由权力与法规所形成的人与人之间的关系,只看作外在的,相反,只有统治者能以固有的内在之德来推己及人,尽性以建立中极,风行草偃,使被统治者也在自己的性分上营造合理的生活,这种关系才是自然而合理的关系,当然也是正当的统治方式。无疑,这只能是一种空想。不过,儒家的德治主张,在道义上,有利于打破治者与被治者的障壁,取消统治者的特权,它主张统治者与被统治者都要接受道德良知的审判,无论是平民还是贵族,只要有德都可以掌权,这大大开辟了平民参政之路,不失为一种进步的政治观。在这种政治观下,"民"具有双重人格,一是"治于人"的被统治者,位于统治者之下,另一方面又是以天与神之代表者的资格,站在统治者之上;所以,神、国、人君都是为民而存在,都是以对民的价值的表现来表现各自的价值,由此可以说,神、国、君都是政治中的虚位,而民才是实体②。

---

① 《孟子·公孙丑上》。
② 徐复观:《学术与政治之间》,第51页。

不过，我们也应当看到，孟子的民本是对一种抽象原则的肯定，不能见之于现实的政制建设，所谓民为政治实体的原则更多的是代表了儒家对政治的一种理想设计，它只构成儒家整体追求的一部分，而不能成为独立的领域，因之对民为政治实体的肯定在先秦只能诉诸于抽象的性善，宋明儒则以王道归之于天理，实现的手段实际上都依赖帝王的道德良知，如宋代朱熹认为国家政治的清明与否取决于帝王的"心术"，"天下之事千变万化，其端无穷，而无一不本于人主之心者，此自然之理也"①，"故人主之心正，则天下之事无一不出于正；人主之心不正，则天下之事无一得由于正。"②而人主心术正与不正，视其是否如"理"，依"理"行事，主于天理、道心则为正，反之，主于人心、人欲则为不正。朱熹又有王道霸道之论，认为夏商周三代是王道政治，其时天理流行，帝王心术最好，三代以后，以迄唐，是霸道政治，人欲横流，帝王心术不正，他认为其原因在于后代政治不能本于天理，"古之圣人致诚心以顺天理，而天下自服，王者之道也；后之君子能行其道，则不必有其位，而固已有其德矣。"③陆九渊虽处处为难朱熹，在政治思想上却大同于朱熹，他同样把"人心"看作为政之本，他说："为政在人，取人以身，修身以道，修道以仁。仁人心也，人者，政之本也，身者，人之本也，心者，身之本。"④这些观点历来占据了中国政治思想的主流地位，同时也为儒者政治实践所依托，这也从根本上制约了儒家政治理论而使其带有空想性。

以德政与民本思想为特征的儒家政治理论，其内在的本质是伦理与政治的合一，它为什么会成为先秦儒家政治思想的主旋律，以后更成为中国政治的主流思潮？我们又该如何评价儒家政治思想中的民本观念，特别是其与近代以来的民主观念的关系呢？当然，儒家的民本思想不同于西方意义上的民主，这一点毋庸置疑；但也应该看到，儒家的德治与民

---

① 《戊申封事》，《朱熹集》，第462页。
② 同上。
③ 《孟子或问》卷一，《四书集注》。
④ 《荆国王文公祠堂记》，《陆九渊集》，第233页。

本思想是在宗法制下最为理想的政治模式,其他的模式如法家法制政治之所以不能成为中国主流的政治模式不能不与此有极深之联系。儒家将追求为人道德上的善和政治上的仁政追求统一起来,"成人成务","立己立人"是一体的。这样,儒家士人要追求自身的道德之善,必得在政治上贯彻民本的实践。在封建制度下,由于君权的至高无上,政治实际上为统治者所垄断,实际上不可能有对此加以正面制约的力量,为政在人,人在政举,人亡政息,只能诉诸统治者的个人品性与道德修养,也就是只能用道德来约束人君,以"格君心之非",此外别无良策。儒家的德治主张更大程度上是针对统治者而言。儒家民本思想上升为意识形态,可对封建君权产生一定的抑制作用,并通过文官政治对政治模式产生相当大的影响,其作用是不可低估的。

二、从内圣到外王

儒家主张的政治是仁德政治,是儒家整体追求的核心之一,而其实现的主要模式可概言之为"内圣外王"。内圣外王是儒家一体之学的两部分,内圣讲道德上的仁义之善,心性修养;外王指见之于事功的功业,不过在封建制下,经世与事功离开政治都无从谈起,儒家的外王就变得主要是对政治的设想,所谓"为生民立命"、"为万世开太平",无非是要追求理想中的贤君明相的王道的实现。内圣外王在孔子那里是统一的,孔子主张修己与安人、修己与安百姓相结合。孔子为此确立了两个原则,一是"为政以德",强调统治者治人的原则须本于内在的道德之善,二是确立了治世的具体方法,即礼治,"君使臣以礼",臣"事君尽礼"①,"上好礼,则民易使也"②。孔子这种内圣外王的设想,现实上却未免一厢情愿,现实的政治体制是不买它的账的。无论是德政,还是礼治,其实都是对统治者在政治上的要求,但却不能不通过儒家对自身以及一般士人道德

---

① 《论语·八佾》。
② 《论语·宪问》。

上的要求体现出来。孔子的仁政主张,大体上包括"为政以德"、"克己复礼"、"齐之以礼"三个方面,实际上可以归结为对仁政的要求。可是孔子不是把它简单地视为对统治者的要求,而是同时也将其援引为对儒者自身、对道德的要求,而且这两点得以有机结合,使之最终演变为内圣与外王合一的政治理说。为了说明这一点,我们且来看看孔子的政治理想。

现在保存在《礼记·礼运》中的关于"大同"与"小康"的记述一般认为是孔子的政治理想:

> 大道之行也,天下为公。选贤与能,讲信修睦,故人不独亲其亲,不独子其子,使老有所终,壮有所用,幼有所长,矜寡孤独废疾者,皆有所养。男有分,女有归。货,恶其弃于地也,不必藏于己;力,恶其不出于身也,不必为己。是故,谋闭而不兴,盗窃乱贼而不作,故外户而不闭,是谓大同。

大同作为孔子的最高政治理想,在现实世界里是很难实现的,必得有一长期过程,这点孔子也很清楚,所以他转而追求政治理想上所谓的"小康"社会:

> 今大道既隐,天下为家,各亲其亲,各子其子,货力为己,大人世及以为礼。城郭沟池以为固,礼义以为纪;以正君臣,以笃父子,以睦兄弟,以和夫妇,以设制度,以立田里,以贤勇知,以功为己。故谋用是作,而兵由此起。禹汤文武成王周公,由此其选也。此六君子者,未有不谨于礼者也。以著其义,以考其信,著有过,刑仁讲让,示民有常。如有不由此者,在埶者去,众以为殃,是谓小康。

小康思想产生的背景是"天下为家"的夏、商、周三代。孔子认为三代毕竟还有"礼",还有信、义与仁让,所以可算"小康"。大同以尧、舜时代为典型,"小康"则以西周为典型。小康时代的政治之所以能成为孔子的政治理想,是因为孔子为周初文、武、周、召治下出现的仁德政治的繁荣安定景象所鼓舞,当时仁德政治的主要表现有:敬德保民,礼治,任贤,而此三点构成的"先王之道"也就是孔子小康政治理想的主要内容。可以发现,孔子的政治理想中充满了对道德的期待,因而它的实现一方面有赖于统治者,小康之治的实现与否主要即取决于统治者,另一方面要依赖于士人道德的建树,特别是具有儒家小康理想的知识分子,因而孔子把士、君子作为他的教育目标,他办学的目的,就是培养这样的士和君子,希望通过这些士、君子的从政而影响和掌握国家的命运,实现仁政、德治,达到小康境界;这就是他的学而优则仕的教育理念。为此,孔子极为反对学生去从事如农活之类鄙贱的工作,他主张"君子不器"[1],也就是要人不要专精于一才一行,而要"六艺"兼通,成为能统筹驾驭全局的治世通才。这多少反映了偏重于政治而轻视才艺的偏见。

可以发现,在孔子的时代,一个不能参与到政治中的士人是无法实现个人和社会抱负的。在这种情况下,孔子一方面强调个人修养的重要性,另一方面要人致身从仕,即从内圣到外王,这可以说是一种不得已的选择。但我们也应该看到,在孔子身上,时代的局限多少也影响了他对儒家之道的看法。他没有认真地探讨儒家对于政治和社会的独立性问题,而把儒家的命运寄之于政治。从他开始,一直到后来很长的一段时间,儒家所务的就是一条为帝王之师以行儒家之道的政治上行路线。儒家失去了自身的独立性,客观上存在着被政治利用的可能性。在孔子内圣外王观点的笼罩下,先秦的儒家将政治理解为伦理的行为,努力的方向是建立礼乐制度;到了宋明义理之学兴起,对心性、性理的追求占据了主导地位,通过静修以达内圣成为努力的方向,政治的保障最后都被归结为个人的道德完善性与修养。《大学》所谓:"自天下以至于庶民,壹是皆以修身为本","一家兴仁,天下兴仁;一家让,一国兴让"。道德与政治,伦理与政治的合二为一,形塑了中国政治思想的主流观念。

孔子之后,"内圣外王之道暗而不明,郁而不发;天下之人,各为其所欲焉,以自为方"[2],儒家也开始分化,其中孟子侧重于发展孔子的"内圣"

---

[1]《论语·为政》。
[2]《庄子·天下》。

之学,荀子则侧重于发展"外王之学"。孟子有强烈的治世雄心,认为当今之世,平治天下莫过于他。不过他对孔子的"礼"治不感兴趣,"诸侯之礼,吾未之学也"①,他所做的是把内在仁义引申到政治领域,提出"仁政"说,发展了孔子为政以德的政治原则,认为只要把人内在的固有的仁义礼智之"四端"推扩开来,就足以"保四海",因而外王功业的成就与政治太平的实现的关枢就在于成就内圣。用孟子自己的话来讲就是:"天下之本在国,国之本在家,家之本在身"②,特别是君主的仁德,"君仁莫不仁,君义莫不义,君正莫不正,一正君而国定矣。"③孟子的这个思想进一步为《大学》所发展:

> 古之欲明明德于天下者,先治其国。欲治其国者,先齐其家,欲齐其家者,先修其身,欲修其身者,先正其心;欲正其心者,先诚其意;欲诚其意者,先致其知;致知在格物。物格而后知至,知至而后意诚,意诚而后心正,心正而后身修,身修而后家齐,家齐而后国治,国治而后天下平。自天子以至于庶人,壹是皆以修身为本。

《大学》的这个修身思想可以说是为孔子"为政以德"和孟子的仁政说做了一个脚注,它集中表达了以内圣开出外王,将政治重心放在内圣,为政的原则放在德性的思想。与孟子及《大学》相反,荀子主张以外在的礼义规范成就外王事业。荀子强调天人之分,对人的自觉能动性抱有极大的信心,认为人可以"制天命而用之"。荀子强调人的社会性,这使他看问题比较现实。他看到人生而有欲,有欲不能无求,求而无度量分界,则不能不争;人类为了免于争乱而穷,不得不制礼义以分之,所以礼在国家政治中起着举足轻重的作用,"人无礼则不生,事无礼则不成,国家无礼则不宁。"④君主的职分就是制礼分际天下,"无分者,人之大害也;有分者,

---

① 《孟子·滕文公上》。
② 《孟子·离娄上》。
③ 同上。
④ 《荀子·修身》。

天下之大利也。而人君者,所以管分之枢要也。"①荀子认为人道胜天的依据是人可以制礼义分法天下,以类纲纪,故礼者乃"人道之极也"②,他从君主政治、宰相与百官的设置以及经济政策方面为将来的新兴的封建国家提供了完备而切实可行的方案。

荀子的外王思想在秦代经过韩非等人的推广,成为指导思想并取得了显著的文治武功,但秦代国祚不久,也反映出荀子重礼治的外王思想的不足。汉以后,特别是入宋以后,思孟学派的"内圣"重新为儒家所重视,《大学》"修、齐、治、平"成为士人们耳熟能详的信条。孟子的地位日趋提高,成为"醇乎其醇"的儒家正统,宋明儒更是将道统委之于孟子,"圣人之学,若非子思、孟子,则几乎息矣。"③在这种背景下,内圣外王的统一重新得到了加强,不过是在以内圣吸纳外王,否斥荀子外王思想的基础上重新统一内圣与外王,政治上王道的追求被置于第二位,从属于对本体和个人超越追求的道德践履的需要,用二程的话讲就是:

> 学莫大于知本末终始。致知格物,所谓本也,始也;治天下国家,所谓末也,终也。治天下国家,必本诸身。其身不正,而能治天下国家者,无之。④

二程强调修身,包含着本体论的意义,即把修身理解为务本,相对于"本"来说,政治上的外王等功业是第二位的追求,儒家向来有"立德、立功、立言"三不朽之说,立功只是其次的追求。这种说法得到了宋明儒家的一致肯认。外王功业远远不是儒家根本的追求。内圣与外王并不在一个层面上,《大学》"八条目"中,格物、致知、诚意、正心、修身为内圣之学,齐家、治国、平天下为外王之学。不过,在宋明理学那里,外王之学远远没有内圣之学来得重要。朱熹讲《大学》前面五条目不厌其详,后面三条目

---

① 《荀子·富国》。
② 《荀子·礼论》。
③ 《河南程氏遗书》卷十七。
④ 《河南程氏粹言》卷一。

则轻轻带过;真德秀著《大学衍义》,只提到前面六项;王阳明争古本《大学》,认为八条目中"诚意"在"格物""致知"之前,也只注意到内圣方面。实际上,在儒家看来,外王只不过是内圣之"余事"。不过,宋明儒家在追求内圣的同时,并没有忘记对经世致用与外王的追求,当时也有一些反理学的学者如永嘉学派的陈亮、叶适等人,主张外王事功。其实,朱熹等理学家并不反对事功。二程、朱熹与王阳明等理学家均对经世外王大业再三致意,以修齐治平为己任,阳明更被时人称为"事功道德,卓绝海内"①,问题在于,外王经世是通过内圣为主而达到,还是像陈亮那样"谈天说霸"、"专及事功"②。在心性之学鼎盛的宋明,像陈亮那样抛开心性来讲事功,以继荀子,必然不能为世所用。尽管事功与外王的关切仍然在宋明心性之学中有其地位,但对天理良知的超越之道的追求远远要高于其他任何的追求。在这种背景下,通过内圣以达外王的思想占据了主导地位,它进一步加深了中国政治思想及制度上的伦理化的特征。

由于儒家从来没有设想过离开其内圣的追求,而是欲在其内圣笼罩之下,求其外王政治功业,所以始终发展不出独立的政治理念的追求;相反,儒家是把对道德礼乐与心性性理的追求理解为是全体而一贯的追求,政治在内的外王都可以包含在内,而且只能被包含在内。儒家出于对礼乐制度与心性道德的偏好,认为这一切可以实现内圣的要求,包括政治在内的一切事功要求就被内圣的要求所掩盖或者退居其次了。不过,汉代以后特别是宋以后,内圣外王的政治思想,成为中国政治思想的代表形态,其中很大的原因在于政治与伦理同构的政治思想更能适应中国宗法制下的政治生存状态,以及更能体贴出中国政治思想以民本思想为主的宗法温情性特征。但在宗法制笼罩下的儒家政治思想从来没有发展出一种自觉形态的政治理论,没有探讨过公民权利、公民与国家的权利分配与制衡等问题;并且,由于政治上的追求被人性化,因而就被归

---

① 《千百年眼》卷十二。
② 《奏请谥陈龙川札子》。

结为道德追求的一部分。孟子"达则兼济天下,穷则独善其身"成为中国士人政治追求的最好写照。政治上有所作为被认为是一个人道德追求的组成部分,无所作为也只是被归结为道德上的失败。"明知其不可为而为之"成为儒家政治追求的天然表达,包括孔子、孟子在内的儒家士人把政治实现的可能性放在成为帝王之师以行儒家之道上,而所谓的行儒家之道也无非是幻想帝王能将人性论上的仁德化成政治上的仁政,即使是主张事功的荀子也把隆礼、化性起伪的实现动力放在所谓的在位的圣人身上。这样,儒家所颂扬的仁德政治实际上只能是为专制君主制度唱赞美歌。

但我们也应当看到,儒家内圣外王的政治理路的意义不在于政治的伦理化,而在于将政治上的追求纳入到儒家自己整体的追求中。成圣对于儒者来说,始终具有根本的终极意义。儒者最重要的是内在地超越以成圣,内圣对于儒者来说是第一位的。只有完成了内圣的要求,对于儒者来说才具有终极归宿的意义。内圣的要求实践于政治领域产生的对外王事功的关切,也的确为儒家为关注;但对外王事功,儒家重视的只是其价值上的意义,而非追求事功本身。这就可以理解为什么孔子对政治会有"明知其不可为而为之"的做法。儒家知道自己所做的只是在实践内圣所要求他做的,这也可以理解由政治上的伦理化而产生的民本思想。民本其实只是内在的仁义、仁德要求见之于政治领域的表现,仁义构成人之为人的本质,这是儒家对内圣的理解与追求,而仁者爱人与集义行事的要求体现为政治必然是对最大众的人们的仁爱,即民本;也就是说,民本是个人化的行为,它要求的不是外在的规范,不是关于人与人之间的权利之分配与制衡,而是内心世界、精神世界的道德之善,所以民本思想不是针对大众所提出的要求,而是对帝王个人化的道德提出的要求。因此,当儒家将民本思想作为其政治思想的主轴之时,一定意义上也取消了纯粹意义上的政治行为,而将政治行为当作了一种游说,一种以所谓的"天理"、"天命"来说服帝王的道德说教,所以他们也只能选择一种能够刺激帝王精神世界的方式。可以说,终儒家政治思想史,儒家都在幻想并实践着以不同方式来影响、提高帝王以及一般士人甚至民众的内在圣性的认识以提高政治意识和争取政治上的权利。只不过,在先秦直到汉唐社会,儒家更倾向于以积极的入世精神来影响统治者,参与政治;而入宋以后直到清代,由于政治统治格局的变化,主要是政治专制的加强,使儒者参与政治的空间几乎成为乌有,所以他们才开始尝试以不同于前代和更私人化的行为来影响政治,比如宋元明普遍兴起的书院制度与乡约等运动。这是我们接下来所要考察的。

三、宋明的书院与乡约

儒家从其诞生之时起即有明确的政治上的目的,与之相应地便是积极进行政治实践,"内圣外王"是其主要的模式。儒家力图用这种方式来实现人内在的仁性,并以达成道德上的目的。这种模式肇始于孔子,孔子希望通过政治游说来说服帝王实行仁义之道,实行仁政。虽然这种实践收效甚微,不过,却塑造了儒家强烈的入世、经世的品格与精神,并直接启发了儒家参与政治的实践形式。到汉代,儒家政治思想成为官方的意识形态,儒家内圣外王的参政路线获得了相当的实现。直到唐代末期,儒家士人都满足于封建制提供给他们的政治活动舞台,因为直到唐末的中国政治格局始终都没有将儒家士人以他们特定的内圣外王方式参与政治的可能性剥夺掉,当时的政治体制都保留了儒家进行这种幻想与努力的空间。儒家政治思想的转折点起于这种幻想的完全破灭。

这种破灭开始于宋代。北宋实行中央集权制度,一度架空了相权,使一向能保持清议的儒家堡垒相权流于虚设。到了明代皇权更是大大增强,政治专制有增无减。儒者表达政治思想的自由被大大地剥夺了,这使得儒家士人不得不向民间拓展政治活动的空间。在这种背景下,出现了主要是儒家士人主持的依其传统政治理念而生发的机构及其活动,如地方书院、乡约、社仓和祭祀地方名人或理学先师(先贤祠)等,其中书院和乡约较为普遍,它们成为儒者表达其政治理念,实践政治理想的主要工具与手段。这两种形式之所以能代替此前儒者游说帝王以行儒家之道的上行政治路线,内在地说是因为儒家政治所表达的实际上无非是内圣的要求。以朱熹来说,朱熹明确认为政治全系于"帝王的心术"。它无疑还是先秦孔子、孟子说法的翻版,同样把政治的要求放在道德上对仁的追求,进而把政治归结为个人化的道德修养过程。这些思想同样是办乡约和书院的指导思想,因为这些方式都能帮助儒家实现这种目标,只不过过去是把实现的希望直接放在帝王统治者身上,这时则放在一般的士人和民众身上,基本原则却没有多大变化。

书院的建置,始于五代而初盛于宋,一直延续到清代。书院最初只是学术研究、官方藏书与校书之地,而非"士子肄业之所"。到五代末,书院开始由私人读书之地发展成聚众讲学的民间性的私人教育机构。初期一般由私人设立,或由私人设立政府补助,如宋初的六大书院,其中湖南长沙的岳麓书院由潭州太守朱洞设立。书院发达以后,逐渐由中央令行地方设立,反映了统治者对书院的重视与控制的加强。北宋初期书院较盛,晚期转为衰弱,到南宋又大盛,当时著名的书院很多,最为著名的有岳麓、白鹿、丽泽、象山四处书院。南宋及南宋以后书院有一个很显明的特点,那就是书院与理学家讲学发生密切关系,如岳麓书院是张栻、朱熹的讲学之所,白鹿洞书院是朱熹的讲学之地,丽泽是吕伯恭主讲,象山则是陆九渊的讲学之地。各书院之间,学术主张往往不同,而书院亦成为学术上各学派的中心。到了元初,书院又大盛,一些南宋遗老,不仕元朝,退而建立书院,著书讲学。不过政府对书院加强了控制,一些书院由政府委派山长,书院成为官学的一部分。明代的书院不甚发达,正德年间书院转盛,但因为政治上的原因,明代先后四次毁书院,多和书院的政治活动有关。其中第一次毁书院与明代理学家湛若水聚徒讲学有关;第三次是张居正当权时,张居正以书院不以体认经书为务,而聚堂空谭、评论政事而极痛恨书院,先是限制书院,后来索性毁弃书院,几下令尽毁所有书院;第四次毁书院是由东林书院反对宦官魏忠贤引起,当时顾宪成与高攀龙等在东林书院讲学,一时"天下君子,以清议归于东林"①,士人集聚,讲习之余,往往讽议朝政,裁量人物,东林名大著,而忌者亦多,由此结恶于当朝权贵。先是京都的书院被毁禁,接着全国书院几乎全被毁弃。书院的兴废可以看出儒家士人当时政治活动的空间与内容,所以书院一般地说是教育的组成部分,但却又是儒家政治活动的有机构成,反映了儒家士人的政治努力与政治实践。清代,书院的官学化突出,并在当时科举之风的影响下,专归科试一途,后终为学堂所取代,走向消亡。

从北宋到清代这一长段时期中,虽然书院时兴时废,但书院在教育和政治上都占有重要地位,发挥了重要影响,对这一时期的社会发展起过相当大的作用。南宋起,书院开始成为学者大师从事学术研究和讲习的场所。书院不同于以往的教育组织,它并不单纯只有教育功能。在教育上,它以教学与学术研究为主要内容,倡导学术自由研究之风与知识之传授,继承了中国先秦以来原有的私人讲学的传统,其目的在于以私人讲学自由研究学问,讲求身心修养。书院和一般的官学与私学不同,它门户开放,学生可以自由入学,入院的学生讲求的不是身份,也不以科举为目的。书院虽不都反对科举,但不重视科举。在政治上,书院则以"清议"为主,批评时政,它以学术为活动内容,但往往成为士人参与政治、结为政治上当权者的反对派的基地。书院教学以自学为主,在教学内容上除了教授儒家知识,还注重义理的探求,同时注重把所讲明的义理,在身心修养上躬行实践。教师重视身教,以"人师"自许,师生关系平等,多用启发式教学。著名的书院往往是理学大家主讲,多自有学术宗旨。书院多订有学规,师生共同遵守。书院有时亦请学有成就的大学者到书院共同论辩或讲解其学术主张。如南宋时陆九渊到朱熹所主持的白鹿洞书院讲学就是一个例子。书院由理学家或理学思想主导,盛行讲会制度,提倡百家争鸣成为书院的一大特点。所谓讲会就是大家会聚在一起,共同论辩,亲证心得,学术上就共同处相互发明,不同处相互辩难,

---

① 《明儒学案·东林学案》。

而内容多就儒家经典如《论语》、《孟子》取材。教师就这些经典发挥己见，以富有个性化、切己性的方式提撕人心以阐明理学家对于儒学的新见解。书院成为理学家传播与丰富自己理论的一个直接场所，而经过书院这一环节，理学的新儒学见解亦渐次深入人心。

　　书院作为私学教育形式，其产生与理学的兴起有莫大的关联，甚至可以说是理学实践其理论的基地。书院大多由理学家主持，目的就是以理学的方式影响士人与民间。它公开反对官学"务记览为词章，以钓声名利禄"的时弊，而期以讲明义理，恢复先王所谓修身、齐家、治国、平天下之道。书院教学，重视合理的成人的道德实修与儒家学术的昌明。朱熹主持白鹿洞书院订立的《白鹿洞书院揭示》所规定的就是一个典型的例子，它规定以父子有亲、君臣有义、夫妇有别、长幼有序、朋友有信"五教之目"作为教育目标，提出了"博学之、审问之、慎思之、明辨之、笃行之"的"为学之序"，又规定修身（言忠信、行笃敬、惩忿窒欲、迁善改过）、处事（正其义不谋其利、明其道不计其功）、接物（己所不欲勿施于人，行有不得反求诸己）之要，目的都在要人体会"圣贤所以教人为学之意"、"圣贤所以教人之大端"，实际上就是实践理学为学与做人的见解。理学家通过书院的中介直接将理论主张实践化，这中间包括了儒家政治上的努力，而且随着这种实践的深化，对儒家反省自己先前的政治上行路线显然起到了积极的作用。先前，儒家将儒学的功能放在政治目的上，得君道而行之是直接而中心的要务，当这一条路行不通之后，儒家通过书院教育活动以及办乡约等对社会产生了重大的影响，从而可以重新发现自己的价值，认识到撇开为帝王师之外，儒家仍然可以对社会发挥正面而强大的影响。这固然和理学强调内在性的个人体验以及相信天道与人心关联的普遍性这一品格有关，但同时也和儒家在实践中获得的经验与成功有相当大的关系。书院制度的实施与普及是一个明显的例子。书院的盛行，使理学家意识到，通过教育正整人心，讲求身心性命之理，可以有效地影响社会，进而影响政治。书院制度兴起之后，当时社会上发生的儒家士人与政治的相关事件很少能外于书院的。

书院的兴起反映了宋明以来儒家政治路线下移,儒家力图通过广泛的文化教育与儒家人格的培养来建成儒家理想中的社会的努力,这种努力的反映除了书院教育,还有乡约运动的兴起。如果说儒家在书院制中所诉诸的主要还是教育的手段的话,那么在乡约运动中,儒家的政治诉求就大大增强了。

乡约从属于儒家对一般民众的社会教育与教化活动的一部分,后者如所谓"训俗"。所谓"训俗",即朝廷或地方官颁布一些所谓"劝课农桑"的诏令、文告,如朱熹《劝农文》,又如宋代真德秀在潭州时发表"谕俗文",在泉州时发表"劝谕文"及"劝孝文",以孝亲守法教导群众。不过,这些措施都没有乡约来得有系统和卓有成效。乡约可以追溯到周代读法之典①,它滥觞于北宋熙宁年间陕西蓝田吕大钧、吕大忠兄弟,其《吕氏乡约》为后世之典范,明中后期乡约大为兴盛。乡约起初主要是一种民间教化组织,由乡社成员自愿约定,相互规劝、训戒以联合起来,通过有组织的帮助来维持社会道德与秩序,推广地方教育,促进社会交流及民间经济合作。其组织形式是由地方推举年高德劭者一人为约正,另由有学行者两人为约副,每月另选一人为直月。月终,对善行者嘉奖,对有过者予以劝改。如《吕氏乡约》规定以"德业相劝、过失相规、礼俗相交、患难相恤"②四项相约,入约的人各自进修,相互监督过失,劝勉上进。它一般在月朔组织入约者,讲读乡约,旌善罚恶。乡约的最大特点是,它是自愿的非强制性的组织。不过,明以后的乡约的功能慢慢扩大,由教化扩展到综合管理,范围包括约内人众的人丁、土地、赋税等,并开始具有某些行政管理职能,配合官府理讼办案、维护治安及催粮办差等行政事务,实际上发展成基层行政管理的辅助机关,成为一种政教合一的基层组织。到清代,乡约与保甲几合为一体,乡约的基层行政职能进一步强化,实际上使乡约沦为基层官役。

---

① 参见黄六鸿:《福惠全书》卷二五《讲读上谕》,光绪十九年京都沙土园书行雕板。
② 参见吕大钧:《吕氏乡约乡仪》,《蓝田吕氏遗著辑要》,中华书局1993年版。《吕氏乡约》由吕大钧具名,但经朱熹考证,乃其弟吕大忠所作。二人均为张载的弟子。

乡约的出现,同当时理学的兴起密切相关,它一方面反映了国家不能或者不愿直接、有效地管理乡村社会,这就给士大夫留下了一个活动空间;另一方面,它反映了当时的理学家力图重建一种制度化的机构来作为实践儒家理念的场所,实现儒家孜孜以求的淑世情结。这是儒家政治实践的一个很突出的变化,即把儒家理想政治予以制度化,在世俗与国家政治空间之外另外谋求独立的建制。当时的理学大家如朱熹、王阳明等人以及崇奉理学的地方官员对办乡约都表现出了很大的热情。朱熹曾对《吕氏乡约》加以增删①,他努力影响民间的方式中以书院、乡约、社仓最为集中。明代办乡约,以潞州仇氏乡约与王阳明的《南赣乡约》影响尤著,前者是民办乡约的代表,后者则开启了明中叶以后官府倡办、督办乡约的全盛之局。仇氏兄弟所行乡约以蓝田吕氏乡约为蓝本,配以仇氏家范,乡约规范自冠婚丧祭及事物细微训后齐家之则,无有阙遗,仇楫并营义房,起义学,聘请先生以教宗族子弟,免束修,设医药以济穷乡,"为当代之所崇尚,秉笔之士亦笑谈而乐道之"②。而王阳明的《南赣乡约》亦称《阳明先生乡约法》,则是一种新型的乡约。正德十三年,阳明平定南赣山民起义后,深感"破山中贼易,破心中贼难",为正人心,救民俗,去恶存善,遂沿用北宋吕氏兄弟的做法,在南赣建立起乡约组织,并亲自撰写了《南赣乡约》,约法包括两部分,一是谕民文告,一是具体规约。在文告中,阳明坦陈乡里不治,有司与山民责任俱在,同时指出人之善恶在一念之间,为心所驱使,故乡约的目的在于使人人通过修身,使心存善念,以善念待人。其规约凡十六款,综合起来有四项:一约中主事出于约众之推选;二约众赴会为不可规避之义务;三约长会同约众得调解民事纠纷;四约长于集会时询约众之公意以彰善纠过。经王阳明多次倡督,乡约法在南赣及福建龙岩、江西吉安,广东揭阳等地得到了推广。嘉靖、万历年间,乡约的施行,已在全国范围内广泛展开,不仅举办于乡村,也

---

① 《增损吕氏乡约》,《朱文公文集》卷七四。
② 参见何瑭:《柏斋集》卷五,《三晋第一家序》,四库全书本。

在城坊出现。明代乡约的倡行与兴盛,已经成为当时一个突出的社会现象。到嘉万(1522—1620)年间,全国各地出现了一些为某一具体目的而建立的专门性乡约,如护林乡约、禁宰牛乡约、御倭乡约、御房乡约等,表明乡约在明代社会中已经具有相当的影响力,为朝野不同人士所接受。

明代乡约的盛行还表现在它与保甲、社学、社仓打成一片,相辅相成,构成以乡约为中心的乡治体系。率先将乡约与保甲、社学结合起来的是王阳明的《南赣乡约》,王阳明在南赣时首先推行的是十家牌法(即保甲法),这是针对当时南赣治安恶化而采取的,编十里为一牌,具列各户籍贯、姓名、年貌、行业,每日沿门按牌审察,遇面生可疑之人即报官处置,若有隐匿,十家连坐。王又严令各县父老子弟延师教之,不时下乡巡察,并记入官吏考绩。在《乡约》颁行次年,又以约长处理一些本属保甲的事务,从而将乡约、社学、保甲结合起来。当时将乡约与保甲、社学、社仓结合起来实施的还有黄佐和章潢,而既有实践同时又在理论上进行总结的则有吕坤《实政录》以及刘宗周的《乡保事宜》等。吕坤乡约的特点在于将保甲乡约合为一条鞭①,从而使乡约保甲完全纳入官治系统。刘宗周也主张乡约与保甲合一,其乡约之作《乡保事宜》作于其任都察院左都御史,它以乡约为中心,寓保甲于乡约,社仓社学亦从之以推行教化施治。陆世仪的《治乡三约》从理论上总结了明代乡治体制的特点,对乡约的地位作了较系统的论述,指出"乡约为纲而虚,社仓保甲社学为目而实",于一乡约内,"约一乡之众,而相与共趋于社学,共趋于保甲,共趋于社仓也",也就是说,以乡约为纲,以保甲、社学、社仓为目,纲举目张。这反映了明代乡治理论和乡约体制的日趋成熟,乡约在乡治体系中的重要性日益突出,其地位与作用越来越受到重视。尽管当时的乡约与保甲等大多开始变成官办、官督,本身不免流于形式,但乡约提倡的以民间自治之力,讲求修身齐家、患难相恤、讲信修睦、善相劝勉、恶相告戒、共赴公益、共御外侮、务为良善之民、共成仁厚之俗,却是值得肯定的。

---

① 参见吕坤《民务》卷二,见赵文炳集校《实政录》。

乡约的倡行，是中国历史发展到一定时期的一种重要的社会、政治现象，它在君政官治之外另创乡人自治团体，有一定的分权学说的积极意义，在原则上也有接受近代地方自治的地方，对于减少官府对民间的干预和骚扰，如减少贪官从中作奸加重对农民的盘剥，以及维持民间社区的稳定都有一定的积极作用。近代梁漱溟、晏阳初等人的乡村建设活动都从中深受启发。乡约与书院等民间组织与团体的发展，在宋以后时兴时衰，与理学的活动有着密切的关系。在君主专制的政治暴戾气候下，儒家传统的为帝王师行儒者之道的上行路线宣告破产，书院与乡约的创办都是儒家为影响社会与政治而开拓民间途径的尝试，是儒家在坚持内圣外王路线的传统政治理念下针对新的时代环境而生发的新型的政治实践。理学家欲以理论上的创获而直接诉诸于社会与政治实践，不过为理学在整体上注重个体性的道德追求，欲以内圣整合外王的特质所限，客观上的实效并不足观。但这种现象的出现，在儒家发展史上却具有强烈的象征意味与示范性。儒家一向强调自己是成人成物、立己立人之学，对在自己信念指导下建立起功业抱有信心，所谓"半部《论语》治天下"的宏论不绝如缕，而宋明儒家在理学理论指导下的这些实践则为儒家的经世理论提供了可见的现实空间与检讨其理论成效的经验标准。宋明之后学界以及儒家内部展开的对儒家的批判无疑以此为助缘，对以后乃至近现代儒家的转型都具有巨大的示范意义。

第三章 儒家思想与中国思想文化之基

上两章我们简要地回顾了儒家思想家的思想创造的历程及其与中国传统思想文化内在的相关性，在这个基础上，我们可以更概括、更一般地来看看传统儒家思想与其得以产生的中国传统思想文化之间的关系，并审视这种关系在现代社会可能有的走向。要这样做，人们首先迫切地需要知道中国思想文化的整体性所表现出的本质是什么以及这种本质以何种内容与结构呈现出来。这里，我们无意构造新的范畴来理解中国思想文化的本质性，而是采用人们习焉已久的"人文精神"来表征中国思想文化的本质性及其相关的内容①。"人文精神"一词，除了可以用来表现中国思想文化具有特定内容的本质特征，还可以用来表现中国思想文化形式上、带有方向性的特点。儒家文化与中国传统的思想文化都不是一个静态的、固定的东西，它们都有一个永在的活着的灵魂，伴随着属于它们的特定的生命力而不断地与时俱进。无论是中国思想文化的人文精神还是其他特征，儒家思想都与之密切相关，从而，对传统文

---

① 在一定意义上也可以用"人学"来概括中国思想文化的根本特质，请参阅洪修平《从"三教"关系看传统文化的"人学"特质》，载《中国传统思想文化与廿一世纪国际学术研讨会论文选集》，南京大学出版社1992年版。

化的认同与信任以及对传统的超越无疑都会隐藏在儒家思想与传统文化的相关性中。

第一节　儒家思想与中国人文精神

如果可以给中国传统的思想文化定义一个总体特征的话,人们往往想到"人文精神"一词。但是用"人文精神"来总结中国文化的特质,其形式上的意义要超出内容上的意义,正如上文所指出的,它表明中国文化对人文世界的关怀要重于对非人文世界与超越世界的关心。中国思想文化在重人文的方向上发展出的内在超越的路向在很大程度上决定了中国思想文化的特质。中国传统社会重人与重人伦的人文特征都由此而得引申。而儒家则是中国人文精神的主要载体,儒家思想的发展历程在一定意义也是中国人文精神的发展历程。

一、中国思想文化的人文精神

通常人们喜欢用"人文精神"一词来总结中国思想文化的特质,但因为"人文精神"的多义性,并不是所有的人都认同这种说法。此外,对中国文化的人文精神的具体内涵的理解也各不相同,因此我们首先需要对"人文精神"作些规定,虽然这样做是比较困难的。

"人文精神"是一个现代名词,其含义很广而且迄无定论。追溯起来,汉语"人文"一词的原始含义是特指与"天文"、"天运"相对的人文现象。《周易·贲卦·彖辞》有"刚柔交错,天文也;文明以止,人文也。观乎天文,以察时变;观乎人文,以化成天下"之言,《后汉书·公孙瓒传论》有"舍诸天运,征乎人文"的说法。这两句话,前面一句的意思是,自然天象的刚柔交错,是谓天文;人类社会既文明(有文采而光辉)又节制("文明以止"),无过无不及,藉此可以"化成天下",改变自然;后面一句的"人文"指与天道有定不同,人事是可移易的。这表明,"人文"主要用来指区别于自然的人事人理,这种区别在以后渐次突出了两个方面,一是指人事人理中质的一面,即探讨人之异于自然、禽兽的本质所在①,如这里所谓的"文明以止",孟子所谓的"人之所以异于禽兽者几希"②;另一方面是由第一点引申出来,人文指人与人构成的群体、人伦社会③。

中国历史上的这种"人文观"与"人文精神"的本义相距甚远。"人文精神"一词导源于西欧文艺复兴时期的"人文主义",也称人道主义。它初兴于 14—15 世纪的意大利,以后遍及于西欧。当时的学者提倡与正统经院的基督教"神学研究"相对的世俗"人文研究"。在内容上,人文研究是一种复兴传统的学术方式与运动。作为"异端"文人和学者,人文研究转而发掘古希腊罗马的文化遗产,研究古代的艺术、语言、自然科学和哲学,创立了一种有别于教会神学体系的新文化;在实践上,人文研究又突破了学术的范围,变成旨在确立一种以人为中心,提倡人性与人道的新的价值体系的思想启蒙运动,旨在确立人性化的、非神与无信仰的、重理性的世俗文化与生活方式。这种价值旨向构成了"人文精神"一词的本来意义④。从后来的发展趋势看,由于基督教的上帝信仰在西方文明中始终占据了主流地位,人文精神的影响在西方社会并不显著。

西方"人文精神"出现的背景是基督教神学,而中国却并没有相同的宗教传统。"人文精神"一词在中国针对的不是宗教组织和非理性的信仰,也不是提倡一种旨在建立于自然人性论基础之上的世俗化、个性化、尊重人的自由与尊严的个人本位的价值体系。从西周时代起,中国社会慢慢地转入礼乐文化,从而有别于西方社会以上帝为精神核心的宗教文化。中国传统文明在思想与典制方面具有高度人文化的特征,在社会构成形式方面具有高度世俗化、在精神生活方面具有突出的伦理化特征。

---

① 参见张岱年:《关于中华人文精神》,《中华人文精神新论》,上海古籍出版社 1998 年版。
② 《孟子·离娄下》。
③ 参见庞朴:《中国文化的人文精神论纲》,《光明日报》1986 年 1 月 6 日。
④ 参见万俊人:《儒家人文精神的传统本色与现代意义》,《中华人文精神新论》,上海古籍出版社 1998 年版。

这些当然和儒家重人与人伦的传统密不可分,可以说,中国思想文化方面的人文化与儒家重视对人之为人的探讨密切相关,而在社会建制方面的人文化,则和儒家及在儒家影响下的世俗伦理对人伦关系的强调又分不开。

由此我们可以说,中国文化的人文精神在内容上主要是指其以人为本,将人的问题作为中心问题的特质,它区别于西方文明的一个显著之处即是它将人的价值之源奠立在人自身之上,并从人自身去探讨人的永恒性与超越性的根据并力图实现之。这一特征可以谓之"内在超越"。

与西方的基督教文明一样,中国的思想文化传统同样为人们提供了一套价值系统,作为对人的价值之源的系统回答。作为价值之源,首先要回答人间的秩序与价值从何而来,这是每一个文化都要碰到而且都要回答的问题。就在对这个问题的回答上,显示了中国思想文化与西方文化的不同点。大体说来,由于历史与宗教的传统,西方将价值之源放在外在于人的超越世界上,从柏拉图的"理念",亚里士多德的"第一因"到后来至善的上帝,非要逼出一个高高在上的超越物来以为价值之源。而在中国,人们最初也把"天"、"帝"等作为道德与人间秩序的超越性源头,如《诗经》所谓"不知不识,顺帝之则"、"天生丞民,有物有则"等。但到了孔子生活的时代,中国文化的人文转向已经顺理成章。孔子看到了这种趋势,并最终促成了中国文化的人文化。在《论语》中可以发现孔子对抗非人文的思想片段,孔子答樊迟问智说:"务民之义,敬鬼神而远之,可谓智矣"①,这是强调道德人事的重要而对鬼神敬而远之,孔子"不语怪力乱神"②,又说"未知生,焉知死"③,重视理性,不讲死后的问题,也不主张来世、来生的观念,对于超越的源头只作肯定而不去穷究,用庄子的话讲就是"六合之外,圣人存而不论"。朱熹也说:"今且须去理会眼前事,那个鬼神事,无形无影,莫要枉费心力。理会得那个来时,将久我着实处皆不

---

① 《论语·雍也》。
② 《论语·述而》。
③ 《论语·先进》。

晓得"①。中国文化倾向于用理性来说明超越的现象,孟子说:"圣而不可知之谓神"②,把"神"解释为圣人深度的能力与影响。荀子、《易传》也把天地万物生成变化之妙说成是"神","万物各得其和以生,各得其养以成,不见其事而见其功,夫是之谓神"③,"神也者,妙万物而为言者也"④。中国传统思想的主流始终拒绝用非理性的东西来解释世间问题,相应地,它们也在世间人生中寻求关于人生超越问题的答案。当然,这和中国人对于知识论问题没有太多兴趣也有关。

总之,中国思想文化不认为世间与超越世界这两者之间存在着不可逾越的鸿沟,相反,认为这两个世界是相互交涉,不即不离的,用《中庸》的话讲就叫做"极高明而道中庸"。中国思想文化对超越世界的肯定,没有像西方一样走上外在化、形式化、实体化的道路,没有教会,也没有天国,而是落实于日用伦理。不过,这并不能说中国人没有对超越世界的追求。儒家相信"道之大原出于天",天是超越的,这个意义的天也常称做"道",它成为中国文化追求的一大目标。但天道与人伦日用是不即不离的,所以孟子讲"尽其心者知其性,知其性则知天",禅宗讲"明心见性","平常心是道",都表明中国文化的内在超越的特质。

中国文化的内在超越性形成了中国文化重人的特质,因为内在超越是每一个人自己的事,关键要靠每一个人的内心自觉,其力量不是来自上帝或教会的启示,也不是来自外在的强制,而是全靠个人的修养。孔子讲"为仁由己","道不弘人,人能弘道",都是这个意思。这形成了中国文化以人为主的人本特色,以及俗世化和追求人的内在超越的特征。这是中国文化的人文精神的主要涵义,由此决定了中国文化以人与人伦关系为主要内容的特色。

作为价值系统的核心,中国文化的人文特色决定了中国文化的其他

---

① 《朱子语类》,中华书局 2010 年版,第 33 页。
② 《孟子·尽心下》。
③ 《荀子·天论》。
④ 《周易·说卦》。

特点。

富有人文精神的中国文化的最重要的表现与产物就是中国没有信仰与理性的分立。西方的文化存在着信仰与理性的对立,对外在超越的追求,其结果就是造成了上帝和教会的神圣王国与世俗社会的对立和紧张,也因此有了对理性力量的探讨,这对自然科学的发展起到了积极的促进作用。对教会的斗争也促进了人们的启蒙意识,促进了对人权、自由、民主的追求,这是促成现代民主社会在西方出现的巨大动因。而在中国则并没有形成一种信仰力量和体系,中国社会始终没有出现一个与世俗社会相对立的宗教组织,对神性与外在超越的信仰从来没有发展到压倒理性力量的程度。这多少有点像梁漱溟先生所讲的理性早熟的味道。中国的社会也因此而缺乏现代化的动因,封建制迟迟不能实现自力更化。不过我们也应该看到,由于中国文化的这一特点,因而在历史上也就没有西方那样的教权与皇权之间的斗争,没有因为宗教而起的大规模战争,而且,理性力量的发达,也使得接受科学没有内在的阻力。西方科学的兴起要经历科学与信仰力量的斗争,所以有哥白尼、伽利略等人为科学而受迫害的事情,这在中国却是没有的。近代西方科学的传入在中国也几乎没有遇上什么困难。

重人文精神的中国文化特别注重对人与人伦世界的探讨,因而很早就树立了人的尊严的观念,同时由于注重内在超越,中国人的价值之源与人性是相合无间的,其天人合一的观念最足以反映中国人这方面的特点。因此,中国人没有发生价值与人相脱节而造成的对人的本质、意义无所依的状况。由于中国文化将价值之源不是放在天国,而是历来重视对人的本质的探讨,特别是儒学可以说完全以人学为中心,因而人的本质与意义的问题成为中国学术思想探讨的中心。在中国文化观念中,对人一视同仁,不以知识、地位、财富分际人,对人的尊严有充分的尊重。孔子讲"仁者人也",孟子讲"人皆可以为尧舜",荀子说"涂之人可以为禹"。佛道二教也对人一视同仁,认为每一个人都同样地有自觉的能力,都可以上跻至最高之境,如竺道生讲的"一阐提人可以成佛",禅宗的"佛即众生,众生即佛"等。中国文化很早就发展了对人的普遍尊重的观念,认为"天地之性人为贵",人与天、地号称三才,"天有其时,地有其财,人有其治"①。在伦理道德观念中,西方到康德的伦理学才强调人必须把人当作目的,而不是手段,强调除非我愿意我行事的根据成为普遍的道德法则,否则我不会那样做。这个原则内含着人人把人当作人,乃至人生来就是平等、自由的民主观念,而这些观念在中国文化中却早已为人所习知,孔子的"己所不欲,勿施于人","己欲立而立人,己欲达而达人",《大学》所谓"所恶乎上,毋以使下;所恶乎下,毋以使上;所恶乎前,毋以使后;所恶乎后,毋以使前;所恶乎右,毋以交于左;所恶于左,毋以交于右"都表达的是这个人伦原则。这个特点说明中国文化经一定的途径以转化之则可成为现代的观念。

但中国文化的重人文精神同时也造成了人的自足心态与内倾性,整个文化的基本特征在重人文的同时也是静态的,不求进步的,由此而造成对外在自然世界的漠不关心,对科技、物质文明的追求始终没有成为全民生活的中心。人文化的中国同时成为中国发展的巨大障碍。中国文化的人文精神对于中国文化和中国社会都具有二重性。这是我们应当充分注意的。

二、儒家思想与中国人文精神

中国思想文化中深厚的人文精神,如上文所述,是中国文化传统中最具代表性的色彩。尽管中国思想文化的整个传统都以人文精神为特征,但毋庸讳言,儒家是中国人文精神的主要载体,儒家思想家对中国人文精神的形成与发展都具有举足轻重的作用。在一定意义上,我们可以说,儒家思想的发展历程同时也是中国人文精神的发展历程。

先秦出现了"百家争鸣"的盛况,其中比较有影响的有儒家、墨家、道家。各家的侧重点不同,影响时人和后世的方式和程度亦有不同。但在

---

① 《荀子·天论》。

这段时期形成的儒、墨、道、法四家思想是形塑中国传统文化的主流和主干,是后来各种思想和学术的源头,更为重要的是,先秦时期形成的各家思想均富有原创性,而又卒能成为后来我们熟知的中国传统文化的核心内容,是中国传统文化的重要代表,后代的思想虽然可以在精致性、逻辑性等方面远胜于此,却不能别开一面作为我们民族文化的代表,这不能不令我们对先秦文化有所深思和领会。

比较起来,先秦各家所关注的侧重点并不相同,但对人的问题都给予了关注,都力图对人的价值之源给予回答。

如老庄道家思想,就以自然主义的生活方式和态度来追求人的逍遥与绝对自由。在庄子看来,人与万物的不自由在于"有待",即都是有条件的存在,要想获得自由,只有进入一种"无待"的境界;人最大的使命就是认识到要遵循天,完全顺应其规律,这样,就可以实现人的完全自由。为此,庄子设计了一些可以让人们摆脱人的有条件的生存情态的方法与原则,如"坐忘"就是一例,他说:"堕肢体,黜聪明,离形去知,同于大通,此谓坐忘。"①又有"心斋"之说,认为摈去心官知觉,通过集虚就可以达到与道相通。凡此,都没有离开人世间以寻求一个外在超越的依托。在道家看来,人是万物的一员,和万物一样没有任何特权,因此,人最大的分内事就是顺应自然界的规律。本来,人是极端没有自由,经过这么一来,人就完全自由了。人本来是受限制最多的,经过人自身的忘却自身,就达到了逍遥,实现了自身的超越。在老庄眼中,人的最大的目标是自由,即逍遥、无待。但道家在达到这个目标的路上选择的是独处和孤独,没有能正视人是一个社会群体中的人的现实。

与道家不同,墨家正确地看到了人是群体之一员,将人作为社会存在物来理解人,并给人设计了一条人与人之间和平共处的理想图画。"兼爱"、"非攻"虽是墨家鉴于当时社会现状的不得已对策,但实际上也反映了墨家对人们相处的基本主张。在他们看来,人是群体的一员,而

---

① 《庄子·大宗师》。

且只是群体的一员,人应该在为群体做事的过程中体验到自身之存在的意义和价值。在这方面,墨家表现出了极端的为人倾向,墨家的创始人墨翟"以裘褐衣,以跂蹻为服,日夜不休,以自苦为极"①。墨家反对儒家的"亲亲有术"②,他们认为,在人是为人存在这点上,人与人没有任何差别,对待陌生人和亲人也不应该有什么两样,因而主张"兼以易别",对待父母的方式就是对待陌生人的方式。墨家的这种观念后来招致儒家"无父无母"的指责。在为群体的存在中,人丧失了自己的为己存在的可能。而且事实上,墨家也不提倡人有为自己存在的空间,他们提倡"尚同","一同天下之义","上之所是,必皆是之;所非,必皆非之"③,强调个体要将自己对自己选择的权利让渡给自己的上级。

可以看出,道家对人的主张有一定的消极成分,而墨家又有非一般人情所可堪的成分。两家之学有照于人性之深沉的一面,但在探究人与自然以及人际关系方面尚有局限,所以两家之学始终只是中国思想文化的潜流与暗流,不能蔚为大观。

儒家作为先秦一家,在当时并没有什么特殊的因缘际会。当时儒墨并称显学,在儒墨交争以及儒家同其他家的论争中儒家也并不一定就占上风。但在后世,儒学最终能优胜于他家,至于墨家则几成绝学,这不能不与儒家在思想上对于我们民族之人文精神的挖掘这一重要特色密切相关。

孔子的学说如他所说,是述而不作,在很大程度上是历史观念的产物。在孔子之前,中国文化明确的人文转向已经完成,孔子秉承了这一传统,肯定崇尚现世的理性原则,对鬼神,对怪力乱神持存疑态度,"子不语怪、力、乱、神","未能事人,焉能事鬼","未知生,焉知死"。对现世的理性原则还表现在孔子对形而上的东西不作妄论,"夫子之文章,可得而

---

① 《庄子·天下》。
② 《墨子·非儒下》。
③ 《墨子·尚同上》。

闻也;夫子之言性与天道,不可得而闻也"①,"天道远,人道迩,非所及也,何以知之?"②不过,最重要的是,孔子开始深化了这个人文转向具有的内在的价值关怀。孔子确立了以"仁"为中心的价值体系,将仁确立为修己和处理人与人关系的准则,甚至于将其上升为治国的原则。这个价值观的核心,用现代的话来说就是人道观念与人道原则,"此所谓人道观念,并不指消极性怜悯与饶恕,乃指其积极方面的像后来孔子所说的'忠恕',与孟子所说的'爱敬'。人与人之间,全以诚挚恳慤的忠恕与爱敬相待,这才是真的人道。"③关于此,《论语》中记载了孔子的言论,最典型的是马厩失火孔子问人不问马的事,"厩焚。子退朝,曰:'伤人乎?'不问马。"④继孔子提出仁的原则之后,孟子提出了"义"的原则,"义"是孟子继孔子之后对儒家人文精神的一大发展。何谓"义"？孟子在不同的场合赋予它以不同的含义。但正如"义"的语源学所表示的,"义者宜也"⑤,凡适宜者当行之。孟子曾用为后人习焉的"鱼和熊掌不可得兼"的比喻来说明行义和人的本质的关联:"鱼,我所欲也,熊掌亦我所欲也;二者不可得兼,舍鱼而取熊掌者也。生亦我所欲也,义亦我所欲也;二者不可得兼,舍生而取义者也。"⑥这个概念实即孔子仁之义的引申,孔子的"仁"要求行仁践仁,而孟子的"义"要求的也是行仁。两者的不同之处在于,孔子仁的要求偏重于主体自身仁性的发挥和主体的自觉,而义则实落于外界亦即道义对人的要求,这实际上反映了社会危机的加深及其对儒学的挑战性。孟子提出性善论,指明行义与践仁的根据是人内在的性善——"良知",所谓"仁,人心也;义,人路也"⑦,进一步提示了人之所以为仁的根据是人本善的良知。此点可说是对孔子仁性概念的扩充,进一步奠定

---

① 《论语·公冶长》。
② 《左传·昭公十八年》。
③ 钱穆:《中国文化史导论》(修订本),商务印书馆 1998 年版,第 50 页。
④ 《论语·乡党》。
⑤ 《中庸》第二十章。
⑥ 《孟子·告子上》。
⑦ 同上。

了儒家思想的人文情结。

孔孟之道确立的仁义之性都内在于人性,其实现的途径是道德上的修养。这样,人的最终目的与归宿乃是人本身的道德修行,而非彼岸世界的追求。孟子首揭以内在的性善为成人同时也是成圣的依据,通过义利之辨以为人提供取舍的标准,奠定了儒家哲学价值取向的基本格局,也形成了中国人文精神的主要内核。孔孟的儒学将中国的文化与信念的方向引向了人与人间,对人的本质与人伦关系的探讨从此得以成为中国文化与精神的主流。

孔孟以后,儒家经历了漫长的演变过程。围绕着以人与人伦关系的中心,儒家的人文精神有了很大的发展与变化。其中汉代儒家由董仲舒发展为神学化的儒学,过分强调儒家纲常伦常的尊卑等级,他的理论得到了国家统治者的支持,使得礼制普遍地发展起来,"三纲五常"得到了贯彻,人的个性和自由发展受到了极大的限制。不过,在汉唐社会,对民生、民意加以重视的观念仍然得到了长足的发展,董仲舒赋予天以仁德之性的属性,力图以此来限制专制君权,以舒民生。在唐代,对生民之意的关心被有志于复兴儒家之道者拿来作为对抗外来与非正统的佛道二教的工具,韩愈在《原道》一文中,认为儒家之道的内涵是仁义,"博爱之谓仁,行而宜之之谓义,由是而之焉之谓道,足乎己无待于外之谓德。仁与义为定名,道与德为虚位。"儒家之道是"合仁与义而言之也",而佛老之道是空无清虚,因此儒家之道"非向所谓老与佛之道也",真正的儒者之道是"将有为也"①。韩愈的对儒者之道的这种认识被人称为"吾国文化史中最有关系之文字"②,这是因为韩愈对于儒家道统的肯定,卫护了儒家的人文取向,避免了流于空虚的佛道二教对于中国文化的过分侵蚀。不过,唐代大儒对儒家人文取向的回护主要是从儒家在现实层面上的淑世功能,所以韩愈对儒家的"将有为"功能再三致意,而柳宗元、刘禹

---

① 《原道》,《韩昌黎全集》第174页。
② 陈寅恪:《论韩愈》,《金明馆丛稿初编》,上海古籍出版社1988年版,第287页。

锡等人虽然对佛教的"其于性情奭然"①的心性学说和可以"尽心"的"出世间法"表现出了深深的陶醉,但这并不妨碍他们急切的"急生民之务"、"利安元元"的儒者追求,柳宗元特别看重《论语》的也正是在此。《论语》卒章中说:"尧曰:咨,尔舜,天之历数在尔躬,四海困穷,天禄永终,舜亦以命禹,曰,余小子履,敢用玄牡,敢昭告于皇天后土,有罪不敢赦,万方有罪,罪在朕躬,朕躬有罪,无以尔万方。"柳宗元评之曰:"《论语》之大,莫大乎是也"②。这反映出了唐儒复兴儒家取径的是儒家对社会和民族的人文关怀,它抑制了唐代文化因外来的佛教与本土的道教过分繁盛可能导致的出世品格,保证了中国文化的入世即世、以人与人伦关系为主的特质。这一点可以说是儒家区别于其他家的外部特征,当然它同时也是儒家的本质之所在。

儒家淑世的人文情怀在宋代得到了继承与发展。张载的《西铭》之作得到了包括朱熹在内的宋明儒的一致推崇。《西铭》所言的正是"民胞物与"的淑世精神,文中说道:

> 乾称父,坤称母,予兹藐焉,乃混然中处。故天地之塞,吾其体;天地之帅,吾其性。民吾同胞,物吾与也。大君者,吾父母宗子;其大臣,宗子之家相也。尊高年,所以长其长,慈孤弱,所以幼其幼。圣其合德,贤其秀也。凡天下疲癃残疾,茕独鳏寡,皆吾兄弟之颠连而无告者也。③

张载的学说,固有其他宋儒不能同意的地方,但《西铭》所表达的儒家的济世精神却被一致视为儒家社会理想的宣言书。比较一下张载此说和唐儒如柳宗元的淑世精神就可以看出,唐儒之对儒家作淑世之要求,尚没有其理论根柢,既没有指明儒家何以能做到此点,又没有说明儒家如何做到此点,所以唐儒实现儒家之道的希望仍然只能放在开明之君

---

① 《送僧浩初序》。
② 《论语辨二篇》。
③ 《西铭》,《张子全书》卷一。

主或开明之政治上。相反,宋儒则在理论上指明,儒者之所以能做到此点,乃是因为儒者践行的是天地之常道,所行者无非天理。正如陆九渊所指出的,"且道天地间有个朱元晦陆子静,便添得些子?无了后,便减得些子?"①儒者所行者,乃是因人力弘道。至明儒王阳明,更将此点精神用"大学问"来理论地加以表述之。在王阳明生活的明代,政治上专制登峰造极,士人干政的机会几乎荡然无存,然而儒者之所以卒能保任济世的情怀,按王阳明的说法,就是因为人之心本来与天地一体,是无分隔的,他说:

> 大人者,以天地万物为一体者也。其视天下犹一家,中国犹一人焉。若夫间形骸而分尔我者,小人矣。大人之能以天地万物为一体也,非意之也,其心之仁本若是,其与天地万物而为一也……是乃根于天命之性,而自然灵昭不昧者也。②

宋明儒者将对人心性的探讨同对宇宙本体的探讨密切结合,肯定了人心的超越性,同时更加坚定了道德修养对于实现成圣与成人的目标、实现人的超越的必要性与可能性。它给儒家的人文取向提供了坚实的理论基础。从此,中国文化重人文的倾向更加强化,而对外来超越的追求更为弱化。中国文化的人文特质的两面性也越发突出。

宋以前,儒者兼济天下都把希望放在政治上,通过政治上的作为来影响社会教化。但自宋儒以后,客观上由于政治专制的加强,儒家士人通过政治影响社会的可能性缩小,儒家开始尝试影响社会与政治的新形式,如宋明盛行的书院讲学、办乡约等,都是儒家士人影响社会的积极的实践形式,目的是为了实现儒家的"开物成务"的理想。这是儒家人文精神的一大侧面,表明儒家在进行理论探索的同时并没有失去参与社会的活力和动力。但我们看到,尽管儒家自许甚高,儒家也尝试着以不同的形式去影响社会,但开物成务的理想终究只是由其理论所引申出来的一个环节,它在实践中的效果是有限的。

---

① 《语录上》,《陆九渊集》,中华书局2010年版,第414页。
② 《大学问》,《王阳明全集》卷二六,第679页。

明末清初,作为汉族的异族满清入主中原,民族问题一度成为士人关心的主题。但知识分子关心的远不是简单的民族问题。清代所谓的前朝遗民如王夫之(他们终身发誓不入仕清朝),他们所做的系统反思主要是针对"宋学"所代表的文化精神的,他们肯定人的合理欲求,注重自然科学与实际人生,倡导经世致用的务实学风,在政治思想上也有显著的民主取向。在这种背景下,出现了对理学甚至对整个儒学的反思和反动,开创了中国思想史上启蒙的社会思潮。其中,黄宗羲、顾炎武、王夫之和戴震、颜元是突出的代表。至清末,由于外国资本主义列强的入侵和西学东渐,中国开始融入了近代社会,人文主义也开始直接具有了人文精神的含义,有了和传统人文主义不同的色彩。

明清之际人文精神的一大表现就是以自然人性论为基础的重欲的理欲观。理欲之辨是宋明理学的中心主题之一,其基本的主张是"存理去欲","存天理,灭人欲",将天理与人欲对立起来,轻视人的感性欲求,在伦理上片面地褒重禁欲的生活方式。而明末清初在对"欲"的看法上已经非复理学所可笼罩了。明清之际的启蒙思潮或曰实学思潮已经注意到了独立人格与人的主体性。同时,早期启蒙思想家在人生理论与实践上的一个共同点,就是强调责任人生,顾炎武论述人生,家道与国运休戚相关,其言曰:"惟人生之聚散,家道盛衰,与国运之存亡,有冥冥者主之矣。"[1]顾氏认为,在为国尽责上,君臣庶人,都是平等的,君王应当先劳后福,先贱后贵。他亲睹了明末腐败成风的现实,有一种"发愤而深痛"的心情,决心要"拨乱世以兴太平",担当起以"天下为己任"的责任,他说:

> 天生豪杰,必有所任,……今日者拯斯人于涂炭,为万世开太平,此吾辈之作也。仁以为己任,死而后已,故一病垂危,神思不乱。[2]

---

[1]《亭林余集》。
[2]《亭林文集》卷三。

梁启超把顾氏的这种精神概括为"天下兴亡,匹夫有责"。王夫之也是以他的"以身任天下"的人生观来看待人生责任和人的生死成败的,他说:

> 生之与死,成之与败,皆理势之必有,相为圜转而不可测也。既以身任天下,则死之与败,非意外之凶危;生之与成,亦固然之筹画。①

清朝末期,由于西方资本主义列强的入侵,中国开始了真正意义上的启蒙,即自由、民主、崇尚个性解放和人格独立的启蒙。至辛亥革命推翻清朝统治,结束了长达两千多年的封建社会,中国的人文主义精神又进入了一个新的发展时期。但后来的实践证明,中国人文精神的发展并没有走出传统人文精神的樊篱,它和现代化还是有相当程度的不协调。因而,当对传统人文精神进行现代化转化时,对传统人文主义精神的本色进行研究还是显得非常重要。关于此,限于主题,就不再展开②。

第二节 儒家思想与中国思想文化

儒家思想家缔造的儒家思想既是一门学说,更是一种价值观,在很长的历史时期里,它一直是中国文化的基础与主体,是中国人价值观念的核心成分。直到今天,它仍然对中国社会和中国人的精神世界具有巨大的影响力。儒家在中国文化中的主流地位是历史造成的,它和儒家的特质密不可分,同时也和中国社会独特的国情分不开。儒家以成圣的目标相期许,对成圣目标的追求成为儒家最根本的核心与动力所在。由于儒家把成圣同时理解为成人,儒家的人生哲学变得既入世又出世,所谓"君子之道费而隐,夫妇之愚,可以与知焉;及其至也,虽圣人亦有所不知焉。夫妇之不肖,可以能行焉;及其至也,虽圣人亦有所不能焉。"③作为

---

① 《读通鉴论》卷二八。
② 请参阅洪修平《论儒学的人文精神及其现代意义》,载《中国社会科学》2000 年第 6 期。
③ 《中庸》第十二章。

一种价值观,儒家从未像一般的宗教那样将自己的目标锁定在外在的超越世界,而是教会人们如何身心协调地在注重个人体悟的基础上更好地生活在现实的世界,处理好同他人的关系,这样的过程在儒家看来同时就是人道同天道的合一,是对人生超越的实现。儒家的这种态度同时也是中国思想文化的特征所在,它影响了中国思想文化注重德性伦理与走内在超越的特质的形成,同时也使中国思想文化在理论上注重人及其本质的探讨,在实践上注重人伦关系,最终决定了中国社会的基本人文景观。

一、儒家仁德文明与中国思想文化的主流

儒家思想是中华文化的主干,在长期的历史发展过程中,儒家思想成为中国社会的主流思想与价值观,儒家的这种地位是历史地形成的,是任何其他思想和学说都无法替代的。历史选择了儒家,而儒家也对中国思想文化的发展作出了其应有的贡献。

在中国思想文化史上,儒家从其产生开始,它的发展进程就无时不处在与其他文化系统的相互交流中,它的主流地位也是在这个进程中奠定并逐渐得以巩固的。孔子创立儒家学派,虽然博大精微,但仍为诸子之一,其高下虽经百家争鸣,仍无有决定之优势。直到西汉司马谈作《论六家要旨》,仍把儒家看成是百家之一。不过,到汉武帝时,情况发生了变化,汉武帝针对当时的社会情势曾下制问曰:

> 盖闻五帝三王之道,改制作乐而天下洽和,百王同之。当虞氏之乐,莫盛于韶;于周莫盛于勺,圣王已没,钟鼓管弦之声未衰,而大道微缺,陵夷至于虖桀纣之行,王道大坏矣。夫五百年之间,守文之君当途之士欲则先王之法以戴翼其世者甚众,然犹不能反,日以仆灭,至后王而后止,岂其所持操或悖谬而失其统与?固天命不可复反,必推之于大衰而后息与?乌虖,凡所为屑屑,夙兴夜寐,务法上古者,又将无补与?三代受命其符安在?灾异之变何缘而起?性命

之情或夭或寿,或仁或鄙,习闻其号,未烛厥理,伊欲风流而令行刑轻而奸改,百姓和乐,政事宣昭何修何饬而膏露降百谷登?

汉武帝所问的问题有三个方面,一是王道的根本,即何以维持统治秩序;二是天命的根本,即如何处理天人关系;三是性情的根本,即如何教化人之情性,俾百姓和乐,政安人和。而董仲舒指出,欲使这三方面得以解决,非崇儒学不可,因为儒学提供了解决这三个方面问题的途径,"王者上谨于承天意以顺命也,下务明教化民以成性也,正法度之宜别上下之序以防欲也,修此三者而大本举矣"①,因此之故,他认为对其他百家宜行禁止,而独倡六艺之科,孔子之术。他的主张为汉武帝所采纳,从此儒家的发展得到了统治者的支持,很显然,儒家之为统治者所用,是因为儒家可以在以上三个方面满足统治者的需求。也就是说,儒家具有三个方面的功能,一是在形而上的层面,儒家将天人关系作为其探讨的对象,可以满足人们对于超越的天道之探求的需要;二是在国家政治层面,儒家将维持王道作为其中心的诉求,可以有助于实现王道政治,以维护国家的长治久安和道统的传承;三是在社会功能上,儒家提供了教化世道人心的系统理论与方法,可以教化民性,扬善惩恶,最大限度地促进社会良善的实现。在儒家发展的不同时期,虽然儒家对这三方面强调的侧重点时有不同,但它们都得以维持。特别是作为教化的工具,儒家的很多主张成为国家建制的组成部分与社会习惯的一部分,长期为世人所沿用,并不断地得到发展和巩固。

汉武帝以后,儒家的发展虽然时兴时衰,但它作为中国思想和文化的主流地位始终得以保持。在漫长的历史过程中,儒家面临的对手虽然对儒家的地位造成有力的冲击,但始终都没有动摇过儒家的主流地位。先秦时期,儒墨并称显学,墨家对儒家进行激烈的抨击,但是墨学在秦汉后却成为绝学;魏晋时期,玄学盛行,然而玄学持续的时间亦不长久;隋唐时期,道教与佛教虽然一度凌驾于儒家之上,但却不能取而代之,相

---

① 《汉书·董仲舒传》。

反,由于佛道的刺激,唐代后期儒学得以重新兴盛,并最终在宋代实现了儒学的复兴。终观中国思想学术史的全部,可以说,儒家始终占据着主流地位,对中国的思想学术与文化产生了巨大的影响,发挥了巨大的作用,这是任何其他学说都无法比拟的。

儒家能够占据中国思想文化的主流地位,其原因是多方面的,但主要的不外乎两个方面,一是儒家自身的原因,二是儒家外部即儒家赖以生存的环境的原因。就儒家自身来说,自孔子创立儒家起,儒家就以人为出发点,儒学就是人学,它以伦理上的仁来理解人的本质,从伦理化的人文世界观和人生观立场来看待世界和人生,把关注的中心放在人间事物上,漠视超越的鬼神之事而重视今生,对死后的世界不表兴趣。相对于超越的天命、道,儒家把人看成是一种主动的力量,而非受制而消极的,用孔子的话讲就是"人能弘道,非道弘人"①,儒家始终认为人自身有成就德福一致和达至圣人之境的内在根据,并且认为人可以凭自力在今世实现这个境界。这种根本观念在孔子的仁学中即已定型,它决定性的奠定了儒家的人文伦理的取向与现世品格。这种观念同时影响了儒家与整个社会对于国家政治的看法和建构,在儒家看来,国家是家庭与家族的扩大,将个人修身的原则运用于公共生活,政治就应在"仁者爱人"、"道之以德,齐之以礼"的德政原则下予以安排。在儒家学说中,人之为"仁"是最核心、也是最高的,而"成仁"、"为仁"则是一切人事作为的基本原则与方向。这种人文化的价值观构成了儒家仁德精神的主要内涵。

其次,从儒家生存的外部环境来说,中国社会的大环境又造就了天然适合儒家生长的土壤。人文化的儒家学说,在自身中能够容纳理性的原则,从而在历史上始终保持着对一般人与世俗政权的亲和性。由于国家政权对儒家的认可,儒家经典在很长一段时间里得以成为国家取士制度即科举制的标准教科书,从而使得对儒家经典的研习成为社会教育的主要内容,这使得儒家经典得到了广泛的传播,而儒家观念

---

① 《论语·卫灵公》。

也成为一般士者与公众生活的基本价值观的参照体系。这是任何其他学说都无法取代的,儒家因此而得到的发展机会也是其他任何学说所无法望其项背的。最重要的是,儒家的仁德精神始终体现在家庭和家族伦理精神上,由家及国,家国一体,适用于个人修身与家庭伦理规范的道德原则同样适用于国家等公共生活领域。这种特色正反映出小农经济条件下以宗法制为主的中国社会的状况。自然经济造成的小农经济其基本的特征就是以个体家庭和家族为社会的基本单位,社会组织分散,公民的国家意识与公共意识很差,在一定意义上,国家即是家庭与家庭的扩大,因而国家的政治生活与家庭、家族的伦理秩序密切相关。而儒家的基本教条正是由此而衍发,从而得以为中国社会长期奉为金科玉律。

最后,正如《中庸》所指出的,儒家之"道"作为一种价值学说,具有开放的品格,"君子之道费而隐,夫妇之愚,可以与知焉,及其至也,虽圣人亦有所不知焉;夫妇之不肖,可以能行焉,及其至也,虽圣人亦有所不能焉。"它可以在超越与即俗两方面都具有延展性,向上可以满足人们对于超越世间的超越力量的追求,这方面,宋明的新儒家即理学可以为证,宋明理学成功地吸收了佛教的学说,拓展了儒家对天道本体的形上追求,并将天道本体与人的心性联系起来,建立起了心性本体论。儒家心性理论的建立,弥补了儒家在说明个人心灵安顿与超越性上的缺失,使儒家重新获得了理论上的生长与实践中的影响。儒家历来尚中尚和的精神使它具有容纳百川、汇合万流的兼容并包的开放精神,它不拒绝吸收他家学说与他方文明的优长之处,并能适时做出回应,这也许是儒家能够成为中国思想文化主流的根本原因之一。《中庸》有言:"万物并育而不相害,道并行而不相悖,小德川流,大德敦化,此天地之所以为大也。"儒家的开放兼容品格大概也是儒家之所以为大的原因吧。

二、德性伦理、内在超越与中国思想文化的特质

由于儒家思想占据着中国思想文化的中心地位,构成中国思想文化的主流,因而儒家思想在一定意义上很难与中国思想文化有实质性的区别;但传统的思想文化毕竟是一个包括儒家思想在内的总合体,儒家思想仅分有了中国传统思想文化的一部分,同时,儒家思想的发展是同其得以发展的外缘分不开的,包括儒家在内的各个不同的文化传统所构成的中国思想文化的大文化与其各个个体之间有一个整体与部分的关系,作为整体的中国传统思想文化及其各个子文化思想传统同样对儒家产生了多方面的广泛的影响。正如我们不能设想离开儒家的中国思想文化,同样,我们也不能设想离开中国思想文化的儒家文化传统。在以上的章节中我们回顾了儒家核心的仁德理念如何影响中国的传统社会,使之成为中国思想文化的主流。本节我们将进一步详细探讨儒家的其他关键的思想因素如何影响中国思想文化的基本方面,审视中国思想文化的基本特质中有哪些显然受到了儒家的影响,并由此决定了中国思想文化的基本品格。

在第二章中我们曾概括出儒家思想家在伦理观、心性论、教育思想和王道政治思想等四个方面对中国思想文化产生的深刻影响,这四个方面构成了儒家的基本精神,其影响所及,使中国思想文化的特质中也出现了相关的特征。

中国文化中最显而易见的特征是人伦方面的独特性,而在这一点上,尤可见儒家的影响。在儒家思想中,伦理关系是人与人之间最基本也是最重要的关系。由于儒家耻言利,因而他们很少注意和谈论伦理关系之外与利联系在一起的政治和经济关系;政治和经济关系都在某种程度上被伦理化了。在这种思想影响下,人际关系伦理化,伦理关系显得非常复杂,大体上可以分为两种,一种是基本血缘的"天属"关系,如父子、兄弟,一种是基于人为的"人合"关系,如夫妇、君臣、朋友,用朱熹的话说,"父子、兄弟为天属,而以人合,居其三焉;夫妇者,天属之所由续

也;君臣者,天属之所赖以全者也;朋友者,天属之所赖以正者也。是则所以纲纪人道,建立人极,不可一日而偏废。"①孟子将人伦关系概括为父子、君臣、夫妇、长幼、朋友五种,并认为他们之间的伦理关系为"父子有亲,君臣有义,夫妇有别,长幼有序,朋友有信"②。对内,是对家庭伦理的重视,对外,是人与人之间的浓厚的人情味;家庭伦理观念中以孝悌为主,而在社会交往中则重视"忠信"之德,这构成了中国伦理的基本特征。孔子说:"弟子入则孝,出则弟,谨而信,泛爱众,而亲仁。"③这概括了中国人的社会伦理的基本面貌。

在儒家的这种伦理主张下,中国人强调人际关系的和谐,"礼之用,和为贵"④是中国人的共同信条。在这种社会秩序中,社会注重的不是个体的独立性人格,而是强调个人在伦理关系中的"份","男有分,女有归"⑤,所谓的分,就是每个人在伦理全体中所处的特定位置和身份。伦理秩序赋予人的身份与位置及其所要求的义务与责任被普遍关注,而属于个人的独立空间则相对被忽视。

以重德性的伦理关系建立起来的中国社会秩序,深刻地影响了中国社会的基本景观,它为中国高度集权化的政治体制提供了唯一可以调节的监督机制和理论依托,受其影响,政治上的专制似乎变得温和,而更为重要的是,在它的熏陶下,中华民族热爱和平,并且具有较高的道德素养。中国人有自己独特的精神世界,并在历史上出现了一大批杀身成仁、舍生取义的志士。同时,在它的影响下,进一步强化了中华民族的凝聚力,使中国在大部分时间里都能保持国家的统一。中国人重"分"的伦理观念使中国人对群体有强烈的责任感,并且由于中国人权利和义务的分离,中国人对家庭和国家尽义务会表现出强烈的牺牲精神,如俗语中

---

① 《续近思录》卷六。
② 《孟子·滕文公上》。
③ 《论语·学而》。
④ 同上。
⑤ 《礼记·礼运》。

所说的"可怜天下父母心",又如"天下兴亡,匹夫有责"等,都反映出了这一点。

以孝悌观念与忠信观念为核心构成的中国伦理观本质上是以德性追求为本质,可称之为德性伦理。这种伦理观念以德性的是否拥有作为善恶评判的标准,拥有其要求的德性即称为善,反之,对德性的欠缺或反德性则被视为恶的根源。这样做的一个重要的结果就是漠视了对自然人性的关怀,对自然人性的关注往往远落后于对德性的关注,甚至于为达到德性的要求而戕杀自然人性。此外,以德性为准的要求必然会造成人与人之间道德地位上的不平等,因为伦理上对德性的要求必然诉诸于道德上的判断,而德性的有无从表面上看是个人的事情,实质上却要为公众特别是能操控道德评价权力的人所左右。事实也是如此,重德性的伦理最终使中国确立起了三纲五常的伦理秩序。三纲的思想起源很早,孔子答齐景公问政时说:"君君,臣臣,父父,子子。"此语得到了齐景公的高度评价:"善哉,信如君不君,臣不臣,父不父,子不子,虽有粟,吾得而食诸?"①韩非称"臣事君,子事父,妻事夫"为"天下之常道"②,汉代的《白虎通》最终确立了"三纲六纪":"三纲者,何谓也?君臣、父子、夫妇也;六纪者,谓诸父、兄弟、族人、诸舅、师长、朋友也。故君为臣纲,(父为子纲),夫为妻纲"③。无疑,这些观念的明确化过程同时也是由道德不平等进而导致政治、社会权力的尊卑等级秩序慢慢建立的过程。而由于中国德性伦理的特有性,这种秩序一旦建立,又只会得到不断加强,并进而为之寻求理论依据。董仲舒的"天人感应"的神学目的论就是如此。他一方面宣称德性乃伦理的本质,在三纲的基础上,提出五常,"夫仁、谊(义)、礼、知(智)、信五常之道,王者当所修饬也"④,另一方面宣称天人相互应感,人间的秩序要取秩于天道的自然,天道以仁义为心,故人间得行

---

① 《论语·颜渊》。
② 《韩非子·忠孝》。
③ 《白虎通义·三纲六纪》。
④ 《举贤良对策》。

仁政,天道贵阴不贵阳,阴阳不两出,阳贵阴贱,故人间有三纲,"王道之三纲,可求于天"①,尊卑等级的伦理秩序经由此途径不断地得到强化。其结果是,重德性的本质诉求,让位于以德性为幌子的专制强权,在其政治理论体系中,虽有"君使臣以礼,臣事君以忠"②之训,有"君视臣如手足,则臣视君如腹心"③的理想,但绝对的君权无疑得到了空前的加强。在家庭伦理中,重要的也是单向的服从,"父曰前,子不敢不前,父曰止,子不敢不止",违抗父命,就是不孝,"不顺不孝者,人得而刑之"④。至宋明理学出,堂而皇之地主张所谓的"天下无不是底父母,……唯如此而后天下之为父子者定"⑤,"饿死事小,失节事大"。要之,在德性伦理之表面,其乐融融,"入孝出悌,文行忠信。口不绝吟于六艺之文,手不停披于百家之篇。闺门之内肃肃如也,闺门之外雍雍如也。"⑥但在温情脉脉的面纱后面,却隐藏着"以理杀人"的残酷。正如戴震所言:"理欲之分,人人能言之。……尊者以理责卑,长者以理责幼,贵者以理责贱,虽失,谓之顺;卑者、幼者、贱者以理争之,虽得,谓之逆。于是下之人不能以天下之同情,天下所同欲达之于上。上以理责下,而在下之罪,人人不胜指数。人死于法,犹有怜之者;死于理,其谁怜之!"⑦中国德性伦理在另一面的残酷由此而显。

中国德性伦理之所以会具有如此之两面,主要即为德性伦理的要求使然。从德性的要求出发,要确立一个道德的超越性根据,这在儒家那里就是"天理"或"良心"。在传统的主流道德观看来,道德并不是外在于人性的,而是人心生而具有的,换言之,道德是自律的,而不是他律的。儒家从先秦孔子开始,即将道德的根据放在现世的个人的内在性中,即

---

① 《春秋繁露·基义》。
② 《论语·八佾》。
③ 《孟子·离娄下》。
④ 司马光:《迂书·士则》。
⑤ 《罗豫章集》卷首序。
⑥ 《诲子侄文》,《罗豫章集》卷十。
⑦ 《孟子字义疏证》卷下,《戴震全书》第六册,黄山书社1995年版,第161页。

人的内在的圣性或曰仁性之上,"我欲仁斯仁至矣",孔子虽也强调"克己复礼为仁",表现出对道德后天修养的极大关注,但是其学说的中心仍实落在"仁"与"圣"的内在性上,所谓"性相近,习相远也"①。孟子正式确立人的仁圣的内在性在于人本具的人性的善端,道德之源全资于人生而具有的恻隐之心、羞恶之心、是非之心与辞让之心。荀子反对孟子的性善论,转而提出人性本恶的观点,主张"人性恶,其善者伪也",并将道德之源放在外在于人的后天修习之上,就是以圣人为准,对己意之不合圣道者加以符合礼义的教化,其言曰:"性善则去圣王,息礼义矣;性恶则与圣王,贵礼义矣","古者圣王以人之性恶,……是以为之起礼义,制法度,以矫饰人之情性而正之,以扰化人之情性而导之也,使皆出于治,合于道者也。"②在人自己内在方面而言,荀子强调人有内在地知"道"知"圣"的可能,"道者,体常而尽变,一隅不足以举之","人何以知道,曰心;心何以知,曰,壹虚而静","凡以知,人之性也;可以知,物之理也。以可以知人之性,求可以知物之理,而无所疑(定)止之,则没世穷年不能遍也。其所以贯理焉虽亿万,已不足以浃万物之变,与愚者若一……故学也者,固学止之也。恶乎止之?曰,止诸至足,曰,圣也。圣也者,尽伦者也;王也者,尽制者也,足以为天下极矣……向是而务,士也;类是而几,君子也;知之,圣人也。"③这里,荀子肯定学要以圣为归,而圣表现在知道伦理的意义所在,如此可尽人之性,为王者可"尽制","足为天下极",换句话说,人性虽恶,但人仍能够通过对伦理意义的发现以回归人性之善的道路。德性依然构成人内在的和本质的需要。而宋明儒家对道德超越性的关注与论证更是其学说的重中之重。程朱理学将天理作为人德性的超越依据,认为天理统理一切事物,为万物主宰;人心为天理之表现,人贵为万物之首即在于人能以其心力通达天理。而陆王则径将人心之本体认做宇宙之本体,"吾心即宇宙,宇宙即吾心",进德之资端赖于良知心体。

---

① 《论语·阳货》。
② 《荀子·性恶》。
③ 《荀子·解蔽》。

由于儒家认为其追求德性有一个超越的依据,不是人为要如此的,德性实是客观普遍的存在,所以儒家对此的宣扬不遗余力,并对德性之反面加以极端的排斥。宋明儒家无论是程朱理学,还是陆王心学,"存天理,灭人欲"都是他们伦理观上的共同诉求,由此造成中国人的伦理精神世界即世而又离世的某种彼岸性。这是中国思想文化内在超越性的重要表现之一,它对中国文化具有一种强有力的形塑作用,外来的佛教在中国也慢慢地演化为注重现实人间与人世的佛教,作为中国化佛教完成形态的禅宗,即完全以自心自性成佛为归,强调人即是佛,心即是佛,其内在超越的特征亦极为显著。相形之下,道家与佛教的内在超越,虽不必肯定一个外在超越的东西为依据,但其主张都离开人的日常伦理,有出世的要求。唯儒家思想,以天道或天理为超越的本体,又以此本体属当于心,从而将对超越问题的解答转化为对本心与日用伦常的意义的体悟,即内在即超越,不脱离现实人生实现超越。孟子言:"尽其心者,知其性也;知其性,则知天矣。存其心,养其性,所以事天也。"[1]宋明儒家进一步从本体论上论证了对天理或本心良知的体认即是对宇宙万有的体认;反过来,要想达到超越的天道,只有通过日常的道德修养以对人自身的本性有所自觉体悟。这也就是"天人合一"。天人合一意味着人对超越世界的把握,意味着有限的人超出有限,达到无限,从而获得完全意义上的人生。中国的思想文化并不把有限的人世与超越的无限分开,并不认为它们之间存在着不可逾越的鸿沟;中国的传统思想文化也不把人看作是有缺陷、有罪的,相反,而是认为人的本性是完满的,人的本心与潜在的质地本身是圣性的,只要把内在的圣性呈现出来,人就是完美的;同样的,中国的思想文化并不认为达到超越的无限是遥遥无期的,要寄之于死后的天国,而是认为在现实与现世人生中即可以获得人的幸福与意义,获得德福一致,实现真、善、美统一的佳境。

中国思想文化的特质极大地抑制了中国的文化传统向有组织的宗

---

[1]《孟子·尽心上》。

教转化,这一方面与中国思想文化浓厚的人文精神有关,另一方面也在结构上与中国思想文化的内在超越的特质密不可分。相比较而言,中国思想文化的内在超越性更见中国人别具一格的信仰体系与信仰特点,也更显中国思想文化的特质之与其他文明体系的不同。

三、儒家传统与中国思想文化的走向

中华文明源远流长,它是世界历史上至今仅存的唯一由远古以来一直延续到现代的文明。在漫长的历史岁月中,古代的思想家以及民众为塑造中华文明的思想文化做出了杰出的贡献。儒家思想是中国思想文化的主体部分,是中华文明的主干。儒家历代思想家对此的贡献可谓其功伟矣!中华思想文化史的传承在很大程度上有赖于历代儒家思想家的贡献。儒家因其自身突出的入世精神,历代思想家都在不同程度上参与了当时的社会和政治实践,从而不仅在思想史上卓有建树,同时在政治、教育、文化上都有突出的贡献。与其他学术、文化派别相比而言,儒家更能深入到一般士人和民众的社会与精神生活中。儒学史上的每一次重大革新与转折期出现的新的思想观念,都比其他各家思想更快地传播于社会大众,对国家的经济和文化产生重大影响,而这都离不开儒家思想家的创作与弘扬。

儒家和中国的思想文化结合得如此紧密,以至于儒家思想文化的特征几乎都可以看作是中国思想文化的主要特色所在,有时很难分得清哪些是专属于儒家的。甚至可以说,凡属于儒家的思想文化特色都可以看作是普遍意义上的中国思想文化的特征。事实上也很少有人尝试来做这种区分。反过来,中国思想文化史上每一个有重大意义的创获、革新,也都对儒家思想产生重要影响,儒家思想家积极地正视其他各种思想文化的特色,并适时作出反应。最突出的例子就是儒家对外来佛教以及本土道家道教的吸收与融合。

尽管如此,我们追溯儒家历代思想家走过的道路,仍然可以看出作为精英的儒家思想家的思想是如何慢慢地在中国思想文化史上坚实地

打上了他们特有的烙印。

儒家最基本的特征是其内蕴的人文精神，儒家的其他特征都由此而得引申。儒家以人为本，以人伦关系作为考察和处理社会关系的基本准则。这两点，可说是儒家的两个最重要的维度。儒家将这两者合为一体，统之为成圣的追求。成圣内在地包含着实现个人圣性的道德追求即"成己"和在人伦社会中"成人"的追求，这两点也决定了中国文化与思想的基本品格。

儒家重人，力图揭示人的本质，其重人文的旨向则使它所重的乃是人的德性价值。重人的特征使儒家注重人在人伦社会关系中的角色和作用，但儒家重人并不是单纯着眼于人文上的价值，同时也注重人的超越性的哲理探求，后者更成为后来宋明儒家思想家追求的中心任务。儒家探求人的本质，意欲为人在宇宙与价值世界寻求一个超越的东西为根据，实现人生的价值追求。由于儒家在这方面缺乏足够的资粮，因而儒家以开放的精神吸收了其他家如佛教与道教的思想来充实自身。

在先秦儒家，孔子提出了"仁"的学说以作为他对人之本质的理解。在孔子看来，"仁"既是人的本质，也是处理人与人之间关系的基本原则。孔子没有赋予"仁"以一种超越的意含，在孔子那里，"仁"是一种生活，一种实感的生活体验和实实在在的道德体验。但在孔子平实的"仁"的生活态度中，又实含着抽象和超越的意义。在先秦其他儒家中，也有着对人性的这种超越追求。后代流行的《中庸》、《大学》和《易传》都载有这方面的记录。至孟子提出性善之说，将此探讨引向了深入。到了宋明儒家，在深入吸收了佛道的心性论、本体论等文化资粮之后，儒家终于确立起了自身的心性本体论，从而将对人的探讨奠立在一个抽象的本体论基础之上，将自孔子以来对人的本质所做的探讨做了一个总结。先秦儒家侧重于从道德意义以及伦理意义的角度来理解"仁"，到了宋明儒家，"仁"之所以能为人的本质，实由于"仁"是人之超越性的依据。程朱派从天理入手，揭示出整个世界在"理"的意义上的统一，理是世界之为世界的依据，理在人身上体现为"性"，其内容即仁义礼智信。陆王则直指人心,指出了人之"本心"与"良知"即是程朱意义上的理,心即理,心本身即为世界之本体。可以发现,到了宋明,至少在形式上,儒家为自己富含人文与道德意义的仁及仁性之追求提供了一个带有客观而普遍的超越性的依托,藉此而引申出儒家有关人及人伦之仁德的结论,使儒家关于"仁"的世界观含有了一种客观论证与超越的依据,并成为儒家思想的动力与精神归宿。如果说,儒家作为价值观能随着中华文明而不断地迁变流播,那么这在很大程度上也是因为儒家从来没有停止过对人及人生意义的追求。不过,这种追求并没有导致像西方一样在人之外的世界去寻找一个超越的存在如上帝,儒家始终没有离开人,并最终在人身上得出了包括人在内的整个意义世界所赖以存在的依托。这是儒家思想作为世界观的魅力所在,也是儒家可能贡献给人类的最独特的价值。它使儒家最终成为中华文明最杰出的代表,至今仍然焕发出活力。

在中国学术发展最激烈动荡的先秦诸子时期,中国文化在夏、商、周三代隆盛之后面临着新的历史发展走向的问题。儒、墨、道、法等各家各为中国文化的走向作了设计,在先秦诸子时期都产生了巨大的影响。其中的法家思想一度在秦代成为指导思想,但在进入汉代以后,儒家学说却因其独能适合中国社会的实情并能体现中国社会的追求之显著特点而最终成为统治思想。这方面的原因很多,重视人伦社会关系显然是其主要的原因之一。

在儒家思想的产生与创立时期,孔子以整理古籍的一个文化学者的面目出现,他自称其学说是对古圣贤的"述而不作"。从他一生学行来看,他也的确不是立意于创立一个"新"的学派或思想体系。他的"述而不作"表明他只是基于原有文化而对此作出抉择,在这种抉择中他推崇了一种文化路向,这种路向在孔子之前,也许是不明显的,潜在的,但经过孔子的指点而从中国思想文化中浮现了出来。儒家在后代的思想统治地位,其内在的原因是儒家具象化了中国社会原本即存在的现实,可谓是中国社会的原生形态。

孔子从宗法制下的基本生存出发,点化出宗法制下思想文化的精髓在于以仁为体,以礼为用的思想及机制。他制作礼乐,以礼乐作为体现仁德的外在秩序准则。仁之体体现了儒家对人价值意义的追求,而礼乐之用则体现了对人伦社会关系合乎仁德的追求,两方面相互倚重,相辅相成。

儒家思想对礼乐的尊重与重视,从孔子始,继之孟子,终整个封建社会而不绝如缕。儒家将礼乐看作是处理人伦关系最重要和最基本的原则,认为一切人伦关系应该奠立在合乎礼的基础上。儒家将礼的原则具体化为君臣、父子、夫妇、兄弟、朋友五伦。对人伦关系的强调,在中国社会造成了深广的影响。

儒家思想以在人与人伦两方面的追求为基本特色,它构成了儒家与中国思想文化相互交融与相互渗透的主要方面。儒家重人、重人伦的基本特色影响了中国思想文化,使中国思想文化不重超越人世的世界,对死后的世界和生死问题基本持存疑的态度。儒家重人与人的本质、意义及价值同样影响了其他各家文化的特色。例如外来的佛教在长期与中国传统思想文化磨合的过程中,逐渐转向了注重人之心性的探讨,注重现世成佛;受儒家注重人伦关系的影响,佛教戒律也朝着尊重世间伦常的方向发展,以至于到后来,在佛教中也出现了孝僧。中国佛教的发展,越到后来,越倡导人间佛教,这不能不说主要是受到了中国传统儒家的影响。道教也是如此,南北朝以后,道教受儒家与佛教思想的影响,注重道性论的研究,道性论相当于儒家的心性论和佛教的佛性论。同时,道教在儒家的影响下,也十分注意道教与世俗社会的关系,注重世间伦常。至于官方的思想意识形态与民间的道德观念和习俗等受到儒家影响之深,更是显而易见的。

儒家思想文化与中国文化传统有如此紧密的关系,以至于在一定意义上,儒家已经与整个中国思想文化融为了一体,当我们考察中国思想文化与其他文化特别是外来文化的关系以及思想文化同现代化的关系时,我们均无法绕过儒家,甚至主要需要考察儒家与它们的关系。儒家的历代思想家都把自己的思考当作是我们这个民族的思考,他们都有着强烈的使命感,他们将自己所思所为的努力归于"道统"的名义之下,强调他们所做的工作是弘扬古代圣贤(在汉之后主要是孔子)的所谓"先王之道"。这种归根与弘道志愿的深广,与他们坚信儒家之道最能体现中国思想文化的精蕴有关。事实上,也只有儒家思想家,才能对悠久的中国传统文化有着坚定而深厚的认同感。其他家文化和外来文化认同的均是它们自身所认定的目标,这一点他们远不能与儒家思想家相提并论。儒者把自己努力的方向放在自己民族的传统文化上,以民族的文化代表自居,同时,他们对这个目标的理解又是超越于民族之上,是独特而深刻的,他们认为自己所做的工作是在探讨普遍的人之本质和人如何更好地生活在人与人相处的人伦社会中,这也就是他们所谓的"安身立命"问题。与其他家文化相比,儒家思想家的追求具有具体性与现实性,他们所做的探讨较少地具有外在的超越性与抽象性,很少纯粹形而上的思考。这既是儒家的缺点,同时却也是它的优点。不管怎样,我们都应该承认,儒家思想家创造的儒家思想与文化传统为人类认识自身和超越自身提供了新的价值体系,它迄今为止仍然构成人类多元文明的一部分,并将对未来人类寻找自己的家园提供一种可能性。

佛教篇

佛教发源于印度，却在中国得到了最充分的发展。中国的佛教思想家不仅以自己的宗教修持，身体力行体证佛法，而且以其卓越的理论思辨为中国思想文化增添了新的内容。不仅如此，佛教中国化的理论成果影响并且传播到周边的韩国、日本、越南等国，实际上形成了以中国佛教为核心的东亚佛教文化圈。这不能不说是中国佛教思想家对于世界文化的特殊贡献。

两汉之际传入中国的佛教，经过近千年的发展，殆至隋唐佛教宗派的出现与成熟，佛教终于由外来文化转化成为中国文化的重要组成部分，这不能不说是中外文化交流史上的奇迹。在这一漫长的历史进程之中，东晋时期可以说是一个重要分界。在此之前，由于异域文化固有的陌生感以及佛教特有的思辨性、抽象性，活跃于中土的佛教思想家基本上是西域、天竺的僧人。东晋时期，道安、慧远的出现，特别是鸠摩罗什的高足僧肇、道生等人以其相当成熟的佛教思想，成为中土佛教思想本色化、本土化的杰出代表。更为重要的是，南北朝时期以研习某些经典为内容的佛教学派的出现，为隋唐佛教宗派的形成准备了条件。而以《大般涅槃经》、《大乘起信论》等为代表的如来藏系经典在中土的流行，更是预示了中国佛教所不同于印度佛教的发展路向。

隋唐佛教宗派的形成，一方面是中国佛教近千年发展逐渐累积的结果，另一方面，也与这一时期不断出现的佛教思想大师的杰出创造有很大的关系。三论宗的创立者吉藏，天台宗的创立者智𫖮，华严宗的实际创立者法藏、守成者澄观，留学印度、归国后不懈地翻译、传播法相唯识学典籍的玄奘以及慈恩宗的实际创立者窥基，北宗禅的大师神秀及其南宗禅的大师惠能，净土宗大师昙鸾、善导，如此等等，正是由于这些佛教思想家的出色努力和不朽贡献，才使唐代的佛学，不仅占据了当时中国思想界的主流，而且对日后中国思想文化的发展产生了极其深远的影响。

作为中国文化重要组成部分的佛教思想，贡献于中国思想的还有理论思维的具体成果以及崭新的哲学方法。从中国佛教思想的形成角度言之，贯穿于佛教中国化过程之中的，不仅是中国固有思想文化对佛教的影响，更为重要的是，成熟之后的中国佛教思想对于鼎足而三的另外二教——儒教和道教，构成强大的挑战，同时也成为儒、道二教建构自己理论体系的有益的思想资源。在某种程度上，如果没有佛教的刺激，道教以及宋明理学也不会是我们今日所看到的模式。

本编将围绕佛教的中国化历程、佛教对于中国哲学思想的贡献以及佛教对于儒学、道教思想的影响三方面彰显中国佛教思想家对于中国思想文化的历史性贡献。

第一章 中国佛教思想家与佛教的中国化

在世界文化交流史上,佛教在中国的传播与发展是非常值得给予特别关注的事件。作为一种外来的宗教文化,佛教在中国,既不是完全保持原样的复制,也并非脱离原本文化而做的独立发展,而是一种既保持了佛教的故乡——印度佛教的基本精神,又吸收中国本土固有的思想文化而切合中国文化实际、能够被中国本土人士乐于接受的"中国化"的佛教。在佛教中国化的历史进程之中,许许多多中国佛教思想家都奉献出了自己的智慧。本章我们选取若干名影响最大的佛教思想家以见其一斑。

第一节 佛教的传入与中国化的开始

关于佛教传入中土的准确时间,已经难于确定。现一般以汉哀帝元寿元年(公元前2年)博士弟子景庐受大月氏王使伊存口授《浮屠经》为正式标志。外来宗教的传播并不是一蹴而就的,佛教传入中国也经过了一个相当长的历史过程。上述事件,一则因为见之于流传甚广的正史《三国志》的注解之中,二则它反映了佛教已经引起了上层士人的注意,所以佛教史家特别强调其特殊意义。不过,尽管佛教传入中土甚早,但直至东晋时期，中土人士并未完全领悟佛教的精深教义。起先，中土人士将"佛"理解为本土的三皇五帝圣人，并且以道家、儒家和玄学思想来附会佛教思想，这就是"格义佛教"和"六家七宗"的出现。东晋时期可以说是中国佛教发展的转折点。起初，有道安在襄阳、长安对佛教义理的悉心研寻以及对戒律的清整，道安高徒庐山慧远则无论从僧团的管理以及佛教义理方面都无愧于佛教领袖的称号。后来，随着鸠摩罗什到达长安译出大批佛教经典，纯正的印度佛教中观思想终于在中土僧人心中扎根。罗什的弟子僧肇、竺道生分别以对般若中观思想、涅槃佛性思想的出色理解和弘扬，开拓出中国佛教发展的新纪元。此后的南北朝时期，中国佛教便进入了学派并弘的阶段。在这一阶段，围绕着《大般涅槃经》《成实论》《三论》以及《摄大乘论》《十地经论》等经典而形成了专门研习这些经论的涅槃师、成实师、三论师、地论师、摄论师等。这一时期被史家称为佛教学派并弘时期。这里拟依据上述线索分别对道安、慧远、僧肇、竺道生等人的佛教思想及其对中国佛教的贡献作些论述。

一、道安的佛学思想及其对中国佛教的贡献

道安，俗姓卫，西晋永嘉六年（公元312年）生于常山（郡治在今河北正定南）扶柳。年十二出家为僧，后至邺，师事西域僧人佛图澄。后来，北方战乱，道安带领其师兄弟以及徒众南下东晋治下的襄阳，其时为兴宁三年（365年）。道安住锡襄阳近十五年，宣讲、研究《般若经》，整理众经目录，制订僧团应该遵守的戒律轨范，对佛教做出了很大的贡献。东晋孝武帝太元四年（379年），前秦苻丕攻陷襄阳，道安被胁迫至前秦首都长安。道安在长安除继续宣讲、研究《般若经》之外，还组织西域、天竺来的僧人翻译佛教经律。长安，如同道安住锡时的襄阳一样，成为当时中土的佛教中心。道安卒于前秦建元二十一年（385年），年七十四岁。他是东晋时期著名的佛教僧团领袖，对中国汉地僧团的形成以及佛教理论体系的形成有着深远的影响。其中，如下三点至关重要：其一，僧尼轨范的制订；其二，"五失本"、"三不易"翻译原则的提出；三，"本无宗"思想的

形成。以下择要言之。

佛教在中国社会逐渐流行后,就出现了一些以某个译经僧(如西晋竺法护)为核心,或以某寺(如洛阳白马寺)为传法基地的僧团。道安在河北恒山建寺传法时,就已经形成了以其为核心的僧团,南投襄阳时有弟子四百余人。僧团的形成与壮大,迫切需要完善戒律。道安在《比丘尼戒本序》中说:"云有五百戒,不知何以不至?此乃最急。四部不具,于大化有所阙。"①道安便依据当时已有的戒律文本,为僧团制订出戒规——"僧尼轨范"。据《高僧传·道安传》以及《法苑珠林》、《大宋僧史略》等书记载,其主要内容有:一是讲经说法的仪式和方法;二是日夜六时的行道、食住的规定;三是说戒忏悔仪式以及安居结束之后举行的各种仪式。道安制订的戒律轨范得到了其弟子的严格执行。

道安制定的可以为天下永久效法的轨范是有关沙门的姓氏问题。《高僧传》曰:"初,魏晋沙门依师为姓,故姓各不同。安以为大师之本,莫尊释迦,乃以释命氏。后获《增一阿含》,果称四河入海,无复河名。四姓为沙门,皆称释种。既悬与经符,遂为永式。"②自道安这样规范以后,后世中土僧尼逐渐采用了以"释"为姓,至今未曾改变。

道安在长安时期,除了统领僧团、讲说佛经之外,最重要的是组织翻译事业。在这个过程之中,他总结历来佛教经典翻译的经验,提出了"五失本,三不易"的说法,为后世的翻译事业指出了正确的方向。在《摩诃钵罗蜜经抄序》中,道安说:"译胡为秦,有五失本也。一者,胡语尽倒,而使从秦,一失本也。二者,胡经尚质,秦人好文;传可众心,非文不合,斯二失本也。三者,胡经委悉,至于叹咏,丁宁反覆,或三或四,不嫌其烦,而今裁斥,三失本也。四者,胡有义说,正似乱辞,寻说向语,文无以异,或千五百,刈而不存,四失本也。五者,事已全成,将更傍及,反腾前辞,已乃后说,而悉除此,五失本也。然《般若经》三达之心,覆面所演,圣必因时,时俗有易,而

---

① 释僧祐:《出三藏记集》卷九《渐备经十住梵名并书叙》,苏晋仁、萧炼子点校,中华书局1995年版,第333页。
② 释慧皎:《高僧传》卷五《道安传》,汤用彤校注,中华书局1992年版,第181页。

删雅古以适今时,一不易也。愚智天隔,圣人叵阶,乃欲以千岁之上微言,传使合百王之下末俗,二不易也。阿难出经,去佛未久,尊者大迦叶令五百六通迭察迭书。今离千年,而以近意量裁。彼阿罗汉乃兢兢若此,此生死人而平平若此,岂将不知法者勇乎?斯三不易也。涉兹五失经、三不易,译胡为秦,讵可不慎乎?①"五失本"是指佛经翻译之中五种失去或改变原来经论表达方式的情况,"三不易"则是指在翻译《般若经》中三种很不容易处理的情形。道安的这一总结,是从其多年对于中土佛经翻译的历史状况的细致考察中得来的,所以有很强的针对性。他对当时能够找到的佛教经论译本作了仔细检阅,编定出了中土第一部佛教经录。

　　道安终其一生,始终不倦于对《般若经》的宣讲与研习。在襄阳的十五年中,他每年讲两遍《放光般若经》,并且对于当时流传的数种《般若经》进行对比研究。到达长安之后,道安仍然留心于《放光般若经》与《光赞般若经》。道安认为,研究般若类经典不能单纯采取"考文"、"察句"的方法,而要透过繁复的文句体会其精神实质。正因为道安下了如此深的功夫,并有正确的方法论的指导,他创立的"本无宗"在当时是最具权威的对于般若学的诠释。道安的"本无义",据吉藏说,是认为:"无在万化之前,空为众形之始"②,但强调"一切诸法本性空寂",反对"虚豁之中能生万有"的说法。道安的这一看法,在当时评价甚高,但在罗什传来纯正的中观学之后,被认为仍然不够准确。不过,在般若类典籍未曾准确译出的情形下,道安能够达到这一理论深度,也是难能可贵的。此正如僧叡所说:"性空之宗,以今验之,最得其实。然炉冶之功,微恨不尽,当是无法可寻,非寻之不得也。"③

　　作为一代佛教领袖,道安培养了一批非常出色的僧才,在南北朝佛教中作用甚大。其中,最为突出的莫过于庐山慧远。

---

① 释僧祐:《出三藏记集》卷八,苏晋仁、萧炼子点校,中华书局1995年版,第290页。
② 释吉藏:《中观论疏》卷二末,《大正藏》第42卷,第29页上。
③ 《〈毗摩罗诘提经〉义疏序》,《出三藏记集》卷八,苏晋仁、萧炼子点校,中华书局1995年版,第311页。

二、慧远的佛学思想及其对中国佛教的贡献

慧远,俗姓贾,雁门楼烦(今山西宁武附近)人。据《出三藏记集》及《高僧传》所载,慧远卒于东晋义熙十二年(416年)八月六日,年八十三岁。据这一记载,慧远当生于东晋成帝咸和九年(334年)①。东晋永和十年(354年),慧远与其弟慧持至太行恒山拜道安为师。东晋兴宁三年(365年),慧远随道安至襄阳。太元三年(378年),前秦攻打襄阳,道安分张徒众,慧远受命东下,先至荆州住上明寺,后于太元六年路经浔阳(今江西九江)登上庐山。慧远到达庐山之前,道安弟子慧永已经在庐山修建了西林寺,慧永邀请慧远在庐山同住。慧远后来在西林寺之旁修建龙泉精舍居住修道。太元十一年,江州刺史桓伊为慧远另外建立了一座寺院,因其在西林寺之东,故称东林寺。慧远从此就在庐山传教、修道、著述,在庐山形成了一个以慧远为领袖的佛教僧团。

慧远的佛教思想是丰富多姿的。他早期追随道安学习般若学,可能接受了道安的"本无义"。定居庐山之后,他先是随僧伽提婆研习毗昙学,后来又受罗什思想的影响,同时也接受佛陀跋陀罗的禅法,并且信仰弥陀净土。慧远的佛教思想体系是逐渐形成的。他曾经与戴逵讨论因果报应论,与何无忌辩沙门袒服问题,与桓玄争论沙门不敬王者,罗什来华译介中观典籍之后,他又专门致书与罗什探讨法身、法性等问题。可以说,慧远对中国佛教的影响是多方面的,这里限于篇幅,只能就其大者——弥陀信仰、法性论及其对佛法与名教的调和,略作些论述。

阐发弥陀净土的佛教经典,慧远时期已经译出的有《无量清净平等觉经》、《无量寿经》和《佛说阿弥陀经》。据《高僧传》卷六《慧远传》载:"远乃于精舍无量寿像前,建斋立誓,共期西方。乃令刘遗民著其文曰:惟岁在摄提秋七月戊辰朔二十八日乙未,法师释慧远贞感幽奥,宿怀特

---

① 另外,《广弘明集》卷二十三载有谢灵运撰《庐山慧远法师诔》说:"春秋八十有四,义熙十三年秋八月六日薨。"

发,乃延命同志息心贞信之士百有二十三人,集于庐山之阴般若台精舍阿弥陀像前,率以香华敬荐而誓焉。"这就是佛教史上著名的"十八高贤"建立白莲社之事。不管后来所传的十八人名单是否确实,慧远与当时的同道共修往生西方则是确定无疑的。这一事件对于后来形成净土宗有着很大的影响。

"法性",即诸法的真实不变的体性,在印度般若学中则指性空或中道。然而,魏晋时期流行的"法性"说,与此有所不同。据《高僧传·释慧远传》载:"先是中土未有泥洹常住之说,但言寿命长远而已。远乃叹曰:'佛是至极,至极则无变,无变之理,岂有穷耶?'因著《法性论》曰:'至极以不变为性,得性以体极为宗。'"①这里的"极"和"至极"均指"涅槃"。慧远以为涅槃应以不寂不变、不空不有为其真性,只要体悟获得此真性即可成佛。不过,慧远所言之"法性"实际上是一实体概念,与般若中观学之性空大相径庭。慧远从"不变之性"的法性论出发,宣扬精神实体之长存不变。此一不变之"性"既是报应的承担者,又是成佛的根据,所谓"无形而神存,法身常住之谓也。"②此中"神不灭"倾向昭然若揭。

慧远早年在《沙门不敬王者论·形尽神不灭五》中对于"神"的涵义有较为详细的界定:"夫神者,何耶?精极而为灵者也。……神也者,圆应无生,妙尽无名,感物而动,假数而行。感物而非物,故物化而不灭;假数而非数,故数尽而不穷。有情则可以物感,有识则可以数求。数有精粗,故其性各异。智有明暗,故其照不同。推此而论,则知化以情感,神以化传;情为化之母,神为情之根;情有会物之道,神有冥移之功。但悟彻者反本,惑理者逐物耳。"③慧远此中所言的"神"就具有不生不灭的精神实体的意义,与中国传统思想的灵魂有相近之处。慧远又以薪火来比喻形神:"夫情数相感,其化无端,因缘密构,潜相传写……火之传于薪,犹神之传于形。火之传异薪,犹神之传异形。前薪非后薪,则知指穷之

---

① 释慧皎:《高僧传》卷六,汤用彤点校,中华书局1992年版,第218页。
② 释僧祐:《答何衡阳难释白黑论》,《弘明集》卷三,《大正藏》第52卷,第21页上。
③ 释慧远:《沙门不敬王者论》,《弘明集》卷五,《大正藏》第52卷,第31页下。

术妙。前形非后形,则悟情数之感深。"①慧远以为,精神就如同火,人的形体如同薪,火可以在薪与薪之间传递。所谓"情数相感"、"潜相传写"是慧远对于轮回的理解。显然,慧远在此相信轮回是有主体的,并且将此主体设定为神或曰灵魂。

慧远从"法性论"出发,论证了形尽神不灭,又根据"神不灭"的理论,提出了他独具一格的"三报论",认为"业有三报,一曰现报,二曰生报,三曰后报"②,这种糅合中外思想的神不灭和三报论"完善"了佛教的轮回报应说,在中国社会发生着持久而深远的影响。

慧远还充分利用自己佛教徒的特殊身份和广博知识努力调和佛法与名教的关系,护法传教,推动了佛教的广泛传播。他曾专门作有《沙门袒服论》和《沙门不敬王者论》,为沙门袒服和沙门不敬王者进行辩解,强调佛法和名教在形式上虽然有所不同,但在协和王化等根本问题上却是完全一致的。慧远对佛法与名教的调和,为佛教在中土的生存与传播提供了理论依据,促进了中国佛教的进一步发展。慧远以后,历代主张儒佛调和的观点,基本上都没有超出慧远的理论。

三、僧肇的佛学思想及其对佛教中国化的贡献

在中国佛教发展史上,后秦弘始三年(401年)十二月二十日鸠摩罗什到达长安是一个重大事件。"什住长安逍遥园西明阁,宣讲佛法,翻译佛经。时姚兴令沙门僧契、僧迁、法钦、道流、道恒、道标、僧睿、僧肇等八百余人,咨受什旨。姚兴并亲执旧经,罗什手执胡本,以相雠校,译出《大品》诸经,其盛况已可想而知。"③在罗什的著名弟子中,数僧肇、道生对佛教的贡献最大。

僧肇,俗姓张,京兆(今陕西西安市)人。生于东晋武帝太元九年

---

① 释慧远:《沙门不敬王者论》,《弘明集》卷五,《大正藏》第52卷,第31页下—32页上。
② 释慧远:《三报论》,同上,第34页中。
③ 许抗生:《僧肇评传》,南京大学出版社1998年版,第100页。

(384年),卒于东晋安帝义熙十年(414年),春秋三十一岁。僧肇少时出家,未及成年,已经成为关中地区卓有名声的佛学家。据《高僧传·僧肇传》说:"后罗什至姑臧,肇自远迎之。什嗟赏无极。及什适长安,肇亦随之。"对于《高僧传》的这一记载,汤用彤先生认为是可信的,而许抗生先生在韩国学者孙炳哲博士研究的基础上认为,"看来《僧传》所说'罗什至姑臧,肇自远迎之'的这一记载确是有问题的,是不可相信的。"①僧肇作为罗什的最重要弟子,参与了大多数罗什主持的译事,及至罗什圆寂,僧肇为其师撰写了《鸠摩罗什法师诔并序》,文见于《广弘明集》卷二十三。关于僧肇的著作,《僧肇评传》列有十三种②,其中《般若无知论》、《不真空论》、《物不迁论》、《涅槃无名论》后来被编为《肇论》一书。现在《肇论》通行本顺序为《物不迁论》、《不真空论》、《般若无知论》、《涅槃无名论》,书前有《宗本义》一文,近似全书的纲领,有人疑为后人的伪作。而关于《涅槃无名论》,历史上本来并没有人提出过真伪问题,但汤用彤先生在《汉魏两晋南北朝佛教史》一书中认为,《涅槃无名论》"笔力与《不真空论》等不相似,且颇有疑点,或非僧肇所作"③,并提出了五点理由。此后,石峻等人对汤先生的观点作了补充论证。而吕澂、许抗生等人则对疑伪说作了反驳,许抗生认为:"僧肇本作有《涅槃无名论》一文,但现存的《涅槃无名论》虽原为僧肇所作,然已经过了后人篡改和增补。因此现存的《涅槃无名论》既包含有僧肇的,亦包含有后人的佛学思想。"④我们也认为,从此论的思想内容与论证方式看,与僧肇的其他作品基本还是一致的⑤。

在中国佛教史中,僧肇等人的出现,可以看作一个重要标志,即由僧肇始,中土僧人达到了对印度中观思想比较完整而准确的理解。与此相应,僧肇最重要的理论贡献就在于,对当时般若学各派的理论得失进行

---

① 许抗生:《僧肇评传》,南京大学出版社1998年版,第4页。
② 同上,第16—17页。
③ 汤用彤:《汉魏两晋南北朝佛教史》,中华书局1983年版,第479页。
④ 许抗生:《僧肇评传》,南京大学出版社1998年版,第35页。
⑤ 参阅洪修平《肇论注译》,佛光出版社1996年版,第150—151页。

了清理,建立了既符合印度中观真义又具有中国特色的理论体系,在某种意义上完成了魏晋玄学未能完成的任务。僧肇所批评的本无、心无、即色三家的理论失误,其根本处在于变佛学问题为玄学问题,以玄学的思维来理解佛学的理论要旨。魏晋玄学是以解决名教与自然如何统一为宗旨而发展起来的抽象玄远之学。概括而言,魏晋玄学在纯思辨领域着力探讨的是本体和现象的问题,由此问题而展开其有无、本末、体用的辨析;就致思倾向而言,有宇宙论和本体论的双重性质。然而玄学之本体乃偏于实体之义。而印度佛教般若学是在反对小乘有部之"实体"观念的情形下发展起来的,所以其"诸法实相"指的是宇宙万有的真实相状,其于"色"言"空",并非为"色"之存在找一个实体依据。这一点,与玄学完全不同。而本无、心无、即色三宗未能深契此般若要旨,以玄学所言之有无比附、解析般若思想。如本无宗以"无"为本,心无宗不空万物而单言无心于万物,即色宗以"空"为色的本质、本体。所有这些都说明此时的般若学者"以玄释佛"的倾向。然而,这种情形乃当时佛学之现状及社会思潮之所使然,并非几位僧人之刻意追求可成之者。迨至罗什来华,传播弘扬纯正之大乘般若学,才使僧肇等辈得以比较准确地理解般若中观之胜义。于是方有《肇论》"以佛释玄"之伟业,接续玄学之理论课题,用佛学方式给予解答,变玄学问题为佛学论题,并且在某种程度上超越了玄学,"僧肇的佛教哲学思想,基本上是通过有无、动静、有知无知等玄学长期所讨论的问题来阐发的。他把佛教的较高思辨运用于对这些问题的解决,用'本末一如'的中道空观调和了玄学各家的分歧,把玄学长期的纷争统一到佛教一切皆空的思想基础上。"[①]"对玄学的根本问题有更深一层的发挥。"[②]由此结束了魏晋玄学的理论探索,开启了中国佛学之创新时代。僧肇的理论方法可称之为"以佛释玄",即用佛学的义理阐释玄学的命题。这一思路,实际开辟了中国僧人创造性地诠释印度佛

[①] 洪修平:《佛教的中国化与僧肇的哲学思想》,原载《复旦大学学报》1988年第4期,收录于个人佛学论文集《中国佛教与儒道思想》,宗教文化出版社2004年版,第52页。
[②] 汤用彤:《汤用彤学术论文集》,中华书局1983年版,第304页。

学的先河。"从哲学思想的发展来看,僧肇可以说是在佛教的基础上对玄佛合流作出了批判总结,他的哲学既把魏晋佛学与玄学的合流推向了顶峰,也标志着玄佛合流的终结,并在客观上结束了玄学的发展。在此以后,玄学虽然仍有余波,但已没有多大的发展,中国化的佛教哲学则开始了自成体系的相对独立的发展。"①

僧肇的四篇论文实际上构成了以本体论和解脱论为骨架的佛教思想体系。在《物不迁论》中,僧肇从"性空"的角度阐述了"动静未始异"的道理。僧肇说:"若古不至今,今亦不至古,事各性住于一世,有何物而可去来?"这是说,从"空"的角度,以"真谛"而言,万物是无有来去生灭的。这里,僧肇是以中国人的方式对于"八不"中道的诠释。"一切皆空的思想是大乘空宗佛教的根本思想。《不真空论》就是为了论证一切皆空的这一根本思想的。但一切皆空又并不是断灭空,一切都没有,都不存在。那么怎么样来理解'空'呢?僧肇主要是接受了罗什所传的大乘中观的佛学的思想,主张非有非无的中道空观,既坚持了一切皆空的思想,又反对了断灭空观,而提出了'不真空论'的佛学思想。"②僧肇认为万物本是众缘会聚而有,也因众缘的离散而无,其起其无,都如梦如幻,丝毫无真实性可言。因为从根本上说,万法并无自性,也就是万物并没有内在不变的规定性,是自性空。从另一方面言之,有和无都不能说明诸法的真实存在状况,因为有、无都是语言符号而已,而名言之成立乃由于人心之颠倒虚拟而致。如果固执于此名言之有、无而欲了解"真理",显然是不可能的。但是,如果以为离开这些名言符号就一定能体悟到诸法实相,那也是一种偏执。正确的仍然是非有非无、亦有亦无的中道观。

"《般若无知论》与《涅槃无名论》,是僧肇佛学解脱论的代表作。前者讲般若真知,后者讲涅槃境界,由般若之慧观而获得涅槃之正果。"③僧

---

① 洪修平:《也谈两晋时代的玄佛合流问题》,原载《中国哲学史研究》1987年第2期,收录于个人佛学论文集《中国佛教与儒道思想》,宗教文化出版社2004年版,第22页。
② 许抗生:《僧肇评传》,南京大学出版社1998年版,第200页。
③ 同上,第206页。

肇认为,涅槃既不可言"有",亦不可言"无"。正缘于此,僧肇就直接将真谛定义为涅槃,将俗谛定义为"有无法"。僧肇这样论说:"何则?有者有于无,无者无于有。有无所以称有,无有所以称无。然则有生于无,无生于有,离有无无,离无无有。有无相生,其犹高下相倾,有高必有下,有下必有高矣。然则有无虽殊,俱未免于有也。"①这里,僧肇确定的涅槃之体为"非有非无",既不能用"有无"加以说明,但也不能说在"有无"之外,"涅槃既不出有无,又不在有无。"②应该指出,非有非无之说,是"不生不灭"的另一种表达方式,这本是般若学派公认的见解。《中论》的观点停留在真谛的不可认识、不可言说上,僧肇则从认识论推衍到了佛学本体论,倾向于认为有一个"非心所知"的"妙有"③存在。而这个"妙有"也就是超越于俗谛之有无而达到非有非无的真谛,其主要以"法身"的形式存在。

  僧肇的一生虽然短促,但他对佛学理论和佛教中国化的贡献却是十分巨大的。"在僧肇以前,人们对佛教思辨理论的了解,或者是用中国传统的老庄玄学等思想去加以比附,或者是只抓住佛教的某一点思想加以发挥而未能建立完整的思想体系。僧肇则在前人的基础上,借助于罗什译出的大小品《般若经》和'三论',既较为全面而准确地把握了印度佛学的要旨,又通过中国传统思想的概念、命题和结构形式来加以表达,创立了中国佛教史上第一个比较完整的中国化的佛教哲学思想体系,从而把佛教的中国化推向了一个新的阶段,为佛教结束对传统思想的依附而走上相对独立发展的道路作出了重要的理论贡献。……他上承魏晋以来玄佛合流的遗风,下开佛教哲学理论在中土相对独立发展的先河,在佛教中国化的进程中树起了一座里程碑"④。

---

① 石峻等编:《涅槃无名论》,《中国佛教思想资料选编》第一卷,中华书局1981年版,第161页。
② 同上,第162页。
③ 《涅槃无名论》有"妙有"章。
④ 洪修平:《中国佛教文化历程》(增订版),江苏教育出版社2005年版,第84—85页。

四、竺道生的佛学思想及其对佛教中国化的影响

罗什囿于自己学派之见,不曾涉及佛性问题。而由竺法护等翻译的佛经,对佛性义又言之未详,遂起疑云,成为中国佛学界的难题。迨至法显译出《大般泥洹经》讲:"泥洹不灭,佛有真我,一切众生,皆有佛性"①,方有竺道生之横空出世,涅槃佛性之说便代替了般若学而成为南北朝佛学的主流。

竺道生,俗姓魏,原籍巨鹿(今河北平乡县),永嘉南渡时,其家族寓居彭城(今江苏徐州)。道生幼年出家,师事竺法汰。十五岁时就登坛讲经,甚获好评。二十余岁,离开建康至庐山,与慧远一起随僧伽提婆学习毗昙学。罗什到达长安后,道生又北上拜罗什为师,成为罗什最著名的弟子之一。东晋义熙五年(409年),道生回到建康。义熙十三年,法显与佛陀跋陀罗合作将《大般泥洹经》六卷译出。《高僧传》载:"六卷《泥洹》先至京师,生剖析经理,洞入幽微,乃说阿阐提人皆得成佛。于时大本未传,孤明先发,独见忤众。于是旧学以为邪说,讥愤滋甚,遂显大众,摈而遣之。生于大众中正容誓曰:'若我所说反于经义者,请于现身即表厉疾;若与实相不相违背者,愿舍寿之时据师子座。'言竟拂衣而游。"②道生离开建康,来到苏州虎丘山,留下了"生公说法,顽石点头"的佳话。道生"俄而投迹庐山","后《涅槃》大本至于南京,果称阐提悉有佛性,与前所说合若符契。生既获斯经,寻即讲说。以宋元嘉十一年(公元434年)冬十一月庚子,于庐山精舍升于法座。"③

法显六卷本《佛说大般泥洹经》的译出,实乃中国佛学的重大转折点之一。竺道生在无经文直接证会的情形下,孤明先发,首唱阐提成佛之说,此乃中国佛学师心独造之始也,意义不可低估。道生之学问,归结有

---

① 释慧叡:《喻疑论》,《出三藏记集》,苏晋仁、萧炼子点校,中华书局1995年版,第235页。
② 释慧皎:《高僧传》卷七,汤用彤校注,中华书局1992年版,第256页。
③ 同上。

二:其一为一切众生,包括"一阐提",皆有佛性;其二为顿悟成佛。推究道生立论之深层根由,最根本处是"理体"之标举。此"理"在佛为"法身",在法界为"法性",在众生为"佛性"。道生身为罗什高足,深会般若中观之旨而又醉心于涅槃佛性之学,遂将般若性空之"理"与涅槃佛性之"有"合二为一成"佛性我"之"妙有",以"理"为本体的佛教本体论得以建立。由于"理"为一整体,因此,体悟"不二之理"非得顿悟方可成就。

对"理"的强调,并且明确主张当理为佛,理为佛因,理即佛,这是道生的独特之处。道生在《文字品》等著述中屡屡言及:"当理者是佛,乖则凡夫。"①在《妙法莲华经注疏·序品》中,道生这样给如来下定义:"如来者,万法虽殊,一如是同。圣体之来,来化群生,故说如来。"万法万物各各不同,一如之实,也就是真如,却是相同的。所谓如来也就是体证此"一如"而来化导众生的圣者。换言之,所谓众生乃是禀有真如之理的生命体。这里所说的"理"既是一种非有非无、即有即无的中道理体,又是佛教的客观真理。在道生的思想中,众生与佛本来是不一不异的,区别仅在于当不当理,当理者为佛,不当理者为凡夫。佛以悟"理"而成,"理"是解悟而得,"解"又成为因中之因。这也可以从另一角度解释道生为何特别重视顿悟之义。

在法佛性、理佛性的基础上,竺道生又将法、理、实相、佛、佛性等提法融通起来,统一在实相之理上,从而从佛体、法体的角度建立了理体的本体地位,这是道生对中国佛学的重大贡献。理体的诠释与确立,既统合了以玄学为代表的中国传统思想的实体化及本体论的思维探究,又用般若性空之理扫荡了慧远为代表的以法性为实体及以传统灵魂理解法性的"真神"论之神本化偏向。竺道生的这一努力,融合了般若性空与涅槃妙有两大佛学体系,同时又将立足点移位于"妙有"而立"佛性我"诸义。这反映了道生将真如理体落实于众生主体之中的用心。尽管他仍然未能以"心"来统合理体,而选用了更容易引起误解的"我"的概念,但

---

① 宝亮等集:《大般涅槃经集解》,《大正藏》第37卷,第464页上。

这一理路开启了中国佛教心性论建构心性本体的基本向度,具有很重要的意义。道生说:"无我本无生死中我,非不有佛性我也。"①在他看来,"无我"说破除的是生死中的"我",而不是"佛性我"。所谓"佛性我"即是法身、法性、实相,也就是性空之理。但是,并不能在"我"之外另外有一个"真我"存在,也不可于生死之外,别有涅槃可得,或于烦恼之外,别有菩提可证。生死即涅槃,烦恼即菩提,佛性之我实即我与无我的统一,这种统一体即为中道实相之理体。道生在《法华经疏》中总结说:"为说无我,即是表有真我也。"这是说,经典中之所以强调"无我",就是为了表明"真我"。这一立足点的位移在中国佛学中关系重大。

道生以"理"为佛性,以"理体"为佛界及众生界之本体,将这种理论贯彻于众生与佛的关系上,必然逻辑地推出一切众生皆有佛性,一阐提亦然的结论;将此理论贯注于修行论中,必然逻辑地推出"以不二之悟符不二之理"的顿悟成佛义。

在道生之前,已有不详作者之文盛言理不可分之说②,同时,支道林、道安诸僧也有顿悟义,史称"小顿悟"。道生论顿悟之文已佚失,然《大涅槃经集解》卷一引道生之言,可略见其旨:"夫真理自然,悟亦冥符。真则无差,悟岂容易?不易之体,为湛然常照,但从迷乖之,事未在我耳。"③又,慧达《肇论疏》述道生顿悟义说:"竺道生法师大顿悟云:夫称顿者,明理不可分,悟语极照。以不二之悟符不分之理。理智恚释,谓之顿悟。"④道生认为,法性是体,本真无差,涅槃佛性,湛然常照,以能悟之智符不二之理,是为顿悟。理既不可分,悟则全悟,不容有阶段性。不过,道生主顿悟而并不废弃渐修。他认为,通过读经、修行,可以坚定佛教信仰,抑制贪欲烦恼。就修行而言,这也是必要的。在此基础上,才有可能顿悟。这是道生的顿悟义与后来禅宗所倡顿悟的最大不同处。不过,道生大力

---

① 《注维摩诘经》卷三,《大正藏》第38卷,第354页中。
② 《首楞严三昧经注序》,《出三藏记集》卷九,校本第269页。
③ 宝亮等集:《大涅槃经集解》卷一,《大正藏》第37卷,第377页中。
④ 慧达:《肇论疏》,《卍续藏经》第150册第858页上,个别字词酌有改动。

倡导顿悟成佛说对中国佛教的发展产生了极大的影响。他的佛性论和顿悟说对于扩大佛教在民众中的影响，推进佛教在中土的发展，加深佛教向社会文化各领域的渗透，都起了重要的作用，他所倡导的新说，开创的新风，标志着相对独立的中国化的佛教进一步趋于成熟，预示着中国佛教文化鼎盛时期的到来。

第二节　佛教中国化的完成（上）

确切地说，佛教中国化的过程，从佛教初传中土之时就已经开始了。由于中国固有文化思想传统的成熟与强大，也由于佛教理论思辨性和宗教特性与中国文化的隔膜，佛教的传播一开始便走上了一条向中国本土文化妥协而隐匿自己某些个性的发展之路。这一特殊的传教策略，不但使得佛教未曾在其力量薄弱时与本土文化发生根本的冲突，反而引起了中土上层人士和政府的好感。从两汉直到魏晋时期，中土人士一直借助于中土固有的文化思想形式来理解佛学，特别是黄老之学和魏晋玄学，对于佛学在中土的普及起了很明显的促进作用。以罗什至长安译经及其弟子僧肇、道生等人佛学思想的成熟为标志，中土人士终于登堂入室，深刻理解了印度佛学的精义，并开始了师心独造的新阶段。南北朝时期佛教学派的形成与发展，使得佛教中国化走向了综合创新的成熟期。从隋代的天台宗、三论宗甚及三阶教的产生，到唐代南宗禅的形成，佛教的中国化最终完成。隋唐佛教势力的强大以及佛学家思想创造力的旺盛、理论成果的成熟与精深，使得佛教成为当时思想界的主流。隋唐以后，尽管仍然有一些人士顽固地将佛教看作外来文化，但那只是一种话语而已，这种言论已经不再有市场。宋代以后三教合一思潮的流行，更从一个侧面证明了隋唐佛教中国化所达到的深度与广度。本节我们将通过对隋唐时代数位佛学大师的佛学思想以及诸宗派创立的情形的叙述，来展现这一思想活动的盛景。

一、智𫖮的佛学思想与天台宗的形成

从历史的顺序而言，由智𫖮创立的天台宗是中国佛教的第一个宗派。"熔南北两地佛教思想、学术风格于一炉的天台宗的形成，意味着真正意义上的'中国佛教'的出现，这是中国佛教史上的大事。"①

智𫖮，俗姓陈，生于梁武帝大同四年(538年)，卒于隋文帝开皇十七年(597年)。智𫖮祖籍颍川(今河南许昌)，永嘉南渡时，举家南迁寓居荆州华容(今湖北监利西北)。年十五，智𫖮出家为僧。陈文帝天嘉元年(560年)，智𫖮入光州大苏山诣慧思禅师学习禅法。七年之后，慧思正式付法于智𫖮。这一年，智𫖮奉慧思之命来到金陵，开始了其一生的弘法活动。陈宣帝太建七年(575年)，智𫖮与慧辨等二十余人入天台山隐居实修止观。"智𫖮在天台山的九年实修，是他弘法生涯中的重要时期。在这一时期中，佛教天台宗的基本规模已经初步形成，同时还为该宗的发展和繁荣奠定了坚实的基础。"②陈后主至德三年(585年)，智𫖮离开天台山，再度来到金陵，开始了他全面弘传天台佛法的时期。祯明元年(587年)，智𫖮在金陵光宅寺详细讲述《法华经》，其弟子灌顶将其语记录下来，后来整理成书，即为天台三大部之一的《法华文句》。隋朝吞并江南后，智𫖮一路颠沛来到庐山。隋开皇十一年(591年)，智𫖮在"三辞不免"的情形下，勉强至扬州为晋王杨广授菩萨戒。开皇十三年，智𫖮在其家乡当阳县玉泉山建立寺院，后改名为玉泉寺。此后两年，智𫖮在玉泉寺完成《法华玄义》、《摩诃止观》的讲述。至此，天台三大部宣告完成，天台宗的佛教思想体系得以完善。天台宗以"性具善恶"的心性思想和"止观双修"的修行实践为特色。这一理论与实践体系由以下四个基本理论命题构成：一是"性具善恶"，二是"生佛互具"，三是"一念三千"，四是"贪欲即道"。这四个方面都是智𫖮奠定的，后来的湛然、知礼对某些方面作

---

① 潘桂明：《智𫖮评传》，南京大学出版社1996年版，第462页。
② 同上，第36—37页。

了不少增益和完善。

"性具善恶",是指众生之心体本具善、恶二性。这是对众生之心体与佛法理体之间所具关系的理论说明。因为"性具善恶"的理论创新和着重点在于"性具恶",因而台家有时亦将此命题称之为"性恶"。智顗是从两方面论证"性具善恶"的:其一,从方便教化的角度而言,"佛永无复恶,以自在故,广用诸恶法门化度众生,终日用之终日不染,不染故不起"①。此层含义可称之为"法门教化"义。其二,以正因、缘因、了因佛性之互具来论说佛与众生同具善恶二性。智顗曾这样来概括"性具善恶"的具体内容:"阐提断修善尽,但性善在;佛断修恶尽,但性恶在。"②智顗认为,佛与阐提在本性上是平等的,而此本性又是不可改变的,二者唯一的不同处在于"修学"方面。

"生佛互具"是天台宗从性具善恶的逻辑出发,对于众生与佛之关系所作的理论说明。台家贯于从"三法无差"、"十界互具"、"一念十界"三方面论证这一命题。"三法无差"是说心、佛和众生都具足诸法实相,且互摄互融,并无根本的区别。也就是说,己心、众生心、佛心平等互具。"十界互具"意为十种法界互相包含、互相渗透、互相转化,如地狱界蕴含和具备佛界等其他九界,而佛界也蕴含和具备地狱界等其他九界。十界同含一实相,理体本一无异。诸佛与众生虽属不同法界,形似相隔,但无妨它们在实相原理下的统一圆融。所谓"一念十界"指"一念心"具足十法界,上至佛界,下至地狱界,凡此十界均系一心所作,其理体平等、无有差别。所谓"生佛互具"是说众生与佛、心三者同格互具,三者各自具足其他二者。这里面蕴含着天台宗的生佛平等观念,所谓平等,也只是就性具即"约体"而说凡夫与佛于体性上的平等无二,但约修造言,凡夫与佛仍差别互隔。

第三个命题"一念三千",是指世间诸法与心体之间所蕴含的略近于

---

① 智顗:《观音玄义》卷上,《大正藏》第34卷,第882页下。
② 同上。

本体与现象的关系。所谓"一念三千"是说众生的每"一念心"都具足"三千如"、三千法界、三千世间,而三千世界是由十界、十如是和三种世间相乘而构成。天台哲学认为,世间、出世间诸法各有自性,互相依赖,相互渗透,形成一个不可分割的整体。这个整体,法性本来圆满,万法如其所是地遍存于众生的一念无明法性心之中。这一命题的成立有赖于"十界互具"、"一念十界"、"色心不二"三个理论命题和"一心三观"、"三谛圆融"的思维方法。实际上,当初智𫖮提出"十界互具"、"一念十界"两个命题的目的并非冲着心、法关系而来,而是为了说明生、佛之间的互具关系而设定的。应该特别强调,台家的"一念三千"之论,虽然有浓厚的哲学本体论的意味,但贯穿其中的却是修行解脱论的旨归。作为思维方法的"一心三观"、"圆融三谛",不但是台家认识世界的方法论,更是天台止观学说的重要组成部分。因此,作为哲学本体论命题的"一念三千"难免带有十分鲜明的宗教色彩。

第四个命题"贪欲即道",这是天台宗的解脱论原则,而止观双修则是天台宗的修行路径。对此,我们将在下面第二章第三节详论,此处不赘。

"智𫖮是中国化佛教的真正开创者。由于智𫖮有效地通过'方便通经'原理,将传统文化(如本体论哲学、人性善恶理论、道德修养方法等)融入佛教哲学,实际上起了肯定民族文化、增强民族自信的作用。"[①]"智𫖮对中国佛教的贡献之一,是他借《法华经》'会三归一'之说,在综合南北朝学派异说的基础上,建立起中国佛教的第一个宗派,使'中国化'的佛教获得了坚实的理论基础和实践原则。"[②]

二、道绰、善导与净土宗的形成

净土宗形成于隋唐时期,在宋代以后影响日益壮大,成为佛教中国

[①] 潘桂明:《智𫖮评传》,南京大学出版社1996年版,第465页。
[②] 同上,第462页。

化的重要成果。所谓净土宗是指宣扬信仰阿弥陀佛,称念其名号以求死后往生净土的佛教派别。中国的净土信仰形成于南北朝时期,而后来的净土宗人将其宗追系于庐山慧远,实际上,净土宗奠基于东魏的昙鸾,道绰光大其说,至唐代的善导,净土宗始正式创立。

道绰(562—645年),俗姓卫,并州文水(今山西文水县)人。隋大业五年(609年),道绰至玄中寺,因感念昙鸾,舍《涅槃》而修习净土,常常面向西而坐,每日念佛七万遍,并广劝信众称念阿弥陀佛名号。道绰著有《安乐集》二卷,引用经论,阐发净土教义,为净土宗名著。道绰以为,教法应由时与机决定。而在道绰看来,在当时五浊之世,称佛名号,愿生净土,是唯一的解脱法门。道绰在《安乐集》卷上中说,弥陀净土是报土,"从真垂报,名为报土。"而欲往生此报土,可以依真、俗二谛以实相念佛与称名念佛两种方法去修行。

善导(613—681年),俗姓朱,于唐贞观十五年(641年)赴玄中寺向道绰请教。道绰授以《观无量寿经》奥义。善导从道绰听讲,修学方等忏法,专事念佛,据说曾于念佛三昧中亲见净土之庄严。道绰圆寂后,善导来到京城长安,先后住锡悟真寺、香积寺、光明寺、实际寺弘扬净土法门。善导继承了道绰弥陀净土为报土之说,并且坚决认为,凡夫能够往生净土,以此树立了净土宗的核心教法。善导认为,凡夫乘着弥陀的愿力虽能够往生极乐净土,但必须具备一定的条件——往生的正因,即所谓安心、起行和作业。安心,即《观无量寿经》所说的至诚心、深心和回向发愿心。起行,即身口意三业之行。身业是礼拜阿弥陀佛,口业是称赞弥陀及一切圣众的身相光明及净土庄严,意业是专念观察弥陀及一切圣众的身相光明及净土庄严。"行"有两种,一是正行,二是杂行。正行"复有二种:一者一心专念弥陀名号,行住坐卧不问时节久近念念不舍者,是名正定之业,顺彼佛愿故;若依礼诵等,即名为助业。"[①]作业,即依照以下四种修法策励实行:其一,恭敬修,礼拜

---

① 善导:《观经散善义》,《大正藏》第37卷,第272页中。

弥陀，身心恭敬；其二，无余修，即称名忆念弥陀及净土圣众，不杂余业；其三，无间修，即修行三业乃至回向发愿，无有间断；其四，长时修，即以毕命为期，誓不中止（见《往生礼赞偈》）。善导在其文中明确地说，观佛三昧即实相念佛很难成就，因此，他大力提倡称名念佛，从而使其成为净土宗的正统方法。

三、法藏、澄观的佛学思想与华严宗的形成发展

传统上认为法藏是华严宗的实际创立者，而魏道儒则认为"在智俨之前，诸派华严僧人已建立了稳定的研究和传教基地，到了智俨，基本完成了自成体系的学说，并为后继者所接受。从这个意义上讲，智俨是华严宗的实际创教者。被奉为华严初祖的法顺，则是华严宗的主要先驱者之一。"①此说虽有其依据在，但似嫌抬升智俨而相对抑评法藏在华严宗史上的重要性，因此我们这里仍然袭取传统的说法，以法藏为华严宗的创立者，澄观为其重要的弘传扩宗者。

法藏（643—712年），祖籍康居（今中亚撒马尔罕一带），祖父迁居长安。唐显庆三年（658年），法藏到岐州（今陕西扶风）法门寺的阿育王寺塔前燃指供佛。第二年，游学于太白山，学习佛教典籍。约二十岁，法藏到云华寺师从智俨，但是未曾正式出家。直至智俨圆寂后第三年，法藏方正式出家。法藏数次参与译场，其中与《华严经》关系密切的是参与地婆诃罗和实叉难陀的译事。法藏以前在研究《华严经》时发现《入法界品》内有脱文，听闻地婆诃罗带来梵本，遂前往对校，补全所缺。在实叉难陀重译《华严经》时，法藏曾担任笔受。讲经授徒是法藏一生的最重要活动。他先讲晋译六十卷《华严经》，后又改讲八十卷《华严经》，前后讲《华严经》共三十余遍。法藏起初很受武后崇信，后又得中宗、睿宗尊敬。与智俨相比，法藏的思想更为系统，也更有针对性。比如，法藏通过判教理论，突出己宗，融合他宗，"使一宗的教观周备，所以法藏是华严宗的实

---

① 魏道儒：《中国华严宗通史》，江苏古籍出版社1998年版，第122页。

际创立者,世称他为华严宗三祖。"①华严宗思想的特色和根基在于"真心"本体的确立以及在此基础之上对心体与理体、生佛关系、本体与色法、心性与解脱等等问题的独特回答。而其理论与实践的主要方面都是由法藏奠定的。

华严宗对心体与理体的关联所作的典型表述为"依真起妄"和"真妄交彻",而上述命题之所以成立的根基就在于华严宗对"真心"的独特诠释。依照法藏的解释,此心体包含真如理体、本觉真心以及依体起用、理事俱融、事事无碍之圆明性等三层含义。其中第三层含义乃华严哲学的创发,其源头在于《华严经》所言"海印三昧"和因陀罗网之喻。华严宗人正是受此启发而吸收《起信论》、唯识学思想而将"一心"本体诠释为"自性清净圆明体"的。众生之所以是众生,就是因为其同具真心、妄心,而对于真心本体与妄心的关系是"依真起妄"。

华严宗对于众生与佛的关系的典型表述为"即生即佛",它是在佛果与"因"佛性的融通互摄的前提下谈论众生本来是佛及"即生即佛"的,性体与心体之所以能够合一,与"因因果果"佛性的圆融及"华严三圣"圆融观是分不开的。华严宗不仅倡言因即是果,而且一切即一,一即一切,一念该九世,十方入微尘,一切世间法、出世间法相融互即、圆融无碍。"因佛性"实际指的是隐藏于众生心中的真如理体,它是"随染隐体",而果佛性则是菩提和大涅槃。以华严三圣表征因果佛性,其中普贤、文殊二圣为因,如来为果。华严哲学不厌其烦地谈论因果佛性之融通,一个重要目的就是为了将清净的佛之体性即佛果由果位推移至众生之因位,从而为众生成佛寻找形而上的根据。华严宗"生佛相即"有两点理由最为重要:其一,众生与佛同以"佛菩提之理"为本体,因而生佛因理性平等而可互即;其二,佛为教化众生而将众生摄入己身、己心,因而"众生即佛"。"生佛互即"包含四方面:就众生而论,众生全在佛心中;就佛而论,佛总在众生心中;就生佛虽互摄但仍是"实体"存在而论,则因果呈交彻状态;

---

① 黄忏华:《法藏》,载中国佛教协会编《中国佛教》(二),(上海)知识出版社1982年版,第176页。

最后，众生与佛虽可看作实体，但因有众生才有佛，若无迷妄众生，则生佛均容融不存。

华严学"依真起妄"的理路同样也可以用来说明真心本体与世间万法的关系，以"一真法界"统摄四种法界，从而构成"法界圆融"的本体论。而它正是华严哲学本体论的特色所在。华严学的"法界"大致有法因、法性、法相三层含义，其奥秘是将此三层含义圆融起来使用，并且将其视为一纯净至善的真心本体。四法界学说是其用以说明一切事物相互关系的理论，由事法界、理法界及理事圆融，最后归结为事事无碍，圆融相入。此中固然可能蕴含着华严宗诸师的宇宙整体观念，但其最直接的目的恐怕是为了使"理体"的遍在性、绝对性能够贯彻到底。四法界理论所涵摄的两个原则很能说明问题：一是理优先于事的原则；二是理同于一心，故曰"一真法界"。

"从安史之乱到唐武宗灭佛的九十年间，华严学僧遍布南北各地，就总体言，以长安、五台山和杭州集中的专业华严学僧较多。推动华严学发生实质性进展的代表人物，是澄观和宗密。"①也许是因其所面临的佛学环境使之然，也许与华严宗的真心本体拙于说明以真心为本体的众生为何其体性仍是染而非净有关，与法藏之特别标示己家宗义相比，四祖澄观的理论具有相当明显的融合性：一是吸收天台宗的"性具"思想，二是输入禅宗思想以释心体。对于前者，应该指出，澄观吸纳"性具善恶"说仅仅停留于文字表层的引用上，并未从理论基础上圆融之。《演义钞》卷七十九则明确地以染净相夺解释"法性随缘"义："染净相对，净约绝相，染约契性。言不断性恶者，恶同以心性为性，若断性恶则断心性，性不可断，亦犹阐提不断性善。"②这是说，在心、佛、众生之"三法"上，心为总相，佛、众生为别相，"净"是就"心"的亡言绝虑层面说的，"染"则是就其是否契合心性而言的。天台哲学中，"一念心"本然地具有无明、法性两种

---

① 魏道儒:《中国华严宗通史》，江苏古籍出版社1998年版，第184页。
②《华严经随疏演义钞》卷七十九，《大正藏》第36卷，第619页上。

性质,此"具"为一念心本体之"具"。澄观屡言"善恶二法同以真如为性",染、净之中仍可分出本末、体用来。这一理路显然未能脱开"一心"统率之下的"真妄交彻"论的理论模式。对于后者,澄观在《答顺宗心要法门》中说:"至道本乎其心,心法本乎无住,无住心体,灵知不昧。"①澄观又说:"知之一字,众妙之门,若能虚己而会便契佛境。"②在此,以"无住"、"无念"解心体,以"知"言心之体,用合一,明显与《坛经》及荷泽神会系思想相似。

第三节 佛教中国化的完成(下)

一、玄奘、窥基与法相唯识宗的形成

中国的唯识学,由于传承印度不同的思想系统而差别彰明。至唐初玄奘从印度归来奉护法系唯识学说为正宗,并以之为标准重译或改译了诸多早已传入中土的唯识经典,遂有了新译与旧译的区别。玄奘,俗姓陈,河南洛州缑氏县(今河南偃师县南)人。玄奘大概生于隋开皇年间,少时因家境贫寒,随其兄长捷法师住于洛阳净土寺。隋大业三年(607年),在洛阳出家,其后听景法师讲《涅槃》,从严法师学《摄论》,升座复述,分析详尽,博得众人称赞。大业末年战乱,玄奘与其兄一起赴川。唐武德五年(622年),玄奘在成都受具足戒。武德七年,离开成都,遍参各地大德宿学,并宣讲《摄大乘论》、《阿毗昙》等经论。玄奘虽然饱学,但时时感叹:"远人来译,音训不同。去圣时遥,义类差舛。遂使双林一味之旨分成当现二常,大乘不二之宗析为南北两道。"③于是发心西行求法,于贞观二年(628年)始成行。在印度停留期间,玄奘除遍学大小乘经论外,还撰成《会宗论》三千颂、《制恶见论》一千六百颂。贞观十九年,

---

① 澄观:《答顺宗心要法门》,《中国佛教思想资料选编》第二卷第二册,石峻等编,中华书局1983年版,第373页。
② 澄观:《华严经疏》卷十五,《大正藏》第35卷,第612页下。
③ 玄奘:《启谢高昌王表》,《中国佛教思想资料选编》第二卷第三册,石峻等编,中华书局1983年版,第6页。

玄奘学成归国。玄奘回国以后的主要事业，就在翻译经论，并传播纯正的印度瑜伽行派佛学思想。玄奘从住弘福寺开始翻译，直到最后迁居玉华宫译完《大般若经》，历时十九年，共译出经论七十五部一千三百三十五卷。"玄奘是中国传统佛教成就最大的学者，同时又是继承印度正统佛教学说的集大成者。他翻译经论既多且精；弘扬佛法真义，亦最得力。作爱智的旅行，具冒险的精神，饶历史的兴趣，富文学的修养，独往独来，横绝一世。"①玄奘在翻译过程中，为中国佛教培养了一代精通唯识、因明学说的高僧，特别是其高徒窥基继承光大其学说，留学僧人圆测将玄奘之学传播到新罗国。"说玄奘是法相唯识宗的实际创始人，是由于他把法相宗的主要经典都翻译成汉语并作了初步的宣传；说窥基是法相宗的创始人，是因为窥基在玄奘所奠定的基础上，扩大了这一宗派的理论影响。"②公正地说，法相唯识宗是玄奘、窥基两代高僧共同努力创立的。

法相唯识宗佛教思想极其繁杂，在此以玄奘的"三类境"说以及窥基及其弟子的"理佛性、行佛性"说为中心阐述二位佛学家的贡献。

当玄奘去印度时，当时印度佛学对于"见、相"二分是同一种子所生还是不同种子所生，发生争论。据慧沼《成唯识论了义灯》卷一记载，当时有三种意见：第一种意见认为，见、相二分应该是相同种子所生；第二种意见认为，见、相二分是不同种子所生；第三种意见认为，相分和见分有时是相同种子所生，有时是不同种子所生。这是第一层面的问题。还有第二层面的问题，即见、相二分虽然是不同种子所生，但见、相二分的性质可以相同，也就是说，"有种别性与见同，或复性同而系种别，或复相分性随见质判性不定，或虽有质相、见同生不生本质由此不定"③等四种情况。合此二层面，此一争论涉及相分和见分与种子的关系及见、相二分本身的性质两方面的问题。为了统一这些不同见解，玄奘法师作过这

---

① 苏渊雷：《玄奘·小引》，《苏渊雷文集》第一卷，上海人民出版社1999年版，第353页。
② 任继愈主编：《中国哲学发展史·隋唐》，人民出版社1994年版，第174页。
③ 惠沼：《成唯识论了义灯》卷一末，《大正藏》第43卷，第677页下。

样一颂:"性境不随心,独影唯从见,带质通情本,性种等随应。"①在此,玄奘将"识"之对象——境分为三类:性境、独影境、带质境。

性境指具有真实体性的境界。窥基将其定义为:"诸真法体名为性境,色是真色,心是实心。"②性境有三种特征:其一,从自体各别的真实种子生起;其二,有实体实用,不像虚构之空花、兔角等体、用皆无;其三,各守自性,不随从能缘心,而能缘心亦不改变性境的性质而仅取其自相而识别它。例如眼识等前五识及五俱意识的见分所缘取的色、声、香、味、触等五境,第八识的见分所缘取的种子、器界、根身,如此等等都是性境所包含。不过,相分、见分不同种的性境,虽然是从"真色"而有,但是"真色"仍须变现为"相分"才能被识所缘取。性境仍是相分,不过"真心"在"构画"此"相"时,妄执即想像、虚构的成份少一些罢了。这是一方面。另一方面,作为见分的"心"对此"相分"的影响力受到了一定的限制,这就是"性境不随心"的意思。依照窥基③和慧沼④的解释,"不随心"的情况有四种:其一,此境是非善非恶的无记性,不随从能缘心的善恶而起变化,这叫"性不随";其二,不随从心而系属于同一"界",这叫作"界不随";其三,由于相、见别种,所以性境不随从心而跟从同一种子生,这叫"种不随";其四,第八识的见分是异熟性,而其所缘取的五尘之相分却和它不同,这叫"异熟不随"。从这四种"不随"中,玄奘注意到了作为认识对象的"境"之客观实在性,但却从唯识学立场对其进行了有利于"唯心论"的解释。

独影境指由能缘心之强分别力变现而无客观实在性的境界。窥基称:独影境"皆是随心,无别体用,假境摄故,名为独影"⑤。独影境是由见分的妄分别所变现出来的相分。此相分与能缘的见分属于同一种子所

---

① 窥基《成唯识论掌中枢要》、《大乘法苑义林章》及慧沼《成唯识论了义灯》均载有此颂。慧沼言此颂为玄奘撰。日本传说其为窥基作,恐难尽信。
② 窥基:《成唯识论掌中枢要》卷上末,《大正藏》第 43 卷,第 620 页上。
③ 同上。
④ 慧沼:《成唯识论了义灯》卷一末,《大正藏》第 43 卷,第 678 页。
⑤ 窥基:《成唯识论掌中枢要》卷上末,《大正藏》第 43 卷,第 620 页中。

生,所以其相分没有实在的体用和本质。此境可分为两种:其一为"无质独影"。此境在客观上完全不存在,只是众生主观上的颠倒计度所变现的影像,如龟毛、兔角、梦境等;其二为"有质独影"。它虽然有本质,但是,由于此"本质"为"不生法"(真如法界),所以相分仍然不能仗托其生起,如第六识缘取无为法就不会生起相分。这一情状也可以将其作为独影境。总括而言,独影境是由见分的虚妄构划而变生的相分,因为相分本身没有自己的种子,只能从属于见分,故称为"独影唯从见"。

带质境指主观能缘心所缘取的境界,虽有可以依托的本质,然而变现出的相分却与此境的自相不符。窥基解释说:"带质之境,谓此影像有实本质,如因中第七所变相分得从本质,是无覆无记等;亦从见分是有覆所摄,亦得说言从本质种生,亦得说言从见分种生,义不定故。"①能缘之心缘所缘之境时,此时的相分(即境)可以是依仗本质而生,但并不依此"质"而得此"相"。这种相分(境)性质不定,或从属于能缘之心,或从属于所缘之境。种子亦不定,或与其"质"同种而生,或与见分同种而生,或与见分别种而生,这就是"带质通情本"之义。"情"指主观作用的见分,"本"是指客观的本质。因此,带质境具有两个特征:其一,客观对象的相分必定是本质存在;其二,主观能缘的见分不得直观境之自相。带质境之所以能成立,依赖于玄奘对于"带"义的新诠释。据《成唯识论述记》②载,"带"有二义:一是挟带,二是带似。能缘心缘取此境的本质时,挟带着此"质"或带似此"质"而异相的分别,依靠识之自力变现一种和此"质"的自相不符的境界,这便是带质境。如第七识以第八识的见分为本质变起"我法"的相分,所缘取的本质并不是"我法"。但是因为它没有转易间断一类,相续无常似常,所以与无明相应的第七识误认作实我而缘取。它确实有本质可托,不是完全由能缘心的分别而生,因而和独影境不同。然而其所托的本质虽然有实体的性境,所起的相分却和它的自相不符,

---

① 窥基:《成唯识论掌中枢要》卷上末,《大正藏》第43卷,第620页。
② 窥基:《成唯识论述记》卷七末,《大正藏》第43卷,第500页下。

因而此"境"与性境亦不同。总而言之,带质境确实是依托本质而有,所以不是"唯从见";也并非仅仅依照本质原样反映,所以也不是完全"不随心"。它一方面可判依从能缘之心,另一方面也可判依从本质,因而其"性"有两面,种子、界系也有两面。具体而言,带质境是在见分的妄情和本质的性境之间所起的一种相分,其共通"情"与"本"的情形有三种:其一,性通情本。即带质境的善、恶、非善非恶的"三性"不定,例如第七识缘取第八识之见分而生之"相分",可以随从本质(第八识)判定其为无覆无记,也可以随从见分判它为有覆无记性所摄。其二,种通情本。即带质境因为本质和相分并起而形成的境界又熏成相分和本质的种子,所以,可以说它是从本质的种子生,也可以说是从见分的种子生,当然也可以说二者共生。其三,界通情本。此相分的界系,可以随从见分说,也可以随从本质判定。

将境分作三类,只是玄奘从类型学原理上做的分判,要概括复杂多变的宇宙万有,仅使用性境、独影境、带质境三个范畴是不够的。为了使其更有涵盖性,玄奘在此偈颂的第四句"性种等随应"中,特意说明相分与见分在性质、种子等方面之同、别,以及三类境在复杂的认识过程、识变过程中的组合情形,必须依照以上说明的几种关系,具体地分析判定,不能一概而论。

玄奘所传的护法系唯识思想在佛性论方面主张"一分无性"论,也就是有一类"一阐提"众生即使累世修行也不能成佛。但是,关于"一阐提"有无佛性,经论中有不同说法。自从竺道生首倡"一阐提"也有佛性,特别是北本《涅槃经》流行以后,"一切众生悉有佛性"的思想已经风行。在此情况下,法相唯识宗仍旧想坚持"一分无性"论,自然就需要提出新的理据出来。

窥基首先在"一阐提"的定义上寻求突破,窥基为了会通《楞伽经》等诸经的此类说法,在一阐底迦、阿阐底迦二种阐提之外再加一种"毕竟无涅槃性"以成"一分无性"之说。看似可通,实际少有说服力。倒是他提出的理佛性、行佛性之说,可算作有所创发。

窥基在《唯识枢要》卷一说明三种阐提之别时说:"一、因成果不成,谓大悲阐提;二、果成因不成,谓有姓断善阐提;三、因果俱不成,谓无姓阐提。"①在此段话之后,窥基接着有句结语:"总而言之,涅槃据理性及行性中少分一切唯说有一。"这是窥基著述中仅见的理、行佛性之语。从其上下文看,理佛性似乎指"因",行佛性似乎指"果"而言。此"因"到底指真如抑或种子,难于确言。但"果"指佛果则是明确的,如"有姓断善阐提"尽管断灭善根但因为佛力加持而生善根,因而仍旧可以成就佛果。窥基弟子慧沼则将这两个概念加以明确界定,在《能显中边慧日论》中将议论中心放在理佛性与行佛性有无必然相应的关系上,所论自然就深了一层。

慧沼为了与"一切皆成"论者辩难,撰《能显中边慧日论》四卷,前三卷系反驳敌论,第四卷专树己说。慧沼言:"依诸经论所明佛性不过三种:一、理性,二、行性,三、隐密性。"②关于"隐密性",从其下文看,是为会通天台、华严宗诸宗"烦恼即菩提"之说而言的,略同于《涅槃经》卷二十二的"一切无明烦恼等结悉是佛性"的说法。慧沼认定,所谓理佛性即是真如理体;行佛性即是有漏、无漏种子,亦即识体。其中,无漏种子为正因佛性,有漏种子为缘因佛性,了因佛性即为真如理体。从这一规定出发,慧沼认为,"若是理性,阐提不断;……若论行性,复有二种,谓有漏、无漏。此二,种性有无不定。若有漏性一切有情种子定有,现行之者或成或不成。若无漏者据现行说,凡夫不成,若据种子,有成、不成。"③在此,慧沼沿用窥基关于三阐提的分类,认为前两种阐提虽有无漏种子而难起现行,而第三之阿颠底迦则无无漏种子。慧沼论佛性有两大特点:一是以理、行二层面言佛性,即将真如理体与识体剥离为二,一切众生皆有佛性变换成一切众生皆有理佛性;二是将有漏种子当作佛性之一,并且认为其具有遍在性。这样一来,"一分无性"变换成只缺少无漏种子,

---

① 窥基:《成唯识论掌中枢要》卷一,《大正藏》第43卷,第611页上。
② 慧沼:《能显中边慧日论》卷四,《大正藏》第45卷,第439页上。
③ 慧沼:《能显中边慧日论》卷四,《大正藏》第45卷,第440页下。

而其他——如理佛性、有漏行佛性,阿颠底迦阐提亦照样拥有。这表面上并不违反众生皆有佛性的规定,当然是一种更为圆滑的说法。此外,关于行佛性,慧沼沿用唯识宗惯用的种子(功能)与现行二分互动的说法以分疏种姓论。

法相唯识宗虽然主要传承印度瑜伽行派的理论学说,但玄奘、窥基在创宗过程中仍然融入了他们的智慧。法相唯识宗创立以后,在当时以及对唐宋以后的中国学术思想发展,都产生过一定的影响。

二、神秀、惠能与禅宗的形成发展

关于禅宗的形成发展和历代祖师的传承,"据说昔日在灵山法会上,释迦'拈花示众',众皆不解其意,默然无语,唯有大弟子摩诃迦叶心领神会,'破颜微笑',释迦便将'不立文字,教外别传'的微妙法门传给了摩诃迦叶。禅宗据此尊摩诃迦叶为印度初祖。此后,历代祖师以心传心,次第传授,传至第二十八代为菩提达摩。达摩来华传禅,又依次传二祖慧可、三祖僧璨、四祖道信、五祖弘忍,此即所谓的'东土五祖'。道信、弘忍之禅,时称'东山法门'。其实,西天二十八祖次第相传,只是传说而已,并无多少历史意义,它实际上是隋唐时佛教各个宗派争法统的产物。但从达摩到弘忍,则确实为中国禅宗奠定了思想理论基础和组织基础,完成了中国禅宗的初创。"中土初祖菩提达摩之历史原貌尽管已难于考索其真相,达摩禅法留存可知者虽少,但却奠定了如来禅心性论的基调,即以本寂真心为本体及守本归真以除妄的真妄对立模式。"到了道信和弘忍的'东山法门'之时,中国的禅宗得以真正创立。五祖弘忍门下,出惠能和神秀,于是禅宗又有惠能南宗和神秀北宗两大派别之分。"[①]以下,我们就以"北宗禅"、"南宗禅"为线索来略为分析禅宗的形成与发展。

北宗禅一般是对以弘忍弟子法如、神秀及其再传弟子为核心而弘扬"东山法门"的禅派之总称,其实其内部诸禅师之禅风及禅学思想并不完

---

① 洪修平、孙亦平:《惠能评传》,南京大学出版社 1998 年版,第 30 页。

全相同,不过作为其理论基础的心性思想则较为一致。北宗诸师与南宗诸师相比较,更多地继承了"东山法门"所蕴含的楞伽师的思想传统,其心性思想不仅以真心为本体,而且惯于以泯除妄心而返归真心为修禅门径。因此,从心性论角度,可以用四个字概括北宗禅的宗旨——"守本真心"。此语是弘忍弟子收集其师之法语汇编而成的《最上乘论》所反复强调的。北宗禅实际上是围绕着这一核心而展开的。

北宗诸师固守着达摩以来以真心为本体的立场。北宗诸师吸收了《大乘起信论》"一心二门"的模式,以真如佛性释"一心"。众生与佛平等,因为二者都有真如佛性,因此,众生只要"守"住此"真如"之心而不生分别,不起妄心,则可"心真如"、"色真如"而最终成佛。这是北宗禅心性论的典型表述。众生之"真心者,自然而有,不从外来"①,与此真心相对的则有"无明之心"——妄心。未悟未修成的众生之"自心"便是这两种"心"的混合体。北宗将无明之心看作"自心"的组成部分,并且言"三界业报,惟心所生。本若无心,则无三界。"②既然恶业由自心生,所以众生"但能摄心离诸邪恶,三界六趣轮回之业自然消灭,能变诸苦,即名解脱。"③从以上引文看,"自心"是指真妄二元混合之心,似乎近于《起信论》所言之阿赖耶识。可见,北宗提出了"自心"的概念,但却认为唯有真心方为本体,所以此"自心"并非众生之本体。因此,北宗禅虽将众生之本体安立于真心之上,但却是以众生之本性来诠释"自心"的,其所论体用关系也正是如此立论的。

据《楞伽师资记》载,神秀曾说:"我之道法,总会归体用两字,亦曰重玄门,亦曰转法轮,亦曰道果。"④不过,神秀所言体用并非二者合一之谓,而是"体用分明,离念名体,见闻觉知是用"⑤。以"见闻觉知"释"用",因

---

① 敦煌本《最上乘论》,《大正藏》第48卷,第377页中。
② 《观心论》,《大正藏》第85卷,第1270页下。
③ 《观心论》,《大正藏》第85卷,第1271页上。
④ 净觉:《楞伽师资记》,《中国佛教思想资料选编》第二卷第四册,第170页。
⑤ 敦煌本《大乘无生方便门》,《大正藏》第85卷,第1274页中。

而可有二用,即前述"净心"之用与"染心"之用。心之体为"一",为真心,但心用却有区别,体用关系明显呈割裂状态。因为北宗禅师虽然将众生的本性定位于"自心"观之,但众生与佛共有的本体却是真心,因此必然的修行法门便是"守本归真",以净心对治、磨灭妄心以显现清净圆明的心体。这也是《最上乘论》反复强调"但信真谛,守自本心"[①]的原因。宗密将北宗禅的宗旨概括为"息妄修心"是很准确的。一个"修"字,一个"守"字,确实是北宗心性论的最大特征。

从思想角度考察,以本寂真心为本体,以"守本归真"为修行旨归,是贯穿于北宗禅系相当一致的思想线索,而惠能南宗禅的理论突破恰恰就在于这两点。北宗禅师与南宗禅师尽管都在使用"自心"概念,但二者对其却赋予了迥然不同的含义。惠能心性论思想的核心是将"心"与"性"合一而用"自心"范畴标明。之所以如此,用大多数学者的见解言之,则归结于涅槃佛性思想和般若空观的有机结合,这一结合的最典型表述就是"无念为宗、无相为体、无住为本"的"三无"之旨。

"性"是《坛经》中最常出现的概念,它也称为"自性",与此相近的概念还有法性、本性、自本性等。《坛经》云:"性含万法是大,万法尽是自性见。"[②]在《坛经》里,自性既是万法之本体,又是众生之本体,也是众生成佛之根据。总括《坛经》所言,自性可有以下五义[③]:其一,自性是清净性。其二,自性是真如性。所谓真如性就是真实如此的本性。其三,自性是智慧性。其四,自性是空寂性。《坛经》认为众生之本源空寂,"性本无生无灭、无去无来"[④],"性"是超时空、无生灭、无去来的绝对之存在。其五,自性是含藏义,"自性含万法,名为含藏识。"[⑤]以上五义可以合并为"真如佛性"而言之。换句话说,《坛经》所言之自性是蕴含于众生之中的真如

---

① 敦煌本《最上乘论》,《大正藏》第 48 卷,第 377 页下。
② 见敦煌本《坛经》第二十五节。本书所引《坛经》语,除特别注明者外,均据日本铃木真太郎、公田连太郎之校定本,载《中国佛教思想资料选编》第二卷第四册。
③ 参见方立天《性净自悟》一文,《哲学研究》1994 年第 5 期。
④ 敦煌本《坛经》第四八节。
⑤ 敦煌本《坛经》第四五节。

理体。因此，它才有诸多功能——含容万法、观照万法、思量自、化及生三身佛。

"心"作为主体性范畴在佛学中逻辑地包含了真心与妄心两方面。与北宗禅以真妄混合释"自心"不同，《坛经》所言之"自心"是超越真妄二元对峙的"当下现实之心"。与此义相近，《坛经》中亦用自本心、本心替换"自心"而使用之。"本心"之"本"是本来状态、本来如此、本来清净的意思。在此意义上，"本心"也就是净心。《坛经》说："菩提般若之知，世人本自有之。即缘心迷，不能自悟，须求大善知识示道见性。"①这是说，菩提、智慧、觉悟就是众生之心的本来状态，是众生之心的本质，不过由于其迷惑即无明而使其妄染。这一解释符合心性本净的模式，但其将妄染的"客尘"之来源全归于主体的迷惑，使这一心性论模式所着力强调的主净、客染的性质区分在主体心之上得到统一。这一变动使"客染"失去了非染其心不可的必然性，使众生之心本净的一面得以抬升其地位。在此前提下，惠能强调本心的重要性就是必然而合理的。这一心性定位明显不同于北宗禅，尽管二宗所使用的概念是相同的。正是以众生之本性为净的前提下，《坛经》也改变了北宗禅关于体用的见解。尽管从"用"的角度看，心之起动、作用必然有两种情况、两种可能，但是惠能认为善心、净心与本心是一致的，而恶心、染心则是与本心相违的。从体用关系看，恶染之心用并非心体的真实作用，也不是心体必然而有的功能，它只是众生之心的一时迷乱所致。这是《坛经》体用关系的一方面。另一方面，惠能又十分强调净心就在妄心之中。《坛经》说，众生"自色身中，邪见烦恼，愚痴迷妄，自有本觉性。"②惠能甚至明确地说："净性在妄中"③。惠能认为，本心与现实心、真心与妄心，虽然层次与性质有所不同，但彼此又是体用一如的关系，众生不应离妄另去求真，而是要即妄求真，或者说即妄显真。这就是"呈自本心"之禅法的来由，也是南宗禅区别于北宗守

---

① 敦煌本《坛经》第十二节。
② 敦煌本《坛经》第二一节。
③ 敦煌本《坛经》第三六节。

本真心之禅法的根本原因所在。

《坛经》中另一引人注目的内容是以无相、无住、无念阐释自心、自性的体、相、用。

无相的标准定义是"外离一切相,但能离相,性体清净,此是以无相为体。"①这样的"无相"是对心体本然状态的一种说明。世人对于声色诸相容易产生执著,神秀等北宗禅师教人看心就易于著于心相,看净而著于净相亦有违心体的本来面目。取相著相就障蔽了自己的本性,如果离相就可顿见性体的本来清净,如云散而虚空明净一般。所以,无相不只是离一切相,更是因离相而显性体清净,因而自心是以无相为体的。

"无住为本"②的命题是从《维摩诘经》"从无住本立一切法"演化而来的。一切法是前念、今念、后念,念念相续的。念念相续,这是生命的律动,然而其实质却是"法法不相到","性各住于世"的。人们不了解"知往物而不来,而谓今物而可往",所以就念念执著了。《坛经》反对众生顾恋过去,欣求未来,执著现在,在念念中系缚,往来生死。因为这种理解,与佛教的生命观、时空观相距甚远,甚至是背道而驰的。众生若能体悟自性、自心的本来不住,一切法是迁流不息,难有固定之相可住,树立了这样一种生命观、世界观,就会对一切物件、一切事情都来而不住,去而不留,如雁过长空,不留痕迹。这就是念念相续而不住的生命的真实相状。惠能的目标在于将作为生命之真相的"无住"转作实践的原则,从而使心无所住,不执著;情无所寄,无爱憎。这种念念不住的心,是自在无碍、随心任运的。所以,南宗禅坚决反对所谓"直言坐不动,除妄不起心"的"枯木禅",而提倡在行住坐卧动静语默中自见本性,在活泼自在无碍的境界中,当下顿悟。

"无念"一语,在佛教其他典籍中偶尔也用,集中加以发挥的是《大乘起信论》。《起信论》将"无念"作为心体和最高境界的同义语,用以突出

---

① 敦煌本《坛经》第一七节。
② 以下有关"三无"之旨的论说,参考了印顺法师的《中国禅宗史》第八章第三节。

"心"的本然状态为"不动"的静态。在《起信论》中,"无念"是心体离言静寂,心相的流动迁流全不复存在的状态,《坛经》所言则与其相反。《坛经》言:"于一切境上不染,名为无念;于自念上离境,不于法上念生。"①惠能认为,生命的本性就是念念不断的,如真的什么念都没有,"一念断即死,别处受生",所以劝人莫以"百物不思"为目标。同用"无念"一语,《坛经》变《起信论》的静寂义为"心动"义。因此,《坛经》中的"无念"属于心用的范围,它的标准定义是:"念而不念","于一切境上不染"。念是心之动,心所对的是境(法)。一般人于境上起念,如境顺于心思则起贪念,如境违逆其意念则起瞋心。这样的念是依境而起、随境而转的。这样的念是妄念,众生终日被境所驱使,不得自由与自在。无念就是"于自念上离境,不于法上生念",也就是不依境起,不依境转。主体之心虽然还能听、能见、能思,但这种见、闻、觉、知却不受外境所染,不受外物的干扰。面对世俗世界而不受制于世俗世界,认识外境、内境而不对其产生执著。这就是"无念为宗"的实质所在。它无意于强行抑制主体的见闻觉知(认识活动),而是要人们把对外境的直觉感受完完全全转化成为内心的自觉体悟。《坛经》所使用的概念系统以自心(自性)为中心,并且以无相、无住、无念诠释心之体、相、用,从此悟入自性就可见性成佛。

  禅学由如来禅向祖师禅的转变是一件大事,具体事态就是由"东山法门"中开出南宗禅。从现有资料看,南宗与北宗的对立虽然可能产生于惠能、神秀的弟子辈之间,但这并不是说惠能与神秀之间没有重大的理论分歧。从心性论的角度看,南宗以前的如来禅以本寂真心为本体,持心体、心用不一不异的立场,从而于修行中倡导"守本真心"之静坐观心的渐修法门;南宗禅则以自心为本体,持心体、心用相即合一之立场,从而于修行中倡导"明心见性"之生活化的顿悟法门,二者确实有很大的差别。以自心代替真心,以"当下现实之心"释自心,祖师禅得以风行,北宗禅渐行消逝。理论高低与深广不同,境遇自然有别。此中原因,不光

---

① 敦煌本《坛经》第十七节,以下四条引语均见于此节。

是人为压制、辩论可以促成。祖师禅之"自心"是一种缘构发生型的"当下现实之心",是心灵世界向外境、外物的全面开放。在开放态中,自我与外在世界在视域交融中当下证成清净的心、性合一状态。这里,未发或待构成的自心是真如心即真心,心体之发用流行便成有体有用的"当下现实之心"。禅宗与华严宗一样,同持真心立场。但与华严宗不同,禅宗是将此真心加以个体化而变为自心,再将自心依"心用通性"原理加以诠释便成"当下现实之心"。这一变化,改变了如来禅将真心看作静态的死寂从而主张消极地修成净心、守住真心的路向。正因为这一改变,才有了禅宗随缘任运、任性逍遥的生活化、行为化的顿悟解脱方式。此之意义,不可低估。

从总体而言,"如果说'东山法门'完成了禅宗的初创,那么,南能北秀两大系,则使禅宗的发展进入一个全新的时期。一般而言,神秀北宗注重'观心看净'、'方便通经',更多地继承了印度禅法安心守心、藉教悟宗等特点,而惠能南宗倡导顿悟心性、不立文字,对随缘任性、不随言教作了创造性的发挥,更具中国特色。惠能作为中国禅宗史上开一代新风的禅师,他的出现使达摩禅系由'藉教悟宗'发展为'藉师自悟',从有赖于佛之经教发展到张扬人的主体,即心即佛。惠能以后,南宗禅得到了极大发展,并演化出五家七宗之禅而在全国形成巨大规模。"[1]"惠能在中国思想文化史上的最大贡献之一,就是把佛教中国化推向了一个新阶段,并最终完成了佛教的中国化。"[2]

三、宗喀巴与藏传佛教改革

佛教自印度和汉地传入藏区之后,便在青藏高原这样一个特定区域的地理气候环境、政治条件和思想文化氛围之中孕育滋长和兴盛起来了。这就决定了藏传佛教从内容到形式都以其浓郁的雪域气息和独特

---

[1] 洪修平、孙亦平:《惠能评传》,南京大学出版社1998年版,第30页。
[2] 同上,第2页。

的藏族风格迥异于印度佛教。作为中国佛教的重要支系之一的藏传佛教的这一变化,自然是佛教中国化的重要组成部分。

佛教传入藏区的时间晚于汉地、西域以及克什米尔、尼泊尔等相邻国家和地区,因此,藏传佛教在其形成和发展过程中同时受到了包括印度在内的以上国家和地区佛教的巨大影响。根据藏文资料《青史》,吐蕃第二十七代赞普拉托托日年赞在位时(约公元5世纪),有印度僧人将佛经和佛塔等佛教用品带到了吐蕃。后来许多藏文史书以此为佛教传入藏区的标志,但考虑到当时尚未出现书写、翻译、念诵、讲经等佛事活动,因此,学界惯于以松赞干布在位时期(公元7世纪)作为佛教正式传入的开端。松赞干布在位期间,曾经迎请过印度、尼泊尔、克什米尔、汉地的佛教大师来吐蕃传播佛教。但由于松赞干布并未将佛教当作唯一的宗教信仰加以支持,所以,从松赞干布到赤德祖赞(703—754年在位)期间,佛教在吐蕃虽然时断时续地传播着,却并没有能够真正地立足。据《巴协》等藏文资料记载,到赤松德赞(775—797年在位)才开始亲自参与佛教活动,佛教由此在藏区有了重大发展。赤祖德赞(815—841年在位)时期是吐蕃佛教发展的鼎盛时期。赞普敕令核定旧译佛经和编纂佛经目录,为藏文大藏经的形成奠定了基础;在拉萨河中游南岸建立了历史上最著名的九层金顶的乌香多宫殿(兼作寺院);赞普还亲自拟订了僧侣在乌香多等寺院时常念诵经的制度。从这些事迹看,吐蕃佛教在赤祖德赞时期出现了空前盛况,至此,"藏传佛教"已经形成。

然而,不幸的是,朗达玛赞普(841—846年在位)发动了有史以来藏区最大的法难,这对吐蕃佛教,尤其对教团组织是一次毁灭性打击,僧众不仅失去了昔日朝廷的保护,而且还被剥夺了所有财产和享有的一切政治权利,使佛教在吐蕃的整个组织都被彻底粉碎,僧众不得不从寺院逃往民间,又重新加入世俗生活。后来史家以此为界将藏传佛教史分为"前弘期"和"后弘期"。

佛教在藏区的再次传播,由于得不到一个强有力势力的资助与扶植,因而走过了一个漫长而曲折的道路。根据藏文资料,公元10世纪末,在藏族地区又出现了大批出家僧侣和重建寺院的热潮①。由此可以将公元 10 世纪末视为"后弘期"的开端。"后弘期"在传教范围之广、群众兴佛之热情等方面,皆远远超过"前弘期",因此,"后弘期"成为藏传佛教的发展时期。"后弘期"的突出特征就是宗派的出现,而藏传佛教的绝大多数宗派都是从公元 11 世纪中叶到 12 世纪初之间产生、形成的。值得一提的是,格鲁派在藏传佛教中脱颖而出,逐渐成为藏族社会中势力最强大、影响最深远的一支教派。而宗喀巴就是创立格鲁派的一位佛学大师和宗教改革家。

格鲁派的创始人宗喀巴(1357—1419 年),本名罗桑扎巴,公元 1357 年生于青海省湟中县塔尔寺地方。他生于官僚家庭,其父是元末的"达鲁花赤",父母都是虔诚的佛教徒。"宗喀巴 3 岁时,法王迦玛巴游戏金刚应元顺帝的邀请,由西藏去内地,途经塔尔寺地方,见到宗喀巴天资聪慧、器宇非凡,因此授给他近事戒,赐号庆喜藏,由此他开始了僧侣生涯的历程。在这一年,附近夏琼寺著名的喇嘛顿珠仁钦施舍给宗喀巴父亲很多马羊等财物,请求把这个小孩送给他,其父很高兴地应许了。从此直至入藏以前,宗喀巴依止顿珠仁钦而住,学了很多经论,并且受了密教的灌顶,他的密号叫不空金刚。7 岁时,依顿珠仁钦受沙弥戒。17 岁以前,在藏文、密法、显教经论等方面打下了比较扎实的基础。"②"1372 年宗喀巴告别把他教养成人的顿珠仁钦,踏上赴藏的路途。次年秋到达前藏的止贡寺,开始了漫长的学经生活。从 1373 年到 1393 年,这二十年间,宗喀巴遍访卫藏各地佛学家,系统地学习显密经论和修习教法,完成了作为一个佛教思想家和宗教改革家所需要的教育。"③

从 1400 年到 1409 年的近十年中,宗喀巴开始撰写著作。1402 年写了《菩提道次第广论》,1406 年写了《密宗道次第广论》。这两部著作系统地论述了显密二宗,概括了他的全部佛教哲学的思想。以后他又写了

---

① 参见班班多杰《藏传佛教思想史纲》,上海三联书店 1992 年版,第 145 页。
② 班班多杰:《藏传佛教思想史纲》,第 289 页。
③ 王尧、褚俊杰:《宗喀巴评传》,南京大学出版社 1995 年版,第 9 页。

《菩萨戒品释》、《密宗十四根本戒释》,阐释了显密僧众应遵守和如何遵守戒律的问题。1408年,他写了《中论广释》,阐明了缘起性空思想;同年又写了《辨了不了义论》,辨析区分中观、唯识两派的优劣。

宗喀巴活动和创立宗派时期为西藏帕竹地方政权时期。元朝末年,帕木竹巴万户长绛曲坚赞吞并了后藏大部分地区,掌握了前后藏绝大部分地区的统治权,并且得到了元朝政府的认可,成为卫藏之主。在帕竹政权统治下的13世纪至16世纪中叶,"藏族社会的封建制步入了一个上升、发展的旺盛期,政治、经济、文化等各方面都呈现出一派勃勃生机。然在西藏佛教界却弊端丛生,谬种流传,出现了所谓叛经离道的现象。"①这些现象可以概括为三种:其一是理论上的混乱。当时西藏佛教各派对于缘起性空的理解歧异叠出,争论激烈。有的执性空为毕竟无,否定善恶业果等法,认为其自性本来是空。有的执性空为实有,认为世俗法空,是究竟实际。还有的以"不作意"为修真如的前提。其二,上述理论方面的混乱导致了宗教修行实践上的许多弊端。很多佛教徒认为,既然一切法都是空的,那么,因果报应也是空的,行善行恶也不会有报应。这一主张直接导致了戒律松散、教风败坏、僧人生活腐化的局面。凡此种种,既危害了广大人民的切身利益,也降低了佛教在人民心目中的威望。其三,修学次第的混乱。在当时的西藏佛教界,有些佛教徒不注重广学佛经,甚至讥讽三藏多闻者为分别师或戏论,以为修学一种简便的法门便能够得到解脱;也有的人只学一部经论就自以为从事闻思了;有些人则只注重修密,不学显教。宗喀巴目击佛教界的这些弊端,于1389年上书帕竹第五代第悉扎巴坚赞进言以佛教治世。所谓以佛教治世就是以戒律为僧俗行为规范,以教义治心,使僧俗群众遵循释氏之规,遵守佛教之道。这一主张,得到统治者的赞同。

1409年的拉萨祈愿法会为宗喀巴的改革起了很大的推动作用。土

---

① 班班多杰:《藏传佛教思想史纲》,上海三联书店1992年版,第285页。

牛年的这次法会是经过宗喀巴策划和充分准备的。早在1407年,他就与帕竹政权的首脑商讨在拉萨办"大祈愿法会"之事,并且与其徒弟一起作了多方面的动员和物质准备。1409年藏历正月一日,拉萨大祈愿法会正式开始,宗喀巴在法会上讲圣勇所著的《佛本生经》。法会持续十六天,参加者达万人之多。"从宗教上说,这次法会以及随后甘丹寺的建立,标志着西藏佛教史上一个注重戒律约束、修习次第的崭新的教派集团诞生,这表明西藏佛教已最后成熟,并且通过此后每年一度的法会,这种形式已将宗教活动化为广大民众日常生活的一部分;从政治上说,这一新教派从诞生之日起就以其旺盛的生命力而不断膨胀其势力,排斥其他教派,最后成为在西藏一统天下的主流。"①

在大法会之后,宗喀巴得到帕竹地方政权下属的贵族仁青贝和青隆布父子的大力赞助,在拉萨以东偏北约三十公里的卓日窝切山腰创建了甘丹寺。从此,以甘丹寺为主道场的格鲁派正式形成。1416年,宗喀巴命其弟子降央曲杰在拉萨西郊修建哲蚌寺;1419年,宗喀巴的另一名弟子强钦曲杰在拉萨北郊修建了色拉寺。拉萨三大寺的建立奠定了格鲁派蓬勃发展的坚实基础。

以上是宗喀巴创立格鲁派的基本情况。不仅如此,宗喀巴对于藏传佛教的贡献还在于他对藏区佛教的整顿与改革:其一,宗喀巴在宗教实践上提倡严持戒律。规定凡是出家为僧者都必须严守戒律,反对其他各派僧人追求利禄、权势以及追求放荡生活的做法,禁止僧人娶妻生子和从事世俗劳作,规定僧人不许干预世俗事务。这些规定,打击了那些假借密法胡作非为的人。更为可贵的是,宗喀巴不但著述立说,宣传自己的主张,而且身体力行,于1388年改戴黄色僧帽,以示严守戒律。1395年,在精其寺供奉弥勒菩萨像比丘衣具一套,意在说明不论大小显密一切僧众都须受戒。其二,宗喀巴明确规定了学习、修习的次第。抱着整治西藏佛教的宏伟愿望,宗喀巴提出了先显后密,戒、定、慧三学并重的

---

① 王尧、褚俊杰:《宗喀巴评传》,南京大学出版社1995年版,第33页。

修习方法。据《青史》说:"他意识到清净的解脱道,只有大部分经藏;尤其是'慧学'而无他途。而且须依赖于'中观诸论',他察知此要后,勤奋修学。对于密宗方面来说,宗喀巴大师他见到《吉祥集密续》是一切密续(经)的首要,遂寻求其心要而无误地钻研深入。他又想到广大的密法教主是布顿一切智(在宗喀以前著名大师,因已死故从其传徒学法),于是从贡松邓清哇·却季伯哇(法吉祥)和穹波特巴等师前求取正法。又意识到成为一切佛教的根本,是正法《毗奈耶》(即戒律),于是从大堪布觉隆巴座前勤奋修学《毗奈耶》法类"①。宗喀巴规定,学习密法首先必须通达显教,之后才可以学密,而密教只有少数合格的人才能修习。格鲁派规定,学显之后学密法必须遵守一定的程序,系统地学习四部密法的经释,结合修行,循序渐进。宗喀巴将其佛学思想贯彻到密法修行实践中,通过观想而修行龙树在《集密五次第论》中提出的"幻身"。其三,在理论方面,宗喀巴针对当时西藏佛教中各种对于中观学的不同理解,提出了自己的正解,其要点据《宗喀巴评传》研究为:"一、在承认有自性实事于胜义、名言二谛均不可许的前提下,承认无自性缘起的因果、生灭等安立均可受许;二、应区分加'自性成立'等限定'生起等'和'唯生起'以及'无自体成立的自性'和'本无'等不同概念,中观派所破的是'自性成立'的生起等,不破'唯生起',主张'无自体成立的自性',不主张'本无';三、坚持名言中能许无自性的一切安立,而不必唯就他许;四、应遵守思维规律,维护'正理'和'量'。由于名言能许,所以依正理该破的要破,由量能成的则成。"②宗喀巴通过宗教改革到达了很好的社会效果,"佛教在人们的心目中不再像以前那样黯然无光了,人们对佛教的崇拜心理更加浓厚了。因为藏族人民在对佛教旧宗派所作所为心怀不满的同时,把希望寄托在宗喀巴的宗教整顿上,他们以为通过宗喀巴的整顿了的佛教才是佛教的正统传承,而宗喀巴的宗教整顿在理论和实践的结合上制定了一整

---

① 廓诺·迅鲁伯:《青史》,郭和卿译,西藏人民出版社 1985 年版,第 703 页。
② 王尧、褚俊杰:《宗喀巴评传》,南京大学出版社 1995 年版,第 148—149 页。

套把僧人就范在庙宇里讲释经论、著述授徒、与世隔绝、不问俗事的清规戒律,这就使那些不法僧人不能在民间为非作歹、任意妄为,给人民带来了一个安定的社会环境,从而恢复了佛教在人民群众中的声誉,振兴了陷入颓势中的藏族佛教。"①"在西藏佛教史上,宗喀巴大师声誉之隆,千古一人,为后世佛教徒奉为圭臬。"②从此,西藏佛教走上了独立自主的发展道路。

---

① 班班多杰:《藏传佛教思想史纲》,上海三联书店 1992 年版,第 316 页。
② 同上,第 324 页。

第二章 中国佛教思想家与中国佛学

佛教刚刚传入中国之时,其高度的思辨性曾经是中土人士理解佛教的最大障碍,而当中土人士在经论译本较为齐备的情形下,开始师心独造之时,其卓越的理论成果不但使得佛教赢得了发展,更为重要的是,这些理论成果也成为中国哲学的重要组成部分,丰富了中国哲学的内容,促进了中国哲学的发展。在本章,我们将分别从本体论、方法论与真理观、道德修养论等方面对中国佛教思想家对于中国哲学的贡献做些归纳综述。

第一节 中国佛教心性本体论

中国佛教思想具有鲜明的形而上特征,它并不是一般性地讨论众生的本性和成佛如何可能的问题,而是将对心性问题的探讨提升至本体论的高度。在中国思想文化之中,数佛学的抽象性和思辨性最高,其奥妙即在于此。中国佛学所建构的数种本体论体系,即便与西方古代哲学的本体论相比,也并不见得逊色。这是中国佛教思想家对于中国哲学、乃至世界哲学的最大贡献。

一、佛教心性本体论讨论的主要问题

佛教所言的"心性",简单而言,就是指众生的本性或称之为心的本性。佛学惯常使用的"众生"概念是与其三世六道轮回理论相联系而界定的,实际是指六道轮回中的一切生命体。佛教将一切生命体称之为"有情"(即有"情识"之意),而将其他存在称之为"无情"(即无"情识"之意)。众生也就是"有情"。这是佛教心性论区别于儒学、道教心性论的基点。由于佛教各宗各派对于"心"及"性"的理解各别,所持的理论立场亦互不相同,因此对心性的阐述也就呈现出非常复杂的形态。在此,有必要首先对"心"、"性"两个范畴的含义做些诠释,然后再对佛教心性论所涉及的主要问题做一归纳。

"心"指众生各各本具之"心",它在佛学中有种种不同含义,有六识、八识等不同层次的划分,也有从其他角度对其所作的分疏。唐宗密在《禅源诸诠集都序》中说:"泛言心者,略有四种,梵语各别,翻译亦殊。一、纥利陀耶,此云肉团心。此是身中五藏心也。二、缘虑心,此是八识,俱能缘虑自分境故。此八各有心所、善恶之殊。诸经之中,目诸心所,总名心也,谓善心、恶心等。三、质多耶,此云集起心,唯第八识,积集种子生起现行故。四、乾栗陀耶,此云坚实心,亦云贞实心。此是真心也。"[①]这里,"肉团心"多指众生身体内的肉体之心即心脏,古人误将其当作意识产生的根源。此义,早期佛教经典多有涉及,但后来仅有密教有所强调,其他大乘佛教诸宗诸派均不大论列。中国禅宗语录偶有使用,然而意义已有所变化,多指众生起用动念的"当下"之心。"缘虑心"指的是心的认知功能,唯识学以之泛指八识,其他宗派则仅以之指称六识。"肉团心"、"缘虑心"有认识主体的含义,可以归并为主体之心。"真心"指心所具有的常恒不变的清净性质,可以将其看作众生的形而上本体。这样,"心"的含义就可以简明地归纳为两种:一是作为主体的"心",二是

---

① 宗密:《禅源诸诠集都序》卷一,《大正藏》第 48 卷,第 401 页下。

作为本体的"心"。前者可称之为心用,后者可称之为心体。"集起心"为唯识学所特别强调,特指第八阿赖耶识。由于慈恩宗并不认为"心"有不变的部分,其所言的阿赖耶识本身就具有心体的含义,心用则由前七识充当。

"性"的含义也颇为复杂,在佛教经论之中有着广泛的运用。尽管佛学以理论思辨和名相的严整著称,但对"性"这一概念的使用却仍然显得有点混杂。佛学对于"性"的最一般性解释,就是"法"的自相,也就是佛学中常说的"自性"。如《瑜伽师地论》所云:"云何'性'？谓诸法体相。若自相,若共相,若假立相,若因相,若果相等。"①此中所举都属于"法"的可变的性质。而佛学中又有"法性"一语,此语之意为"诸法实相",也就是诸法的最本质属性即"空性"。在此所言的"性"的两种含义,前者与"心"相联系构成"心相"或"心用";后者在中国佛教心性论中略同于"理体"。除此之外,法相唯识宗通常还在两个层面上使用"性"的概念:一是"识性",二是"实性"。"识性"指八识各别的"自性"或性质,"实性"指"圆成实性",也就是真如理体。

与将"心"与"性"分开使用不同,佛教典籍中时常将"心性"连起来使用。从今日的学术立场言之,"心性"应该是梵文 Citta-prakrti 的意译。但若想在早期汉译经典中做追根求源式的研究是有相当难度的。因为据现存梵文原本,我们已经很难搞清楚佛典中所有的"心性"一词是否均为 Citta-prakrti 的对译,而古代汉语以单音字为主的特点更使我们难于分清楚到底是一个范畴还是两个词。即便是心性论发达之后的佛教思想家,也很难说其著述中对"心性"一语的使用是完全一致。正是出于这一考虑,我们只能说,汉译佛典中早就有了"心性"一语,至于是否为一独立的哲学范畴尚难一概而论。罗什所译《成实论》在记述部派佛教心性思想时多次用了"心性"一语。此后,北凉昙无谶的译籍也数次出现"心性"一语,如在其所译的《大方等大集经》中有多处用例:"一切众生心性

———
① 玄奘译:《瑜伽师地论》卷十三,《大正藏》第 30 卷,第 345 页下。

本净。性本净者,烦恼诸结不能染着,犹如虚空不可玷污。心性、空性等无有二,众生不知心性净故。"①《大般涅槃经》说:"心性异故,名为无常。所谓声闻心性异,缘觉心性异,诸佛心性异。……善男子,以是义故,当知心性各各别异。有别异故,当知无常。"②不过,应该特别注意,"心"、"性"连用的语意非常复杂,在不同语境之中可以有完全不同的意义,需要在文本分析中仔细辨析才行。如上引《大集经》中数例"心性"即为众生之心的本来状况,而上引《大般涅槃经》所言的"心性"显然不能作本性或本来状况理解,只能理解为"心"的性质即"体性"。

中国佛教各个宗派,甚至于不同的佛学家对于"心"与"性"的理解和诠释都有或细微或显著的差别,而各家各宗心性论的成就首先就体现在各自对"心"、"性"和"心性"范畴的独特诠释上。正因为如此,我们这里对"心性"一语采取最宽泛的界定,即"心之性质或本性"。在这一宽泛定义之下,我们才可以较为方便地对各个历史时期以及各宗各派的心性思想作些归纳和比较研究。不过,为了便于读者把握古代思想家的大致思路,我们仍然以"性宗"和"相宗"的传统分类对心性论的范畴系统作大致的说明。

中国佛学有"性宗"和"相宗"的区分。这一区分也贯穿在对"性"这一名相的不同理解上。智𫖮在《摩诃止观》卷五中释之为:"性以据内,总有三义:一不改名性。《无行经》称'不动性','性'即不改义也。又性名性分,种类之义,分分不同,各各不可改。又性是实性,实性即理性,极实无过,即佛性异名耳。"③智𫖮所说的"性分"之"性"指"自性",即诸法与众生各别的特殊规定性。用于前者不属于心性论概念,用于后者则指众生的"体性",亦即根机。如此,智𫖮所说心性论之"性"就含有"不改"、"理性"及"体性"三义。"理性"即实相、佛性、真如、法性,而受中观学影响甚深的"性宗"所认可的究极意义上的"不改"者,唯有佛性、真如。因此,上

---

① 昙无谶译:《大方等大集经》卷二,《大正藏》第13卷,第11页下。
② 昙无谶译:《大般涅槃经》卷十四,《大正藏》第12卷,第446页上。
③ 智𫖮:《摩诃止观》卷五,《大正藏》第46卷,第53页上。

述三义实际上可归并为二义:不改之性即真如理体与众生的体性。在心性论意义上,法相唯识宗所言的"识性"、"种性"、"唯识实性"和"实性"属于不同的层面。"识性"是从"心识"层面对众生的根性或本性的界定,而最根本的"识性"则是藏识;"种性"又称"种姓",即众生所具解脱成佛的"根机"或根据;"唯识实性"或简称"实性"是指"圆成实性",即真如理体。在唯识宗中,"识性"是可以改变即"转依"的,而"实性"则作为"最高真理"是不可改变的。但从哲学本体论的视域观之,"藏识之性"才是"本体",而"唯识实性"仅仅是"理体"。显然此宗所言的"理体"与心体是两分的。

如果综合以上所言,中国佛教心性论所言之"性"即可简要归结为二义:一为本体之性,在"性宗"指"理性",在"相宗"指"识性"。二为根性、体性之性,在"相宗"指种姓、种性,在"性宗"则指根机。

以上,为论述的方便而勉强对"心"、"性"二范畴作了简单的界定。在疏解过程中,我们说"性宗"的"理性"义其实就是指实相、佛性、真如、法性,而"真心"概念又与"如来藏自性清净心"密切相关。因此,佛教心性论还涉及到另外一个重要的范畴"理"。大乘佛教是以解脱成佛为终极目标的,因而佛性、佛之体性是其宗教解脱论的必然环节。大乘佛教中的"佛"实际上是一抽象理体,真如、实相、佛性、法界、法性、如来藏自性清净心,如此等等,均是佛之体性的异名。尽管这一"理体"在不同宗派中的地位不同,与主体之心的结合方式也各不相同,但所谓成佛就是修现或悟见这一"理体"的规定是相同的。大乘佛教对于"如来"的典型解释"乘如实道,来成正觉,来化群生",突出了佛的"觉他"功德,但佛之体性却是"真如理体"。不过,对于"佛性"范畴,"性宗"与"相宗"的诠释各不相同。印度护法系唯识学以"无漏种子"解释佛性,而中国的法相唯识宗则以"理佛性"和"行佛性"诠释佛性,所谓"理佛性"即真如理体。这一解释与"性宗"有些相近。中国化佛教诸宗——天台、华严和禅宗则是以"如来藏自性清净心"解释佛性的,与此相近的概念还有真如、实相、中道理体等等。这是受印度如来藏系经典,特别是南北朝时期传入中土的古唯识学影响的结果。

在佛教看来，在六道轮回之中沉沦的众生，唯一的希望和要求应该是成就佛果。因此，佛学的首要目标就应该是为众生寻找成佛的根据，而此根据必然要落实于众生之心体中方才符合佛教的解脱论原则。这样，围绕着心、佛、众生三者，以心体与理体的关系为核心，佛教的心性论体系便由此展开。在中国佛教心性论中，以中观学之实相与如来藏系的真如来诠释理体是各家各宗的通义，分歧不大。而中国佛教心性论之所以丰富而略显繁杂，很大程度上是因为诸家诸宗依据不同的经典，对于"心"及"性"赋予各不相同的意义，并且在此基础上建构起各具特色的心性论体系。

对心性问题的讨论，早在部派佛教就开始了。其互相对立的两个命题——心性本净与心性本不净，成为大乘佛教心性论的基础性范式。如来藏系经典承续的是前者，唯识学承续的是后者。中国佛教心性论是印度佛教的"继续"，也是印度佛教的发展。从"继续"而论，部派佛学的"心性本净"思想以及与此相关的如来藏学说，"心性本不净"思想以及与此相关的唯识学，均相继传入中土。从"发展"而论，中国佛教心性论也不是完全照搬印度佛学的现成思想，而是有许多变化，有许多创新。这些，不仅可以从魏晋南北朝时期的涅槃学派、地论学派及摄论学派对心性问题的讨论中看出，而且还突出地表现于隋唐时期天台、华严、禅宗等所谓中国化佛教宗派之中。然而，即便是被认为最接近印度瑜伽行派原貌的法相唯识宗，其心性论思想也有自己独特的方面，并非完全等同于印度佛学。这一方面与中国独具的文化传统及心性论特质有关，另一方面也与中国佛学大师们以"四依菩萨"精神从事的创造性诠释密切相关。与印度佛教相比，中国佛教更为重视心性问题。南北朝时期虽曾热烈地讨论过心性问题，但由于条件的限制，并未形成成熟的理论体系。不过，这一时期所形成的心性论资源，为隋唐佛教诸宗的综合创新提供了坚实的基础。迨至隋唐，中国佛教便形成了四种既具有相当理论深度，又各具特色的心性论范式。这些范式，不仅对后来的中国佛学以及儒学、道教产生了深远影响,而且对东亚其他国家的佛教也产生了相当大的影响。

综观隋唐佛教心性论,其理论体系由以下四个环节构成:其一为"心体与理体"。中国佛教心性论的首要目标是为众生成佛寻找形而上的根据,而为了将此根据落实于众生之心中,对众生本性的判定便是当然的理论前提。中国佛教心性论的根基便是如何论定众生之心体与真如理体的关系。其二为"生佛与佛性"。大乘佛教中,众生与佛的关系是一个相当重要的问题。将"心体与理体"的关系问题贯注于"生、佛"关系之中,正好是所谓"心、佛、众生""三法"之所指。其三为"唯心与唯识"。在上述问题的探讨中,由于理论本身的逻辑需要,更为重要的是宗教解脱的需要,中国古代佛学家又将其理论触觉扩展到对"色、心关系"的讨论。这样,本体与现象的关系问题便成为佛教心性论的重要内容。"色、心关系"又称"心、法关系",而佛学中的"色"与"法"并不能简单地将其与普通所说"物"或"物质"等同起来。"色"与"法"实际上是指主观意识之对象化所形成的"意义"及其"世界"。佛学之所以热衷于谈论心物关系,其深层用意在于为众生解脱成佛提供心性论依据。所谓解脱,从"心"与"法"的关系而言,其实就是斩断心与物及其"意义世界"的关联。其四为"心性与解脱",即"心性"的证得或"转变"。佛教心性论的所有理论,其归趣均指向修行解脱论。这是佛学的宗教特质使然。而中国佛教心性论的完整性和严密性正好就体现在这里。理论色彩浓厚的天台、华严、唯识、禅宗,由各自特有的心性论立场所决定,各各倡导独具自宗特色的修行解脱论。换言之,隋唐佛教诸宗无不将自家的心性论宗旨贯注于其所倡的修行解脱论之中。概括而言,隋唐佛教诸宗,特别是理论色彩浓厚的天台、法相唯识、华严、禅宗,由于对"心"、"性"二范畴及其相互关系的释义各异,因而对于生佛关系以及佛性如何落实于众生的心体之中等等重大问题的回答亦各不相同,并由此而形成了各具特色的四种心性论范式。

二、中国佛教心性论范式的比较

隋唐佛教诸宗,特别是富有理论色彩的天台、三论、法相唯识、华严、禅宗的心性论思想,吸取了南北朝时期心性问题大讨论中所积累、形成的思想资料和有益成果,各自建立了富有特色的心性论体系。上述五宗中,理论色彩浓厚的天台、华严、唯识、禅宗,由各自特有的心性论立场所决定,对于"心"、"性"二范畴及其相互关系的释义各异,因而在上述四个理论层面上都提出了各自不同的理论主张,并由此形成了各具特色的四种心性论范式。以下,我们就以上述四个层面为逻辑顺序分别对天台宗、法相唯识宗、华严宗、禅宗的心性论体系作些比较。

我们之所以以"范式"来称呼天台、华严、禅与唯识宗心性论,是因为此四宗心性思想有其一以贯之的理论基点和理论逻辑。这里所用的"范式"概念是从西方科学哲学中借用的。"范式"(Paradigm)的概念是美国哲学家托马斯·库恩首先使用的,所谓"范式",可以从两种意义上理解:一方面,它代表一特定共同体成员所共有的信念、价值、技术等等所构成的整体;另一方面,它表示这个整体之中的一种元素,能够代替明显的规则,以作为常规科学对其他谜题解答的基础[①]。库恩认为,"范式"的建立,标志着该门学科的发展已经成熟。两种"范式"或两种常规科学传统之间具有"不可通约性",即两种"范式"或两种常规科学传统所使用的理论"语言"不可能以确定真值所需要的精确性翻译为另一种理论的语言。但两者仍然是可以比较的[②]。我们之所以引入库恩的这些理论范畴来分析隋唐佛教诸宗派的心性论体系,是基于以下考量:第一,隋唐佛教心性论之所以显得比南北朝佛教心性思想成熟,一个很重要的标志就是新的用以标示心性思想的范畴的出现,而这些范畴尽管有大致相近的"所

[①] 参见[美]托马斯·库恩《科学革命的结构》,金吾伦、胡新和译,北京大学出版社2003年版,第157页。
[②] 参见金吾伦《托马斯·库恩》,三联书店香港有限公司1994年版,第119页。

指",但其内涵却有着相当大的差别。第二,由于上述原因,隋唐佛教诸宗对于心性问题的回答也各不相同,数者之间有自说自话的作派,但其体系内部却很大程度上可以自恰。第三,佛教心性论是应宗教解脱而设定的,而每一种理论体系都是由某一理论基点出发建构的,因此,对某一种理论学说的分析应该兼顾其"同"与"异"两方面。在分析其"异"时,要尽可能推究其立论的基础问题。笔者以为,引入库恩的理论范畴和方法就可以更方便地达到上述目标,也可以使我们的表述更为明晰。

佛教心性论尽管涉及的并非科学问题,而是众生解脱成佛的可能性和现实性问题,但是,隋唐佛教诸宗在解决这一宗教问题时所采用的不同方法和理论基点,使得各宗面对相同的问题却建构出了各具特色的理论体系。这些心性论体系尽管也有相同之处,也存在着相互吸收、相互融合的情况,但是各个范式之间仍然是异大于同。甚至在某种意义上,具有明显的"不可通约性"。借助于"范式"这一概念,我们更能看清楚隋唐佛教诸宗心性论的实质。具体地说,天台宗的基点和理论逻辑是"性具",华严宗为"性起",禅宗为"自心",法相唯识宗则为"藏识"。应该指出,上述四者并不处于同一理论层面。自心和藏识是众生的心体,也是诸法的本体;而"性具"和"性起"则更具涵盖性,它们分别构成天台、华严宗的整体特征。但是,从理论核心考量,以上述四者作为四种心性论范式的名称,还是比较恰切的。名称的层次不同,又恰好可以显现出四宗心性思想的关注焦点和创新之处。

天台宗的"性具"有"性具善恶"二性、"生佛互具"、"性具实相"理体等三层涵义,而"性具"逻辑贯穿于台家的染净观、生佛、心法关系以及修行解脱论之中。成立"性具"逻辑的关键就是"一念心"即"一念无明法性心"的提出。智顗所用的"一念心"范畴主要有三层含义:其一,"一念心"指"心"与外缘相遇而起动的瞬间。其二,"无明"与"法性"相即相待于"一念心"中,二者在动态中达到统一。其三,从修行实践中证悟所得之果言之,心即实相,实相即心。从上述三个层面的含义看,智顗所言的"一念心"属于"心用"的范围,其并不具有本体地位。但是,由于此"用"

不能离开心体而独立存在，因此，"一念心"与一心又是不一不异的，亦即非二非不二。智𫖮将此二者有意混淆，经常在行文中轮换使用。从"一念心"的上述释义出发，智𫖮建构了在当时最为成熟和完整的心性论思想体系。智𫖮的心性思想，是中国佛学进入以心性之学为核心的新时代的标志。但是，无庸讳言，智𫖮并未能够解决"一心"与"一念心"的合一问题。鉴于智𫖮此说的不完满，被称为天台中兴之祖的荆溪湛然于"一念心"中融入了真如理体而言"一念心性真如"。及至宋代的四明知礼则认为"一念心"本具真如理体，并且以即体即用的独特逻辑将"一念心"解释为理体与心体完全合一的心性本体。这样，经过数代天台大师的努力，"一念无明法性心"便完成了由"心用"范畴向心性本体范畴的过渡。正是从"一念心"的上述释义出发，天台宗以"性具"逻辑建构出了在中国佛教史上独具一格的心性论思想体系。

华严宗的"性起"，简单地说，就是称性而起。"性起"一语来源于晋译《华严经·宝王如来性起品》，而唐译将其改译为"如来出现品"。《华严经》此品是言佛以三身或十身出现于世来教化众生。智俨，尤其是法藏，沿用"性起"一语并赋予新的意义。概括而言，"性起"有三层涵义：其一，意指一切众生及世间万法均可于毗卢遮那佛之"海印三昧"中网罗殆尽。此中之"性"指如来之体性。这是《华严经》的原意，是从佛果或曰佛位而说的。其二，若从因位或曰众生位言之，"性起"意指一切众生都是如来性之体现，只要称性而起，便可成佛。此中之"性"即佛性，亦即如来藏。其三，不变之性即真如理体，在众生身中名为佛性，在非众生中名为法性。法藏明确将此"真体"当作一切现象赖以存在的本体，以显示"性体"的遍在性。这样，"如来性起"便意味着佛性理体之起，真如随缘义便可在此层面成立。华严宗这一理论的直接结果就是将清净的佛之体性即佛果由果位推移到因位，从而可以将众生的心体与佛之理体合一。在华严哲学中，时常将"一心"标示为"自性清净圆明体"或"一真法界"。"一心"即真心，即如来藏自性清净心。此"真心"在众生心识中言之，叫作"心体"；在法界中言之，叫作"一真法界"。它不但是众生之本体，也是世间万法之本体。华严宗心性论的特色和根基便在于,以"真心"为本体而倡导"性起"学说,并将这一逻辑线索贯彻于其心性论的各个方面。

我们这里以惠能的南宗禅为中国禅宗的代表。从心性论角度看,由达摩直至北宗禅均以"本寂真心"为本体,持心体、心用不一不异的立场,从而于修行中倡"守本真心"之静坐观心的渐修法门;南宗禅则以自心为本体,持心体、心用相即合一之立场,从而于修行中倡"明心见性"之生活化的顿悟法门。此二者确实有很大的差别。惠能禅的"自心"是一种缘构发生型的"当下现实之心",是心灵世界向外境、外物的全面开放。在开放态中,自我与外在世界在视域交融中当下证成清净的心、性合一状态。这里,未发或待构成的"自心"是真如心即真心,心体之发用流行便成有体有用的"当下现实之心"。禅宗与华严宗一样,受《起信论》影响很深,但其与华严宗强化"真心"立场不同。南宗禅将此真心加以个体化而变为"自心",再将此"自心"以"心用通性"原理加以诠释而成"当下现实之心"。从自心本体出发而倡导的"即心即佛"的迷染悟净之说,将解脱成佛完全从外在转移到众生的个体生命体之中。正源于此,才有后期禅宗随缘任运、任性逍遥的生活化的顿悟解脱方式。而禅宗所坚持的正是由惠能奠定的以"当下现实之心"来诠释的"自心"本体。而这一理论立场正是"六祖革命"的核心所在。正是在这个意义上,我们可以将惠能禅法作为中国禅宗正式立宗的标志。因为此前,无论是"东山法门",还是北宗禅,都与达摩禅的心性论没有根本的区别。所以,我们有充分的理由以自心范式概括禅宗的心性论模式。

我们将法相唯识宗的心性论称为"藏识"范式。这是因为此宗是以妄染的第八阿赖耶识为众生的心体来解决染净、善恶的生成和转化问题的。唯识宗心性论的关键是对八识的界定。八识依其功能差别而可分别称之为心、意、识,第八识为"心",第七名"意",其余名"识"。其中,第八藏识为根本识,是其余诸识的"所依"。从这个意义上说,唯识宗所立的心体为第八识即藏识。八识的性质,是唯识学研究中的疑难所在。有学者将唯识宗称之为"虚妄唯识",也有学者认为八识为"无记性"。持

"虚妄"说者认为,第八识中所蕴藏的妄染的有漏种子和纯净的无漏种子,前者为"主",后者为"客"。以此观之,阿赖耶识之"染"性潜质便成了主流,因而即可将第八识看作妄识(妄心)。持"无记性"的学者,不仅认为第八识为"无记",而且认为连前七识也是"无记"的。第八识为"无覆无记性"摄,因而其染净性仅仅呈现为一种潜质。如果以真如为所缘,则为"净";如果以有为法为所缘,则为染。具体而言,第七末那识是以第八识为所缘而执持"我"为实有,这是妄执,因此是"有覆无记"的。它与第八识的区别在于第八识之"体"是"真有",故不是"有覆",而第七识并无自体而妄执第八识之自体而为"体",故它是"有覆无记性"的。前六识可有善、恶、无记"三性",但不能单独就心法角度判定其性,而要视其所缘而定。上述两种见解,各执一端,互相辩难。在笔者看来,二说并无实质性矛盾。尽管从"现行"的层面说,第八识并未显现为"妄染",但就其两类种子的作用和地位来说,其"妄染性"无疑占主导地位。因此,在特定意义上,将唯识宗所立的第八识心体看作妄染并不算过分。

从上述四种各不相同的理论基点和理论逻辑出发,天台、华严、禅宗、唯识宗对以下五方面的问题做出了各不相同的回答:其一,众生的本性即"心体"问题;其二,理体与心体的关联,即何为"心性"的问题;其三,众生与佛的关系,即心性与佛性如何结合的问题;其四,心体与色、法的关联,即本体与现象的关系问题;其五,心性与解脱的关联,即心性论立场如何贯彻到修行解脱之道中去的问题。其中,第四方面的问题构成哲学本体论的内容,第五方面则与中国佛教心性论的基本特征密切相关。这两方面的问题,留待下一节再作讨论。这里将四宗对其余三方面的问题所作的回答作些比较分析。

众生的本性为何,是佛教心性论的首要问题。在此,若认定众生的本性为"净",则必须回答其"妄染"性的来源;若认定众生的本性为"妄",就须对转染成净如何可能做出解释。印度佛教"心性本净"说将染法的来源归结为"客"与"执"二字。前者说,此染尘来得很偶然,并且与心之本性无关。后者言此尘染本为"性空",奈何被众生认定为"实有"而生执著。这种无明之执便是尘染的来源。这些解释并未给予此问题以妥贴的答案。染、恶既然为偶然的"漂浮物"(佛家常以浮尘比喻之),为何会与心体发生这么深切的关联,且能覆藏清净之心,使之不能呈现?染、恶乃因执而有,那么,执者为谁?这里,显然隐含着一个预设:应该有超越于净心、染心之上,并且具有统合功能的主体存在。隋唐佛教诸宗大多循着这一理路讨论心性问题,并且在主体之心的基础上将此"心"本体化。综合起来,可将天台、华严、唯识宗、禅宗的相关解释分为三种模式去分析。

关于众生本性的认定,华严、禅宗同属"心性本净"模式,并且在此基础上主心体与理体合一之论。华严、禅宗所言的心体,其核心同样是"真如心"即理体。不过,华严宗的"自心清净圆明体",是自上而下,以理体来统合心体;而禅宗"自心"则是自下而上,以提升心体的方式来包融理体。正是从各自的心性本体出发,华严宗对染、妄之心的来源的解释是"依真起妄"和真妄交彻,禅宗的典型解释为"迷染悟净"。这两种解释,尽管从佛教自身的逻辑来看,似乎已经解决了问题。但若以现代哲学标准衡量,则并未给予此问题以根源性说明。华严宗的解释,实际上只是对真心和妄心在众生之心中的存在状况作了分析性说明,并未真正解决依真起妄的可能性问题。禅宗以"迷染悟净"来解释染、净的转换,实际上更为强调"自心"所具的迷、悟功能。如果要再行追问这一功能的来源,禅宗的理论就无法自圆其说了。

与华严和禅宗相比,天台宗较为成功地解决了心性的善恶起源问题,其理论成果就是"性具善恶"说。而法相唯识宗则以妄染的阿赖耶识为核心界定众生的本性,其中有两个环节相当重要:其一,以"主染客净"模式界定藏识之中的有漏、无漏种子;其二,以"亦本亦始"论说明染、净种子的来源。实际上,唯识学的主流接受的是小乘佛学"心性本不净"的说法,而将妄染性当作众生之心的本性,将净性当作"客居"。中国的法相唯识宗以印度护法的"亦本亦新"说论定种子的来源。这样,善恶、染净都有本有的一面,又有新熏的一面。众生之所以是众生,是因为其本有的无漏种子很微弱,因而其本性从总体而言,仍然是妄染的。在此,唯识宗持鲜明的心体、理体两分的立场,以"三性"、"三无性"连接理体与心体,即以与阿赖耶识为"所依"的依他起性为核心联结心体与理体。此宗严格区分心体与理体、"有为法"与"无为法",藏识只能作"有为法"的"所依",并不能作"无为法"的所依。唯识宗的所长在于,以"种子生现行,现行熏种子"的模式来解释语言及其意义世界的生起,即"染法"的生成问题。但它却拙于回答如何可能依于虚妄的藏识之中所蕴藏的清净种子即可转依成佛的问题。与天台、华严、禅宗的心性论范式相比较,唯识宗的"转识成智"论缺乏本体论的深度。其之所以被称之为"难行道",与其对"无漏的最初一念"如何产生这一心性解脱论的关键问题的回答有关联。

佛教心性论的另一重要问题是众生与佛的关系问题。对这一问题的回答,最能体现四种心性论范式的特色和区别。天台宗以"性具善恶"思想为根基言"生佛互具",众生与佛、心三者同格互具,三者各自具足其他二者。也就是:心具众生与佛、佛具心与众生、众生具心与佛。这里面蕴含着天台宗的生佛平等观念。不过,所谓平等,也只是就"性具"即"约体"而说,但约修造言,凡夫与佛仍差别互隔。因此,天台宗虽言"性具善恶"却建构了较为严整的止观法门。华严宗是以"即生即佛"来论定生佛关系的。在华严宗看来,众生本非众生,诸佛亦非诸佛。二者乃是随缘所立之假名,约体权施之名号,因而并无众生、诸佛可求。若以常情俗谛言,则有生、佛二界差别;如约智慧真谛说,实乃生、佛一如。这一结论是其"性起"逻辑的必然推论,距禅宗的"即心即佛"说仅一步之遥。

禅宗以"即心即佛"与"非心非佛"来论定众生与佛的关系,而此处所言之心就是禅宗特有的"自心"。在禅宗看来,众生的"自心"就是佛,众生之心就是佛性,心外无别佛,佛外无别心,心、佛一体而无分别。这是"即心即佛"的第一层含义。但是,倡"即心即佛"并不是说,众生与佛没有任何区别。众生与佛的区别就在于迷与悟,若悟自心自性,众生就是佛。这是"即心即佛"说的第二层含义。第三,同样言"即心即佛",洪州禅系与石头禅系仍有重大差别。洪州禅系惯于以"性在作用"主导下的"平常心"来诠释"即心即佛",而石头禅系则惯于以本觉真心来诠释"即心即佛"。所谓"非心非佛"是马祖道一为防止众生对"心"的执著而提出来的,其旨趣与"即心即佛"说一致而互补。如果说,"即心即佛"说是对自心及佛的存在性的正面肯定的话,"非心非佛"说则是以"遮"的否定方式告诉禅人,自心、佛的"有"须与"无"结合起来理解才恰如其分。将"即心即佛"与"非心非佛"合观,恰恰构成"三是偈"的中道模式。正是从这一角度出发,石头禅系在某种程度上,也赞同"非心非佛"的说法。

从理体与心体两分的"心体"论论之,法相唯识宗必然坚持生、佛两界的立场。这一点,从其"转依"论看得很清楚,而这一立场是其对印度唯识学的直接继承。中土的唯识宗在坚持印度唯识学"五种姓"说所论定的"一分无性"立场的情况下,力图泯平己宗在生佛关系上与其他宗派的差异。中土唯识宗所言佛性有两大特点:一是在本宗所持真如理体与识体剥离为二的立场上,将一切众生皆有佛性变换成一切众生皆有"理佛性";二是将有漏种子当作佛性,并且以其遍在性而化解"一分无性"与一切皆有佛性之说的对立。不过,提倡"一分阐提"没有无漏种子之说,同时也意味着此类众生的心体即藏识是纯粹妄染的。唯识宗的这一变化,从理论上说,并不十分严密。但也同时说明,在"一切皆成"说占据主导的中土,持"一分无性"立场,显得有些不合时宜。

从上面的分析可以看出,天台、华严、禅宗与唯识宗的生佛关系观,可分为两类:一是主生佛两界的唯识宗,二是主生佛一体的其余三宗。不过,同样是主生佛一体,天台的"互具"、华严的"互即"与禅宗的"即心即佛",在众生与佛合一的程度上仍是有显著区别的。其中,"同格互具"则须有别体自存;"即生即佛"是众生与佛同具真如理体基础上的相即相入,仍有两体的嫌疑;唯有禅宗的"即心即佛"将佛完全地置于众生的自心之中。可以说,禅宗的"心外无佛"之说是中国佛教心性论发展的最成熟形态。

长期以来,学术界曾有一种观点,即将天台、华严、禅宗的心性论范式同样称为"真常唯心论",意为此三宗同尊真心为众生之不变的心体。但从上述分析可以看出,这种概括显得有点笼统。同样力主心性合一,天台宗的"性具"范式、华严宗的"性起"范式与禅宗的"自心"范式所主心性本体并不相同:天台宗为"一念心无明法性心",华严宗为"自性清净圆明体",禅宗则为"当下现实之心"。不过,上述三宗却并不完全排斥他方,表现出较为明显的融合性。无论从"中道"的方法论,还是从"判教"所遵循的原则去看,三宗的心性论确实也有不少可以融通的地方。即便是与此三宗区别甚为明显的法相唯识宗,也在面对中土特殊的文化传统之时,在某些方面不得不对所尊印度学说做出若干改变。最突出的就是窥基及其弟子慧沼以"理佛性"、"行佛性"去融通"一分无性"与"一切皆成"之间的对立。隋唐佛教心性论之所以互相吸收对方的理论,除佛学本身所具的圆融传统之外,更重要的原因在于:无论确立何种理论立场,都无法周全地解释所有心性论方面的问题。换言之,四宗的大师都不同程度地看到了己宗的缺陷和他宗的优长,所以才在不改变己宗理论特色的前提下,对他宗的心性论命题作些吸收转化。这种趋势,越往后越明显,宋代以后,简直成为时代潮流。但是,也应该看到,由于四种心性论范式的理论基础相距甚远,因而这些吸收往往更多地呈现出油水分离之态。因此,中国佛教诸宗心性论之间的"不可通约性"要远远大于其圆融性。

三、中国佛教心性本体论的基本特征

佛教心性论起因于对解脱主体原本状态的探究,而从深层次上说,也有解脱之前的"心"与解脱之后的"心"是否同一的问题。这就是小乘佛学"心性本净"与"心性本不净"之论所阐述的主题。而中国佛教心性论在继承小乘佛教心性思想所昭示的思辨理路之外,也同时受到大乘中观学和如来藏思想的洗礼,因而所论及的问题无疑比印度佛学的心性思想更为复杂。综合起来,中国佛教心性论的形而上特征体现为:其一,对众生之心的原本状态的不断追寻,并将其与解脱论相联系,从而形成了

返本还源的修证路径。其二,将"佛"视为抽象理体,并在此基点上将心性论的着重点置于探讨佛与众生即"理体"与心体的关系上。其三,受中国传统思维倾向的影响,比较明确地探讨了本体与现象的关系问题,也就是以"心"为世间诸法的最终原因即"本根"。

"心体"、"理体"是中国佛教心性论建构其形而上学体系时最为重要的思维层面。对于"心体",各宗均有不同说法和名称。如前所析,天台宗称其为"一念无明法性心",华严宗称其为"自性清净圆明体"或"一真法界",禅宗称其为"自心",而法相唯识宗称其为阿赖耶识。至于"理体",各宗各家所言涵义基本一致,只是在中国佛学中具有"理体"地位的概念不只一个。"实相"、"真如"、"如如"、"法性"、"实际"等等,均属于对"理体"的不同称呼,数者名异义近,在具体诠释和实际运用中也有细微差别。"真如"、"如如"意为如同其真实的所是;"法性"即是"性空",指诸法的真实本性就是"空";"实相"、"实际"是指一切事物的真实、常住不变的实际相状,亦即无差别的最高真理。在这些概念之中,"实相"范畴最为通用。中观学的"实相"范畴有三方面的含义:其一,从认识论言,"实相"即佛教所讲的"客观真理"、万物的本相。般若中观学认为万有的真相是空、毕竟空,又是非有非无的中道。其二,从修行论言,"实相"为涅槃,即证得的方法如其所是地完全显现出来的相状及境界。涅槃与世间不二,涅槃即是普遍存在于一切世间法中的法性,所以并非离世间之事物而另有"实相"。既然世间与涅槃不二,那么离世间求取涅槃当然就是不可得的。其三,从"本体论"言之,"实相"也是世间诸法得以成立的最终根据。在此,中观学明确地将"空"当作诸法成立的前提。"空"与诸法构成相依相待的关系,若缺少"空性"即"实相",世间诸法就不可能存在。如此看来,"实相"既是最高真理、成佛之境界,也是世间诸法的"本体"。印度中观学的这一"理体"观对中国佛教心性论产生了深远影响。在印度中观学中,"实相"即"空性",并不能完全当作实体看待,准确地言之则相当于"实在"(Reality)。受中国传统思想,特别是道家和玄学的"本体论"所具的实体化倾向的影响,"六家七宗"以及庐山慧远等等的实体化倾向比较明显。而鸠摩罗什的弟子僧肇、僧叡、道生则在融会贯通中观学的基础上对中国佛学中过于"实体化"的观点作了清算，为中国佛教心性本体论的产生和发展奠定了较为纯正的大乘佛学基础。特别是道生，将法性、理、实相、佛、佛性等等概念融通起来统一于"理"，并在此基础上提炼出"佛性我"的概念，为中国佛教心性论的形而上学化奠定了基础。在此背景之下，中国化佛学才对如来藏系经典格外重视，并且致力于探讨将如来藏自性清净心与真如理体相结合的可能理路。

如前所论，以心体为基点，将理体落实于心体就形成了"心性本体"，这是中国化佛教诸宗心性论的要点之一。天台宗确立的心性本体为"一念无明法性心"，华严宗确立的心性本体为"自性清净圆明体"即"一真法界"，禅宗的心性本体为"自心"，而法相唯识宗则持心体与理体两分的立场，其心体即阿赖耶识内含的无漏种子是连接心体与理体的媒介。上述四宗的心性本体都具有实体化的倾向——将心性本体当作确定的、真实的存在，但与将实体视为独立存在、没有活动的"绝对"的西方哲学，却是迥然不同的。无论是天台宗的"一念心"、华严宗的"真心"，还是唯识宗的阿赖耶识，都是一种动态的、可修、可证的心性本体。因为这些"本体"均是以众生之心即心体为基石、以解脱成佛即涅槃境界为修行目标的，所以，生命机体本身的活力与修行解脱之路所特有的"过程性"，使中国佛学的本体论成为一种机体主义的存在哲学、生命哲学和人本哲学。这也可以从中国佛教心性论的"体用观"上看出来。

体用范畴的涵义相当复杂，大致而言，"体"指主体、实体、本体，"用"指作用、功能、效用。也可以将"用"当作"现象"理解，如此一来，体用就构成本体与现象的关系。佛学中"体"的概念运用范围非常宽泛，如"法体"、"自体"、"体性"均可简称为"体"。在佛学的体用关系中，"体"指法体，"用"指作用、功能。此处的"法"包括世间一切事物、现象，最详细而典型的归纳就是法相唯识学的"五位百法"。而众生之心就包含在"法"里面而被称之为"心法"。因此，佛教心性论所涉及的"体"是指"心体"，也就是心性本体；"用"指"心用"，也就是心体的发用流行。在中国哲学中,体用观念萌芽很早,但真正成为哲学范畴则是由魏晋玄学所奠定。印度佛学也使用这一对范畴,大多以"作用"理解"用",并且认为体与用是非一非异的关系,而中国佛学大多主张体用合一、即体即用。中国化佛学受到《大乘起信论》影响,提倡体与用的相即、合一,这与印度佛学大异其趣。《大乘起信论》是以体、相、用相即不离的"三大"说来建构其心性论体系的。而天台、华严、禅宗所建构的"心性本体"明显地承袭了《起信论》的这一理论模式。

　　天台宗的"一念无明法性心"正是依"体用相即"的理路建构而成的。"一念心"本来是指心的瞬间起用,属于"心用"范畴,而"法性心"则相当于《起信论》所说的"真如心"。天台宗将此"心念"依体、用相即的逻辑和中道的思维方式与"法性"理体结合起来,就成为本宗的心性本体。智𫖮说过:"心是诸法之本,心即总也。别说有三种心:烦恼心是三支,苦果心是七支,业心是二支。苦心即法身,是心体;烦恼心即般若,是心宗;业心即解脱,是心用。"①理解这段话语的基础是智𫖮从"观心"层面对"十二因缘"的独特解释。在智𫖮看来,"上上智者"观"十二因缘"则"知十二支三道即是三德","烦恼道即般若,当知烦恼不暗,般若即烦恼。""业道即是解脱者,当知业道非缚,解脱即业者,脱非自在,业非缚故,何所可离?脱非自在,何所可得?""苦道即法身者,当知苦非生死,法身即生死。法身非乐,苦非生死,何所可忧?法身非乐,何所可喜?""如是观者,三道不异三德,三德不异三道,亦于三道具一切佛法。"②在此,智𫖮以"体"、"宗"、"用"三者的开、合来说明"烦恼不离菩提"、"生死即涅槃"圆融互具的道理。此外,智𫖮在许多著述中,常常将"三心"、三佛性等等联系起来,以"一心三观"和三谛圆融的逻辑去说明。在天台哲学中,三因佛性可以与"三心"互释。正因佛性一般指诸法实相,缘因佛性指功德、修行和诸法假相,而了因佛性则指般若观照。二者互释可知,苦心即法身,即正因佛

---

① 智𫖮:《法华玄义》卷一下,《大正藏》第33卷,第685页下—686页上。
② 智𫖮:《法华玄义》卷三上,《大正藏》第33卷,第711页中。

性,即中道理体,也就是心体;苦果心即烦恼心,即了因佛性,即般若观照,也就是心宗;业心即解脱,即缘因佛性,也就是心用。天台宗以为,正因佛性是非善非恶、非染非净,而心体即"自心清净心,即是正因,为佛体。"①正因佛性与佛之体性是一致的,这也就是众生原本清净的心体,而了因佛性、缘因佛性与众生的现实之心相合,就有善恶、染净之别。这就是心宗、心用。所谓"一念无明法性心"正是心体、心宗、心用三者相即合一的心性本体②。

华严宗更直接沿用了《起信论》的如来藏真心缘起说,但将《起信论》的体、相、用简化为理、事与体、用关系,用更为抽象、简明的"二分法"代替了"三分法"。这是华严哲学对佛学体用观的重大贡献。法藏曾这样来论说体用关系:"观体用者,谓了达尘无生无性一味,是体;智照理时,不碍事相宛然,是用。事虽宛然,恒无所有,是故用即体也,如会百川以归于海。理虽一味,恒自随缘,是故体即用也,如举大海以明百川。由理事互融,故体用自在。若相入,则用开差别;若相即,乃体恒一味。恒一恒二,是为体用也。"③这段引文将华严宗"体为用本,用依体起"④的体用观表达得很清晰。华严宗心性论的核心就是依于"自性清净圆明体"起"二用",法藏这样说:"依体起二用者,谓依前净体,起于二用:一者,海印森罗常住用,言海印者,真如本觉也。……二者,法界圆明自在用,是华严三昧也。"⑤法藏将"海印三昧"定义为真如本觉之现起,而"华严三昧"则是说心体具有一切修行功德。前者为所证得的佛果,后者为能证佛果之因,二者同为心体所起之大用。这样的依体所起的二用,便可将佛教的本体论与修行解脱论融合为一体。与天台宗的创始人智顗相比,法藏对体用关系的论述更多,也更为明晰。华严宗的体用观对唐代以后的天

---

① 智顗:《法华玄义》卷二上,《大正藏》第 33 卷,第 695 页上。
② 智顗之后,湛然、知礼等也采用更为简明的"心体"、"心用"二分来说明"一念心"。
③ 法藏:《华严经义海百门·体用开合门》第九,《大正藏》第 45 卷,第 635 页上。
④ 同上,第 635 页中。
⑤ 法藏:《修华严奥旨妄尽还源观》,《大正藏》第 45 卷,第 637 页中—下。

台哲学和后期禅宗产生过直接影响。

体用合一也是禅宗建构其心性论体系的重要方法。这突出地表现在《坛经》的"三无"之旨和"心用通性"的体用一如观上。惠能以无相、无住、无念诠释众生之心的体、相、用,以为从此悟入便可见性成佛。其中,心相和心用在禅宗中可合称为"心用"。六祖"革命"就体现在以"心用通性"原理将真如心落实于众生的个体之心中。在禅宗心性论中,未发或待构成的心是真如心即真心,心体之发用便构成体用一如的"当下现实之心"。这一理路被后来的洪州禅系发展为"性在作用"。而与洪州禅系略有区别的石头禅系之所以在坚持禅宗"自心"本体的前提下,有向真心偏移的倾向,一个重要的原因就是较多地受到华严宗体用、理事观的影响。但无论如何,在佛教哲学中,仍然数禅宗的体用合一程度最高,也最为成熟。

应该特别指出,隋唐佛教诸宗的体用观是相互影响的。在各宗的实际创始者那里,在中国佛教心性论之中,各宗的体用观即如上所论。但至后期,如天台宗的湛然、知礼及华严宗的澄观、宗密等等,大多采用心体、心用的二分法。后期禅宗也是如此。

"心"既是众生解脱成佛的主体,也是世间"诸法"之所以"生起"、"存在"的最终根据。因此,隋唐佛教诸宗所确立的心性本体便一身兼二任,既是"人本"和修行意义上的本体,也是现象世界的本体。大乘佛学一向以"心生万法"为共许的命题,其所言"心生,一切法生;心灭,一切法灭",着重于探究"法"与心的特殊关联。佛教以为人生痛苦的根源在于主体之心与客体之"法"、色、境的二元对立。这里的"法"、境、色实际上指的是主体之心因对象化而形成的意义世界。由此,佛教认为众生之心是万物意义的给予者,并且是将此意义加以确定的执持者。从这个意义上说,佛教唯心论是以"心"为基点的对存在的"意义"的追究。它并不主张万物以"心"的存在为其存在的前提,而是言万物因心而有意义的生成。这种生成论与一般所说的宇宙生成论和以"是"为核心的哲学本体论,有着很大的区别。以下以唯识、天台、华严为例对中国佛学的本体论略作分析说明。

法相唯识宗的本体论命题"唯识无境"有三层涵义：其一，以"唯"而遮外境，证成境无识有；其二，识体即"唯"，识相及认识功能皆不离此识体；其三，境无而非有，识有而仍空，不可定执两边，而应取中道。这里的关键有二：一是唯识宗着力所否定的并不是纯粹的物质世界，而是由"语言"及其意义构成的世界。对象世界及其显现之境，乃是众生之见分产生相分的结果，而其本体依据则是作为心体的第八识。在唯识学看来，正是众生心体（阿赖耶识）所蕴藏的"名言种子"之现行，才有虚妄分别而假立的外在世界。其二，境乃由识变现，因而认识活动也是主体对于"识"自体所变现出来的相分的认识。所谓"转依"即解脱成佛就是从"名言"及其妄计所成的意义世界脱离，而显现出被遍计所执的错误认识所遮蔽的真如实性。法相唯识宗以"五位百法"分析现象世界，其基本理路是将"世界"两分为"有为法"和"无为法"。其中，"无为法"即真如理体，也就是佛智；"有为法"则指世俗世界的所有内容，包括众生的肉体存在和精神活动以及客观的物质世界。应该指出，唯识学被许多学者目为"多重本体论"，这种看法其实是一种误解，唯识学所言的"本体"只有一个，这就是藏识即第八识。藏识是一动态性的存在，其本身就包含在"有为法"之中。这与一般哲学所说永恒不变的"本体"不同。唯识学虽言"三能变"，但第二能变即第七识、第三能变即前六识均以第八识为依止，它们并非最终的依据，因而不能作为"本体"看待。而种子、功能、习气、阿赖耶、阿陀那等名都是对第八识不同侧面的的展示，并不能再于第八识之中排比出一个所谓的另一重"本体"来。至于"真如理体"即"无为法"，在唯识宗思想中并不与"有为法"发生直接关联，它只是众生修行成佛时心体的"所缘缘"和佛之体性即法身，并不具备现象界之"本体"的地位。

天台宗以"一念心"本体为基点而成立一念三千的本体论模式，湛然在《十不二门》中以"色心不二"、"内外不二"等命题深化了本宗的本体论。所谓"一念三千"是说众生的每"一念心"都同时具足三千法界或三千种世间。天台家认为,世间诸法虽然纷然杂陈,但归根结底都在众生的"一念心"中。三千世间本具心中,它的存在与"心"密切相关。既非"从一心生一切法",也非"心一时含一切法",而是"心是一切法,一切法是心"①。这里,智顗尽管在竭力避免以"依持"和"生成"论定"心"与"诸法"的关系,但在"一念心"与"诸法"之间仍然有着主、客体的对立。荆溪湛然也言"变造",但其更多的是从"即心"的角度而言的。所谓"即心名变,变名为造,造谓体用"②,是说一切诸法都是"心体"发用的结果。从体与用相即不离的角度言之,"心"与"法"未曾相离,因而不存在"心"之外的"变造"问题。这种说法,"唯心"的倾向显然更加深了。

华严宗以"自性清净圆明体"本体为基点而成立真如随缘、法界圆融的本体论模式。华严学者引入唯识学的"三性"说并将其加以创造性诠释来证成"真如随缘、随缘不变"之说。法藏将真如的"不变"性当作能随缘的前提条件。真如依随缘义,才能表现不变之理,如果没有随缘义,也就没有不变义;反过来,真如有不变义,才能随缘显现世间万象,依不变之理,才能显现随缘义,如果没有不变,也就没有变。不变与随缘相反相成,绝对(不变)与相对(随缘)相互依存。在华严哲学中,"真如随缘"论是其证成法界圆融理论的逻辑前提,而四法界——理法界、事法界、理事无碍法界、事事无碍法界,是其对本体界和现象界的独特区分。华严宗倡法界圆融有两层相互联系的涵义:一是将诸法分为理法界和事法界两部分,这与西方哲学的本体界和现象界的二分法有些类似。二是真如理体遍在于万事万物之中,每个事中都包含了作为"大全"的理。三是由于"事"与"事"都平等地包含了真如理体,因此,"事"或色之真空本性则决定了事与事之圆融。这是说,事与事也是"相即相入"的。在此,四法界理论涵摄了两个本体论原则:一是理优先于事的原则,理作为"一般",作为本体,比事、用、个别更为根本;二是理同于一心,故曰"一真法界"。因

---

① 智顗:《摩诃止观》卷五上,《大正藏》第 46 卷,第 54 页上。
② 湛然:《十不二门》,《大正藏》第 46 卷,第 703 页上。

此,四法界的圆融无碍,实际上是真心本体的遍在性、绝对性之展示,其"十玄"学说的核心——"唯心回转善成门"强化了其哲学本体论的"唯心论"立场。澄观所言"总该万有,即是一心;然心融万有,便成四种法界"①,准确地概括了法界圆融的真意所在。

从总体上说,中国佛教的哲学本体论始终是在生成论、本根论、本质论、认识论数者的纠葛融合中展开其理论思辨的,因而佛学大师们的论述有时会显得驳杂而分散。其中,解脱成佛的目的是产生这种本体论的根源。佛教的解脱其实就是观念的彻底转换,也就是所谓以大乘佛教的最高真理"空"为究极真理,因而以佛教的真理观去认识、分析世间万物以及世俗现象便成为逻辑的必然。佛教以"心"为解脱主体,"心"的根本目标就是去体验、证得"空"理。从总体上说,佛教并不否定外物的存在,只是强调这种存在是虚假的,暂时的,而人们却误以为它们是永恒的实体。唯识学以"意义"和"语言"去解释世间诸法,而"心"所具有的将"意义"和"语言"对象化并加以执持的"习气"是形成"现象界"即"有为法"的究极原因。而中国化佛教诸宗则在这种"生成论"、本根论的基础上,力图以新的范式解释"心"与"法"的关系。天台宗创造出"性具"说,华严宗创造出"四法界"论。与唯识学的"意义生成论"相比,二者的明显进展在于倡导本体与现象的相即或互具,也就是即体即用,表现在其学说之中就是"色心不二"论以及"理事圆融"所蕴含的色与心、理与事的平等观念。但这种较为明显的脱离"生成论"的愿望,并未完全实现。在其论述过程中,仍然时时将"生成论"观念混杂于其中。

尽管中国佛学也讨论本体和现象、心与外部世界的关系,所涉及的问题貌似哲学的基本问题,有时也采用世俗哲学的话语方式和方法论,但它并不是从一般意义上去建构哲学本体论。佛学本体论的原本意图是"认识论"的,哲学本体论之思只是其"方便"。大乘佛教在中观学之后所讲的本体论,虽对本体的命名不同,但都不是孤立地对世间万物进行

---

① 宗密:《注华严法界观门》引澄观语,《大正藏》第45卷,第684页中。

抽象分析而追究万物的根源性,而是联系佛教的终极目标对万法的本质加以说明。因此,中国佛教本体论既具有一般哲学本体论的特点,又具有宗教品格的可证、可修、可悟的特征。"佛"其实就是抽象的真如理体本身,在中国化佛教中,此真如理体其实就是众生的心性本体;而在法相唯识宗中,真如理体则是由众生之心体"转依"而证得的。佛教僧侣之所以热衷于探讨这些问题,归根结底是为了论证众生成佛如何可能以及如何实践的问题。作为为修行解脱提供理论基础的佛教心性之学,中国佛教心性论所具有的哲学思辨性和智慧解脱的双重取向,使其既有世俗哲学本体论的致思倾向,又有与欧洲中世纪经院神学相类似的"神学"本体论的性质。这是中国佛教心性本体论所特有的二重性质。

第二节　中国佛学的思维特点

与中国传统哲学相比,中国佛学在哲学思维方面也有自己独特的方面。其中,最突出的是中道思维和圆融思维。中道思维更多地来自印度中观学,而圆融思维则更多地归功于中土僧人在中道观基础上的再创造。由中道方法所内涵的"二谛论",吉藏引申出了其"四重二谛"与"理超四句"的真理观,天台宗则从中引申出了"三谛圆融"的方法论原则,华严宗则引申出了"相即相入"的逻辑方法。以上数者,我们认为可以算作佛学对中国哲学思维的最显著贡献。

一、吉藏与中道思维

吉藏与三论宗是紧密相连的。所谓"三论"是中土对龙树颂青目释的《中论》、龙树的《十二门论》、提婆颂婆薮释的《百论》的概括性称呼。这三种经论都是鸠摩罗什所译,在南北朝时期成为中土僧人细心研习的重要佛教典籍。关于"三论宗"的宗系,传统上依据日本僧人凝然《八宗纲要》的说法,以为三论宗起自罗什,至吉藏已经传授七代。实际上,"三论学传承关系由僧朗至吉藏一段是的然有据,但罗什至僧朗一节则暧昧不清,且被以上三书①列入'三论宗'系谱中人,均未尝以'三论宗'自命其学。因此,若从历史立场看,所谓'三论宗'只不过是后人在对佛教各传统作整理时所安立的名辞,视作为一思想潮流无可厚非,若必要模仿日后禅宗与日本佛教宗派成例,替它订立一先后相承的谱系,难免会出现许多穿凿和争论。"②此外,在吉藏圆寂后,单独的三论传承宣告结束,而"三论"所代表的中道思维成为隋唐佛教其他宗派创立自己思想体系的理论方法。因此,三论宗是否是一个严格的佛教派别是有疑问的。在此,为了叙述问题的方便,我们姑且沿用传统的看法。

吉藏(594—623年),俗姓安,祖籍为西域安息,先世迁居金陵而生吉藏。七岁时,随法朗出家,受戒之后学解日进,声望日高。隋平定江浙以后,吉藏移居会稽秦望山嘉祥寺,从其受学者多达千人。隋开皇末,吉藏受晋王杨广邀请移住扬州慧日道场。开皇十九年(599年),吉藏随晋王至长安,被安置在京师日严寺。唐代武德初年,吉藏被朝廷选为十大德之一,武德六年(623年)五月圆寂,世寿七十五岁。吉藏的学说渊源于摄山学系,一生学问有三变:最初宗承法朗,深究《三论》和《涅槃》;继而摄取天台思想;最后,倾其全力于"三论"的宣扬,撰著《三论玄义》,建立了自己的宗要。从总体上概括,吉藏的思想有两大要点:一是以单、复四句及四重二谛的观点阐述中观思想;二是接续道生所开创的方向而倡言"中道佛性"。

二谛论和中道观是中观思想的核心,作为中土三论宗的理论大师,吉藏学说的创发性也主要集中于此。吉藏在继承印度中观思想的基础上,一方面对南北朝诸家师说做了批判性清理,另一方面又不可避免地受盛行中土的涅槃佛性学说和唯识古学的影响,对印度中观学说做了些许改变。前者集中体现在"四重二谛"的归纳说明上,后者中最突出的则莫过于"以中道为二谛体"及"以中道释佛性"的主张。

---

① 凝然《八宗纲要》、田慧云《三论宗纲要》、境野黄洋《支那佛教史讲话》。
② 廖明活:《嘉祥吉藏学说》,台湾学生书局1985年版,第14—15页。

"二谛"在佛学中一般指真谛和俗谛,前者又名胜义谛、第一义谛或空谛,后者又名世谛、世欲谛或有谛。二谛理论,印度大乘佛教都讲,但诸派所言略有不同。龙树的《中论·观四谛品》中说:"诸佛依二谛,为众生说法:一以世俗谛,二第一义谛。若人不能知,分别于二谛,则于深佛法,不知真实义。"①提婆的《百论·破空品》则云:"诸佛说法,常依俗谛、第一义谛,是二皆实,非妄语也。"②可见,龙树、提婆是将二谛看作佛说法的两种言说方式,都属于言教。青目在解释上引《中论》的两颂时说,世俗谛阐明虚妄法,对于世间是实在;第一义谛阐明法空,对于圣人是实在。这一解释是符合龙树原意的。清辨又将真谛一分为二,分为可以用语言表达的绝对和不可用语言表达的绝对。日本学者③将前者称之为言教的真谛,将后者称之为理的真谛。这种区分大致相当于《大乘起信论》的离言真如与依言真如的区分。吉藏的说法与清辨所言不同而近于龙树之说。吉藏是竭力反对成实师之"境二谛"而倡"教二谛"的。为详细说明言教二谛,吉藏提到了"于二谛"、"教二谛"的名目:"有两种二谛:一于谛,二教谛。于谛者,如《论》文:诸法性空,世间颠倒谓有;于世人为实,名之为谛。诸贤圣真知颠倒;性空于圣人是实,名之为谛。此即二于谛。诸佛依此而说,名为教谛也。"④所谓"于二谛"可从两方面看:世人不明诸法性空而倒执其为实有,在世间凡夫看来是"实",故称此为"于谛"之俗谛;反之,诸贤圣则知世间诸法性空非有,性空在贤人看来是"实"(即真理),故称此为"于谛"之真谛。诸佛为了引导凡夫走上解脱之路,偶尔也会以方便而说万物为实际存在。但诸佛的这一说法却不同于凡夫之执有为"实"。因为佛是知其非实而姑妄说之的,当然不同于"于二谛"之俗谛,而属"教二谛"之俗谛。在此,须特别强调吉藏对"教二谛"之真谛的解释。佛陀依据"于二谛"之真谛宣说的万法性空之理或境,虽然

---

① 《中论》卷四,《藏要》第 2 册,第 1029 页。
② 罗什译:《百论》卷下,《藏要》第 6 册,第 582 页。
③ 参见《宇井伯寿著作选集》第五卷、木末刚博《东方合理思想》等。
④ 吉藏:《二谛义》,《大正藏》第 45 卷,第 86 页下。

有别于圣者的执其为"实际存在",但仍属言教范围,此"教二谛"之真谛并非三论宗的最高真理。吉藏明确指出,诸法实相是"绝四句"的,是不可言诠的。因此,即便是"教二谛"之真谛亦非"实相",何况清辨所言之"真谛"呢?吉藏相当明确地将二谛当作"理"、"教"及"境"均非究竟之谈,而系方便施设,仍须破除。在吉藏看来,究竟的真理既不是俗谛也不是真谛,而是"非真非俗"之中道。

"中道"是般若学最基本的范畴,但在龙树哲学中其确切含义为何,近代学者并未取得一致意见。从《中论》全书之侧重来看,以"八不"言中道是其核心,但中国佛教着重引申的却是"三是偈"。龙树在《中论·观四谛品》有偈云:"众因缘生法,我说即是空,亦为是假名,亦是中道义。"对于此偈,历来有不同的解释。近代许多学者依据存世的梵文原本再辅之于青目、月称等人的解释认为,此偈中"众因缘生法"是主词,"我说即是空"是其谓词,而第三句、第四句则是对"我说即是空"的说明解释。这样,全偈的含义就变成了"因缘法"即空,空即假名即中道①。传统的中国佛学家是以首句"众因缘生法"为全偈之主词,而以其余三偈为谓词;其中第二句、第三句是对主词作的两种不同角度的说明,第四句"亦是中道义"则是对于"空"与"假名"综合而成"中道义"。这一解释为中国古代大多数佛教宗派所接受,天台宗以此为据发展出"三谛"说,三论宗则据此诠释其独特的中道二谛观。

对于中道与二谛的关系,吉藏在《大乘玄论》中曾列出当时流行的五种说法②:其一,以俗谛之"有"为体,真谛之空为用;其二,以真谛之空为体,俗谛之有为用;其三,二谛各自有体;其四,二谛之体为一,但作用却分为二;其五,二谛以中道为体。对于上述五说,吉藏均不赞成。前二种或者偏于"有"而论二谛之本质,或者偏于"空"而言之,都是不符合中观学原理的。而第三、四两种说法,或将"体"分为二,或将体、用分列,太过

---

① 参见印顺《中观论颂讲记》等。
② 吉藏:《大乘玄论》卷一,《大正藏》第45卷,第19页上。

支离，与中观理论相距更远。相对而言，第五种看法近于吉藏之说，但只是貌似而实质大异。吉藏以为中道为"第三谛"："今意有第三谛，彼无第三谛。彼以理为谛，今以教为谛。彼以二谛为天然之理，今明唯一实谛，方便说二。"①在这里，吉藏将中道作为"唯一实谛"，而将俗谛、真谛作为方便说，这样便有了真、俗、中道三谛。这一说法与吉藏的"四重二谛"之第四重照应。所谓四重二谛，吉藏说："他但以有为世谛，空为真谛。今明若有若空，皆是世谛，非空非有，始名真谛。三者，空有为二，非空有为不二，二与不二，皆是世谛，非二非不二，名为真谛。四者，此三种二谛，皆是教门，说此三门，为令悟不三，无所依得，始名为理。"②这里的"说此三门，为令悟不三"中的"不三"即指"三谛"而言。

吉藏将中道从真、俗二谛中分离出来，并且以中道作为二谛之体——本质或本体。这一说法在印度中观学中是难于想象的，但却与稍前于吉藏的天台宗智𫖮所见略同。在此，我们不想过多地纠缠于中、印佛学的得失评价上，而是想尽可能准确地界定一下吉藏所言中道的含义。

吉藏所言中道第三谛大致有三层含义：第一，中道是非真非俗之二谛合明。吉藏曾将此义与开善智藏所言作过比较："二谛合明中道者，非真非俗为二谛合明中道，此异真谛中道。真谛中非有非无，不非真非俗；二谛合明中道即非真非俗也。"③第二，中道是绝于四句、离于语言的。吉藏曾明确讲过："二谛非一非异，离四句为体。亦明非一非异，非不相离即，非即是即，离四句为即。"④第三，中道是正因佛性。吉藏在《大乘玄论》等著述中批判了十一家佛性说，而赞同中道为正因佛性。此说并非吉藏首创，但其诠释却出自己意。在吉藏看来，"佛性不但是'非真非俗'

---

① 吉藏：《大乘玄论》卷一，《大正藏》第 45 卷，第 19 页中。
② 吉藏：《大乘玄论》卷一，《大正藏》第 45 卷，第 15 页下。
③ 吉藏：《二谛义》卷下，《大正藏》第 45 卷，第 108 页上。
④ 吉藏：《大乘玄论》卷一，《大正藏》第 45 卷，第 21 页下。

的'中道',而且是'非因非果乃至非本有非始有'的。"①一言以蔽之,中道佛性超越了任何互相矛盾对立的概念,当然也超越了语言。诚如杨惠南先生所言,吉藏之三论学有明显的偏"有"倾向,这是与龙树、提婆甚及罗什、僧肇等师大异其趣的。最明显的莫过于将中道作为正因佛性,并且有意将其与如来藏、阿黎耶识等同。这充分说明了中国佛学本体性思维的惯性如何之大,也反映了在心性问题成为当时讨论中心的情势下,三论学者已经无法置身其外。不过,也应该看到,在根本立场上吉藏并未偏离中观学的理论旨趣。吉藏之所以以中道第三谛为二谛体,目的无非有二:一为坚定诸法实相不可言诠的超言绝虑的立场,二为令众生破除言教、语言直接悟入无所得之中道理体(最高真理)。贯穿于二者之中的线索便是众生心性与语言概不相涉,解脱之路首要在于脱离语言及其意义的生成循环。

二、一心三观与三谛圆融

作为严格意义上的宗教哲学,天台思想是紧紧围绕着止观学说而展开的。因此之故,作为论证世间万象与主体之心念互具不离的"一念三千"之说,是天台智𫖯晚年才提出并给予较完整地论证的。而作为其立论基础的"三谛圆融"思想则系智𫖯吸收、继承其祖师慧文、慧思之"一心三观"而提炼出来的。"性具实相"也是从"一心三观"的观法形态之下成立的。因此,"一心三观"、"三谛圆融"乃是天台哲学成立其"一念三千"的本体论模式的方法论原则。

天台哲学,从一定意义上说,是建立在实相说的基础之上的。"一念心"的核心是实相,"一念三千"的核心仍是实相,总之一句话,世间万物、万法,虽然异彩纷呈、千差万别,但无非是实相的体现。正因为如此,如何看待实相并进而证悟实相,便是心灵解脱的关键所在。天台哲学告诉人们,只要从空、假、中三个角度观察诸法实相就可以达到这一目标,而

---

① 杨惠南:《吉藏》,东大图书股份有限公司1989年版,第229页。

这三个角度就是三谛。天台宗提出空、假、中三谛,并非说存在着三重真理,其真正的意旨是:真理即实相只有一个,只有同时认识到事物即空即假即中,才能完整地认识实相。这就是智颛所说的:"三谛具足,只在一心。分别相貌,如次第说;若论道理,只在一心,即空即假即中。"①三谛三观俱可于众生的"一念心"之中瞬间实现,此即所谓"不可思议"的"三谛圆融"观。"三谛圆融"与"一心三智"、"一心三观"合观方可得其真义。这里,可分为两个层次进行阐释:一是何为三观、三智?二是为何一心而三观、一谛而三谛?

"三观"一语出自《菩萨璎珞本业经》中的"圣贤学观品","三智"之语出自《大般若经》,"三谛"之语出自龙树《中论》。三个概念都与空、假、中相联系,最终都归结到《中论》的"三是偈"上。智颛云:

> 今对境明观,亦为二意:一、次第三观,二、一心三观。次第者,如《璎珞》云:从假入空名二谛观,从空入假名平等观,二观为方便得入中道第一义谛观。此之三观,即是《大品》所明三智:一、一切智,知一切内法内名,一切能知能解,一切外法外名,能知能解,但不能用,以一切道起一切种,故名一切智;二、道种智,能知一切道种差别,则分别假名无谬,故名道种智;三、一切种智,能于一种智知一切道,知一切种,一相寂灭相,种种行类,能知能解,名一切种智。通而为论观,智是其异名;别而往目,因时名观,果时名智。②

引文略嫌长,但智颛在此明确了三个概念,因而全录以析。所谓"一切智",亦即从事物之总相着眼,知一切法均是因缘而起,都无自性即性空;依《大智度论》卷二十七,一切智是声闻缘觉之智,知一切之总相即空相也。所谓"道种智",亦即从具体事物出发,看到事物的各种相状并且认识到这些相状都是不真实的,都是假相、幻相;根据《大智度论》,此属菩萨之智,知一切差别之道法也。所谓"一切种智",亦即既看到事物之别

---

① 智颛:《摩诃止观》卷六下,《大正藏》第46卷,第84页下—85页上。
② 智颛:《观音玄义》卷下,《大正藏》第34卷,第885页上。

相,又认识到事物之总相,知一切法均是空无自性的假相;《大智度论》说,一切种智是佛智,佛智圆明通达总相与别相。《大智度论》还认为,此三智的具备有先后次序,即由"道种智"生"一切智",再由"一切智"生"一切种智",最后由"一切种智"彻底消灭烦恼心思的一切残余势力。开始虽是点点滴滴的积累,但最后达到圆满时也可以"一时"得到而同时兼有"三智",此即所谓"三智一心中得"也。智𫖮又将"三观"从判教角度而分为两类,即"次第三观"和"一心三观"。前者为从假入空观,从空入假观和中道第一义观;后者则不分次第而一念顿得,即一空一切空,不假、不中谓之空;一假一切假,不空、不中谓之假;一中一切中,不空、不假谓之中。"次第三观"为"别教"三观,"一心三观"为"圆教"即天台自家独具之观法。综合而言,三智、三观、三谛这三个概念分别表示认识主体、认识活动和认识对象①,即"所照为三谛,所发为三观,观成为三智"②。智𫖮认为,从认识和认识方法上说,三智应于一心中得,三观应于一心中发,三谛应于一心中照,三者无次第可言。那么,此中之"圆融"何以可能实现呢? 此中奥妙有二:一是"异种"相即的逻辑;二是"一念心"的直觉功能。前者偏于"客观"方面而论,后者偏于主体而言。

"异种"相即,用宋代知礼的话说即为"角立"。知礼指责"别教""只知类种,全不识敌对种也。"③其实,这一逻辑并不是知礼故意标新立异,而是实际已蕴含在天台诸师的思维方式之中。知礼总结了智𫖮、湛然关于此问题的论述,区别了三种"相即"理论:第一是二物相合"即",这在《摩诃止观》卷一中已有论述,属"通教"之说,以体别而相依不离为旨归;第二是背面相翻"即",属别教之说,体虽是一但相别而互依;第三则为自称"圆家"的天台之"即"。知礼曰:"应知今家明'即',永异诸师,以非二物相合及非背面相翻,直须当体全是方名为即。"④这种"即"也就是"全理

---

① 潘桂明:《智𫖮评传》,南京大学出版社1996年版,第169页。
② 智𫖮:《摩诃止观》卷五上,《大正藏》第46卷,第55页下。
③ 知礼:《十义书》卷下,《大正藏》第46卷,第846页下。
④ 知礼:《十不二门指要钞》卷上,《大正藏》第46卷,第707页上。

成事,定分内外,彼此角立也。"①知礼之"角立"概念有三个特点:其一,对于"角立"的双方各有肯定自身的方面,但也包含着否定自身的方面;其二,每一成分都包含"角立"的两方面,如色、心各自可分为内色、外色、内境、外境;其三,"角立"双方既相互独立又互具互收,每一方都收尽一切于自体而当体全是②。这最后一个特点也即是异体圆融所达的极致。尽管智𫖮与湛然都未能如知礼这样将天台哲学的方法论原则表述得如此清晰,但他们用"三谛"所推演出的逻辑规则,与此义是相同的。因此,二者方可互释。

天台"相即"逻辑的典型形态自然是"三谛圆融"说。天台哲学刻意强调的所谓"不可思议之一心三观"之"三谛",是指把空、假、中三概念整体地、直观地于"一念心"之当下所构成的认识。在此认识瞬间,不把此三个概念分别地、孤立地使用,而是从保持相互联系的整体结构来认识、把握。在"次第三观"中,空、假、中等三个阶段都有三谛,但如果对此作瞬间的、直觉的把握,则三谛的各谛中,都同时包含了另外二谛③。这也就是智𫖮所说的"一空一切空,无假、中而不空,总空观也;一假一切假,无空、中而不假,总假观也;一中一切中,无空、假而不中,总中观也。"④此即是"一心三观"。依这种观法修习"只约无明一念心,此心具三谛。体达一观,此观具三观"⑤,因此"三谛具足,只在一心"⑥。相即逻辑与主体的直觉能力合二为一,"一心三观"与"三谛圆融"便可以在修行解脱中得以成立。

正是使用了有别于其他宗派的"一心三观"及"三谛圆融"的思维方法,"性具实相"说便得以成为天台思想家构筑其心性论的法宝。天台家之所以热衷于从事这样一种玄思,目的就是为众生提供一个既可以以佛

---

① 知礼:《十义书》卷上,《大正藏》第 46 卷,第 836 页中。
② 参见王志远《宋初天台佛学窥豹》,中国建设出版社 1989 年版,第 40 页。
③ 参见[日]末木刚博《东方合理思想》,孙中原译,江西人民出版社 1990 年版,第 104 页。
④ 智𫖮:《摩诃止观》卷五上,《大正藏》第 46 卷,第 55 页中。
⑤ 智𫖮:《摩诃止观》卷六下,《大正藏》第 46 卷,第 84 页下。
⑥ 同上。

教的"实相观"来认识万法,从而可以引导他们最终修证成佛,又可以使其"实相观"与世间的一般知识和人类的经验不相矛盾。从"实相"和真谛言,万法万物皆空;从俗谛言,万法万物皆假;从中道言,万法万物皆"中";而从圆融角度观之,万法万物即空即假即中。这才是天台家建构其本体论的宗趣所在。

三、相即相入与唯心回转

包含在华严哲学中的方法论原则,最为重要的有两条:一是相即相入的逻辑;二是唯心回转的本体论原理。"唯心回转"一语本为华严学"古十玄"之一门"唯心回转善成门"所用,然而,华严宗论典在其他地方亦常用此语以说明世间万物与真心本体的关系。因而此语确实也可如法相唯识宗之"唯识无境"一样,同作各自宗派的本体论之核心命题。

华严宗相即相入之逻辑涉及以下三组层次不同的范畴:"同体"与"异体"、"有体"与"无体"、"有力"与"无力"。法藏这样来作分疏:"由空有义故,有相即门也;由有力无力义故,有相入门也;由有待缘不待缘义故,有同体异体门也。"①此中,说法不一的是"有体"与"无体"、"异体"与"同体"两对范畴,特别是其"体"字之义,实在难于准确把握。法藏在《一乘教义分齐章》中言:"或约体唯一,以因无二体故;或约义分二,谓空有,以无自性故,缘起现前故。"②这里,"约体唯一"之"体"实际是指真如本体,因为在华严佛学中唯有它可作"无二体"之"因"。由于此本体之不可言,因此可于随缘显现之"果"中见之,因此,法藏说:"果中唯有空有二义,谓从他生无体性,故是空义;酬因有,故是有义。"③这样看来,与空、有二义相对应的"无体"、"有体"二范畴之"体"是指自性、自体,而非本体。关于"异体"与"同体"之界定,《分齐章》曰:"一、不相由义,谓自具德故,如因

---

① 法藏:《华严一乘教义分齐章》卷四,《大正藏》第 45 卷,第 503 页上。
② 同上,第 502 页下。
③ 同上,第 502 页中。

中不待缘等是也。二、相由义,如待缘等是也。初即同体,后即异体。"①《华严经探玄记》中有对"同体"的定义:"前一缘所具多一,与彼一缘体无别故,名为同体。"②综合以上诸说,此中之"体"同样指自体、自性。所谓"同体"有如下属性:自具德、不待缘、诸缘互应且与别缘所具之体同一。用现代哲学语言讲,某物具有独立自足性且与其围绕的其他要素能够互应、摄纳于一体,此"缘"与彼"缘"便可叫作"同体";反之,则为"异体"。顺便指出,此对范畴似乎与天台宗之"同种"、"异种"有联系或相似之处,但却不如其清晰、明确,确实有些费解。与以上两对范畴相比,"有力"与"无力"则较简单、明确。诸缘作用大而强叫"有力",小而弱叫"无力"。

法藏在《华严经探玄记》中依据以上三对范畴将法界缘起之所以成立的首要原因——缘起相由义,分为十门来说。其说如下:其一,"诸缘各异义,谓大缘起中,诸缘相望,要须体用各别,不相和杂,方成缘起。"③此处之"体"指自体,"用"指力用、作用,诸缘之自体及作用不相混杂,也就是说"诸缘各各守自一",彼此有别,才能依之成立缘起。其二,"互遍相资义,谓此诸缘要互相遍应,方成缘起。"缘与缘之间在保持本身固有的本性外,还应该相互依持、能够应和而起。也就是说,只有一缘遍应多缘,一具多,才有可能成立无尽缘起。其三,"俱存无碍义,谓凡是一缘要具前二,方成缘起。"这是说,诸缘之差别性和依存性两者俱存无碍,方可称无尽缘起。其四,"异体相入义,谓诸门力用递相依持、互形夺故,各全有力全无力义,缘起方成。"④因缘之间,各自力用大小、强弱有差别,因而诸缘才可能互相消长、依持、夺取而形成相入的情形。其五,"异体相即义,谓诸缘相望,全体形夺,有有体、无体义,缘起方成。"因缘的体性有无体、有体或空、有两种情况,空、有相互形夺,方可相入。其六,"体用双融

---

① 法藏:《华严一乘教义分齐章》卷四,《大正藏》第45卷,第503页中。
② 法藏:《华严经探玄记》卷一,《大正藏》第35卷124页下。
③ 此段未注者均引自法藏《华严经探玄记》卷一,《大正藏》第35卷,第124页。
④ 澄观:《华严经疏》卷二,《大正藏》第35卷,第516页中。《大正藏》第35卷第124页所收法藏《探玄记》此处之文字中,"异门"应为"异体","各有全力全无力"亦应改为"全有力全无力"。此处特录澄观文字以示对照。

义,谓诸缘起法,要力用交涉、全体融合,方成缘起。"上面的第五条从"体性"言相即,第四条从力用言相入,这里第六条则言体用双融。体用关系是离体无用、离用无体、体用不二,因而相即相入亦应圆融无碍于一大缘起法中。其七,同体相入义,"谓一缘有力能持多一,多一无力依彼一缘,是故一能摄多,多便入一。"同体内部之力用仍有细微差别,如一有力,多无力,一便摄多,多便入一;反之,如多有力,一无力,多便摄一,一便入多。其八,"同体相即义,谓前一缘所具多一,亦有有体、无体义,故亦相即。"在同体中,如一有体,多无体,一成多,一多相即;反之,则多有体,一无体,多摄一,多一相即。其九,"俱融无碍义,谓亦同前体用双融,即入无碍。""同体"亦如"异体"类似,相即相入亦可俱融不离。其十,"同异圆满义,谓以前九门总合为一大缘起,致令多种义门同时具足也。"此门是综合前九义为一大缘起。"宇宙万物虽然千差万别,但又是同体的,万物是不坏差别相而相资相成,同体又不失个体差别性,同异无碍,圆满具足,成为法界缘起。"①

此十门中,其他七门的意思都是清楚的,唯有前三门所指为何,难于遽断。仔细推敲《探玄记》所涉之处,基本可以断定,第一门"诸缘各异义"就"异体"而论,第二门"互遍相资义"就"同体"而言,第三门"俱存无碍义"则是讲"同体"、"异体"之圆融。法藏在《华严经旨归》中提到:"异体相望,故有微细隐显";"同体内具,故得有一多广狭";"又由异体摄同,故有帝网无碍义。"②此中之三门分别,似乎应该为《探玄记》之先导,故可对照释之。

华严哲学在证成法界缘起时,由于引入了具有创发性的相即、相入、相摄三个逻辑范畴,从而使得其理论的疑难环节——事事无碍,得以较为充分地论证。相即是透过空、有或无体、有体而阐明的。"相即"先可以从两方面来说明,后可将其模式无限推广,构成一无穷系列。"相即"

---

① 方立天:《法藏》,台北东大图书公司1991年版,第114页。
② 法藏:《华严经旨归》,《大正藏》第45卷,第595页中。

即是"互相地即"、"交互地即"之意,以两方面言则有"自即他"、"他即是"两种情况。"他即自"是自己一方为有体而他方是无体,空、有相融,则有体之己方成为缘起法的主导规定性或本质,他方的独立性被取消了。"自即他",反之思考即可理解。"相即"情形之所以成立,有一很重要的条件是双方或多方的性质应是相反的,如果同为无体,或同为有体,相即关系即不能成立。关于相入,法藏则这样说:"明力用中,自有全力故,所以能摄他;他全无力故,所以能入自。他有力,自无力,反上可知。不据自体,故非相即;力用交彻,故成相入。又由二有力、二无力,各不俱故,无彼不相入。有力无力、无力有力,无二故,是故常相入。"①"相入"是就力用言。有力指有实际作用,无力指无实际作用;有力是就现实性说,即法藏所言之"显",无力是就潜隐说,即法藏所言之"隐"。有力胜于无力,"显"隐摄"隐",当然可以说是"相入"。相入依其方向性而言又可分为"摄"与"入"。前者是就有力的一方对无力的一方言,后者是就无力的一方对有力的一方言。这便是所谓"摄他"与"入自"之别。"摄他"是现实的或显现的事或物包含潜隐的或非现实的事或物;"入自"则反向而言之。至于相摄关系,从上述第三门、第六门、第九门及第十门观之,可分三层:其一,同体、异体之互摄;其二,相即、相入之互摄;其三,九门缘起义的同时具足。

如果说"缘起相由义"是用相即相入逻辑证成华严哲学事事无碍法界的话,那么,"法性融通义"则主要是引入相即相入逻辑以说明理事无碍法界。法藏曾这样来论证理事无碍:"若唯约事相,互相碍不可即入;若唯约理性,则唯一味不可即入。今则理事融通,具斯无碍,谓不异理之事,具摄理性时,令彼不异理之多事,随彼所依理皆于一中现。"②从相即相入的逻辑来说,有体与无体,空、有双融才能构成缘起,因此,单单依靠作为无自性而空的"事"是不可言相即相入的;同样,单单依真实"有"的

---

① 法藏:《华严一乘教义分齐章》卷四,《大正藏》第45卷,第503页中。
② 法藏:《华严经旨归》,《大正藏》第45卷,第595页中。

理也是不能言相即相入的。唯有理事相融方是正理。任何事物和现象，都是随缘理体的产物，是理体之显现；事物不能离开理体而独立存在。这是理事无碍的第一层论证。每一事物都包摄理之全体。如果有事相摄理不尽，不包摄理之全体，这样就有真如理体有分限的过失，而理体是一整体，并不可分割。同样，如果认为一个事物将理尽摄于己身，而其他事物因无"理"可摄而不随理而存在，这也是不对的，犯了"事在理外"的过失。因为从根本上言，理体既是一整体，而且是遍在的、无分别的，就绝不会偏于此"事"而遗彼"事"。从这个角度考虑，法藏认为，由于每一事相都包摄、具足理之全体，因此，举一尘而尽摄宇宙实相，舒一念而尽该九世，法法平等，事事圆融，一即一切，一切即一。这是理事无碍的第二层论证。以上两层系从"事"立论。此外，理也不能离开"事"而存在，"事"外无有"理体"可存。这是华严宗诸师一贯坚持的理论立场，法顺早就指出过："真理与事非异故，因也。真理全体在一事中"，"若尘外有理，则非全体遍一尘。"①

如果说相即相入之逻辑主要侧重于说明四法界理论，以证成本体与现象的"辩证"关系及现象世界的圆通无碍的话，"唯心回转"则又从另一侧面强化了华严哲学的真心本体论。法藏在为武后讲解华严学说时，明确指出："金与师子，或隐或显，或一或多，各无自性，由心回转。说事说理，有成有立，名唯心回转善成门。"②此中"唯心回转"之"唯心"与唯识宗之"唯识"的涵义非常接近，法藏反复强调"一切差别教法，无不皆是唯心所现，是故俱以唯识为体"③。不过，唯识宗之"识体"是"虚妄"的藏识，而华严宗的"心体"却是"自性清净圆明体"。而法藏论证"唯心回转"的方法则是"识变说"与缘起性空理路的融汇。

作为华严宗立教之本的《华严经》反复申说的"三界所有法，唯是一心造"，此宗诸师是不敢或忘的。法藏在描述"摄境归心真空观"时说：

---

① 宗密：《注华严法界观门》法顺原文，《大正藏》第45卷，第688页上—中。
② 法藏：《华严金师子章》，《中国佛教思想资料选编》第二卷第二册，第202页。
③ 法藏：《华严经探玄记》卷一，《大正藏》第35卷，第118页中。

"谓三界所有法,唯是一心造,心外更无一法可得,故曰归心。"①由此"观"而"知诸法唯心,便舍外尘相,由此息分别,悟平等真空。"②这种"归心"法门,明显地体现了其"唯心"论的教观意图。在法藏看来,世间所谓"诸法"都是"一心"所造,"心"之外没有"法"可存。从总体而言,"尘是心缘,心为尘因。因缘和合,幻相方生"③。这是说,世间的事物是外在的"尘"境与"心"因缘和合的产物。因"和合"性及"待缘"性,所以事物本空而为"幻相"。值得注意的是,在"一心"之外,法藏又使用了"自心"的概念。他说:"谓一切分别,但由自心,曾无心外境,能与心为缘。何以故?由心不起,外境本空。"④可见,法藏所说的能作外"尘"之"因"的并非"一心",而是"自心"。何谓"自心"呢?法藏说:"今尘不自缘,必待于心;心不自心,亦待于缘。"⑤所谓"心"不"自心"就是说,"心"也不是"自己"就可成为"心",它是与"尘缘"相依而起的,所以"自心"并无"自性",而是一个"动态"的或曰暂时性的存在。由此可知,本质为空的外境是由于"自心"不守自性逐物而生起、变现的,仔细剖析法藏著述中"自心"的用例,可以断定"自心"是介于"一心"与外境之间的中介,实际上是主体之心与外境接触之时"心"的存在状态。因此,从根本上说"尘"仍然是"依"于"真性"而"存在"的。千差万别的事物(尘)无不依持于"真"而显现,因为"尘无自性",是空,是无体,单独不能存在,须依于"真如"方可求得生存。因此,法藏说:"智体唯一,能鉴众缘,缘相本空,智体照寂,诸缘相尽,如如独存。谓有为之法,无不俱含真性。"⑥此中"智体"是指"自性清净圆明体",以此"智体"鉴照诸法,诸法之相本空而真如独存。这是从修行解脱的角度去谈论本体与诸法的关系;若从诸法的角度观之,则有为诸法都是"揽真成立"、"俱含真性"的。这充分体现了以"自性清净圆明体"为本体的

---

① 法藏:《修华严奥旨妄尽还源观》,《大正藏》第45卷,第640页上。
② 同上。
③ 法藏:《华严经义海百门·缘生会寂门第一》,《大正藏》第45卷,第627页中。
④ 法藏:《修华严奥旨妄尽还源观》,《大正藏》第45卷,第640页上。
⑤ 法藏:《华严经义海百门·缘生会寂门第一》,《大正藏》第45卷,第627页中。
⑥ 法藏:《修华严奥旨妄尽还源观》,《大正藏》第45卷,第640页中。

理论立场。

纵观华严宗独有的四法界、六相、十玄学说,其立论依据都可从相即相入的逻辑和"唯心回转"的本体论原理予以说明。

第三节 中国佛教道德修养论

佛教心性本体论及其建构哲学体系的方法都并非其最终目标,追求解脱成佛才是佛教所有理论的终极旨趣。与儒家的成圣、道教的成仙不同,由于终极目标不同,佛教所设定的成佛方法、途径也有自己的特色,特别是中国佛教在吸收印度佛教修行方法的基础上创造性地建构了许多具有中国特色的修行之道。本文限于篇幅,仅以天台宗、华严宗以及禅宗的修行解脱论为主做些评析。

一、天台宗的道德修养论

天台宗将"性具善恶"的心性论原理贯彻于修行解脱论之中的结果,便是贪欲即道的解脱论原则和定慧双修的修、证路径。前者阐述的是解脱不离世间的心解脱之指向,后者则是对此原则的具体展开,具有相当的可操作性。如果将"性具善恶"学说当作天台哲学之心性本质论看待,那么,"贪欲即道"和定慧双修便是从实践的角度对现证心性本体、实现心性本质的可能性所作的动态把握。

"贪欲即道"并非天台宗的独创,大乘经论中早已有之。然而,天台诸师如智𫖮、湛然、知礼等以自宗理论对其作了富有特色的阐释,使之成为天台学说重要的特色和组成部分。所谓"贪欲即道",用智𫖮的话来定义可有如下四句:"低头举足,皆成佛道";"一色一香,无非中道";"三毒即是道";"地狱界有佛性"。在《法华玄义》中,智𫖮说:"低头举手,积土弄砂,皆成佛道。虽说种种法,其实为一乘。诸行皆妙,无粗可待,待即绝矣。"①又曰:"一切阴、入即是菩提,离是无菩提,一色一香,无非中道,离是无别中道,眼耳鼻舌皆是寂静门,离此无别寂静门。"②这些是从一切诸法都是中道实相的体现,都有安乐性,不能离开世间而别求解脱而说,是大乘佛教的共同立场。最能体现天台特色的并非这样的命题,而是"三毒即是道"、"地狱界有佛性"、"五逆即是菩提"这样一些惊世骇俗的命题。智𫖮说,恶行染法与法性并非两橛,而是一而二、二而一的关系。此一而二、二而一,亦非离而为二,合二为一,而是相即互融,是一物之两面。因此,不可离法性以说蔽,亦不可离蔽说法性,法性即蔽,蔽即法性。贪欲、菩提亦复如此,不可离贪欲而另求菩提,也不可离菩提而另说贪欲。在另外一些场合,智𫖮将此意思表达得更为明显,如说:"贪爱、魔怨是佛母"③;"魔界如即是佛界如,魔界如,佛界如,一如无二如。"④对此极端之论,智𫖮有自己的解释:譬如对敌寇言,寇是功勋之本,破寇故能得大功名,大富贵;若无敌寇,就无从建立功名。"无量贪欲是如来种亦复如是,能令菩萨出生无量百千法门,多薪火猛,粪壤生华,贪欲是道,此之谓也。若断贪欲住贪欲空,何由生出一切法门?"⑤这是依解脱论即修门而言的。从理论思辨看,台家之三谛圆融和性具善恶学说都是颇具特色和深度的理论解析,天台诸师将其称之为"理圆",也就是"中道即一切法,理不偏也。"⑥"当知一念即空即假即中。"⑦如是实相者,即空、假、中,能明了空、假、中,即一而三、即三而一,这就是如来行⑧。依天台理论,既然一切诸法皆是实相,一念即空、假、中,那么烦恼也罢,菩提也罢,生死也罢,涅槃也罢,本来都是相融互即的。一切

---

① 智𫖮:《法华玄义》卷三上,《大正藏》第33卷,第716页下。
② 智𫖮:《法华玄义》卷一上,《大正藏》第33卷,第688页下。
③ 智𫖮:《观心论》,《大正藏》第46卷,第587页中。
④ 智𫖮:《释摩诃般若蜜经觉意三昧》,《大正藏》第46卷,第626页中。
⑤ 智𫖮:《摩诃止观》卷四下,《大正藏》第46卷,第47页上。
⑥ 智𫖮:《四教义》卷一,《大正藏》第46卷,第722页中。
⑦ 智𫖮:《摩诃止观》卷一,《大正藏》第46卷,第8页下。
⑧ 参见智𫖮《法华玄义》卷四下,《大正藏》第33卷,第725页。

恶法、烦恼法都是诸法实相之体现,这是"三谛圆融"之方法论原则的必然归结。

天台宗主性恶说,倡"贪欲即道",但并不等于反对修善而劝人作恶。实际上,就理论而言,性恶说甚至较性善论更能得出必须修道的结论,更何况在实践上天台宗并未将众生完全等同于佛。天台止观学说的丰富便是最好的证明。

智顗及其后继者均从两方面说明凡夫与佛的关系:就性具而言,凡夫与佛平等无二,凡夫不断性善,诸佛不断性恶;但就修行而言,则差别悬殊,佛尽善,凡夫浸于恶。凡夫浸于恶是恶行恶法具足故,诸佛尽善,是断尽恶行恶法,修满足故。智顗在《摩诃止观》中这样说:"如来身者金刚之体,众恶已断,众善普会,三德究竟过荼无字可说,是名乘是宝乘直至道场,到萨婆若中住。"①《法华玄义》又曰:"朗然大悟,觉知世间、出世间一切诸法,名之为佛。"②这两段话,智顗分别以"众善普会"和"朗然大悟"释佛,众生显然是不具足此二者的。由此可见,所谓凡圣平等,三法无差,无非只是理论上的互具互即,实际上,二者仍是有区别的。在天台哲学中,"无明"与"明"本来是不一不异、相即互融的。此正如善与恶的关系,"恶性相即是善性相,由恶有善,离恶无善",二者是一而二、二而一的。但这只限于从本体论角度说,如果从修行角度看,性善非即修善,理具非即事具,如智顗所说:"恶即善性未即是事,遇缘成事即能翻恶"③,天台宗之所以不懈于性具理论的建构,从修行而言,无非是告诉人们,善事是翻恶而成,明性是解无明而得,因而不可离无明而修明性。因此,修善、悟法的途径便是"治无明糠,显法性米"④。具体而言,就是止观并重、定慧双修的修行解脱路线。

"止观"是禅定和智慧的连称。"止",音译"三摩地",意译又作"止

---

① 智顗:《摩诃止观》卷九下,《大正藏》第46卷,第129页中。
② 智顗:《法华玄义》卷七,《大正藏》第33卷,第766页下。
③ 智顗:《法华玄义》卷五下,《大正藏》第33卷,第743页下—744页上。
④ 智顗:《摩诃止观》卷七下,《大正藏》第46卷,第100页下。

寂"或"禅定";"观"音译"毗婆舍那",意为智慧。关于"止观",僧肇有一简明的定义:"系心于缘谓之止,分别深达谓之观。"①止观并重本来也是佛教的传统,印度佛教就是如此,但由于中国佛教之初期发展中形成的止、观异途或曰北方重禅修、南方重义解的两种作派,智𫖮继承其师之教诫而大弘止观并重、定慧双修的修行方式,意义还是十分重大的。智𫖮说:"当知此之二法,如车之双轮,鸟之两翼,若偏修习,即堕邪倒。"②若有定而无慧,此定名痴定,这有如盲人骑瞎马,必然堕坑落堑,正确的方法乃是"福慧相资,二轮平等"③。智𫖮的这一立场被天台之后继者全面继承。笔者不大赞成将天台宗止观学说之特征归结为"解悟"之路④。相反,无论古代,还是近代以来,都有"天台禅观"的说法。我们以为,与隋唐其他宗派相比,天台宗的修证特色在于止观并重、定慧双修,实质上是强调二者的均衡使用,平衡发展。天台宗止观学说是相当完整而丰富的,由于篇幅所限,不再赘述。

• 概括起来,天台宗之"观心"法门大旨有二:一是前面提到的"一心三观",二是观"一念无明法性心"。前者为"观"的具体方法,后者是"观"的主体和对象。在智𫖮学说中,"观"之对象,即所观和能观均是"一念心",其杂染性质也是清楚的。

二、华严宗的道德修养论

"妄尽还源观"是法藏依据华严教义而组织成的转变众生之"世界观"的修行现证法门。"源"指华严学所标立的本体——自性清净圆明体,"妄"指妄心、妄念、妄法。众生具真心而不悟,以其迷情妄执而"随缘"赋予对象世界以"意义"。所谓"妄尽"亦即斩除心与境、心与意义的互生互起关系,代之以"心一境性"的无生、无念、无欲的空寂淡泊,

---

① 僧肇、道生等:《注维摩诘经》卷六,《大正藏》第38卷,第381页上。
② 智𫖮:《修习止观坐禅法要》,《大正藏》第46卷,第462页中。
③ 智𫖮:《观音玄义》卷上,《大正藏》第34卷,第881页下。
④ 参见潘桂明《智𫖮评传》等。

本来清净的心体便因去除蔽障而显现其圆明自在的本相。此即现证法身而得大涅槃之佛果。这一观法既重内省冥想又重义理悟解,最具华严宗特色。法藏在《修华严奥旨妄尽还源观》一文中集中阐释了这一观法。全文以法界缘起论为基础将此观法分为六门诠释:一显一体,二起二用,三示三遍,四行四德,五入五止,六起六观。前三门是此观法的理论依据,也是修证的最终目标即证悟之果。前三门:"一、显一体,谓自性清净圆明体;二、起二用:一者,海印森罗常住用,二者,法界圆明自在用;三、示三遍:一者,一尘普周法界遍,二者,一尘出生无尽遍,三者,一尘含容空有遍。"[①]从理论角度看,此三门的内容可以用"体用一如"、"法界无尽"概括之,它也是华严学本体论的内容,此已见前述,故从略。后三门是"妄尽还源观"的具体内容和修证步骤,简述于下以见其"止观"梗概。

妄尽还源观的第四门"行四德"是指"依前一尘能遍之境而修四种行德"[②]。四种行德如下:第一,"随缘妙用无方德"。"谓依真起用,广利群生",根据众生的根机、乐欲(即心理特征)的具体状况,随顺机缘,应病予药而起万千神妙德用。第二,"威仪住持有则德"。"行住坐卧四威仪"是僧界的行为则例,系佛教戒学的初步要求,"尸罗不清净,三昧不现前,当知戒为定体,慧为定用,三学圆备,即证菩提。"第三,"柔和质直摄生德"。"谓大智照真,名为质直,大悲救物,故曰柔和。又质直者约本性不迁;柔和者,约随流不滞。柔则伏灭烦恼,和则顺理修行,用兹调和之法,以摄众生也。"简言之,此"德"是指以大慈大悲之精神断自己烦恼、圆利他人。第四,"普代众生受苦德"。此指众生沉沦三界,受苦无量,菩萨怀悲悯救度之心,以己身为质在畜生、饿鬼、地狱三道中,救赎一切受苦众生,令众生舍恶行善,离苦得乐。

第五门为"入五止"。法藏说:"五止门者,谓依前能行四德之行,当

[①] 法藏:《修华严奥旨妄尽还源观》,《大正藏》第45卷,第637页上。
[②] 法藏:《修华严奥旨妄尽还源观》,本段之引文均见于《大正藏》第45卷,第638页中—639页上。

相即空,相尽心澄而修止也。所言入者,性相俱泯,体周法界,入无人相,名为入也。"①"入五止"就是依前能行四德之行而修五种"止":第一,"照法清虚离缘止"。观照"真谛之法本性空寂,俗谛之法似有即空。真、俗清虚,萧然无寄,能缘智寂,所缘境空,心境不拘,体融虚廓,正证之时,因缘俱离。"第二,"观人寂怕绝欲止"。"谓五蕴无主名曰寂怕,空寂无求名为绝欲。"这是指观五蕴假和而成之"生身"本空,因而诸多欲望不生而绝,心境遂寂静淡泊。第三,"性起繁兴法尔止"。"谓依体起用名为性起,起应万差故曰繁兴,古今常然名为法尔。"这是指观真如理体随缘而生起万法,任运而兴,亘古不变。第四,"定光显现无念止"。"定光"本是"一乘教中,白净宝网,万字轮王之宝珠",此处也可理解为修"定"（止）而生的神力。法藏说"若有众生入此大止妙观门中,无思无虑,任运成事,如彼宝珠,远近齐照,分明显现,廓彻虚空,不为二乘外道尘雾烟云之所障蔽","定力"之奇可见一斑。第五,"理事玄通非相止"。"谓幻相之事,无性之理,互隐互显,故曰玄通","谓大智独存,体周法界,大悲救物,万行纷然,悲智双融,性相俱泯",这是"止"所能达到的最高境界。

"行四德"和"入五止"是"妄尽还源观"的修行准备,前者是其道德基础,后者则是修行主体身、心两方面之调适活动。在此二门有了功夫之后,方可以进入下一阶段,也就是"起六观"。正如法藏所说:"起六观者,依前五门即观之止,而起即止之观"②,也就是说,从准备与实修两分言,前五门都可算作"止",此门则独称为"观"。止观双融并重,方称圆满。六种观如下:第一,"摄境归心真空观"。"谓三界所有法唯是一心造,心外更无一法可得,故曰归心。谓一切分别但由自心,曾无心外境,能与心为缘。何以故? 由心不起,外境本空。"这是说,一切外境都是由自心的分别作用所造作,若心不起则外境本空,众生应"知诸法唯心,便舍外尘相,由此息分

---

① 法藏:《修华严奥旨妄尽还源观》,本段之引文均见于《大正藏》第 45 卷,第 639 页上—下。
② 法藏:《修华严奥旨妄尽还源观》,本段之引文均见于《大正藏》第 45 卷,第 640 页上—下。

别,悟平等真空",“以此方知由心现境,由境现心,心不至境,境不入心。当作此观,智慧甚深。"第二,"从心现境妙有观"。当遇事而不滞于理时,则随事而境迁。前一门言"摄境归心"是"摄相归体",也就是摄尽现象归心于本体,这一门则是言"依体起用,具修万行,庄严报土",显出法身。第三,"心境秘密圆融观"。此处之"心"是指无碍心,诸佛由之而证成法身;此处之"境"是指无碍境,诸佛由此而修成净土。"心境秘密圆融观"是说,如来的报身及其所依的净土,圆融无碍,众生可以随身自在而显现于刹土。第四,"智身影现众缘观"。"谓智体唯一,能鉴众缘,缘相本空,智体照寂,诸缘相尽,如如独存。谓有为之法,无不俱含真性。""智身"指诸佛所具的智慧之体,也就是佛之法身理体。此门就是观此"智体"唯一而能照众缘,显现众缘,犹如日轮照现,草木都得以滋长,一切众生亦因此"智体"之"照"而无不受益。第五,"多身入一镜像观",亦即事事无碍法界,指毗卢遮那佛十身互用,无有障碍。"十身"指众生身、国土身、业报身、声闻身、缘觉身、菩萨身、如来身、智身、法身、虚空身。由于毗卢遮那佛的定力,或以多身入一身,或以一身入多身,或以多身作一身,或以一身作多身,十身互入,十身互作。如是十身,随与一身,摄余九身,有如镜之显像,无有障碍。第六,"主伴互现帝网观"。"谓以自为主,望他为伴;或以一法为主,一切法为伴;或以一身为主,一切身为伴。随举一法,即主、伴齐收,重重无尽。此表法性重重,影现一切事中皆悉无尽,亦是悲智重重无尽也。"法藏说,以上六重观法既有既定的顺序,又是融通无碍的,"举一为主,余五为伴,无有前后,始终俱齐,随入一门,即全收法界。"

依真起妄与称性而起,是华严宗解决妄染的生起与还灭的两个理论要旨。将此要点落实于修行解脱论上便是上述之"妄尽还源观"的证悟法门。这一观法中,法藏特别强调要将心调适于华严境界上面而证得"华严三昧"。"华严三昧"即"起二用门"的第二用。法藏说:"法界圆明自在用,是华严三昧也。谓广修万行,称理成德,普周法界而证菩提。"①

---

① 法藏:《修华严奥旨妄尽还源观》,《大正藏》第 45 卷,第 637 页下。

法藏撰有《华严三昧章》①专言证得此"三昧"的步骤。法藏"略以四门分别：发心第一，简教第二，显过第三，表德第四。"②此中，"简教"部分着重阐释经教在修行中的作用，总的原则是不废经教而以得旨忘言为宗致。文中将众生分为十类，其中第十类众生是华严宗最欣赏的："自有众生，寻教得真，会理教无碍，常观理而不碍持教，恒诵习而不碍观空，此则理事俱融，合成一观方为究竟也。"③"显过"部分则以"四句"简别"色空、空色，为相即耶？为不相即耶？"④似与"华严三昧"无直接关系。第四"显德"部分，标有五门："一、真空观，二、理事无碍观，三、周遍含容观，四、色空章十门止观，五、理事圆融义。"⑤从内容看，确实有些庞杂。杨文会正是因其杂乱，因而认为此中混入了传为法顺所作的《华严法界观门》。如果换一个角度看，此混杂是否另有深意呢？是否为法藏欲将其自宗义理组合成一止观体系的尝试呢？"华严三昧"顾名思义即是以华严境界为"三昧"的观想对象，因而将华严之核心教义——如法界观、十玄等等，组织进止观体系也是题中应有之义。上述"简教"门所强调的已显示出法藏重义解的证悟特色。由于以上理由，我们以为或许可以依据《妄尽还源观》与《华严三昧章》合释而总结、恢复出法藏所述华严止观学说的体系来。

三、禅宗的道德修养论

将自心"三无"之旨归贯彻于日常事务以及修行活动之中而不是仅停留于义理的讨论，这是禅宗的特色。这种贯彻，在门风上表现为顿悟成佛以及随缘任运的生活化、伦理化修行方式。

---

① 《华严三昧章》又名《华严发菩提心章》。杨文会先生据朝鲜藏本考订，认为《华严发菩提心章》混入《华严法界观门》全文，此可备一说。本文之引文均出自《中国佛教思想资料选编》第二卷第二册所收金陵刻经处本。
② 《华严三昧章》，《中国佛教思想资料选编》第二卷第二册，第236页。
③ 同上，第238页。
④ 同上。
⑤ 同上，第239页。

从"顿悟说"的历史发展看,此说当然并非惠能首创,但是惠能却是将顿悟作为解脱成佛之根本方法的第一人。南宗禅与北宗禅的最大区别就在于,一个主"顿悟",一个主"渐修"。因为北宗禅师虽然将众生的本性定位于"自心"观之,但众生与佛共有的本体却是真心,因而修行法门必然地便是"守本归真",以净心对治、磨灭妄心以显现清净圆明的心体。这也是《最上乘论》反复强调"但信真谛,守自本心","但了然守本真心,妄念云尽,慧日即现"①的原因。宗密将北宗禅的宗旨概括为"息妄修心"是很准确的。一个"修"字,一个"守"字,确实是北宗心性论的最大特征。而南宗禅则提倡"直指人心"的"见性成佛"之法门。如《坛经》所说:"故知一切万法尽在自身中。何不从于自心顿现真如本性?"②"迷来经累劫,悟则刹那间。"③"前念迷即凡,后念悟即佛。"④惠能认为,众生无须经历累世的修行,只要刹那间领悟自心等同于佛性,便是成佛之时。

惠能的这一学说,开辟了一条简易成佛的道路,影响巨大,被后世称之为"六祖革命"。既然成佛在一念之间,只是对"即心即佛"的刹那直觉和体悟,那么,传统佛教所主张的读经、坐禅等一系列修行功夫,也就失去了中心地位。传统佛教重视诵经,惠能却主张"不立文字"而直须自悟;传统佛教提倡布施、造寺、立像等功德行为,惠能却视之为"修福"而非积功德⑤;传统佛教主张念佛往生西方净土,惠能却指出,"心起不净之心,念佛往生难到"⑥;传统佛教主张坐禅用功,惠能却反对传统意义上的"坐禅",以"外离相即禅,内不乱即定"⑦,主张"一切时中,行、住、坐、卧,常行直心"⑧的新观念;传统佛教鼓励出家修行,惠能却说:"若欲修行,在

---

① 《最上乘论》,《大正藏》第 48 卷 377 页下—378 页上。
② 敦煌本《坛经》第三十节。
③ 同上,第三十六节。
④ 同上,第二十六节。
⑤ 《坛经》第三十四节有言:"造寺、布施、供养只是修福。不可将福以为功德,功德在法身,非在于福田。"
⑥ 《坛经》第三十五节。
⑦ 同上,第十九节。
⑧ 同上,第十四节。

家亦得,不由在寺。"①惠能打出"直指人心"、"见性成佛"的旗帜,开创了仅仅依靠信仰的自力成佛之路。这一派别,作为解脱成佛的修行实践,要从"自识本心"的简易功夫入手,即"直指人心";作为解脱成佛的理论前提,要求理解、体味"见性成佛"的意义,因而要"自见本性"。作为南宗禅的完整体系,二者互相联系、渗透,融为一体。"顿悟"就是二者相统一的自然的延伸。

我们说,禅悟的本旨就是对生命本体的本然状态——"自心"、"自性"的体悟,而"三无"是自心的三种相状。也就是说,这生命的本体——本心、自性,在禅者那里,是清净无染的,是常在而超离善恶染净的。对于这样的生命本体,如果用常识、推理去做理性的追求、分析,那是不可能得其精髓的。因此,在禅宗看来,"见性成佛"与"不立文字"在逻辑上是一致的。任何语言文字只是人为的枷锁,它不仅是有限的、片面的、僵死的、外在的东西,不能使人真正把握到真实的本性。而且正是由于执著于这种思辨、言说以及认识活动,反而束缚了众生的心智,阻碍了众生把握真性的能力的发挥。禅宗抛开了这一工具,干脆用种种形象的、直觉的方式表达和传递那些被认为不可表达和传递的东西。《景德传灯录》卷四的那句名言,很好地概括了禅悟所具的难于表达的特性:"如人饮水,冷暖自知。"②

在修行论以及道德修养论的角度言之,以洪州禅系的"性在作用"最能代表惠能禅的特色。"性在作用"落实于修行解脱实践上有两种表述:第一种即"触类是道而任心"。所谓"触类"是指心体与外境的接触、交互作用,也就是个体的日常行为——包括一切心理活动和外在动作在内。在洪州宗禅人看来,"起心动念,弹指、謦眉、扬扇,因所作所为,皆是佛性全体之用。"所以者何?马祖道一有言:"理事无别,尽是妙用,更无别理,皆由心之回转"③,从体用相即而言,"非离真而有立处,立处即真,尽是自

---

① 敦煌本《坛经》第三十六节。
② 《景德传灯录》卷四,《大正藏》第51卷,第232页上。
③ 《马祖道一禅师广录》,《卍续藏经》第119册,第812页上。

家体。"①既然理体不离日用,除了于日用之中去证悟理体外,别无"真体"可寻。这就是"触类是道"的含义。第二种即"平常心是道"。一方面,从真妄而言,众生的自心、自性是真实的心体,然而此湛然清净的心体并非离开日用万行之心而独存他处,这是真不离妄的一方面;另一方面,此真心为众生之体,心用当然不能离于心体而存,因此只要本于此心体而随缘任用,心用自然合于心体而起净用。正因为如此,洪州宗特别强调"无心是道"。所谓"无心"就是随顺心体,依照清净心体的逻辑任性无为。马祖道一言:"道不用修,但莫污染。何为污染?但有生死心造作趣向,皆是污染。若欲直会其道,平常心是道。何谓平常心?无造作,无是非,无取舍,无断常,无凡无圣。经云:非凡夫行,非圣贤行,是菩萨行。只如今行住坐卧,应机接物,尽是道。"②"平常心"就是与日常生活相关连的现实之心。这一现实之心即真即妄,又非真非妄,此"心"之无取无舍、无所执著的"天真自然"之用,便体现为"道"。此乃"平常心是道"的含义。经过这样的一些理论环节,洪州宗赋予日常生活实践以新的意义,将修行转移到了日常生活的轨道上来。这是一种生活化、行为化的宗教解脱方式,使禅在日常生活的自然运作中充分展现其生动、活泼、自然、质朴、机智、幽默等等多姿多彩的风格。此后的禅宗主流便沿着这一路径开拓前行了。

---

① 《马祖道一禅师广录》,《卍续藏经》第 119 册,第 812 页下。
② 同上,第 812 页上。

第三章　佛教思想家与中国思想文化

隋唐佛教思想家所创立的独特的思想对于儒学以及道教思想产生了深远的影响，这可视为是佛教思想家对于中国思想文化的一个重要贡献。另一方面，佛教思想中所蕴涵的独特的思维方法、因明逻辑以及人生观、生死观、命运观等方面的内容也融入到了中国思想文化之中，成为中国思想文化的重要组成部分，这也是佛教思想家对于中国思想文化的重要贡献。

第一节　中国佛学对儒家思想的影响与渗透

佛教思想家对于儒学的影响虽然是多方面的，但佛教心性论的影响无疑是最大、最引人注目的。儒学一向被称为心性之学，隋唐之前，儒家虽然也有较为丰富的心性思想，并且对佛教心性论也产生过一定影响。但是，宋明之前的儒学心性思想仍然有如下缺陷：第一，缺乏系统、一贯的理论建构。第二，大多停留于人性论和伦理学层面而未能拓展到本体论之思。第三，在哲学方法上，并未找到内涵一致的逻辑范畴和立论方法。面对系统而深刻的佛教心性论，由唐代的韩愈、李翱以表面辟佛而暗中借鉴佛教心性思想的方式开辟了重振儒家心性论的新思路——援佛入儒。这一理路被后来的宋明儒学家所继承。尽管这一时期的理学家并不乐意承认这一点,但却并不能改变援佛入儒的事实。以下我们从本体论、人性论和修养论三个方面来论述佛学心性论对宋明儒学的影响,以显中国佛教思想家对中国占主导地位的儒家思想文化的贡献。

一、中国佛教心性本体论与宋明理学的道德形而上学

与先秦儒学相比,宋明理学的最大进展是将儒家思想推进到形而上层面,理学和心学的诸位大师各自在本体论之思上都大有功夫。而儒学的这一重大进展正是在佛教心性本体论的启迪之下发生的。在先秦儒学中,现存有关孔子的文献中,直接论及"性"的文字不多。至孟子始将心、性概念联结起来,心、性始有合一的可能。但在孟子学说中,"心"并不属于本体论范畴,而仅仅具道德主体地位,属于主体范畴。《周易大传》虽然有以天道流行来解释心性的文句,但对于二者的联结何以可能缺乏细致的论证。《中庸》则曰:"天命之谓性,率性之为道,修道之谓教。"此中,以"天"之命来说明人之性的来源,虽有人道与天道相通的意味,但所言的"天"仍未能完全剔除神学意义。而魏晋玄学则以道家理路,以名教与自然之辨的由头,将儒学的道德伦理学提升到形而上层面,但仍然未能成其全功。至北宋以后,儒学方才以佛教心性本体论为理论借鉴,建构起了完整的道德形而上体系。当然,这种借鉴在有些理学家身上较为直接地体现为理论命题,在有些哲学家身上则主要体现为一种隐蔽于思维深层的本体论方法。

与佛教以"心"为本体不同,张载建构了以元气为本体的哲学体系。他认为:"太虚无形,气之本体,其聚其散,变化之客形尔。"①在张载看来,太虚即气,气即太虚,二者一体,只是"凝"、"释"即状态不同罢了。无形无状的"太虚"是"气"的本来状态即"本体"。太虚之气凝聚而为万物,万物散而又成为太虚,二者又构成一种相反相成的运动过程。这一思路,

---

① 《正蒙·太和篇》,《张载集》,中华书局1978年版,第7页。

前一半与佛教"真如随缘"论在思维模式上颇为相似,后一半则与佛教的"缘散物坏"的说法颇为合拍。在理学的发生史上,二程兄弟是承上启下的人物。他们在哲学思想上最重要的贡献就是在儒学中首次将"理"作为其哲学思想的核心,"理"初具本体的意蕴。程颢对"理"本体的建立提供如下重要思路:其一,"有道有理,天人一也。更不分别。"①也就是说,天与人同有此"理"。换言之,"所以万物一体者,皆有此理。"②其二,"理"即"道"是不能离开"物"而存在的,离物无有"理",离"理"也无有"物"。换言之,"理"遍在于万物,万物普有此"理"。正如程颢所说:"道之外无物,物之外无道,是天地之间无适而非道也。"③程颐的思想在局部与其兄有所区别,但在对"理"的界定上又是一致的。对于"理"本体的来源,程颢曾说:"吾学虽有所授受,天理二字却是自家体贴出来。"④此说虽有一定道理,但二程之所以能够确立"理"本体,却也与佛学、道学密不可分。佛学所言的真如即"理体"遍在于万物的理论模式,从思维的角度肯定会对二程有所启迪。

从哲学本体论而言,朱熹综合了张载与二程的理路,在对"理"与"气"以及万物的关系的辨析中确立了"理"的本体地位。在此,限于篇幅,只能就"理一分殊"命题与佛教本体论的关联作些分析。"理一分殊"是由程颐首次提出来的。在程颐那里,只具有伦理学意义,而朱熹则将其改造成本体论命题。陈来曾指出了此命题在本体论意义上所具的四种涵义⑤:其一,用其论述宇宙本体与万物的同一性。其二,用其论证本原与派生的关系。其三,用其论述普遍规律与具体规律的关系。其四,用其论述理与事的关系。大多学者都承认"理一分殊"与华严哲学的本体论有很大关系,而朱熹也注意到了这种相似性。他说:"近而一身之

---

①《遗书》二上,《二程集》,中华书局1981年版,第20页。
② 同上,第33页。
③ 同上,第20页。
④《二程外书》十二,《二程集》,中华书局1981年版,第424页。
⑤ 参见陈来《朱熹哲学研究》,中国社会科学出版社1988年版,第45—55页。

中,远而八荒之外,微而一草一木之众,莫不各具此理。……释氏云:'一月普现一切水,一切水月一月摄。'这是那释氏也窥见得这些道理。濂溪《通书》只是说这一事。"①陈来指出"理一分殊"与华严宗的"一多相摄"思想有差别,这是对的。但"月印万川"却并非只有禅宗认可,华严宗同样如此观之。从根本上说,"理一分殊"与《起信论》所言的真如不变、不变随缘之说最为接近,与华严哲学所主的真如遍在于万物的观念以及在此基础上所推论的法界缘起论,从思维理路上看是非常相同的。重要的不同是对"理"的界定。佛学的"理体"为性空之实相,而朱熹所言之"理"有两层涵义:一是指具体万物所涵之理,二是人与事所秉有的"天理"即"性理"。正是从此意义上,朱熹竭力抨击佛教以"空寂"为"理"。可见,同样一个思维理路可以承当不同的价值观。

与程朱理学以"理"为本体不同,陆九渊以"心"释"理"而成立"心"本体,王阳明则进一步以"良知"诠释"心"而确立"良知"为本体。在陆九渊的论著中,"心"和"本心"经常混合使用,他自己又未能明确加以区分。其实,"本心"范畴来源于孟子,从陆子的阐述看,其多与仁义理智"四端"相提并论②,因此,"本心"是指先天的道德本性,它是"心"这个天地万物乃至人伦道德之本体的自然显露。也就是说,"本心"是一种先天道德本性,而"心"则是宇宙万物以及人伦道德之本原、本体。陆九渊说:"盖心,一心也;理,一理也。至当归一,精义无二,此心此理,实不容有二。"③因此,心即是理,理即是心。而此"心"又是万物与人所同样具有的,正如其所说"万物森然于方寸之间,满心而发,充塞宇宙,无非此理。"④此一遍在于万物的理与人之理是完全相通的,因此,陆九渊才可以做出"宇宙便是吾心,吾心即是宇宙"⑤的结论。在我们看来,这一命题并不是刻意追究

---

① 朱熹:《朱子语类》卷十八,中华书局1994年版,第398—399页。
② 陆九渊对杨简明确说过,本心即孟子所讲的四端。见《陆九渊集》所载"陆九渊年谱",中华书局1980年版,第487页。
③《与曾宅之》,《陆九渊集》卷一,中华书局1980年版,第4—5页。
④《语录上》,《陆九渊集》卷三十四,中华书局1980年版,第423页。
⑤《杂说》,《陆九渊集》卷二十二,中华书局1980年版,第273页。

"心"内含有万物的可能,而是着力于说明人与物都涵蕴同样一个"理",为了彰显这种同一性,陆九渊特意以"心"来标示。明代的王阳明继承和发展了陆九渊的这一"心"本体论。王阳明有"心之本体"即"心体"的提法。此中所用的"本体"并非 Ontology 意义上的"本体",而是指"心"的本然状态。而在王阳明的著述中,此"心体"又与"良知"范畴可以互释。王阳明说:"良知者,心之本体,即前所谓恒照者也。"①王阳明虽然将天理、良知、心体以"即"字置换互释,但若细致考量,它们还是各自有所侧重。天理之中所蕴涵的"觉性"就是良知,而此"常照"的"觉性"也就是"心之本体"。因为"理"是不能离开"心"的,所以,心即理即良知。这里,"心体"成为对"心"之原初存在的一个描述,用这一过渡性范畴便可以将"心"本体与心性修养论联系起来。陆王心学本体论与禅宗心性论非常接近,这是当时人都可认的,王阳明也毫不避讳这一点。在《答陆原静书》中,王阳明非常明确地说:"'不思善,不思恶时,认本来面目'。此佛氏为未识本来面目者设此方便。'本来面目'即吾圣门所谓'良知'。"②除在心性本体方面心学与禅学非常接近之外,在对心体的描述以及修养论方面,二者也很接近。心学对禅学的借鉴显然矣。

一般学者都认可宋明理学有"理"本体论、"心"本体论与"气"本体论的划分。三者中,"气"本体论在注重道德形而上的情况下,较为关注解决心与物的关系,其余二者则更为专心于道德本体论的建构。因此,那种非要将程朱理学和陆王心学的本体论纳入传统的"生成论"视域来论定其为"唯心论"的观点,难免有削足适履之误。朱熹之所以言"理"在"气"先,是为了为人伦道德树立更为牢靠的依据;王阳明之所以强调"心外无物"以及"意之所在便是物"③,是为了更好地引导学人将其哲学思想贯彻于道德修养上。因此,我们可以说,宋明儒学的本体论与佛教本体论的旨趣是相近的,儒学对"理"或"心"与"物"之关系的探讨只是将其本

---

① 《答陆原静书》,《王阳明全集》,上海古籍出版社 1992 年版,第 61 页。
② 同上,第 67 页。
③ 《传习录》,《王阳明全集》,上海古籍出版社 1992 年版,第 6 页。

来意趣扩大之后的副产品而已。准确地说,宋明理学的本来意趣和成就在于人性论以及建立在本体论和人性论之上的修养论。儒学、佛学心性论并非如同西方哲学本体论那样以"纯粹"的"存在"为思辨对象,儒、佛是以明显的修养或修证为归趣的。儒、佛心性本体论的重心一个在于道德伦理,一个在于修行成佛。从这个视域考量,程朱理学所言的"性体"即"理体"可以算作本体论范畴,陆王心学的"心体"与"性体"合一的"心"自然也是本体论范畴了。

二、中国佛教思想与宋明理学的人性论

与先秦和汉唐儒学相比,宋明理学在人性论方面有突破性的进展。这自然与此时的儒家所拥有的"前理解"有很大关系。佛教心性论的思想资源再加上孔孟、《中庸》、《大学》、《易传》以及汉儒、韩李等等的心性思想,使其游刃有余。此中,可资比较的方面很多,限于篇幅,这里仅就"心体与性体"以及与此相关的"已发未发"问题略作分析。

宋明理学在如何处理心与性、心与理的关系上有两大理路,即心、理二元论与心性合一论,前者为张载、程朱所持,后者为陆王心学所主张。而这两种理路与佛教心性论有若干契合之处,前者与唯识宗的心体、理体两分之论以及华严哲学的真心本体论较为接近,后者则与禅宗更为契合。

张载由"气"本体推展出的"天地之性"与"气质之性"的两分法与佛教心性论颇有关系。在张载思想中,"气"即"太虚",从"太虚"而有"天","气化的过程就是"道"。而"太虚"、"气"相合构成"性",此"性"落实于人的知觉层面就是"心"。"性其总,合两也。"[①]这里的"两"也就是与"太虚"、"气"分别对应的"天地之性"与"气质之性"。所谓"天地之性"就是"太虚"本性。张载说:"天所性者通极于道"[②],是人与万物所共同具有的

[①]《正蒙·诚明篇》,《张载集》,中华书局1978年版,第22页。
[②] 同上,第21页。

本质,因此,"性者,万物之一源,非有我之得私也。"①此"性"是湛然常明的,"气之昏明不足以蔽之"②。这里所言之"气"并非"太虚"之气,而是"气质"之气。"气质之性"是"天地之性"被遮蔽而形成的,遮蔽薄者就是智者,遮蔽厚者即为愚人。这一理论,与《起信论》将"心"分为"真如心"与"生灭心"两部分,并且以真心为诸法的本体,颇为相近。其内在理论的相近处有三:一是"性"的两分;二是以一个为根本,另一个为"合"③而生。三是前者为真,为恒久不变,后者为后天而可去蔽。

朱熹哲学是在"气"与"心"的纠葛之中确立"理"本体的,因而他对人性、人心问题的解决便有两种相互补充的思路。朱熹认为,理和气在构成人与万物上作用不同,"理"为"本"而构成人与万物之性,"气"为"具"而构成人与万物之形。人与物只有同时兼禀理、气才能同时得其"性"与"形"。朱熹在这一理论框架下,将"性"又分为两个层面:一是天命之性,二是气质之性。前者也就是"天理",后者则以人禀气的清浊论定人性的善恶。朱熹的第二种思路是"心之本体"与"性之本体"之辨。我们赞同陈来所说的朱熹哲学的"心之本体"即"心体"的概念不是本体论范畴④,但不太同意他所言的"性体"也"不是存有论(Ontology)意义上的体"⑤的看法。我们认为,朱熹是在与"心之本体"相对的意义上使用"性之本体"这一范畴的。朱熹明确地说:"性之本体,理而已矣"⑥。可见,"性之本体"即"性体"的核心就是"理"。准确地说,"性之本体"是对于落定于主体之上的"理"的称呼。朱熹说:"人生之后,此理已坠在形气之中,不全是性之本体矣。……才说性,便已涉乎有生而兼乎气质,不得为性之本

---

① 《正蒙·诚明篇》,《张载集》,中华书局1978年版,第21页。
② 同上。
③ 此"合"是以张载自说为据概括的。"气质之性"是"天地之性"被遮蔽而有,这与佛学所言因无明而有妄心的生起很接近。
④ 陈来:《有无之境》,人民出版社1991年版,第213页。
⑤ 同上,第214页。
⑥ 朱熹:《孟子或问》十一,《朱子全书》第6册,上海古籍出版社,安徽教育出版社2002年版,第981页。

体也。"①这也就是说,"性"有两个层面,即作为总体或整体的"性"和作为核心的"性之本体"即"理"。朱熹正是将上述两种理路结合起来论述其心性思想的。他说:"心主于身,其所以为体者,性也;所以为用者,情也。"②在此,朱熹将"心"当作主体范畴以统一"性体"与心用,而"性体"又是以"理"为核心的。如此,对人性的探讨便可以在"性体"(在某种意义上可以简化为"理体")与心体的关系上进行。

与上述致思理路相一致,朱熹以"未发、已发"论说"心"之体、用,而这一思路尽管在《中庸》里能够找到由头,但朱熹之所以重视这一问题,以及其具体论证,都与佛教心性论有相当大的关联。朱熹在早年时认为,"心"总是处于"已发"状态,而"未发"即寂然不动者只能指"性"。这样就形成了以"性"为"体",以"心"为"用"的体用观。这一"体用"观与《起信论》的模式颇为相近。朱熹在四十岁时对这一观点有所修正。依照陈来的归纳,"己丑之悟"中朱熹的观点有两层:一是将"已发"与"未发"当作心理活动的不同阶段或状态;二是仍然坚持"未发"指"性","已发"主"情"。陈来坚持说:"这两方面并不是一回事。"③我们以为,朱熹所言的这两方面是统一的,并非截然分开。比较朱熹前后所说,这种解释的进展在于将"性"与"情"都统一于"心"之中,避免了性体与性用的截然两分。在"中和旧说"中,朱熹将"性"与"流行"之"心体"截然分开而界定为"寂然不动","一动一静,界限分明。而在"己丑之悟"后,朱熹以为:"思虑未萌、事物未至之时,为喜怒哀乐之未发。当此之时,即是此心寂然不动之体,而天命之性,当体具焉。"④这里,显然是将"性体"作为"未发"之"喜怒哀乐"之体看待的,二者结合为一。朱熹在《已发未发》一文中认为,"中"只是"就心体流行处见,故直谓之性则不可。"⑤所谓"直谓之"不

---

① 《朱子语类》卷九十五,中华书局1986年版,第2430页。
② 《答何叔京二十九》,《朱文公文集》卷四十,《朱子全书》第22册,第1839页。
③ 陈来:《朱熹哲学研究》,中国社会科学出版社1988年版,第115页。
④ 《与湖南诸公论中和第一书》,《朱文公文集》卷六十四,《朱子全书》第23册,第3130页。
⑤ 《已发未发》,《朱文公文集》卷六十七,《朱子全书》第23册,第3268页。

可,那么,"曲"谓之则应可。也就是说,朱熹可能以为,在"中"之中,"性体"与"心体"凝为一体,"中"是"性体"的表征。"及其感而遂通天下之故,则喜怒哀乐之性发焉,而心之用可见。"①这里所说的"喜怒哀乐之性"正是从"性体"、心体合一角度而言的。将朱熹两种"未发已发"说与佛教的有关说法相比较,可以说,"中和旧说"与唯识宗的心体、理体两分模式接近,而"己丑之悟"则与华严宗的说法近似。

在"己丑之悟"的基础上,朱熹得出了"心统性情"的结论,在更高层面上完善了其心性论。朱熹说:"性者,理也。性是体,情是用。性、情皆出于心,故心能统之。"而"统是主宰,如统百万军。心是浑然底物,性是有此理,情是动处。"②朱熹的这一理路是隋唐佛教心性论的基本思路,特别是以"静"界定"性",以"动"界定"情",这与《起信论》以及华严宗的说法非常接近。《起信论》说,真如理体与无明妄念和合构成阿赖耶识,而"心体离念"即"静"构成"觉",而"心"生起心用便成"不觉"。华严宗的理路与《起信论》相仿,只是其所言的"心"不再是阿赖耶识,而是"自性清净圆明体"之真心。上述二者有同有异。相同的是内在的理路,不同的是:朱熹将"心用"解释为"情",而《起信论》则将"心用"解释为"妄念"即"心"之动。从这一不同,可以见出二者对于人性意义之判定的殊隔。朱熹常常将"情"作宽泛的理解,它不仅包括人的"七情",而且包括"四端"和人的思维活动。朱熹重视的是"主体之心"对"情"的主宰、制约和升华作用,而对"情"并不一概排斥,相反,他对后两方面的"情"的积极作用相当重视。这是与《起信论》相比较来探讨朱熹所受佛学的影响。另一方面,若从坚持"理"即"天理"所具的一定程度的外在性方面言之,朱熹的这一理路与持理体与心体两分立场的唯识宗的理路颇为相似;从力主"性体"须落定于心体之上而言之,其说则与华严宗更为相似。

应该指出,由张载提出、朱熹等所援用的"天地之性"与"气质之性"

---

① 《与湖南诸公论中和第一书》,《朱文正公文集》卷六十四,《朱子全书》第23册,第3130—3131页。
② 《朱子语类》卷九十八,中华书局1986年版,第2513页。

的区分,在阐述理路上,与天台宗的"性具善恶"思想也有相当的关联。只是在"恶"或"气质之性"的地位和来源上,各自所持有所不同罢了。限于篇幅,不再展开讨论。

与朱子学不同,阳明哲学则将理论重心从理体即性体转移到"心体"上去探讨人性问题。如果说张载和程朱倾向于在善、恶的对立统一中阐述人的本性问题,从而与董子、韩李的人性论思想较为接近,并且在一定程度上受到《起信论》、华严宗心性思想的影响的话,那么,阳明心学则以孟子的性善论为诠释对象,以禅宗和天台宗心性论的理论话语,在"心体"明净、超越善恶的基点上论述了人的本性问题。王阳明是以"良知"为心性本体的,而关于此本体的善恶判定构成了心学人性论的关键环节和后世理解其学说的焦点之一。在阳明心学中,"性"与"心体"是同一层面的范畴。王阳明是以"天命之性"来说"良知"的:"天命之性,粹然至善,其灵昭不昧者,此其至善之发见,是乃明德之本体,而即所谓良知也。"①从"良知"的这一先天性出发,王阳明多次强调"至善也者,心之本体也。"②晚年在"四句教"得以流行的情况下,王阳明仍然多次重申:"既知至善之在我心,而不假于外求,则志有定向。"③"性无不善,则心之本体本无不正也。"④这样,如何理解和协调"良知"至善性的认定与"四句教"所言"心体"无善无恶论之间的矛盾,便成为心学研究的一大问题。此问题尽管复杂,但是若将其与佛教心性论,特别是天台心性论联系起来分析,便可以发现,如同天台哲学一样,二者不但不矛盾,而且在逻辑上完全可以自洽。

王阳明"四句教"是:"无善无恶心之体,有善有恶意之动,知善知恶是良知,为善去恶是格物。"此语当在其晚年提出。在其去世的前一年,阳明弟子王畿和钱宽围绕"四句教"发生了争论,其中心问题就是对"心

---

① 王阳明:《大学问》,《王阳明全集》,上海古籍出版社1992年版,第969页。
② 王阳明:《大学古本序》,《王阳明全集》,上海古籍出版社1992年版,第243页。
③ 王阳明:《大学问》,《王阳明全集》,上海古籍出版社1992年版,第970页。
④ 同上,第971页。

体"善恶性质的认定。王畿以为"心体无善无恶"不是究竟"话头",因为"若说意有善有恶,毕竟心体还有善恶在。"钱宽则以为,"心体是天命之性,原是无善无恶的。但人有习心,意念上见有善恶在。"①王阳明当时则从修养论的角度圆通二说。其实,王畿与钱宽的争论在佛教心性论中是老生常谈。在王阳明的著述中,对此问题的讨论时时以孟子与告子的争论为诠释对象,但此问题的提出和深化本身就是佛教心性论影响的结果,更何况此命题的理解只有参照佛教心性论的理路才能得到正解。王畿的思路是无论善与恶均须在"心体"上树立依据,与天台宗的"性具善恶"说的致思理路相似;而钱宽的思路则是主善、恶不同源,与《起信论》的理路是一致的。"四句教"所言的"心体"即理体,也就是良知。当王阳明以"至善"解释良知时,他的意旨指向儒学的道德伦理;当其以"无善无恶"解释良知时,他是以"理体"为最终指向的。其实,在天台哲学中,"一念心"的核心即理体或法性也是"无善无恶"的,不过天台家将其紧密地与"心用"结合起来而已。而如前所述,阳明心学中理体与心体也是合一的,王畿与钱宽未能充分理解阳明的理论而各蔽于一偏。阳明的"无善无恶是心之体"其实是指"心本来具有的纯粹的无滞性"②。不过,这一超越道德层面而直接就"无滞性"界定心体的理路,在儒学中并不多见,更多地则来自于禅宗。《坛经》的"三无"之旨所揭示的"性体"常清净而"于一切法上无执著"的"一行三昧",是王阳明这一"心体"论的最有可能的来源。

三、中国佛教心性解脱论与儒家道德修养论

与中国佛教心性论将心性本体论最终落实于修行论之中相同,宋明理学诸大家也将其各自的心性思想贯彻于道德修养实践之中。与其本体论和人性论所受佛教心性论影响相一致,宋明理学的道德修养论与佛

---

① 王阳明:《传习录》下,《王阳明全集》,上海古籍出版社1992年版,第117页。
② 陈来:《朱熹哲学研究》,中国社会科学出版社1988年版,第212页。

教思想的渗透和影响也有相当大的关系。限于篇幅,这里只以理学和心学的代表人物朱熹、王阳明为例论来分析佛教心性论对儒学道德修养论的影响。

朱熹少时习禅,"于释氏之说,盖尝师其人,尊其道,求之亦切至矣"①。尽管朱熹后来又尽力摆脱佛学的影响,但基于禅学的潜移默化,朱熹的修养论难免受到禅学的渗透,因此,贯注于朱熹道德修养论之中的基本精神和修养方法与北宗禅非常相似。这可以从其修养论的核心命题——"主敬涵养"和"格物穷理"中见出。

朱熹"主敬涵养"的直接源头是程颐"涵养须用敬"之说,而程颐的这一说法本身就与佛教有相当程度的关联。朱熹"主敬涵养"与佛教修养论的关联最重要者在于以"未发已发"的涵养功夫作为修养或修行的基本路向,并且以"敬"贯于动静语默之中。朱熹师从李侗时,就着力于"静中体验未发"的修养实践。"所谓体验未发,是要求体验者超越一切思维和情感,以达到一种特别的心理体验。其基本方法是最大限度地平静思想和情绪,使个体的意识和活动转而为一种心理的直觉状态,在这种高度沉静的修养中,把注意力完全集中到内心,成功的经验者常常会突发地获得一种与外部世界融为一体的浑然感受。"②这种体验与其将它说成纯粹的道德境界,毋宁也应该同时看作审美和宗教理想合一的境界。如上所述,朱熹对于"未发已发"问题的回答前后有所不同,其根本的致思动机就在于采用何种修养方法更为切实可行。"中和旧说"以"寂然不动"之理作为"未发",因其"未发之前不可寻觅,已发之后不容安排",所以,仅仅于"已发"的"日用功夫亦止以察识端倪为最初下手处,以故缺却平日涵养一段工夫"③。所谓"涵养一段功夫"是指对"未发"之"性体"的体验。出于这一考量,朱熹以"心统性情"的性体、心体合一的理论推出了"涵养须用敬,进学则在致知"的修养方法。陈来认为,"未发"的主敬

---

① 《答汪尚书》,《朱文公文集》卷三十,《朱子全书》第 21 册,第 1295 页。
② 陈来:《朱熹哲学研究》,中国社会科学出版社 1988 年版,第 92 页。
③ 《与湖南诸公论中和第一书》,《朱文公文集》卷六十四,《朱子全书》第 22 册,第 3131 页。

功夫的核心是将修养方法由直觉主义"引向理性主义"①。从"格物致知"的"穷理尽性"功夫来看,这有一定的道理。但并不能因此而否定其仍然带有一定程度的直觉主义倾向,这是其一。其二,"涵养须用敬"的最大进展在于找到了如何通过"已发"而回归"未发",并且将"心志"集中到内心的方法。在内心的宁静中,将"理"内在化。朱熹几经探索而体悟出来的这一方法,与佛教心性论及其早年的学佛经历有很大的关系。与孟子单纯以"养吾浩然之气"来论定"尽心知性"相比,朱熹的"主敬涵养"方法确实切实和精致多了。此中除儒学本身的因素外,最重要的是有发达精致的佛教修行方法可资借鉴。如前所论,从思想的发展而言,北宋之前的儒学并未找到切实地将天理与心合一的修养方法,二程正是在吸收佛教的相关内容后才得以提出"持敬"之法。朱熹则在新的条件下,发展完善了"持敬"之法。这是论说"敬"的艰巨性和不间断性。从思想来源上说,"持敬"之法与北宗禅的"守本真心"及"坐禅"之法很有关联,只是价值指向不同。北宗禅是以控制一切心思的活动为目标,而朱熹则是以道德原则的内在化为目标,因此,理学的修养实践与坐禅既有一定的区别,又有较为明显的联系。"主敬涵养"并非如坐禅般全无思维活动,而只是收敛身心使其专心致志,做到其思、其行均合于"理"的规定。为了做到这些,朱熹特别强调"畏"和"常惺惺"②。所谓"畏"并非畏惧之意,而是"敬畏",即时刻保持一种神圣而警觉、警省的状态。"常惺惺"又称"提撕",为北宋"看话禅"所特别强调。这说明,在对心态的控制方面,朱熹从禅法中得益匪浅。

与程朱理学从"坐禅"之法得益不同,陆王心学更多地得益于南宗之"悟"。阳明心学的修养方法是以"致良知"而"发明本心"为中心的,它与南宗禅顿入心源的本体之悟的修行方法十分相近,当然,也同时吸收了传统禅法的一些内容。由于二者都是以无善无恶为心体,因而其共同的

---

① 陈来:《朱熹哲学研究》,中国社会科学出版社1988年版,第112页。
② 朱熹的这些说法都有所本,为叙述的简便而大略如此言之。

修行或修养方法是"明心见性"或"明心返本"。有关这方面的材料很多，不能一一论及，这里仅以最典型的"四句教"为例作些分析。

王阳明在回答王畿与钱宽的争论时说过："二君之见正好相资为用，不可各执一边。我这里接人原有此二种。利根之人直从本源上悟入。人心本体原是明莹无滞的，原是个未发之中。利根之人一悟本体，即是功夫，人己内外，一齐俱透了。其次，不免有习心在，本体受蔽，故且教在意念上实落为善去恶。功夫熟后，渣滓去得尽时，本体亦明尽了。汝中之见，是我这里接利根人的，德洪之见，是我这里为其次立法的。"①王畿以为，心与意、知、物是体用关系，心体既然是无善无恶的，意、知、物都应该是无善无恶的。钱宽以为"为善去恶是格物"是基本的复性功夫，否定了意念有善有恶，等于否定了在意念上为善去恶的功夫。王阳明指出，二人所持可以相资为用，并行不悖，其奥妙就在于根机不同。而以根机接人正是禅宗的特色所在。王阳明指出，上根之人可以直接从本源上悟入，"一悟本体，即是功夫"。而钝根之人，则须首先从去除习心对心体的遮蔽入手，此即为"修"。这样的两种方法，前者略同于顿悟，后者略同于渐修。正如禅宗主顿悟并非意味着废除渐修，王阳明也着力指出，利根者用"悟"，钝根者用"修"，实际上，钝根人之"修"，若无"悟"的飞跃，是不可能"修"成本体的；同样，利根者用"悟"，若无"修"作功夫，就无法持久见效。在王阳明生前所发生的这一争论，后来逐渐演化为互有区别的学派，即所谓"王门后学"。但不管如何分化，禅学对心学的影响深度和广度不是降低、缩减，而是深化、扩大了。由于篇幅所限，兹不赘。

从总体而言，以朱熹为集大成者的程朱理学的道德修养论与佛教的心性解脱论之间，在基本路向方面是相近的，而修养目标及其具体细节与禅学则不完全相同。这一结论同样也适用于陆王心学。

---

① 王阳明：《传习录》卷下，《王阳明全集》，上海古籍出版社1992年版，第117页。

第二节　中国佛教思想对道教思想的影响

起步早而且较为成熟的中国佛教心性论对于道教心性论产生了深刻影响这一事实,学者本来一直是认可的。但是,近年来,随着道教研究的开展,有些研究道教的学者提出了佛教心性论与道教心性论同时产生而且彼此影响的看法,这是笔者不敢苟同的。因为它并不符合历史的本来面目。本节首先从道教心性思想的历史形成角度说明佛教心性论对道教心性论的深刻影响,然后再对唐代道教义学以及金元全真道内丹心性论所受佛教心性论的影响作些分析和归纳,以此来探讨中国佛教思想家对中国道教思想文化的贡献。

一、中国佛学与道教心性论的历史形成

道教心性论是受佛教心性论的影响而产生的,这本来是不争之论。任继愈、卿希泰等均持此论。但近年来却有一些道教学者主张道教心性论与佛教心性论的互动。例如张广保认为:"唐代心性哲学的大讨论,实是由道教、禅宗共同发起的,而真正的随后唱和者应是儒家。"①此说似难成立。如前所论,早在隋代,智顗就建构出了第一个相当完整的佛教心性论体系,更不用说魏晋南北朝时期佛教心性思想大讨论所凝结的理论成果了。张广保是通过所谓道教与禅宗的"心概念"所共同具有的"两层含义"来立论的。他认为,道教和禅宗是同时将"作为主体的心"和"作为真体的心"结合在一起的。而事实上,佛教如来藏系经典本来就蕴涵了这一理路,特别是《大乘起信论》所说的"一心二门"和唯识古学所讨论的"真识与妄识"更是鲜明地主张心体与理体的合一。有意或无意忽略佛教的这一思想资源而奢谈佛教与道教心性论的同时成立,显然是不合适的。笔者认为,佛、道心性论交涉的一个基本事实是佛教心性论无论是

---

① 张广保:《论道教心性之学》,《道家文化研究》第7辑,上海古籍出版社1995年版,第5页。

在酝酿、形成,还是在成熟的时间上,都要早于道教①。只有在此基点上,才有可能较为合理而合于事实地对佛教心性论与道教心性论的关系作出分析。与张广保立论稍有不同,卢国龙认为中国佛教心性论形成较早,但他仍然主张重玄学对禅宗有一定的影响。他说:"唐宋佛教之心性论,主要载体是禅宗"②,而中国化程度最高的禅宗"多与重玄相仿佛,都与庄子哲学具有很强的可比较性。这种宏观的历史发展情形,使我们有理由提出重玄对于禅宗的思想影响问题。"③佛教心性论,尤其是上述二人所提及的禅宗心性论的老庄化,究竟是来源于道家还是道教?这里就涉及到道家思想与道教的关系问题,这个问题比较复杂,本书"道家道教篇"对此有专门的论述,这里略作申论。

关于什么是道教以及道教的起源等问题,至今学术界仍有不同说法。这与道教特殊的历史形成过程有关。道教有一种渐进式的生长过程,在其历史上找不到公认的创始者,道教的方术成分及其对于道家思想的吸收使得学者在对其做追根求源式的研究中难以确立起一个明确一致的标准。关于道教的渊源,其宗教性的内容可以追溯到原始社会母系氏族时期的原始宗教传统④,而其思想渊源近者可以追溯到汉代的黄老道家⑤,远者则可追究到老子、庄子的学说。这样复杂的形成背景,导致了一个难于定谳的问题——如何确定道教之中道家思想的恰切地位。胡孚琛在其近著《道学通论——道家·道教·仙学》中明确以"道学"作为道家和道教的总称,而将理论色彩浓厚的重玄学与内丹心性学作为道家一系的思想来处理。他认为,"道家是道教的哲学支柱,道教是道家的

---

① 我们认为,道家和玄学对佛教心性论有过一定的影响,但这并不等同于道教对佛教的影响,在研究道家和玄学对佛教的影响时,应该对道家、玄学与道教作出明确的区分。
② 卢国龙:《道教哲学》,华夏出版社1997年版,第563页。
③ 同上,第575页。
④ 参见牟钟鉴、胡孚琛等主编:《道教通论》,齐鲁书社1991年版。
⑤ 李申则进一步主张黄老道是道教,见其《黄老道家即道教论》,《世界宗教研究》1999年第2期。

宗教形式。"①这是有一定道理的。现在有一种倾向,即将玄学之后大多数《老子》、《庄子》的注疏者当作道教思想家,而对先秦道家的道体论与道教理论是如何可能结合以及如何结合这一重要问题却缺乏强有力的论证。正是在此问题上的歧异导致学者在界定佛教心性论与道家、道教心性论之间的影响关系时,很容易发生分歧。尽管我们并不打算采用胡孚琛将重玄学、内丹心性学划归道家的做法,但却很赞同他将道家思想与道教的宗教形式做严格区分的立场,特别是在确立道家、道教与佛教心性论思想的关系时,尤其要注意这一点。

实际上,早期道教的主要内容大都是一些炼形的形而下之术,并没有多少深刻的理论,更不用说心性论思想了。道教与道家的关系,主要地也是对老子与老子之道作了宗教性的解释与发挥②。道教理论的成熟是在更多地吸收道家和佛教的思想以后才出现的。东晋、南朝所出的《三洞经》仍然有意贬低老子,反映了当时道教内部仍有强烈的排斥道家及《老子》的倾向。直到唐初,仍有《三皇经》与《道德经》的对立问题。这说明,在道教的初期发展中,对于道家思想的态度并不一致。既有吸收的情况,也有排斥的情形。而排斥情形的消失,是在唐代官方崇尚《老子》的背景下发生的。在道教界充分认识到道家思想对于自己的特殊意义以及或明或暗地袭取佛教教义之后,道教的理论才逐渐完善起来。但在唐代之前(包括唐代),道教理论并未超越佛教。禅宗一定程度的老庄化并不能说是道教影响的结果,而是受老子、庄子以及玄学的间接影响以及僧肇、道生的学说与禅修实践相结合的必然结果,而后者更为重要些。

道教心性思想的出现,有两个重要标志,即道性论与道体论的建立。前者在很大程度上是佛性论的翻版,后者则是道家道体论、玄学本体论与佛教理体论相结合的产物,而二者一致的逻辑方法就是佛教中观学的

---

① 胡孚琛、吕锡琛:《道学通论——道家·道教·仙学》,社会科学文献出版社1999年版,第7页。
② 可参阅洪修平《老子、老子之道与道教的发展》一文,载《南京大学学报》1997年第4期。

方法。道教心性论与佛教心性论一样都是以心性本体为理论基点来论定道性与众生性以及万物的关系。佛教心性论是以实相论、佛性论为根基、以中观学为思想方法建构起来的,而道教道体论的形成则颇为复杂。从诠释学方法观之,道教心性论的诠释对象应该是先秦道家思想以及魏晋玄学,而佛教心性论与中观学则是道教创立自己道体论不可或缺的"诠释视域"。从某种意义上说,与先秦道家及玄学相比,道教的道体论之所以更为成熟,并且在道教内部能够形成新的理论要件——道性论,很重要的原因就在于其接受佛教的相关影响更为直接而明显。

尽管道家和玄学已有较为明晰的道体论思想,但是,道教有意识地将道体论作为其修行的基础,并且逐步完善,这确实是在与佛教的论争中完成的。在佛教发展的早期,佛教曾竭力强化与道家思想的联系。而在南北朝以后,佛教方面则又反过来竭力否认佛、道同源一致的说法,在学理方面尤其如此。比如,南齐张融著《门律》主张"道也与佛,逗极无二"①,而周颙则竭力反驳这一说法。他认为,言道教者以《老子》为主,言佛教则"应以般若为宗。二篇所贵,义极虚无;般若所观照穷法性。虚无、法性,其寂虽同,位寂之方,其旨则别论。所谓'逗极无二'者,为'逗极'于虚无,当无二于法性耶?将二途之外,更有异本?"②这是说,以《老子》为依据的道教是以"虚无"为宗旨的,而佛教则是以般若法性为旨趣的,"虚无"与法性其"寂"为同,但其终归是不同的。如果非要说二者"无二",应统一于法性,还是统一于虚无?或者则二者之外另有同处?周颙以为,均不可能。后又有道士顾欢著《夷夏论》,一方面将佛教定位为"夷"即外来宗教,另一方面却又主张二教同本共源。从总体而论,南北朝时期佛道之争的焦点是在二者的根本之"道"是否相同。道教主同,并且以为道教之"道"可以将佛教之"道"包涵于内,而佛教则力辩其异。从理论交锋的情况看,佛教以其精深的思辨占了上风。"历史地看,佛教方

---

① 《弘明集》卷六"张融门律",《大正藏》第 52 卷,第 38 页下。
② 《弘明集》卷六"答张书并问张",《大正藏》第 52 卷,第 39 页上。

面在这个问题上的辩异,对于南北朝道教的道体论思想的发展,起了很大的促进作用。"① 换句话说,南北朝、隋唐道教的道体论是在佛教的刺激之下,并且吸收佛教中观学的方法而得以发展与完善的。当然,经过如此过程和手段建立起来的道教道体论,与佛教理体论是同中有异、异中有同的。在此后的发展中,佛道也是会有相互影响的。

"道性"一语首先见于《老子河上公注》。此书"道法自然"句下有注云:"道性自然无所法。"② 其后的《老子想尔注》沿用了这一概念,但所说的"道性"实际上只是"道之性"的简称,是从另外一个角度对道体的说明。大致产生于北周之前的《升玄内教经》又以"无所有性"、"法空"来解释"道性":"得其真性,虚无淡泊,守一安神。见诸虚伪,无真实法。深解世间,无所有性。"③ "知道反俗。何以故?法性空故。"④ "法性"以及"空"的概念显然都得之于佛教。尽管在隋唐之前,"道性"的概念已经提出,并且以佛教中观学的"空"义来界定,但是,它仍然从根本上与作为众生成佛根据的佛性并不相类,而与先秦道家思想并无大的区别。完整意义上的道性论迟至唐代方才完成。

通过以上对道教心性论的主干——道体论、道性论酝酿时期情形的分析,我们可以看出道教心性论形成的三大环节:其一为老子、庄子思想在道教之中地位的抬升;其二为道性概念的提出及其以"空义"来界定"道性",并且将其落定于"众生性"中;其三为以"非有非无"来界定"道",并且确立"道体"在自然生成论与"得道成仙"论中的核心地位。其中,老庄地位的抬升主要是出于与佛教理论对抗的需要,而后面两条则体现了道教思想家入乎佛教之"里"而与佛教抗衡的特殊用心。这三个环节的同时具备则有待于唐代道教。这也就是唐代道教义学能够继承南北朝之成果而有所创新的根本原因。

---

① 卢国龙:《道教哲学》,华夏出版社 1997 年版,第 248 页。
② 《老子道德经河上公章句》,王卡点校,中华书局 1993 年版,第 103 页。
③ 敦煌本 S.107 号《太上洞玄灵宝升玄内教经》。
④ 《道教义枢》卷八《道性义》第二十九所引,《道藏》第 24 册,第 832 页上。

二、中国佛学与道教道体论

隋唐道教对于佛教思想的吸收同样是在佛道之争中逐渐深化的。在唐初佛道的三次大论争中，在理论方面，道教都处于下风，其理论关节如卢国龙所归纳主要有以下三个方面①：第一，道体是否存在？第二，道体以什么样的方式存在？第三，道性为何？它与众生的关系如何？为了回应佛教的挑战，隋唐道教学者在吸取佛教思想的基础上建构出了自己的道体论与道性论。道教道体论是以先秦道家道体论和玄学本体论为诠释对象而以佛教的理体论及其理论方法——中观学为诠释视域而形成的，因而它是先秦道家宇宙生成论以及汉代之后极为流行的元气自然论与"佛教本体论"的结合。由于这样，道教道体论既有与佛教心性本体论相同之处，又有相异之处。二者的相同之处主要有二：一是以佛教"非有非无"的中道思想诠释"道体"，二是返本体道的显现本体之路。二者的最大不同就在于道教道体论从来未曾放弃生成论的考量。

道教之吸收佛教中观学，起于南北朝，大成于隋唐。南朝顾欢曾这样解释"道之为物，唯恍唯惚"："欲言定有，而无色无声；言其定无，而有信有精。以其体不可定，故曰'唯恍唯惚'。如此观察，名为从顺于道，所以得。"②通过这样的解释，道教找到了一条统一和超越玄学"贵无"与"崇有"之对立的可能理路。唐代道义学便是在继承这一做法的基础上，建构起道体论的。流行于唐初的《太玄真一本际经》将"非有非无"之论作为道体的核心规定。《本际经》曰："所言道者，通达无碍，犹如虚空。非有非无，非愚非智，非因非果，非凡非圣，非色非心，非相非非相，即一切法亦无所即。何以故？一切法性即是无性。法性、道性俱毕竟空，是空亦空，空空亦空，空无分别，分别空故，是无分别，亦复皆空。空无二

---

① 参见卢国龙《道教哲学》，华夏出版社1997年版，第299页。
② 李霖：《道德真经取善集》卷四引录，《道藏》第13册，第868页下。

故,故言其即。"①这段经文简直就是从佛经中直接抄移过来的,从文句和义理上看不出有什么差别来。道之本体乃是非有非无的"毕竟空",道教学者借助于佛教的"空"义和缘起义解释道体,在某种意义上才超越了玄学的有、无对立的看法而达到了新的综合。不过应该注意的是,道教尽管引入了佛教的缘起性空观,但解释却有所不同。这种不同就体现在它并没有放弃"道生万物"的观念以及道家思想中本来就有的"道"为"实有"的观念。

在生成论层面,隋唐道教力图将本源论与本体论结合起来。《本际经》说:"夫道无也,无祖无宗,无根无本,一相无相,以此为源。了此源故,成无上道,而独能成万物之始。以是义故,名为元始。"②这里明显地将"无相"之"道体"当作万物滋生的始基。成玄英也说:"至道妙本,体绝形名,从本降迹,肇生元气。又从元气变生阴阳。于是阳气清浮升而为天,阴气沉浊降而为地。二气升降和气为人。有三才,次生万物。"③"本迹"是道教对万物生成过程的一种描述。由"本"产生"迹"即物,是一个由元气生阴阳二气,再由阴阳二气生出"三才"的过程。这一层面是道教道体论与佛教本体论的不同之处。另一方面,当道教以佛教的"不一不异"来论说道与物的关系时,此又与佛教本体论有了若干共同之处。成玄英说:"至道之为物也,不有而有,虽有不有,不无而无。虽无不无,有、无不定,故言恍惚。所以言物者,欲明道不离物,物不离道;道外无物,物外无道。用即道、物,体即物、道。亦明悟即物、道,迷即道、物。道、物不一不异,而异而一;不一而一,而物而道,一而不一;非道非物,非物故一,不一而物,故不一一也。"④这段话可分三层去看:其一是说"道"的物象形式既不可定言有,也不可定言无,它是一种有、无不定的存在。其二是说物与道是相即不离的关系,道遍在于物之中,物又绝对离不开道。其三

---

① 敦煌 P.3280 号《本际经》卷九《秘密藏品》,《敦煌宝藏》第 127 册,第 284 页。
② 敦煌 P.2795 号《本际经》卷三《圣行品》,《敦煌宝藏》第 124 册,第 190 页。
③ 《道德真经玄德纂疏》卷十二,《道藏》第 13 册,第 457 页上。
④ 《道德真经玄德纂疏》卷六,《道藏》第 13 册,第 407 页下。

是说若"悟"即是由物体悟道体,若迷即是只见物而不能见其"道"。最后,成玄英得出的结论是,道与物是"不一不异"的关系。上述的结论和论证过程与佛教本体论的相关性非常明显。

道教学者极为担心若将"道"理解为纯粹的"空",会对其修行论造成危害。他们尽管袭用佛教的中道观,但对佛教心性论既坚持"当体空"又不废返本还源则持保留或批评态度。这表明,道教在骨子里仍然坚持了自己的道体实有观念。《太上一乘海空智藏经》"法本不定"的观点就是一个典型:"即世众生悉皆非有,亦复非无。所以尔者,若言有者,则终归无;若言无者,则今见则有;若必尔者,则为不定。不定业故,不得出生人天果报。"①佛教的中道观所言的"无"是"当体"即空,而不是"终归"于"无"的结果论;同样,佛学的"有"也不是"今见则有"。在佛教看来,眼前所见的一切物象都只是一种暂时的、虚假的存在,并不能有"不定"的犹豫状况,更不能有如《海空经》所言的"一切法相未可测度,空、有二方不知其际"②的情形。《本际经》反问道:"若法性空寂,云何言说'归根返本'? 有本可返,非谓无法。"③对于彻底的"空寂"立场,道教显然非常警惕,成玄英、李荣、王玄览等唐代道教大师毫不犹豫地继承了《老子》的"常道"概念并提炼出"真常之道"作为万物的根源性本体。在此以王玄览《玄珠录》所论析之。

王玄览将《老子》"道可道,非常道"解析为"常道"与"可道"两个相互联系的范畴。他说:"常道本不可,可道则无常。不可生天地,可道生万物。有生则有死,是故可道称无常,无常生其形,常法生其实。常有无形,常有有常实。"这里,以"无常"概念解释"可道",而以"常法"解释"常道"。在万物的生成过程之中,"无常"只是生出万物的形体,而"常道"则生出万物的本质。从这个意义上,"常道"才具有本体、本根的意义。这与《大乘起信论》的"一心二门"模式非常接近。不仅如此,王玄览还借用

---

① 《太上一乘海空智藏经》卷一《序品》,《道藏》第 1 册,第 611 页上。
② 《太上一乘海空智藏经》卷三《法相品》,《道藏》第 1 册,第 627 页中。
③ 敦煌 P.3371 号《本际经》卷一《护国品》,《敦煌宝藏》第 124 册,第 265 页。

中国佛教心性论有关"真心"与"虚妄之法"关系方面的论述来彰现道体的永恒性。他说:"诸法无自性,随离、合变,为相为性。观相性中,无主无我,无受生死者。虽无主我,而常为相性。"①万物是因为道的离、合而有相性的,而相性是没有真实性可言的,万物的相性只是一种假相。王玄览举金可作钏、铃、花、像,所成之物虽异,但其"金性"却是不变的。真与幻都是相对而言的。从"幻"的角度观之,所谓"真"与幻都成幻;从"真"的角度观之,"幻"与真都成真。诸法实相本来无所谓真与幻的区分,真、幻乃人心的主观心识所为。如果将《玄珠录》的这一段议论与法藏的《华严金师子章》作些比较便会发现,二者是很相似的②。唯一的不同是,佛教在任何情况下也不会认可"幻"可以为"真"。可见,道教道体的实有性质远远强于佛教的心性本体。

从上述分析可以看出,在本体论层面,道教只是吸收了佛教对于"理体"的描述以及"非有非无"的思维方法,而并未接受其本体论的深层意蕴。即便是对中观学的吸收也只是停留在"非有非无"的表面逻辑上面。换言之,印度中观学和中国的三论宗所言的"实相理体"并非"实有",而须以彻底的否定性思维破除对理体实有的执著。佛教的理体论是以实相为核心内涵的,因而它是一种"真理本体"而并非物质性的实体,更不是"宇宙生成论"意义上的实体。而道教的理体观是在宇宙生成论与修行体道论的纠葛之中展开其理论的,它既是真理本体,也是物质实体。这便是佛教、道教心性本体的最大差别。

三、中国佛学与道教道性论

如果说道体论还有较为明确的道家思想渊源,佛教心性论仅仅是道教道体论形成和发展的一种诠释学借鉴的话,那么道教的道性论则可谓

---

① 王玄览:《玄珠录》卷下,《道藏》第23册,第631页中。
② 王玄览与贤首法藏大约同时。这一比喻与立论谁先谁后对于确立谁影响谁并非绝对重要。应该注意的倒是与此相类的比喻在佛经中为数不少。因而初步判定佛教在先而影响道教并非不能成立。

是对佛教心性论,特别是佛性论的一种直接模仿。在道教经典中,"道性"有时可以与"道体"替换使用,它是指道之体性,与佛学中的"法性"、实相范畴处于同一层面,而与佛性并非完全相同。"道性"的另外一层涵义是就众生与道的关联而言的,由这一层涵义可以推导出"一切众生皆有道性"的观念,而这一意义上的"道性"又是众生得道、悟道的依据与根源。这样的意义,在先秦道家和玄学之中是找不到任何渊源的,只能从佛教心性论中寻找其发展的线索。先秦道家在其宇宙生成论中推导出的是"道"生"人"的观念,不论是在老子、庄子,还是汉代黄老道家以及自然元气论之中,都很难找到因拥有"道性"而可成仙的理论命题。葛洪作为东晋时期神仙道教理论的集大成者也并没有提出这样的理论,而提出"道性"概念的《老子想尔注》及《升玄内教经》也都未能从修行论的角度提出因"道性"而证仙的命题。从道教思想史上看,在南北朝后期灵宝派道士宋文明所著的《道教义渊》中认为,人类以及一切含识的虫兽等皆有道性,而木石等等虽有本性而无取舍因而没有道性。在南北朝至隋唐之际的若干道经也持此说,如《洞玄灵宝相连度劫期经》、《太上洞玄灵宝智慧通微经》等等,特别是《洞玄灵宝相连度劫期经》中明确地说:"大千之载,一切众生皆有道性",意义尤其重大。

综观唐代道教的道性论主要涉及这样几个问题:一是"道"与众生的关系,二是无情有无道性,三是道性本有还是始有的问题。这三个问题都来源于佛教,但道教的解释却与佛教有同有异。

对第一个问题,道教的回答可以分三层去看:第一层,众生与道是一种既相同又相异的关系。王玄览的说法可谓典型:"道与众生,亦常亦异,亦常亦不常",因为"道与众生相因生,所以同;众生有生灭,其道无生灭,所以异。"[①]此中所言众生禀有道,所以是"同";而众生有生灭,道却无生灭,所以又相异。而关于众生是否有道性,道教有两种不同的主张:一是认为人人皆有道性;二是认为秉气不同,所以并非人人都有道性。吴

[①] 王玄览:《玄珠录》卷上,《道藏》第23册,第621页上。

筼持后一种主张,杜光庭大致持前一种主张。隋唐之后的多数道教思想家持第一种立场。第二层,道与众生之所以相关,首先是因为众生是因"道"而生,其次是因为道具有感应性。这两点是道家及道教特有的理论,与佛性论极为不同。道教《海空经》说:"道性之理,自为妙无,以渊寂故,以应感故。"①而"寂境即是感应,感应即是寂境。以寂境生感应,以感应归寂境。"②"寂境"即是无为之境,也就是道体,因而感应是"寂境"之用,"寂境"是感应之体。"寂境"中的"道"感应着众生修习,反过来,众生的修习就是复归道性,返本入于"寂境"。"道"的感应性问题是唐代佛道论争的焦点之一。显庆三年僧慧立与道士李荣曾就此展开辩论。慧立问"道"是有知,还是无知?李荣回答为有知。慧立当即反驳说:"若使道是有知,则惟生于善,何故亦生于恶?据此善恶升沉,丛杂总生,则无知矣。"③在此,李荣若放弃了"道"有知的立场,道与众生的关联就会有问题。但是,若坚持这一立场就必须回答慧立提出的反诘,也就是对善恶的来源作出答复。这就是第三层,清净的道体为何会生出有善有恶的世界?在心性论层面上言,道教必须回答"真常之心"即"道心"与妄心的关系问题。道教此后对这一问题的答复主要有这样几种:一是"元气"说,这是道教在汉代哲学中继承而来的。吴筼说:"内则阴尸之气所悖,外则声色之态所诱。积习浩荡,不能自宁,非神之所欲动也。"④人受生之时即存在阴戾之气与清阳之气的两极对立,受生之后又必然受外界声色的诱惑,所有这些积习使人心不能安宁而产生各种欲望。作为心体的"神"禀于道,其本身静而非动,并不会自主产生欲望。欲望是由气决定的积习推动心体而产生的。在此基础上,吴筼提出了"性分三品"说。二是"性动为情"说。道教认为,心有真常之心和妄心两个层面,而作为主体之心的"分别心"就是妄心形成的根源。唐玄宗注《老子》"天下之至柔,驰骋

---

① 《海空经》卷一,《道藏》第1册,第611页。
② 同上,第610页。
③ 道宣:《集古今佛道论衡》卷丁,《大正藏》第52卷,第388页上。
④ 吴筼:《玄纲论·率性凝情章》,《道藏》第23册,第680页上。

天下之至坚"一句时说:"天下之至柔者,正性也。若驰骋世务,染杂离尘境,情欲充塞,则为天下之至坚尔。"①成玄英说:"今乃起心分别,乖于本心。"②"不知性修反德而会于真常之道者,则起妄心,随境造业,动之死地,所作皆凶。"③这些说法的核心是真心与妄心的对立,而妄心的产生是主体不知真常之道而背离真心的结果,与佛教的说法几乎毫无区别。而道教将这种说法又引申为"性动为情"之论。三是"心性清净,烦恼所覆"。这与佛教所言"心性本净,客尘所染"的理路很接近。道教既引入了般若观念解释道体,又吸收了佛教"如来藏自性清净心"的理论。如《本际经》就说过:"是清净心具足一切无量功德,智慧成就,常住自在,湛然安乐。但为烦恼所覆蔽故,未得显了,故名为性。若修方便,断诸烦恼,障法尽故,显现明了,故名本身。"④这与佛教的说法没有任何区别。后来,道教也采用老子"清净无为"的立场论说,但往往与佛教的说法混合使用。如唐玄宗说过:"道性清净,妙本湛然,故常无为也。"⑤以清净言人性便意味着染污之心为后起,因而只须清除杂垢使心归于本来的清净状态便可"得道"。

"无情有性"论,在中国思想史上是由隋代的吉藏首先明确提出来的,此前东晋的竺道生、隋代的净影慧远等的若干说法已经将其义蕴涵在其中。吉藏在《大乘玄论》中明确地说:"不但众生有佛性,草木亦有佛性。"⑥而道教是经过一个阶段的探索和动摇才确立了无情有道性的立场。现有的研究表明,唐初道经《太上妙法本相经》大略最早,而潘师正所说最具佛教色彩,从中可以看出明确的佛教渊源。潘师正说:"法身常存,真理唯寂。虽混成而有物,而虚廓无朕。机感所及,冥然已周,因教

---

① 《道德真经玄德纂疏》卷十二,《道藏》第13册,第459页中。此处沿用习惯性说法,将以唐玄宗名义发布的《老子》注疏姑且以唐玄宗之名论之。
② 《道德真经玄德纂疏》卷十四,《道藏》第13册,第480页上。
③ 严灵峰:《道德经开题序诀义疏》卷一。
④ 敦煌P3782号《本际经》卷九"秘密藏品",《敦煌宝藏》第127册,第283页。
⑤ 《唐玄宗御注道德真经》卷五,《道藏》第11册,第777页上。
⑥ 吉藏:《大乘玄论》卷三,《中国佛教思想资料选编》第二卷第一册,第364页。

立名,厥义无量。夫道者,圆道之妙称。圣者,玄觉之至名。一切有形,皆含道性。"①这里认为,法身即道体感应而生成万物以及人类,而由道所生的一切有形之人、物都含有道性。其实,"道"或道体遍在于万物的主张是老、庄哲学最核心的命题之一。道家与道教哲学之中,万物与生物界(包括人类)都禀有道体,因为他们都是由道所生的。从这一命题很容易引申出"无情"也有道性的主张。道教直接继承了道家万物一体的观念,人与物所具的"本体"都叫"道"。但佛教却是在佛、法、僧的框架之下来讨论心、佛、众生三者之间关系的,因此,佛教提出"无情有性"的主张是需要突破若干理论难题的。比如,佛教的真如理体在诸法中称为"法性"、"实相"等等,而在众生中则称为"如来藏自性清净心"。名目不同,意义自然也有若干差别。特别是佛教分"心"、"色"为二法,如何突破心、色之界限而证成"无情有性",困难可想而知。但是,事实却恰恰相反:是佛教先于道教提倡一切众生皆有佛性,同样,也是佛教先于道教提出"草木亦有佛性"。其实,仔细考察,宋文明等提出的只有有情识才有道性的说法并不符合道教"道体"遍在的说法。宋文明以"取舍"即主体性之有无作分际,在道教理论中是难于自恰的。这样就有了一个问题:最应该提出"无情有性"论的道教为什么未能如此做呢?有学者说:"本来道教中等同于自然本性的泛神论的'道',就足以和大乘佛教的佛性论相媲美。"②若真的如此,为什么要等到南北朝大兴佛性论相当长时间之后,道性论方才兴起呢?最大的原因就是道教的解脱论、修行论的逻辑起点并非必然地落定于众生拥有道性之上,而中、后期大乘佛教之所以悉心于佛性论与心性论的探讨,根本原因在于这一问题是其修行论、解脱论的逻辑起点。这也就是说,道教学者后来之所以热衷于讨论这一问题,很大程度上是佛教心性论影响和推动的结果。尽管隋唐道教道性论的具体理论与佛教心性论所论并不完全相同,其论证成道的道性根源时所罗

---

① 潘师正:《道门经法相承次序》卷上,《道藏》第 24 册,第 785 页下—786 页上。
② 胡孚琛:《神性论:道教观点》,见何光沪、许志伟主编《对话:儒释道与基督教》,社会科学文献出版社 1998 年版,第 257 页。

列的依据有许多也并非出于佛教,但是,历史地看,道性有无的问题确实是从佛教心性论中引进的。这是中国佛教心性论对道教心性论的深刻影响所在。

　　与上述问题相关,道教心性论也热衷于讨论道性的本有、始有问题。如前所论,早在南北朝时期佛教就已经展开对此问题的讨论,而唐初道教文献始有这方面的记载。孟安排在《道教义枢》中载:"众生本有法身,众德具足,常乐宛然。但为惑覆,故不见耳。犹如泥之杂水,不见澄清,万里深坑,沙底难睹。本相见时,义无有异。"①这是第一种"道性本有"说。第二种观点认为,"本有之时,未有众德。但众生有必得之理,故言澄清湛然耳。"②这种观点直接针对的是"本有"说,认为从众生初始之时言,众生之心并未全具诸多德行,因而不能说"本有",但从修行的角度言之,众生必然会修得此"性"。这即是"道性始有"说。孟安排并不同意上述二说,对上述"本有"、"始有"的说法都持反对立场。他认为,若说众生本具"道性",怎么又会被迷惑所覆呢?既然已经被惑所覆,还有什么"道性之德"呢?若说本无道性之德,现今方有,道性则应是无常。但是,"理"是本有,也是恒常的,"事"既然是今有,应是无常。无常之事并非"道性之理"。若说理、事都是恒常,则理、事都应是本有。这与"道性始有"的结论自相矛盾。孟安排认为,笼统地说道性是本、是始,都是偏于一隅。道性之理本来清净,内在于众生之身中。若迷此理,则被惑所覆;若了此理,其自然显现。因而,"理"是本有恒一的,有、无只是就其隐现而姑妄言之。这就是"道性亦本亦始"说。上述这三种说法恰恰与佛教心性论的三种议论直接对应,显然是从佛教中移植过来的。

四、中国佛学与道教内丹学

　　从修证的角度言之,道教的本旨在于长生久视,其根本的方法就是

---

① 孟安排:《道教义枢·法身义》,《道藏》第 24 册,第 806 页下。
② 同上。

修炼各种道术。之所以有人会将唐代重玄学看作道家思潮,一个很重要的理由就是重玄学的思辨性质使其更像一种思维方法而并未很好地与道教修炼结合起来。酝酿于唐代,大成于宋、金、元的内丹学正是在重玄学的基础上将道教心性论与修炼之法结合了起来。"唐末五代以来,内丹学成了道教中最正宗的修持方式,外丹学被融入内丹学中作为三元丹法的分支,其他养生术被斥为左道旁门的小术,内丹心性学成了道家哲学发展史上不可或缺的链条。"①而之所以如此,很大程度上是道家、道教哲学与佛教心性论视域融合的结果②。内丹学的根本点是性命双修,"命"为道教的题中应有之义,"性"则主要是从佛教心性论移植而来。内丹心性学具有重视实际的心理体验的特点,而这种修炼是将生成论哲学的认知活动内化为心灵的体验活动,它是以体悟天地造化生成之意为旨归的。它将精、气、神称作人体的"三宝",并且以人的"精气"为对象而炼养"真一之气",而在义理层面上表现出来的是对心性问题的特殊兴趣。这样,内丹心性之学实际上成为凝神静气炼形的一种重要手段。以下我们分别对金丹派南宗以及全真道的心性论与佛教心性论的关系做些分析,以凸显佛教心性论对宋元道教心性论的影响。

南宗内丹心性学的奠基者张伯端根据老子学说阐明化生之道,并且认为逆之而归根复命就可长生久视。他说:"心者,众妙之理而宰万物也。性在乎是,命在乎是。若夫学道之士,先须了得这一个字,其余皆后段事矣。"③这是强调心、性、命在修炼之中的重要意义。据《悟真篇》、《青华秘文》等著述看,张伯端所说的"性"具有三层涵义:一,性即是神;二,"性"又特指人的先天元神,即"先天之性"或"元性";三,性又具有道德理性的意味,指一种道德修养的工夫或特定的心理状态。张伯端所谓的"心"则具有将神、性等联结起来的功用,它是人的生命本体以及万物的根源。张伯端是持心性合一立场的,而且将心性分为先天、金丹或元神

---

① 胡孚琛、吕锡琛:《道学通论》,社会科学文献出版社 1999 年版,第 223 页。
② 内丹学的形成当然也与儒学有关联。此因与本文无直接关系,姑且略之。
③ 张伯端:《青华秘文》,《道藏》第 4 册,第 363 页上。

与气禀、日用或欲神两部分。这一立场与佛教心性论将心分为真心与妄心两部分是一致的,此立场从唐代以后实际上已经成为道教心性论的共同立场。张伯端的创新在于将佛教的心性修养方法引入道教的修炼身心的活动之中而倡导性命双修。他所倡的这一方法有两大要点:其一,先修命后修性的修炼程序。张氏先命后性的主张是基于这样一种看法,即心性修炼较为玄虚,初学者难于掌握,因而先从命功修炼,待精气工夫修炼到位,然后再修炼心性,以最后证得澄澈晶莹的本来真性。其二,从命功与性功的作用来看,张伯端更为重视性功。这是因为性功是修炼的最终目标,而且在命功修炼中作为入手工夫的止念入静,既是性功修心之法,又是命功修炼的下手工夫,因此,张伯端说:"金丹之道,始然于神而用精气也,故曰神为重。"①而"神"常常是心、性在道教中的特殊说法。

张伯端的四传弟子白玉蟾进一步完善了南宗的心性之学,佛教心性论的印迹也随之加深了。白玉蟾更加突出了性功在修炼中的地位,明确指出修炼之事非存思,非举意,非是身中运精气,心性修炼才是最根本的。他认为,道即是心,心即是道,"法是心之臣,心是法之主。无疑则心正,心正则法灵。守一则心专,心专则法验。非法之灵验,盖汝心所以。"②以意念专注作为作法灵验之要,这是对已经存在于张伯端思想中的禅学倾向的进一步发挥。他甚至说:"行符之人则建功皆出于无心,不可著相,著相为之则不是矣。"③这与禅宗的无心、无相之说没有大的区别。

金代由王重阳创立的全真道是以三教合一为旨归的,其心性论受佛教心性论的影响更为明显。全真之旨是庄禅的混合体,所谓刳心遗形等合于庄学本旨;所谓消解攀缘以显证本来面目等,则系禅宗意旨。王重阳说:"本来真性唤金丹,四假为炉炼作团。不染不思除妄想,自然衮出

---

① 张伯端:《青华秘文》,《道藏》第 4 册,第 376 页上。
② 《海琼白真人语录》卷四,《道藏》第 33 册,第 135 页下。
③ 白玉蟾:《道法九要·持戒》,《道法会元》卷一,《道藏》第 28 册,第 678 页中。

入仙坛。"①明确将人之真心、真性当作"金丹",而成仙则转换成显露清净的本心。在全真道看来,只要使心体寂灭空静,达到真空境界,就能使神、气交融,性、命和合,凝结三丹。全真道将道教的修炼目标从肉体不死而飞升转移到显露自己的本来心性,王重阳的弟子都继承了这一思想,并将其发扬光大。这是道教在佛教心性论的影响下所做出的重大调整,在道教史上具有重大意义。

王重阳的后继者分头弘化,形成了丹阳、龙门和盘山等不同的派别。反映在心性论方面,这三派在继承其祖师确立的宗旨之基础上,也有各自不同的特色。但无论如何不同,三派心性论与佛教心性论的紧密关联都未改变。以下稍作分疏。

王重阳所确立的清净无为的宗旨以及融合佛道心性论的传统被大弟子马钰(马丹阳)忠实地继承。马钰说:"修行之人多言澄心,不识澄心之理。如何是澄心之理?只要一念不生,性体真空,杳然湛然,似天澄虚不别,是真澄心也。无心可澄是名澄心。"②这是对心体的描述,而以"无心"来说明心体正是来源于禅宗。不过,马丹阳所说的"无心"并非如同植物一样的无心,而是"务在存心于清静之域而无邪心也。故俗人无清净之心,道人无尘垢之心,非所谓俱无心而与木石猫狗一般也。"③无心是无妄心妄念,而并非无清净之心。也就是说,清净之心是真心,是一种本真的存在。而马钰更是直接借用佛教的"空"观来说明"无心"的心体,也适当吸收了禅宗的明心见性以及无修无证的修行方法。以本心合真性,以无念无欲之心统率日常的行住坐卧等行为,是丹阳派心性论的特色所在,也是其与禅宗的共同之处。马钰说过:"道性虽无修无证,尘心自要损消到忘心见性,方契无证无修。"④"又问:如何是见性?答曰:那无心无

---

① 《重阳全真集》卷二"金丹",《道藏》第 25 册,第 701 页。
② 《真仙直指语录·丹阳真人语录》,《道藏》第 32 册,第 433 页下。
③ 同上,第 434 页中。
④ 同上,第 433 页下。

念,不著一物,澄澄湛湛,似月当空。"①这种表述,与禅宗没有多大区别。而将此湛然常清的无心贯彻于日常行事之中,即如马钰所言:"外则应缘,内则养固。心上忘机,意不著物,触处不生嫉妒,二气常要清净,一神自住。"②在此,方表现出其与禅宗的若干区别,也就是"养固"即炼养精气的过程和目标。

由王重阳的弟子丘处机开创的龙门派吸收了禅宗"平常心是道"的观念,并将其修行论与儒家的事功结合,形成了与丹阳派有所不同的心性论思想体系。龙门派惯以"平常心"来表征心体,不过,其"平常心"是儒家与禅宗的杂融,同时又发挥了道家的思想。"道本无为,惟其了心而已,治其心得至于平常,则其道自生。"这是以道家的清净无为阐述"平常心"。而以"空"及"不动心"结合阐述"平常心",便又体现出了禅家宗旨,"此心既正则外邪自轻,日渐轻省,至于无物。将多生相逐,轮回迁变底业识屏除亦尽,把好道也不要廓然虚空,其中自有个不空者。故云非有非空,是谓真空。"③这里将心体解释为"真空"之心,但是,又须在日用常事中积累功行才有可能体得道心。因此,龙门派在具体阐述"平常心"时,也适当吸收了儒家的观念,丘处机的传人尹志平说:"凡世之所爱吾不为甚爱,世之所恶吾不为甚恶。虽有喜怒哀乐之情,发而能中其节而不伤吾中和之气。故心得平常,平常则了心矣。"④这显然与佛教的"无心"标准有一段距离,而比较符合儒家的观点。

在全真三派中,由王志谨开创的盘山派受佛教心性论的影响最深、最明显,而王志谨的论述有鲜明的以心性统命的色彩。盘山派以真心、本心和尘心对举来界定自己的炼心修性的修行实践。与其他派别相比,盘山派心性论更多地借用禅宗的说法来规定心体:"或问曰:心无染着,放旷任缘,合道也未? 答云:起心无着,便是有着。有心无染,亦着无染,

---

① 《群仙要语纂集》卷下,《道藏》第 32 册,第 458 页中。
② 马钰:《丹阳真人直言》,《道藏》第 32 册,第 155 页中。
③ 《清和真人北游语录》卷一,《道藏》第 33 册,第 157 页中。
④ 《清和真人北游语录》卷二,《道藏》第 33 册,第 166 页上。

才欲定静,已堕意根,纵任依他亦成邪见。无染无着等是医药,无病药除,病去药存,终成药病,言思路绝方始到家。"①唐代以后的道教惯于在以"清净无为"诠释道体、心体的情况下,适当地吸收佛教心性论对心体的若干界定。如盘山派这样全面引入禅宗话语诠释自家心体的情形,在全真道中是最突出的。盘山派引进佛教心性论"来深化传统道教对心的阐述,这就把心体的内蕴向深处掘入一层。"②在以禅释心体的前提下,盘山派自然将身心的修炼问题归结为如何显露本心,在显露心体的方法方面,盘山派也比全真道其他派别更为重视体悟心性。

第三节 中国佛学对中国思想文化的贡献

作为一种外来的宗教文化,能够在异域站稳脚跟,并且融入本土固有文化的血脉之中,佛教主要依靠的是思想的渗透。印度佛教所具有的严整的思维逻辑、精细的思辨体系以及独特的人生观、生死观、命运观、伦理观,不仅仅孕育了中国佛教,而且对于中国思想文化的整体产生了非常大的影响。尤其是,当我们从宏观的视角将佛教思想当作中国思想文化的组成部分去考察的时候,佛教对于中国思想文化的贡献,更是难以估量的。本节对这些问题的归纳概括,只能称之为管窥而已。但毫无疑问的是,佛教对中国思想文化的这些贡献,都是通过一代代中国佛教思想家的不懈努力而得以实现的。

一、佛教因明逻辑

"因明"二字是梵语"希都费陀"的意译。"因"指推理论证的依据,"明"是知识和智慧之意。因明是印度古典逻辑中佛家所发展起来的一个逻辑系统,除研究推理、论证等逻辑形式外,也着力于探讨如何认识对

---

① 《修真十书卷之五十三·盘山语录》,《道藏》第 4 册,第 835 页中。
② 张广保:《金元全真道内丹心性学》,三联书店 1996 年版,第 136 页。

象的一些问题。从世界范围言之,佛教的因明逻辑与古希腊的亚里士多德、中国古代的名辩思潮并列为世界三大逻辑起源。随着以因明逻辑为重要论证手段的佛教经论的大量译出和流传,这一与中土固有的逻辑有着重要差别的逻辑系统引起了中国思想界的极大注意。北魏孝文帝延兴二年(公元472年)吉迦夜与昙曜合作译出了因明学的重要经典《方便心论》。东魏孝静帝兴和三年(公元541年)毗目智仙与瞿昙流支合作译出了另外一部因明论典《回诤论》。梁建文帝大宝元年(公元550年)真谛译出了《如实论》并撰写《如实论疏》。这些古因明著作的译出对于中国的思想界产生了一定的影响。南北朝时期文学理论方面的不朽名著《文心雕龙》,在叙述体例上有明显的因明痕迹。迨至唐代的玄奘大师西行至天竺求学,深得因明精髓,在天竺撰写《制恶见论》立"真唯识量",被崇奉为"千圣同尊"的"万世立量之正轨"。玄奘回国后,译出了不少因明方面的论典,如《瑜伽师地论》、《显扬圣教论》、《正理门论》、《入正理门论》、《大乘掌珍论》等,玄奘在译经过程中反复宣讲,并令门人疏释,形成了唐初因明学的研究热潮。由玄奘始,中国学人的因明研究不仅是世界佛教的宝贵财富,也是中国古代哲学思想的重要组成部分。

　　据学者研究①,玄奘对于因明理论的贡献主要体现在以下几个方面:第一,区别宗体与宗依,宗依必须两宗共许,而宗体必须顺自违他。第二,强调寄言简别,以利于立论者发挥思想而不成过失,使三支比量的运用富有一定的灵活性。第三,将"生因"、"了因"分为"言"、"智"、"义"三种情况而成六因,正义唯取"言生"、"智了"二因,对因的把握更加准确了。第三,将每一过类分为全分、一分两种类型(对概念的内涵的全部或部分极成),使因明学的过失论更加丰富。第四,将有体、无体分析为别体的有无、言陈的有无,又将言陈的有无又细分为三种不同情形,虽然有过于烦琐之嫌,却也通过精细的分析穷究了因明过类的一切可能,显示

---

① 此据虞愚关于玄奘回国后对于因明学理论的贡献的归纳,参见刘培育《"玄奘法称遥可接"——虞愚论玄奘在因明发展史上的地位》一文,载黄心川主编《玄奘研究:第二届铜川玄奘国际学术研讨会文集》,陕西师范大学出版社1999年版,第42—43页。

出因明的严谨性。而玄奘的弟子窥基撰写《因明入正理论疏》，对玄奘的思想作了深入细致的发挥。因为此疏对因明的注疏十分精到，为诸疏之冠，后世称之为"大疏"。

窥基的弟子慧沼继承了其师未竟之业，完成了《大疏》的写作，史称《因明入正理论续疏》，又撰《因明入正理论义断》、《因明入正理论纂要》、《二量章》等著作，阐发佛教逻辑思想。慧沼对于汉传佛教逻辑思想的贡献，除了对因明能立以及对过失论作了新的阐发之外，最主要的是坚持了因明以立破为中心的工具性质。"印度因明本来是逻辑学、知识论、论辩学的共同体，但从陈那后期的著作《集量论》到法称因明更注重于量论。藏传因明更是把因明和内明合一，把因明作为佛家的解脱道之一。但玄奘所传的是以陈那前期著作《正理门论》和天主《入论》的因明体系，是以立破为中心的论辩逻辑，把因明看作'法户之枢机'、'玄关之钤键'，强调因明是一种各派通用的工具性学科，神泰《理门述记》即云：'自古九十六种外道，各制因明'。慧沼坚持了这一立场，并有进一步的阐发。"[1] 譬如关于自相与共相的概念问题，窥基在《大疏》中已经将逻辑角度的涵义从佛教教理之中区别出来。慧沼在《义断》中对此问题作了进一步的发挥。"总之，汉传因明注重逻辑，把因明工具化，就佛家教义而言，因明似乎并非'大道'，但却有利于因明向世俗传播，有利于逻辑学的分化与独立。"[2] 正因为此，近代以来，因明学又重新引起了思想界的重视。

二、佛教思维方式

佛教思维方式是丰富多彩的，而其核心则是中道方法、本体论之思以及在此基础上的体用观。中道的思维方法是中国佛教从印度佛教吸取并且加以发扬光大的重要的哲学方法。中观学的核心有三：一是中道观，二是二谛说，三是实相说。而实相说则为中国佛教的本体论之思奠

---

[1] 姚南强：《因明学说史纲要》，上海三联书店 2000 年版，第 305 页。
[2] 同上，第 307 页。

定了界定说明本体的方法。大乘佛教的本体实际上就是实相即"理体",而隋代的吉藏则明确以"中道"作为理体。关于中道和二谛,请参见本篇第二章第二节的"吉藏与中道思维",这里再说一下实相说。

从历史上看,大乘佛教兴起后的般若中观学派以"空"的立场彻底扫荡了对人我、法我的执著,又以中道方法统一了非有非无,最后确立了"诸法实相"作为万法的究极说明。龙树《中论》以连续四颂论证了"无我"的主张①。其文说:"若我是五阴,我即为生灭;若我异五阴,则非五阴相",因此,无论在五蕴中,还是离五蕴寻找自我,均一无所得。然而,"若无有我者,何得有我所? 灭我、我所故,名得无我智。"凡夫之所以执迷自我,是误以为有自我及我所的相互依存作为证明,而这种证明即便可以成立,也只能是缘起性的,因此,"自我"是无常而有生有灭的。龙树认为,众生的根本执著在于试图建立作为实体的自我,若能从这种根本迷执中脱开,便能从轮回中得到解脱。这就是"内外我、我所,尽灭无有故;诸受即为灭,受灭则身灭。业烦恼灭故,名之为解脱"的含义。针对小乘法体实有的观念,龙树在《中论》中反驳说:"众缘中有性,是事则不然;性从众缘出,即名为作法。"②这是说,若实体能从多种原因与条件和合而生,那么它仍是被制作出来的,这根本就不是恒常的实体。因为"性若是作者,云何有此义? 性名为无作,不待异法成。"③从彻底的缘起论立场言之,法体常存是站不住的,肯定是戏论。正如僧肇所言:"五阴诸法,假会成身,起唯诸法共起,灭唯诸法共灭,无别有真宰主其起灭者。"④由这一理论,中观学否定了小乘的实体论,而建立了以"实相"为究极的"本体论"。

"实相"即诸法实相,与真如、法性、实际等,数者名异义近。佛学中的"实相"指一切事物的真实、常住不变的本性,亦即无差别的最高真理。

---

① 参见《中论》卷四,《藏要》第二册,第995页。下文所引三颂均见于此。
② 《中论》卷三,《藏要》第二册,第980页。
③ 同上。
④ 僧肇:《注维摩诘经》,《大正藏》第38卷,第376页中。

从认识论言之,"实相"即佛教所讲的"客观真理"、万物的本相;从修行论言之,"实相"就是涅槃,即证得的万法如其所是地完全显现出来的相状及境界。般若中观学认为万有的真相是空、毕竟空,又是非有非无的中道。所谓"实相"无思无虑,无相无作,无忆无念,净妙无缘,无有文字,亦无言说,不可显示。一句话,作为万有客观真理的实相是不可思议的,言语道断,心行处灭,而一切诸法之不可说相,只有具有般若智之圣者方能体知。中观学用了两条既有联系又有区别的理路:由认识论看,严格区分了世俗真理与客观真理的界限,关于前者,众生可以凭借世间的知识系统和本身的认识能力加以掌握,而后者则唯有掌握般若智慧的佛、菩萨动用"现观"即直觉的方法才能加以把握。从修行论观之,中观学又大讲涅槃与世间不二,认为涅槃即是普遍存在于一切世间法中的法性,所以,"涅槃与世间,无有少分别;世间与涅槃,亦无少分别。"①从实相的角度看,一切法的实相就是指与涅槃相待的世间事物的真实相状,并非离世间之事物而另有所谓实相存在。中观学认为,世间一切现象的真实状况就是空性,此实相也就成为涅槃的内容。这样,就由实相将世间与涅槃统一起来了。既然世间与涅槃不二,那么离世间而求取涅槃是不可能证得的。从认识论与修行论的结合看,中观学讲的作为本体的实相,既不同于小乘佛学的实体,也不同于一般世俗哲学所讲的"本体"。大乘佛教在中观学之后所讲的本体论,尽管对本体的命名不同,但都不是孤立地对世间万物进行抽象分析而追究万物的根源性,而是紧密联系佛教的终极目标而对万法的本质加以说明。因此,以"实相"为核心的大乘佛教本体既具有一般哲学本体的特点,又是具有宗教品格的可证、可修、可悟的佛之体性,亦即真理之体即"理体"。

以心体为基点,将理体落实于心体就形成"心性本体",关于天台、华严、唯识和禅宗的心性本体论之思以及在此基础上的体用观,请参见本篇第二章第一节中的"中国佛教心性本体论的基本特征"。这里想对佛

---

① 《中论》卷四,《藏要》第二册,第1041页。

教形而上学的性质特别做些说明。

尽管中国佛学也讨论本体和现象、心与外部世界的关系,所涉及的问题貌似哲学的基本问题,有时也采用世俗哲学的话语方式和方法论,但它并不是从一般意义上去建构哲学本体论。佛学本体论的原本意图是"认识论"的,哲学本体论之思只是其"方便"。大乘佛教在中观学之后所讲的本体论,虽然对本体的命名不同,但都不是孤立地对世间万物进行抽象分析而追究万物的根源性,而是联系佛教的终极目标对万法的本质加以说明。因此,中国佛教本体论既具有一般哲学本体论的特点,又具有宗教的修证品格。"佛"其实就是抽象的真如理体本身,在中国化佛教中,此真如理体其实就是众生的心性本体;而在法相唯识宗中,真如理体则是由众生之心体"转依"而证得的。佛教僧侣之所以热衷于探讨这些问题,归根结底是为了论证众生成佛如何可能以及如何实践的问题。作为为修行解脱提供理论基础的佛教心性之学,中国佛教心性论所具有的哲学思辨性和智慧解脱的双重取向,使其既有世俗哲学本体论的致思倾向,又有与欧洲中世纪经院神学相类似的"神学"本体论的性质。这是中国佛教心性本体论所特有的二重性质。

三、佛教人生观

尽管佛教惯于以六道轮回中的所有生命体为对象讨论各种问题,但"人"无疑是其理论最深切的关注点。从原始佛教到中观学、唯识学,印度佛学无不将"人生"问题当作立论的出发点,而佛教心性论正是为了更好地解决人生问题而产生和发展的。佛教传入中土,首先面对的就是"人学"倾向浓厚的儒家思想的挑战,而应对这一挑战的最好策略就是去发展原本就存在于印度大乘佛学中的"人本化"特征。这是中国佛教发展的必由之路。正是这一原因,隋唐佛教中国化诸宗才会将佛教的"人本化"倾向加以突出和发展,使其具有比印度佛学更为明确的对现实人生的关怀和对现世生活的肯定。解脱不离世间的观念成为天台、华严、禅宗等中国化佛教的共同理念,而禅宗生活化的修行方式以及宋明以后流行的"治心"与"治世"相统一的儒佛交融论,更是这一特质的突出表现。

对于世俗世界的矛盾态度,一直是大乘佛教的固有问题。小乘佛教的旨趣在于追求"个人"的解脱,因而出世便是一种符合逻辑的选择。大乘佛教以为人生的本质就是"苦"和"空",而能够使众生出离苦海的唯一的、最终的归结就是解脱轮回的束缚,成就佛果。这样,无论从现实人生的价值判定而言,还是从对世俗生活的态度而言,大乘佛教无疑都是指向出世的。但是,另一方面,大乘佛教却并不主张完全离弃世间而另外求取涅槃境界,它以"自觉、觉他"的精神将个人解脱与世间一切众生的解脱联结了起来。因此,解脱成佛不光是个人的事情,它与整个世间以及一切众生都有关联。如此一来,就存在一个出世与入世如何统一的问题。对于这一难题,印度中观学、唯识学以及如来藏系经典提供了三种略有区别的理论,对中国佛教心性论产生了深远影响。

印度中观学认为,"涅槃与世间,无有少分别;世间与涅槃,亦无少分别。"①既然世间与涅槃境界不二而无分别,所以就没有必要离开世间而求取解脱。吕澂将这种理论模式称之为"即世而出世"②。后起的唯识学则以《瑜伽师地论》的"位次"、"无住涅槃"的"行"以及"转依"而成之"果"等等理论去说明这个问题。"从人生全体来看,这种践行虽趋向涅槃,却是不住于世间,也不住于涅槃的。"③吕澂将唯识学这种解脱成佛之路称之为"转世而出世",此中之"转世"意为转变世间,而非佛教普通所谓轮回之转世④。印度佛教的如来藏思想以及在此基础上发展出来的心性论,就是要立足于世间和众生以解决成佛的可能性问题。中国佛教继承了印度佛教的这些理论旨趣,并对其作了进一步发挥。其中,法相唯识宗受印度护法系唯识学影响较深,而天台、华严、禅宗则受中观思想影响

---

① 《中论》卷四,《藏要》第二册,第 1041 页。
② 参见吕澂《正觉与出离》,《吕澂佛学论著选集》,齐鲁书社 1991 年版,第 1335—1336 页。
③ 吕澂:《正觉与出离》,《吕澂佛学论著选集》,齐鲁书社 1991 年版,第 1336 页。
④ 参见吕澂《正觉与出离》,《吕澂佛学论著选集》,齐鲁书社 1991 年版,第 1336—1338 页。

较深。

　　法相唯识宗继承的是印度唯识学"转世而出世"即"转依"的修行解脱路径。所谓"转依"就是实现心体彻底如"理"的转变,以"正智"代替妄识。这就是所谓"转识成智"。唯识宗以"四缘"论证"转识成智"的可能性:一是因缘——众生本有的无漏种子。唯识宗将无漏种子的最初一念归结为众生本来具足,若坚持熏习便可以使无漏种子增长。二是等无间缘——众生所具的"心法"、"心所法"之间所具的不间断的无漏熏习功能。三是所缘缘——以正智缘彼真如,众生之心并不改变真如的"体相",而是"挟带"真如之"体相"。四是增上缘——正闻熏习,指听闻佛法,逻辑上包含文字经教和师徒言说宣讲,但主要是指直接聆听佛的说法。以上四者,前二属于主观方面的条件,后二属于"客观"方面的条件。主观方面的条件,众生经过努力还是有可能具备的,而客观方面的条件则并非轻而易举就可具足。因此,唯识宗所言"转依"的实现,是艰难而漫长的。但是,转识成智中所贯注的成佛之机须内因、外缘齐备的观念,与隋唐佛教其他宗派只注重"心解脱"而不论外缘的理念相比,更为重视主观、客观二者皆须同时变革。吕澂将其称之为"开新",并且给予高度评价。这是非常有道理的。在唯识宗看来,"众生之心原没有清净过,如何由不净改变到与规范一致的清净,这要有新式的成份加入,逐渐地改革,最后才面目一新。"①"转依"的关键是将藏识即"所知依"舍弃而转得"正智"。用吕澂的话说就是:"这要由于人们认识的转变,影响到行为,改革了客观环境,而形成种种向上的、清净的名想习惯,在所知依的藏识里逐渐替代了陈腐的、染污的名想习惯。如此不绝地转换,到了整个的认识、行为、环境都变化了,也就是染尽而净满了,那才是转依的归宿。"②唯识宗这一"开新"的解脱路向,其立足点仍然是"人世间"的如"法"转变。这种解脱之道,强调的仍然是"投身于世间,渗透于世间,而求世间

---

① 吕澂:《〈大乘起信论〉考证》,《吕澂佛学论著选集》,齐鲁书社1991年版,第367页。
② 吕澂:《正觉与出离》,《吕澂佛学论著选集》,齐鲁书社1991年版,第1337页。

本质上的变革"①的即世间求解脱的精神。因此,此宗"人本化"特征的表现仍然很突出。

尽管印度大乘佛学与小乘相比,表现出较为明显的"人本化"倾向,但其以出世为终极归宿的价值取向是不会改变的。这是与占主流的儒家文化传统截然不同的。果然,佛教一经传入中土,就受到"入世"精神极强的儒家和新兴道教的攻击。经过魏晋南北朝数百年的争论、妥协和融合,隋唐时期以天台、华严和禅宗理论的成熟为标志,中国佛教在入世与出世关系问题上有了不同于印度佛教的变化。

华严宗的四法界学说尽管可以作多方面的诠释,但贯穿于其理论之中的于世间求解脱的理念是其立论的动因之一。华严哲学的即事即理、即俗即真、"即秽即净"的法界圆融观,最大限度地发展了《维摩诘经》等印度佛教经典所说的"行于非道,通达佛道"的修行解脱之道,使其达至"理想即现实"、"现实即理想"的新高度。可以说,对现世生活作较多的肯定,是隐藏于极具思辨性的圆融观和相即相入逻辑后面的真实意图所在。正是缘于这一思路,尽管与天台哲学的立论基础并不相同,华严哲学却同样得出了"即秽即净"的结论。

与华严哲学以真心本体作为法界圆融论的基础相比,天台的"性具善恶"论更易于得出出世与入世不二的结论。天台宗充分发挥了印度佛教经典早已有之的"烦恼即菩提"的观念,以其较为有力的理论思辨力主"贪欲即道"学说。天台宗承袭印度中观学的立场,认为一切诸法都是中道实相的体现,都有安乐性,因而不能离开世间而另求解脱。更进一步,天台宗又以自宗所特有的"性具"逻辑认为,恶行染法与法性并非两橛,而是相即互融,是一物之两面。因此,不可离贪欲而另求菩提,也不可离菩提而说贪欲。对此极端之论,智𫖮曾有个解释:譬如对敌寇言,寇是功勋之本,破寇故能得大功名,大富贵;若无敌寇,就无从建立功名,"无量

---

① 吕澂:《正觉与出离》,《吕澂佛学论著选集》,齐鲁书社1991年版,第1341页。

贪欲是如来种亦复如是。"①这是依解脱论即修门而言的。从理论思辨看,既然一切诸法皆是实相,一念即空、假、中,那么烦恼也罢,菩提也罢,生死也罢,涅槃也罢,所有一切本来都是相融互即的,一切恶法、烦恼法都是诸法实相的体现。这是三谛圆融的方法论原则的必然归结。将这样两个层面的论述相结合,天台哲学于入世中求取解脱的修证路径便庶几可以成立。这一理论,与华严宗的"即事即理"相比,对现世的关怀更显深切。②

由"东山法门"中开出的南宗禅,最具"革命"性的举动就是变坐禅看心的修行方式为随缘任运的生活化的顿悟法门。《坛经》有云:"法元在世间,于世、出世间,勿离世间上,外求出世间。"③在此,惠能坚决而明确地反对离开现世而另外求取出世间的做法,而主张在现世中求取解脱。"佛是自性作,莫向身外求"④,自性自心即是佛,因此,"见自本性,即得出世"⑤,并不需要离开世间才得出世。惠能明确说:"邪见是世间,正见出世间"⑥。这就是说,同样一个世界,一念若悟,即得出世;一念若迷,即处世间。这种主张,充分肯定了现实生活对于解脱成佛的重要性,为后来禅宗生活化的修行方式奠定了理论基础。最能体现惠能禅之精髓的洪州禅系以"性在作用"和"平常心是道"的理论命题,把在世间众生的生活实践中求得解脱的"人本化"特征表现得淋漓尽致。这种生活化、行为化的宗教解脱方式,使禅在日常生活的自然运作中充分展现其生动、活泼、自然、质朴、机智、幽默等多姿多彩的风格。此后的禅宗主流便沿着这一路径前进,甚至在明代以后出现了颇有争议的"狂禅"作派。

宋明时期,佛教的"人本化"特征又有新的发展,其具体事态就是在

---

① 《摩诃止观》卷四下,《大正藏》第 46 卷,第 47 页上。
② 尽管从思想史角度而言,法藏学说出现于后,智𫖮学说出现于前,但从理论本身的思想内涵分析,天台宗的"入世"情怀要大于华严宗。
③ 敦煌本《坛经》第三十六节。
④ 同上,第三十五节。
⑤ 同上,第四十二节。
⑥ 同上,第三十六节。

"三教融合"的框架中主张"治心"与"治世"的相得益彰,儒学与佛教互相补充。宋代名僧契嵩说:"儒、佛者,圣人之教也。其所出虽不同,而同归乎治。儒者,圣人之大有为者也。佛者,圣人之大无为者也。有为者以治世,无为者以治心。"①契嵩以为,儒学侧重于治世,佛教侧重于治心,表面上二者似乎不同,实际上是统一的。契嵩以为,关键在于"其心既治,谓之情性真正。情性真正,则与夫礼仪所导而至之者不亦会乎?"②也就是说,佛教虽然不介入世俗的是非善恶,但世人若依于治心的佛教而将心"治"好了,则民众之性情自然淳厚。以淳厚的性情心态再参与世务,自然就可达到儒家所欲追求的修养目标。如此看来,"治心"之佛教不但不与儒学相冲突,而且与儒学殊途而同归。契嵩的这种主张,并不是孤立的,代表了宋明及其以后佛教思想的流行观念。比如宋代高僧孤山智圆、圆悟克勤、大慧宗杲等等均持如此主张。隋唐以后,佛教"人本化"特征之所以日趋鲜明,除社会历史状况及宋明理学兴起等原因之外,隋唐佛教诸宗,特别是中国化佛教诸宗心性本体的"具体化"之理论成果是其强大的理论基础。

四、佛教生死观与命运观

佛教的产生与其他宗教一样,也是对于人类死亡与人生问题的回应。佛陀当初的悟道,就是力图在印度流行的各种宗教解脱的方法之外,另行开辟一条解脱生死以及人生痛苦的可行道路。与印度其他宗教一样,佛陀面临的最大疑难就是如何使众生从六道轮回中解脱出来,而他所创立的佛教的最大特色也就在于其独特的智慧解脱之道。印度佛教传入中国,给中国文化带来的最大变化莫过于业报轮回理论。这种理论与中国传统的生死观、命运观一起构成了中国人普遍的信念与信仰。

佛陀当初的觉悟,是在悟解四谛、十二因缘的情形下成就的。因此,

---

① 契嵩:《镡津文集》卷八《寂子解》,《大正藏》第 52 卷,第 868 页中。
② 同上。

从生死轮回中解脱出来的最有效方法自然就是以四谛、十二因缘为基础的"八正道"了。关于苦、集、灭、道这四谛,《增一阿含经》有云:"今有四谛法,如实而不知,转轮生死中,终不有解脱。如今有四谛,已觉已晓了,以断生死根,更亦不受有。"[1]可见,四谛为佛教生死智慧的关键所在,而十二因缘则是对于四谛的更为明确的诠释。

关于十二因缘,《过去现在因果经》说得最为明晰:

> 观众生性以何因缘而有老死,即知老死以生为本,若离于生,则无老死。又复此生不从天生,不从自生,非无缘生,从因缘生,因于欲有、色有、无色有业生。又观三有业从何而生,即知三有业从四取生。又观四取从何而生,即知四取从爱而生。又复观爱从何而生,即便知爱从受而生。又复观受从何而生,即便知受从触而生。又复观触从何而生,即便知触从六入生。又观六入从何而生,即知六入从名色生。又观名色从何而生,即知名色从识而生。又复观识从何而生,即便知识从行而生。又复观行从何而生,即便知行从无明生。若灭无明则行灭,行灭则识灭。识灭则名色灭,名色灭则六入灭,六入灭则触灭,触灭则受灭,受灭则爱灭,爱灭则取灭,取灭则有灭,有灭则生灭,生灭则老死忧悲苦恼灭。如是逆顺。观十二因缘。[2]

佛陀认为,上述十二个环节构成了生命的循环过程。从原因往结果顺推,无明即与生俱来的盲目无知是根本的原因,由无明引起各种善和不善的意志和行为(行),由意志和行为引起个人精神统一体的识,由识引起构成身体的精神(名)与肉体(色),有了名与色,就有了眼、耳、鼻、舌、身、意等六种感觉器官(六入),有了六种感觉器官也就有了和外界的接触,由触就引起苦与乐的感受,由受引起渴爱、贪爱、欲爱等等,有了渴爱就有了对外界事物的追求取著,由取就引起了生存和生存的环境(有),由"有"就引起了生命的生成,由生也就有了老死。这样,众生由于

---

[1]《增壹阿含经》卷十七,《大正藏》第2卷,第631页中。
[2] 求那跋陀罗译:《过去现在因果经》卷三,《大正藏》第3卷,第642页中。

起惑造业的影响,而在迷界(六道)流转生死。如车轮旋转,循环不已,故曰"轮回"。

轮回境界有三界(欲界、色界、无色界)与六道(地狱、饿鬼、畜生、阿修罗、人、天)。在六道之中,以地狱为最恐怖之处,天为最佳之处;其中地狱、饿鬼、畜生称为三恶道,或三恶趣;天、人、阿修罗称为三善道,或三善趣。佛教认为,众生之所以沉沦于六道轮回之中,最根本的原因在于自身的无明,而剔除无明而归于"明"就可从这一轮回链条中解脱出来。因此,逆观十二因缘呈现出来的便是一条还灭即解脱的道路。

在十二因缘的基础上,佛教更有业力论与因果报应理论来完善其生死观与命运观。

"业"为梵文的意译,音译作"羯磨",为造作之义。意谓行为、所作、行动、作用、意志等身心活动,或单由意志所引生之身心生活。若与因果关系结合,则指由过去行为延续下来所形成之力量,即"业力"。一般而言,业分为身、语、意三业,小乘说一切有部更进一步解释为:内心欲行某事之意志称为"意业";以身体之行动与言语表现其意志者,即是"身业"、"语业"。此外,业又可分为二种,"思业"指意志之活动,"思已业"指思业中已付诸行者;于此,思业同于意业,思已业同于身、语二业。对三业作用之本体(业体、业性),一切有部等诸部派认为意业属于心法(意志),而身、语业属于色法(物质);大乘佛教与经量部则主张所有诸业尽属于心之活动。若论佛教之基本立场,理应采取后者无疑。

若造善恶之业,其后必招感相应之苦乐果报(异熟)。以有业因,故招感业果;非善非恶之无记业则无招果之力。关于业因与业果之关系,一切有部的看法是:业乃涉及三世实有者,现在之业能成为牵引未来果报之决定因(取果);另一方面,业从过去予果以强烈之作用力,而招感现在之果报(与果)。从一切有部分出的经量部则主张,业乃瞬间消灭者,但其业已将招感果报之种子植于心识,再由此种子引生果报。此种种子思想颇类于一切有部之无表业说。

业有种种分类,但从整体而言,人的一生之果报完全由业来引导,即引业(牵引业、总报业、引因)具有强烈作用力,可支配吾人生于人界、畜生界或其他界等。至若形成人界等个体在诸根、形量、色力庄严等各方面不同之区别,则由满业(圆满业、别报业)来牵引。引业之果报称总报,满业之果报称别报,以上二业合称总别二业。复次,一切有部主张,一引业生一回,更在其上由众多之满业来完成人生,故多业引一生或一业引多生,乃绝对不可能发生者。同时,业有共业、不共业两种。前者指共通之果报,如山河大地(器世间)、无数之生物等;而有关各个生物之身体,或各个生物特有之果报,则属不共业。

佛教业论的逻辑展开即"因果律",俗称"因果报应"论。这可以说凝结了佛教在世俗谛层面对于人之生死问题与命运问题的几乎全部解释。从总体上概括,这一因果律包含四条原理:第一,善恶业因必然产生同类果报。业具有三种性质,即善、恶、无记。依照"因果决定不杂乱"的原则,凭借善心肯定生起善业,凭借恶心肯定生起恶业,凭借无记心肯定生起无记业。这一原则意味着,一个人如果既行善又作恶,则其善恶之业各自生出不同果报,善恶之业不可能互相抵消。第二,自作自受,不由于他。众生既然以自我为中心造业,则其所造业的果报只能由造业者自己或五蕴相续而生者承受,而决不可能由另外的主体承担。众生现在所受的业报必定是自己以前乃至前生宿世的业力所感招,这正如饮食睡眠,不能由别人替代,只能自作自受,大可不必怨天尤人。这一原则与儒家所谓"积善之家必有余庆,积不善之家必有余殃",以及与道教的子孙承受先人罪业的"承负"说并不相同。第三,果依众缘,报通三世。佛教言因果报应,从其必然性上定是有因必有果报,但从现实性上言,果报的生成尚须众缘具备。中观学强调因缘、所缘缘、增上缘、等无间缘四缘,而唯识学则细化为六因、四缘。佛教以为,众生所造业的果报,未必都能够在现前或现世便能够见到,也许要经历长时期或到来生乃至极久远的后世才能成熟。业力果报需要从整个生死轮回的长期过程去观察,不能仅仅局限于眼前和今生。依照佛经的说法,业因之果报,按其成熟的时间分为三种报应形式:一是现报,果报在今生便成熟;二是生报,今生造业,来生受报，而今生所受果报的因，自然要追溯至前世了；三是后报，今生或宿世所造的业，由于诸缘未备，要在多生多世，乃至极为久远的未来，才会诸缘具备，果报成熟。但不管受后报的时间多长，即使长到多劫之后，只要已种植业因种子，便一定会生出果报，没有不受报的道理。第四，业由心生，回转有道。前面三条，是就业力因果的一般规律而言的。但众生若知晓佛法，了澈业由心造、可由心转的本质，再加上增上缘的殊胜之力，便可以转移、消除宿世所造恶业的果报。不过，佛教虽说恶业、罪障可以依靠忏悔、对治现行力、遮止力、依止力等等法门随心转、消，但是仍然强调其能否转消需要非常严格的条件。如事忏须修至"见相"，方算见效；理忏须修至明心见性、与空性真实相应。如果不能达到明心见性的境界，现证空的本来面目，就仍然要受因果律的制约。

中国自古即有善恶因果报应的思想，如《周易》中就有"积善之家必有余庆"之说，道教后来又发展出了承负说。与这些命运观相比，佛教因果报应思想显得更为成熟一些，也更有特点一些。佛教由于是依三世六道轮回思想为基础论说报应思想的，因此其业力说所昭示的自作自受原则比儒家、道教的代际相承说更为强调众生个体的自我选择与道德责任，而业由心造、回转有道的原则，则为众生通过修行解脱成佛指出了一条可以操作的道德完善之路。佛教的这一因果报应理论，经过历代祖师大德的弘传，被人们广泛接受，并且形成了许多宣扬因果报应或者以因果报应为基础的文学作品。这些作品有冥界故事、转生于禽兽之因缘，以及现在因现在果的现世果报故事等三种。如7世纪唐临的《冥报记》、9世纪景戒的《日本灵异记》，分别是中国、日本有关佛教因果报应故事集成的代表作，二书对后代因果报应故事的形成有很大的影响。

五、佛教伦理观

中国佛教的伦理化特征是与其人生观紧密相连的，其基本上属于中国佛教的创新和发展，而儒家思想的渗透和影响则是其主因。中国佛教的伦理化特征也显现出一个由隋唐尚能坚持佛、儒之间的理论界限到宋明以佛教为本位而融合儒学的过程。综合起来看,中国佛教伦理主要体现在以善恶范畴来说明心体的染与净以及对儒家伦理德目的吸收等方面。

在印度大乘佛学中,净、染惯常连用以作为对众生之心性或心体的说明,并且习于以心之"执"与"非执"论之,属于"心理分析"的领域;"善恶"则与道德判断有相当密切的关系,基本上属于伦理学领域。法相唯识宗承袭印度唯识学的立场,坚持"善恶"范畴的伦理学内涵,仅将其作为对心法、心所法之说明与判定。不过,由于中国传统伦理思想对佛教的渗透,中国化佛教诸宗不但习用"善恶"范畴来说明众生之心体,而且将"善恶"范畴"本体化"的趋势相当明显,天台及华严、禅宗等中国化比较明显的宗派尤其如此。天台宗"性具善恶"论力图将"善恶"用作本体论范畴以说明心性,后期华严宗则大受其影响;禅宗以"当下现实之心"释心性,实际上是将道德之心与本体之性合为一体。

天台宗惯于将善、恶分为六级:第一级为"人天之善",指普通信众应该遵行的五戒、十善;第二级为声闻、缘觉脱离三界之苦所修得的善;第三级为小乘菩萨之善;第四级为通教三乘同断见忍所得之善;第五级为别教菩萨见中道之理所得之善;第六级为天台家之"圆善"即"绝对善"。在此,第一级之善恶与世俗伦理学之善恶相近,也是与其他宗教伦理学最相类似的方面;而其余诸层级之善、恶均具有与世俗伦理学不同的内容,即遮蔽真心为恶,解脱为善。智𫖮将第一至第五种"善"称为"相对善",而所谓"绝对善"则有两条标准:一是"善顺实相"①,二是"三谛圆融"的观法。而上述六层级的善、恶观与其判教理论紧密相连,所谓"相对善"在某种意义上是指己宗之外的佛教其他宗派所言之"善",而"绝对善"则是指天台宗自己之"善"。如此观之,天台宗实际上是以修行解脱的不同层次将善、恶看作一个动态的、逐层提高标准的、相对与绝对相结合的范畴系统。这样,天台哲学中所沿用的善、恶范畴便具有双重性,实

---

① 智𫖮:《摩诃止观》卷二下,《大正藏》第 46 卷,第 17 页中—下。

际上是伦理学内涵与佛学实相论的结合,从总体上仍然未曾脱离佛学旨趣。

与天台宗的这一"善恶"观相比,禅宗心性论的伦理化特征则更为明显,其具体表现就是"自心"本体的确立。禅宗的"自心"范畴是将理体与心体合为一体的产物,而众生之心又可以看作道德之心,属于主体范畴。特别是洪州禅系的"触目合道"和"平常心是道"的理论命题和生活化的修行方式,最大限度地将解脱的承担者落定于众生人人所具的"现实之心"上。通过这样的转换,禅宗将佛教修行解脱论的"善恶"标准与伦理学的"善恶"标准作了最大程度的结合,从理论上孕育了宋明以后佛教伦理化的契机和路向。正是从这一意义上,我们也可以在佛教的成佛境界与儒家的圣贤气象之间找到许多相似之处。

中国佛教伦理化特征还表现在对儒家伦理德目的吸收方面。这一点,与佛教东传之初有明显的不同。如果说东晋时期的慧远仍然可以以"方外之宾"来抬升自身以反对与世俗伦理的过多妥协的话,那么,在唐代后期之后,这样以强调佛教的特殊性来拒斥儒家道德德目的言论几乎绝迹。被尊为佛教仪规大典的《百丈清规》第一、第二两章——"祝禧"、"报恩"讲"忠",后两章——"报本"、"尊祖"论"孝"。宋代的契嵩更是将儒学道德德目组织进自己的心性思想体系之中。契嵩专门撰写《孝论》以说明"孝"的重要性,他甚至认为:"夫孝,诸教皆尊之,而佛教殊尊也。"①这一观念,与东晋慧远所论具有不同的内涵。慧远在回应桓玄对佛教的指责时说过:"佛经所明凡有二科:一者处俗弘教,二者出家修道。处俗则奉上之礼、尊亲之敬、忠孝之义。……此一条全是檀越所明,理不容异也。出家则是方外之宾,迹绝于物。其为教也,达患累缘于有身,不存身以息患;知生生由于禀化,不顺化以求宗。……此理之与世乖,道之与俗反者也。"②在这里,慧远明确地将伦理道德分为两截:一为"处俗",

---

① 契嵩:《镡津文集》卷三,《大正藏》第 52 卷,第 660 页上。
② 慧远:《答桓太尉书》,《弘明集》卷十二,《大正藏》第 52 卷,第 83 页下。

二为"修道"。尽管慧远也受到儒家思想的影响,但他确实将其立论的基点置于"修道"与"处俗"的二元分别之上。这就是慧远反复强调的"理之与世乖,道之与俗反"的含义。而这一"修道"与"处俗"的矛盾,在契嵩的思想里并不存在。在契嵩看来,"夫孝也者,大戒之所先也。戒也者,众善之所以生也。"①因此,"使我疾成于无上正真之道者,由孝德也。"②被奉为万善之首的儒家核心伦理范畴成为佛家的"戒之端",这样,尽孝也就成为解脱成佛的必要前提,并且是快速成就"无上道"即佛果的重要原由。契嵩又说:"夫德也者,总仁义忠孝之谓也。性也者,原道德思虑之谓也。"③这里,契嵩将"性"看作是道德主体。契嵩说:"性,生人者之自得也。"④认为凡、圣之本性是相同的,只是"人情"即"人心"有善恶等差别,"情可移,而性不可变也。"⑤因此,"因性制情"以"穷理尽性"⑥便成为契嵩的基本理论主张。将慧远与契嵩的相关理论相比较,二人的着眼点可谓有极大的差别。契嵩的这一学说在后世有广泛影响,成为中国佛教伦理化的通行模式。从这些变化也可以窥见中国佛教伦理化进程之一斑。

---

① 《镡津文集》卷三,《大正藏》第52卷,第659页中。
② 同上。
③ 《镡津文集》卷六《论原》,《大正藏》第52卷,第674页下。
④ 同上,第674页中。
⑤ 同上,第676页下。
⑥ 同上,第675页上。

道家道教篇

如果将中国传统思想文化喻为一条源远流长的大河,道家与道教不但是汇聚文化河流的源头活水,也是这条在历史时空中奔腾不息的长河的主流之一。相映成趣的是,在文化河流的千回百转当中,道家和道教与时变化,分别经历了由显到隐和由隐到显的角色变换,共同推动着中国传统思想文化潮流的演进和发展。

班固《汉书·艺文志》将先秦的学术派别概括为儒、道、墨、法、名、阴阳、纵横、杂、农、小说十家。除去小说家外,俗称九流。秦汉以降,在形成传统思想文化源头的九流十家中,只有儒家和道家真正能够保有显著地位并成为传统文化的主干。汉初,上承先秦老庄道家,杂采阴阳、儒、墨、名、法诸家之要的黄老道家一度成为社会的统治思想。汉武帝实行"罢黜百家、独尊儒术"的文化专制主义政策之后,与天人感应神学目的论相结合的神学化的儒学取代黄老道家思想,成为封建大一统帝国的主流意识形态。其后,黄老道家与方仙道合流,转为黄老道,成为道教的先河。东汉时,随着儒学谶纬神学化的进一步发展和经学化表现形式日益烦琐僵化，儒学的统治地位不断衰落。魏晋之际，代表着先秦老庄道家复兴及儒道合流趋向的新道家——玄学兴起，开启了传统思想文化发展的新阶段。玄学也是道家以学派形式在传统思想文化中留存的最后一个形态。此后，道家思想作为一种文化潜流，成为传统文化的内在底蕴，渗入传统文化的各个层面，影响和制约着传统文化的演进和发展。

道教虽然形成于东汉末年，但是作为中国固有的、土生土长的宗教形态，其产生有着悠久的历史传统和深厚的文化土壤。被称为"杂而多端"的道教，实际上承继了我国古代的传统信仰、迷信方术和某些社会思潮等多重文化因子。商周的鬼神崇拜，战国秦汉的神仙信仰与方术，先秦诸子特别是老庄道家，以及后世黄老道家中的神秘主义因素，是道教植根的文化传统。道教的前史，实际上是对这些文化因子继承和整合的历史，在此意义上，道教也可视为对传统思想文化之源的汇聚和保存。魏晋以后，道教走上了传统文化的前台，与隐身为文化潜流的道家一起构成了多元文化传统的重要一方。此后，在漫长的发展过程中，道教在与儒家、佛教的相互影响中，形成和发展了自己独特的宗教信仰和神学理论体系，表现出阶段性的演化特征，最终成为传统思想文化中的重要一员。作为中华本土文化的产物，道教比较充分地反映了中华民族的传统文化心理和宗教意识，对中国古代科技以及民间信仰和民俗文化有着深刻的影响。

道教与道家之间，在历史上是一种有离有合、同异并存、纠结发展的复杂动态关系。一方面，道教在相当长时间里依托于道家的思想理论才得以形成和发展；另一方面，如果说魏晋以后道家思想还有拓新的话，也基本上是在道教内部以宗教理论的形式得以实现的。因此，我们在考察思想家对中国传统思想文化的影响和贡献时,可以将道家、道教视为多元文化中的一元或一方,通过道家和道教思想家对道家和道教发展的贡献,对传统文化演进发展的推动,来看他们在传统思想文化中的影响和地位。

如果说,历代思想家构成了中国文化天空中的璀璨星系,那么道家思想家和道教思想家同样是这璀璨星系中耀眼的星座。

第一章　道家思想家与道家思想

道家是中国传统文化和传统哲学的主干之一。如果从思想史的角度加以简单地描述,可以说,道家是以先秦老学和庄学为代表,战国秦汉黄老道家以及魏晋玄学为流裔的思想学术派别。玄学之后,道家主要通过道教而得以延续发展,实际上已经不存在专门的道家学派。道家学派围绕"道"这个思想体系的核心,对宇宙、社会、人生加以认识,进行了深刻的反思。道家的思想体系包括形上思辨、社会政治理论、人生关怀等基本向度,有着多元一体的特征。道家在历史发展过程中形成的崇尚自然、清静无为、归真返朴、追求自由的精神特质和风貌,对中华民族的传统文化心理建构和文明发展产生了重要而深远的影响。

本章从历史发展和理论探索两个方面,描述和分析道家思想家对道家学派的贡献,以凸现道家思想家在其中的历史地位和价值。

第一节　先秦秦汉道家思想的形成和发展

道家之名始于汉代,在西汉司马谈的《论六家要旨》中,道家最初被称为"道德家",《汉书·艺文志》改称"道家",列为先秦诸子"九流"之一。从学派史的角度看,先秦是道家形成和发展的重要时期。春秋末年的老子是道家学派的创始人,老子后学特别是庄子,对老子思想加以继承并有创造性的发展,使道家在战国时期成为与儒、墨并驾齐驱的思想流派。战国中后期兴起至秦汉之际获得大发展的黄老道家,在融合名、法诸家的基础上,对道家思想又有新的贡献。

一、老子与道家学派的创立

老子,春秋时期的思想家,道家学派的创始人和道家思想的奠基者。老子在中国古代思想史上提出了一个以"道"为核心的完整的思想体系,成为中国历史上最具原创性和影响力的思想家。

关于老子其人和著作,最重要的依据来自司马迁的《史记·老庄申韩列传》。据司马迁记载,老子即老聃,姓李,名耳,字伯阳,楚国苦县(今河南鹿邑东)厉乡曲仁里人。老子曾当过周王朝的"守藏室之史"(管理图书馆的史官),孔子曾向他请教过有关古礼的问题。老子"居周久之,见周之衰,乃遂去。至关,关令尹喜曰:'子将隐矣,强为我著书。'于是老子乃著书上下篇,言道德之意五千余言而去,莫知其所终。"在叙述老子生平事迹之后,太史公又记录了与孔子同时的楚人老莱子曾著书言道家之用的传言,同时也记录了孔子死后一百余年的周太史儋被认为就是老子的说法。司马迁的记述,有含混游移之处,曾引起后世的争论,但老子长于孔子,《老子》一书是老子亲手撰著,共五千言,分上下篇,言道德之意等事实却是清楚明白的。20世纪时,关于老子及《老子》书的年代、老子与《老子》书的关系曾引起广泛的争论,但到现在为止,还没有出现新的材料和证据能够推翻《史记》的记载。1993年,在湖北荆门市郭店的战国楚墓中发掘出土了大批竹简,其中有三种《老子》节抄本,根据考古学家断定,该墓约下葬于公元前4世纪末期,也就是孟子和庄子还活着的时候。这表明《老子》在此前已经流行,怀疑《老子》为晚出的判断是错误的。

老子的思想玄妙精微,包蕴丰富,义理深邃,突破了上古三代对鬼神、上帝、天的信仰,以理性的精神贯注于对天地人之道的认识和分析,其思想体系以道论为核心,主要包括哲学思辨、社会政治理论和人生关怀三个方面。

道论是老子哲学思辨的重要内容,也是中国哲学形上智慧的源泉。概而言之,老子道论是以"道"为本根的本根论。具体而言,首先,老子之"道"具有明确的宇宙生成意义。老子提出:"道生一,一生二,二生三,三生万物。"(《老子》第四十二章,以下凡引《老子》只注章数)"道生之、德畜之、物形之、势成之,是以万物莫不尊道而贵德。"(第五十一章)"天下万物生于有,有生于无。"(第四十章)对这些规定无论作何解释,其中"道生万物"的宇宙生成意义都是很明确的。应该说,在中国古代思想史上,老子之"道"之所以能取代商、周的上帝和天的信仰,与老子道论明确提出宇宙生成的系统解说,从而对自然、社会的存在与演进获得更强的解释力不无关系。其次,从哲学发展的角度看,老子道论所达到的形上高度既令人惊讶,又无可置疑。老子说:"道可道,非常道。"(第一章)"道常无名朴。"(第三十二章)"道之出言,淡乎其味,视之不足见,听之不足闻,用之不足既。"(第三十五章)道非感官所能觉知,超乎感觉经验和名言规定。"道者,万物之奥也。"(第六十二章)"大道汜兮,其可左右,万物恃之以生而不辞,功成而不名有,衣养万物而不为主,常无欲,可名于小,万物归焉而不为主,可名于大。"(第三十四章)"道"是万物存在的最终依据和究竟所待,"道"具有超越经验世界的形上色彩。作为对自然和人类生化之源与存在之本的总概括,道是一种最根本的存在,它无始无终,无名无象,先于一切事物存在而又存在于一切事物之中。就其超越性而言,道是"无",就其实在性而言,道是"有"。"常无,欲以观其妙;常有,欲以观其徼。此两者同出而异名,同谓之玄。玄之又玄,众妙之门。"(第一章)老子之道由此而成为中国哲学的最高范畴。

由本根意义申发,老子之道又有规律性的意义。老子认为,一切现象都是在相反对立的状态下形成的,"有无相生,难易相成,长短相形,高下相倾,音声相和,前后相随。"(第二章)老子又说:"反者道之动。"(第四十章)事物运动变化的规律是"反",这一规律有两方面的涵义:一是事物向相反的方向转化,如"祸兮!福之所倚;福兮!祸之所伏。"(第五十八章)一是事物的运动发展总要返回到原来的始基,老子说:"致虚极,守静笃。万物并作,吾以观复。夫物芸芸,各复归其根,归根曰静,是谓复命。"(第十六章)老子道的这种相反相成、返本复初的辩证特性是中国传统哲学辩证思维的源泉。

老子还从道本根的超越性出发,对人的语言和认识的局限进行了反思。他认为:"道可道,非常道;名可名,非常名"(第一章),道超越于人的经验把握和语言规定,主张通过彻底排除感觉经验,抛弃语言概念,"塞其兑,闭其门"(第五十二章),"不行而知,不见而明"(第四十七章),以"致虚极,守静笃"的虚静冥想来观照万物,回归于道。通过修道、体道的实践,展现了"道"的"境界"意义。

老子思想并非纯粹的哲学思辨。老子通过道论所开启的终极视域,以独特的眼光和特殊的视角观照宇宙人生,表达自己对社会人生的深切关怀。

"道"的最根本特性是自然无为,无为而无不为。由于天地人同道,"人法地、地法天、天法道、道法自然"(第二十五章),因此,天道自然无为,人道也应该效法天道,无为而自然。老子提出了绝圣弃智、绝仁弃义、绝巧弃利、无为而治的社会政治理论和社会政治主张,对儒家主张的有为政治进行了批判。通行本《老子》认为,"大道废,有仁义;智慧出,有大伪;六亲不和,有孝慈,国家昏乱,有忠臣"(第十八章),要求统治者像圣人一样"处无为之事,行不言之教,万物作而弗始,生而弗有,为而弗恃,功成而弗居"(第二章),以达到"为无为,而无不治"(第三章)的政治理想。在新发现的郭店竹简《老子》甲本中,通行本《老子》第十九章中的"绝圣弃智"、"绝仁弃义"分别作"绝智弃辩"、"绝伪弃诈",表明早期道家的政治思想并非专门针对儒家的政治主张而发,但竹简《老子》丙本中,也有"大道废,安有仁义"的话,这说明老子对强调仁义的有为政治还是反对的。

老子的人生关怀有两个基本向度,一是效法自然,返璞归真,以回归人的真实和自由的本性；一是贵身防患，治身养性，以保有现实生命的存在。老子通过对人类文明本质的深层思考和对伴随文明进化而来的某些弊端的深刻揭露，指出了人类自由和超越的可能性和方向——效法自然，返璞归真。老子从自然主义出发，又表现出对人的现实感性生命的关怀。老子认为"出生入死。生之徒，十有三；死之徒，十有三；人之生，动之于死地，亦十有三。"（第五十章）遵道而行才能保有生命，不入死地："陆行不遇兕虎，入军不被甲兵；兕无所投其角，虎无所措其爪，兵无所容其刃。"（第五十章）老子还把得道之人喻为"毒虫不螫，猛兽不据，攫鸟不搏"的"赤子"（第五十五章）。在老子眼里，"坚强者死之徒，柔弱者生之徒"（第七十六章），因而要求人们柔弱处下，贵身防患，保全生命。老子人生关怀中这两个基本向度，后来分别被庄子和杨朱加以继承和发展。

老子是中国思想文化史上的巨人，老子奠基和创立的道家学派，成为中国传统思想史上最重要的学术派别之一，对中国传统思想文化产生了深远的影响。老子一体多元、玄妙精微、内蕴丰富的思想体系，作为重要的思想遗产，也为后世学者进行多方阐述和创造发挥提供了可能性和理论空间。

二、庄子与道家思想的发展

老子之后，战国初，道家又有杨朱、列御寇、关尹之学。杨朱发挥老学中贵身防患的思想，形成"为我"之论。孟子说："杨子取为我，拔一毛而利天下不为也。"（《孟子·尽心上》）《吕氏春秋·不二》说："阳生（即杨朱）贵己。"《淮南子·氾论训》曰："全性保真，不以物累形，杨子之所立也。"杨朱学说以贵己重身、保全自己的生命为要，与倡"兼相爱"、"交相利"的墨家学说相对立，成为当时之显学。当时，与杨朱齐名的道家学者，还有关尹和列御寇。关尹是老子弟子，据《史记》记载，正是他在老子出关隐遁之时请老子著书五千言言道德之意。列子曾就学于关尹、壶子。关于二家的学说，现在所知的并不详细，《吕氏春秋·不二》云："关尹贵清，子列子贵虚"，都是对老子思想某一方面的申发。而真正能够充分继承老子思想并有所超越和突破的,是战国中期的庄子。

庄子,姓庄,名周,宋国蒙(今河南商丘县东北,或曰今安徽蒙城)人。曾在家乡做过管理漆园的小吏,后归隐。家境贫困,居于穷街陋巷,靠编草鞋为生。《庄子》一书是庄子及其后学所著。《汉书·艺文志》著录《庄子》五十二篇,现仅存由郭象编辑注解的三十三篇。其中内篇七篇,一般被认定为庄子自著,代表庄周本人的思想;外篇十五和杂篇十一为庄子后学的作品,也是研究庄子思想的重要材料。

《史记·老庄申韩列传》说庄子学说"无所不窥,然其要本归于老子之言"。庄子学说对老子思想既有继承发展,也有超越突破。继承发展主要体现在以道为本根的本根论和以齐物论为核心的认识论等方面。超越突破的最重要之处是,庄学改变了老学社会政治哲学的一般形态,从人的个体存在出发,将老子、道家对人的关怀发展为对人格独立和精神自由的追求,呈现出心灵哲学和境界哲学的特征。

以道为本根是老庄之学的共同旨趣。庄子说:"夫道,有情有信,无为无形;可传而不可受,可得而不可见,自本自根,未有天地,自古以固存,神鬼神帝,生天生地;在太极之先而不为高,在六极之下而不为深,先天地生而不为久,长于上古而不为老。"(《庄子·大宗师》,以下凡引《庄子》只注篇名)道是宇宙万物的生化之源与存在之本,它无始无终,无名无象,先于一切事物存在,是有与无的统一。这些都是对老子道本根论的继承。

"道无所不在"思想的明确提出和援气入道则是庄子对老子道本根论的发展。老子的道生万物,"万物莫不尊道而贵德"、道"周行而不殆"等思想虽已有"道无所不在"的意义,但并没有直接指明,庄子则明确肯定道无所不在。《庄子·知北游》中东郭子问庄子"所谓道,恶乎在?"庄子回答说"无所不在"。道无所不在的思想,为庄子及其道家后学关注现实的感性生命和具体事物提供了理论基础。

庄子道论的另一个重要发展是援气入道。"气"是构成万物的始基,"通天下一气耳。"(《知北游》)庄子以人的生死为例说:"察其始而本无生,非徒无形也,而本无气,杂乎芒芴之间,变而有气,气变而有形,形变而有生。"(《至乐》)关于道与气的关系,《大宗师》有"伏羲氏得之,以袭气母"的说法。成玄英《庄子疏》曰:"气母者,元气之母,应道也。"这说明"道"是庄子"气"之上更根本的存在,道为气本。庄子援气入道是以"气"为无形之道生成有形万物提供合理性说明,道气论也因此成为后世道家、道教的基本理论形态。

庄子以齐物论为核心的认识论,是对老子关于事物之间相反相成和事物运动返本复初的辩证认识的继承和发展。庄子齐物论的主要内容是从道的超越立场出发,以相对主义和怀疑主义的态度,否认客观事物存在的一切差别,齐彼此,齐是非,齐物我,齐生死。《齐物论》说:"物无非彼,物无非是。自彼则不见,自是则知之。"任何事物都与其他事物构成彼此的关系,从自己的角度看,则自己是此,从对方的角度看,自己则是彼,因此"物无非彼,物无非是",否认彼此之间的差别。《齐物论》又说:"因是因非,因非因是,由是而有非,由非而有是",每一事物都是自是其是,而又为其他事物非其所非,因此"彼亦一是非,此亦一是非",否认是非的客观标准。通过这种方法,庄子又对生与死、物与我、美与丑等对立面的差别作出了否定,"方生方死。方可方不可,方不可方可"(《齐物论》)。庄子齐物论的基础是道论,从道的本根性、至上性、超越性来看,宇宙万物存在的一切差别,人世间的是非善恶美丑的差别都不是绝对的。"以道观之"的齐物论,是庄子认识论的核心。

与老子从社会政治的角度批判文明的异化以实现对人的关怀不同,庄子则第一次突出了个体存在,更为关注个体的存在境遇、理想人格的实现和精神境界的超越。

在庄子眼里,人处于自然大化之中,死亡是人的感性生命无法跨越的最终界限。"人生天地之间,若白驹之过隙,忽然而已。……已化而生,又化而死,生物哀之,人类悲之。"(《知北游》)"一受其成形,不亡以待尽,与物相刃相靡,其行尽如驰,而莫之能止,不亦悲乎!终身役役而不见其成功,苶然疲役而不知其所归,可不哀邪!人谓之不死,奚益!其形化,其心与之然,可不谓之大哀乎!"(《齐物论》)人的感性生命又困于个体与生俱来的哀乐之情与利害之欲。面对这种人生的基本境遇和困境,庄子没有从改变现实世界去寻找出路,而是在精神世界中追求理想人格和超越境界的实现。

庄子心目中的理想人格名号甚多,有"至人"、"神人"、"圣人"、"真人"等。这些理想人格,消灭了物我界限,顺任自然,无所待而游于无穷,达到了无己、无功、无名的境界,实现了绝对的自由,而不受任何现实关系的规定、束缚、限制。庄子说:"至人神矣!大泽焚而不能热,河汉沍而不能寒,疾雷破山,飘风振海而不能惊。若能者,乘云气,骑日月,而游乎四海之外。"(《齐物论》)"藐姑射之山,有神人居焉,肌肤若冰雪,淖约若处子,不食五谷,吸风饮露,乘云气,御飞龙,而游乎四海之外。"(《逍遥游》)古之真人"登高不溧,入水不濡,入火不热。是知之能假于道者也若此。"(《大宗师》)通过这些神奇瑰丽的描写,我们可感受到理想人格逍遥超越的精神境界。

庄子对理想人格的追求,是以实现理想人格所代表的心灵自由和超越境界为归宿。这种自由与境界的内涵是:与道为一,逍遥而游以顺化,无心无情以应世。逍遥游是庄子自由与境界追求的形象化。逍遥游的主体是心灵,即"游心",所游之处是幻想中的无何有之乡,是顺自然之化而无为。《应帝王》曰:"游心于淡,合气于漠,顺物自然而无容私焉。"《大宗师》曰:"芒然彷徨乎尘垢之外,逍遥乎无为之业。"这是纯粹的心灵自由和精神逍遥,而非寄身于世外。因此,庄子思想有离世倾向,但不是出世,而是超世,其应世的态度是无心无情。无心即无思无虑,无情即无好无恶,也就是绝对不动心。《德充符》曰:"有人之形,无人之情,有人之形,故群于人,无人之情,故是非不得于身。"又说:"吾所谓无情者,不以好恶内伤其身,常因自然而不益生也。"庄子的无心无情是老子无为思想的主体内化,是庄子对待社会、人生的根本态度,也是庄子追求超脱名利、好恶、是非、生死等现实,实现精神自由的关键。无论是逍遥而游的顺化,还是无心无情的应世,其最终追求都是与道为一,实现"天地与我并生,而万物与我为一"的最高境界。而达到这种理想之境,除以上两条重要途径外,还有一些基本的修养方法,即"心斋"与"坐忘"。"唯道集虚。虚者,心斋也。"(《人间世》)心斋是虚静其心以体道,"坐忘"则是"堕肢体,黜聪明,离形去知,同于大通"(《大宗师》),亦即抛弃身心的感觉思虑而与道为一。

如果说,老子主要是从社会政治的角度批判文明的异化以实现对人的关怀,那么,庄子更多地是从自然主义的立场,通过对人的存在及其基本境遇的分析和关注,来反观异化的社会现实,从而表达自己的社会政治理论。与老子的政治思想一脉相承,庄子同样主张自然无为,返璞归真,对君主专制和提倡仁义的政治理论进行了批判。他认为天道自然无为,"无为"应该是君主治国的原则:"君原于德而成于天,故曰:玄古之君天下,无为也,天德而已矣。"(《天地》)庄子批评儒家的政治主张,认为儒家提倡的仁义是"骈拇枝指",标榜仁义是"使天下惑也"(《骈拇》),甚至提出抛弃文明成果,回到"同与禽兽居,族与万物并,恶乎知君子小人"的素朴的"至德之世"(《胠箧》)。

从思想史的角度看,庄子对语言本身所作的哲学思考更值得注意。这一思考主要集中于"言"和"意"能否把握客观事物和"道"。这一问题由老子"道可道,非常道;名可名,非常名"提出,对语言文字把握形上之道的可能性加以否定。庄子继承了老子的思想,进行了更细致的分析,认为抽象的名言不能把握具体的事物,他说:"道未始有封,言未始有常。"(《齐物论》)道不能分割,而人的概念、语言总把具体事物分割抽象开来把握,失去了完整性。其次,概念是静止的,无法表达变化。所谓"夫言非吹也,言者有言;其所言者,特未定也"(《齐物论》)。言和吹风不同,言必有对象,而对象却是变化不定的。再次,有限的概念不能表达无限。"可以言论者,物之粗也;可以意致者,物之精也。言之所不能论,意之所不能察致者,不期精粗焉。"(《秋水》)言与意可以暂时把握有限之物,却难以表达无限之道。庄子的言意之辨,在后世成为玄学的重要论题。

三、稷下道家与汉初黄老之学

战国中后期，楚文化的老学与北方中原的黄帝崇拜相结合形成黄老之学，标志着道家思想发展到一个新的阶段。被视为新道家的黄老之学的"新"之所在，从学术角度看，是指其以道家的道论为核心而对百家之学的兼取，从思想内容看，则是为适应新的社会变革而表现出的明显的政治化倾向。黄老学的历史发展，经历了战国和秦至西汉初两大阶段。前期主要作为一种学术思想而被提出，是黄老学的形成时期；后一阶段是被当作一种政治术略而加以运用，可以视为黄老学的应用时期。

产生和兴盛于齐国稷下学宫的稷下道家，是战国时期黄老学的主要代表。

稷下，因齐国都城临淄的稷门而得名。战国时期，齐国政府在稷门外设置学馆讲堂，招聘天下贤人来此讲学，"不治而议论"，其馆被称为"稷下学宫"，其学则名"稷下之学"。在稷下学宫活动的道家、儒家、法家、名家、阴阳家等各家学者，被称为"稷下先生"，他们善于将学术和政治问题结合起来，讲学授业，相互辩难，自由争鸣，互相影响，其学说多有融合特点，各家学说的学术分野也不似以前那么分明。

在稷下，无论从人数、著作还是从影响上看，黄老道家之学都占有主流的地位。稷下先生中道家的代表人物主要有宋钘、尹文、田骈、慎到、彭蒙、接舆、环渊等人。由于稷下道家的著作或已散佚，或真伪难辩，历史上对稷下道家，或不及论述，或语焉不详。1944年，郭沫若先生发表《宋钘尹文遗著考》《稷下黄老学批判》二文，考证《管子》书中的《内业》、《心术上》、《心术下》、《白心》等四篇为稷下黄老学者宋钘、尹文的遗著。虽然《内业》等四篇是否就是宋钘、尹文的遗著，学术界有不同的看法，但从思想内容看，《内业》等四篇为稷下黄老学的代表著作，是可以肯定的。

1973年长沙马王堆汉墓出土了《经法》、《十大经》、《称》、《道原》四种古佚书，据唐兰先生考证，这四篇古佚书约成书于公元前400年，就是《汉书·艺文志》所列的《黄帝四经》。对此，学术界也有不同意见，一些学者认为称其为《黄老帛书》较为稳妥。从思想内容看，《十大经》明确假托黄帝立言论道，其他诸篇也表现出道家与其他各家思想相结合的黄老学特征。关于四篇古佚书产生的地域和作者问题，也有多种推断，有郑人说、楚人说、越人说、齐人说等，最重要的分歧是该书是否是稷下道家的作品。肯定四篇古佚书为稷下道家著作的学者认为，古佚书的出土"使得学术界终于能够确认了以《黄帝四经》、《慎子》、《尹文子》、《管子》的部分篇章为代表的战国稷下黄老学派发展的一条连续的、较为清晰的线索。"①不同的观点中，较有代表性的是断定古佚书为楚人作品，认为"从《黄老帛书》，中经《庄子》后学中的黄老思想，再到《鹖冠子》，形成了一个南方黄老学的发展系统。……事实上，战国黄老学不仅有齐国这个中心，同时还有以楚国为代表的南方黄老学系统。只有把这两个中心联系起来加以研究，才能全方位地揭示出战国黄老学的真实情况。"②四篇古佚书是否是稷下道家的作品，涉及到具体的历史和文献考证，各家的判断都有自己的考证依据，在此不便详细解说辨析，不过有一点可以肯定，古佚书的出土进一步证明了黄老道家思想是战国中后期一股影响广泛而深远的社会思潮。根据论述需要，本节以稷下道家的代表作品《管子》四篇和马王堆出土的《黄老帛书》为中心，对战国中后期的黄老道家思潮作概要介绍。

　　黄老道家产生的重要基础是战国中后期诸侯争霸、变法图强的社会现实。为了给现实政治变革提供理论支持和具体方略，当时各个学派的学者从实际需要出发，积极融合其他学派的思想，提出自己的理论和政治主张，黄老道家就是其中的一支重要力量。田氏代齐是稷下黄老道家得以形成和发展的重要契机。田氏代齐后，为了给自己正名，抬出了黄帝，认为田氏作为黄帝的姬姓后裔，取代炎帝的姜氏之后的姜齐政权，有宗法和历史的合法性。田齐政权的这一说法，大大促进了春秋以来黄帝

---

① 白奚：《稷下学研究》，三联书店1998年版，第97页。
② 丁原明：《黄老学论纲》，山东大学出版社1997年版，第59—60页。

崇拜在齐国的流传和发展,客观上促成了黄帝之言与老子道家之学的结合。从道家方面看,由于老子的社会政治理论崇尚自然无为,对社会现实持批评否定的态度,多消极色彩,因而假托帝王之首、圣人之祖的黄帝立言,可以为自己适应社会现实需要而转入积极用世提供方便。

我们认为,包括稷下道家在内的战国黄老道家的基本内容是"老"而不是"黄",是在假托黄帝之名的下面,以道论法,道法结合,兼采百家之学。大量吸收法家思想是黄老道家的一大特征,吸收法家思想一方面可以改变道家在社会政治的有为层面的不足,另一方面又能够以自身的无为变通弥补法家刻板和僵化的缺点。战国黄老道家从理论层面对以道论法、道法结合进行了探讨。《心术上》曰:"事督乎法,法出乎权、权出乎道。"权是权衡、标准之义,指用来衡量法度的准绳,而这个准绳来自于道。《经法》曰:"道生法。法者,引得失以绳,而明曲直者也。故执道者,生法弗敢犯也,法立而弗敢废也。"认为法由道生,执道可以确立法的威严和恒信。在以道论法的基础上,战国黄老道家又强调在具体的政治方略上做到道法结合。《经法》曰:"法度者,正之至也。而以法度治者,不可乱也。而生法度者,不可乱也。"所谓"生法度者",即是道,道法并举,不可乱。《管子·法法》曰:"明王在上,道、法行于国。"《管子·任法》曰:"百姓辑睦,听令道、法而从其事。"道法结合,使黄老道家的政治理论既有形上的理论思考,又有具体的实践主张,满足了现实政治的需要。

稷下道家的另一个贡献是在哲学思想方面。稷下道家提出"精气说",对老子道家道论加以发展。如前所述,老子之道是宇宙的本根,庄子通过援气入道,以"气"为无形之道生成有形万物提供合理性说明。稷下道家明确提出"道"即"精气"的观点,认为宇宙万物都是由"精气"产生的。《管子·内业》说:"凡物之精,比则为生。下生五谷,上为列星;流于天地之间,谓之鬼神;藏于胸中,谓之圣人;是故名气。"宇宙万物,甚至圣人、鬼神都是精气的产物。而"夫道者,所以充形也。""万物以生,万物以成,命之曰道。"(《内业》)所以气之精者就是道。《管子》四篇还进一步用"气"来解释人的意识起源和精神活动。《内业》说:"气,道乃生,生乃思,思乃知。"有了气的生化,才有人的精神存在和活动。稷下道家"道"即"精气"的观点,是道家道论发展史上的一个重要环节。稷下道家在继承老子"静观"、"玄览"体道的直觉认识方法的同时,更加强调对道和万物及其规律的客观把握。《心术上》说:"无为之道,因是。因也者,无益无损也。"又说:"因也者,舍己而以物为法者也。感而后应,非所设也;缘理而动,非所取也。""因"既是道"无益无损"的特性,也是认识道和万物的方法。这个方法就是因物之实,以物为法,如实地反映客观事物。

蒙文通先生曾概括说:"百家盛于战国,但后来却是黄老独盛,压倒百家。"①实际上压倒百家的黄老之学,正是在兼采百家之学的基础上才得以兴盛的。但是,思想发展的逻辑却代替不了历史发展的逻辑,统一天下,成就霸业的却是行法家之道,以耕战立国的秦国。当然,秦的迅速灭亡也与对法家道术的极端运用有密切关联。黄老思想真正对现实政治产生积极影响,是在西汉初期。

西汉初年,鉴于秦朝灭亡的教训,统治者实行"休养生息"的政策,由于统治阶层一些重要人物如文景二帝、窦太后、曹参、陈平等人的提倡,黄老之学被当作统治思想和政治术略加以运用,发展到极盛,出现了《淮南子》,对汉初黄老学作了总结。

汉代司马谈撰写的《论六家要旨》对已发展的道家思想,即黄老之学,进行了较为准确的把握。他说:"道家,使人精神专一,动合无形,赡足万物。其为术也,因阴阳之大顺,采儒、墨之善,撮名、法之要,与时迁移,应物变化,立俗施事,无所不宜,指约而易操,事少而功多。……道家,无为,又曰无不为,其实易行,其辞难知。其术以虚无为本,以因循为用。无成势,无常形,故能究万物之情;不为物先,不为物后,故能为万物主。"由《要旨》可知,黄老道家吸取了先秦诸子百家的优点和长处,体现了道家的开放精神和学术融合的趋向。黄老学"以虚无为本,以因循为用",坚持以老子自然无为的"道"作为根本,因循"道"所代表的客观法

---

① 蒙文通:《蒙文通文集》第一卷《古学甄微》,巴蜀书社1987年版,第276页。

则,"与时迁移,应物变化,立俗施事",因时、因物、因事之变化而采取相应措施,使事情获得成功。黄老之学虽仍以"道"为本,以"无为"为宗,但其精神已非消极、避世,而是在"因循为用"的有为基础上强调"无为而无不为",表现出尊重事物的客观规律,积极执著现实的价值取向。其客观冷静而又积极入世的精神,使其在汉初一跃而成为新政权的统治思想和治国术略,据之而制定的"休养生息"政策,成就了汉初的文景之治。

从学术思想发展的角度看,淮南王刘安组织编撰的《淮南子》一书,应视为对西汉黄老思想的总结。

《汉书·淮南衡山济北王传》说刘安"招致宾客方术之士数千人,作为内书二十一篇,外书甚众,又有中篇八卷,言神仙黄白之术,亦二十余万言。"东汉高诱在《淮南序目》中说,刘安及其宾客苏飞、李尚、左吴等"讲论道德,总统仁义,而著此书",并评价该书:"其旨近老子,淡泊无为,蹈虚守静。"又说此书本来"号曰《鸿烈》","鸿,大也;烈,明也。以为大明道之言也",后刘向校书,始名之为《淮南》。今本《淮南子》共21篇,与《汉书》记载相合,而外书和中篇均已失传。

《淮南子》的思想究竟属于何家学说,是一个有争议的问题。《汉书·艺文志》将其归入杂家,显然是注意到该书包容百家的特征,但这一结论却有失于笼统。高诱说此书"讲论道德,总统仁义",也肯定了它兼采诸家思想的特点,又明确说"其旨近老子",视其为道家之流。今人对《淮南子》的评价也多有分歧,或认为该书的思想主要是黄老道家学说,或认为是秦汉百家思想融合创新的新成果,不宜归入具体的哪一家。我们认为,从思想内容方面看,《淮南子》虽然包容了诸家学说,其根本思想却是黄老道家思想,而兼采百家本来就是黄老道家的一个主要特征。另一方面,从刘安组织编撰此书的指导思想和目的看,《淮南子》有浓厚的黄老道家色彩也是可以确定的。王云度在详细考察刘安所处时代及个人思想和经历的基础上得出结论,认为刘安"是以诸侯王的身份,想以当时统治者倡导的黄老学说为主,综合当时各家学说,加以融合发展成一个系统,来迎合统治者实现思想统一,以巩固政治上的统一的需要,企图讨文帝、窦太后等最高统治者的欢心而承嗣帝位,顺取政权。"①我们认为这一结论于史有据,是可信的。

《淮南子》在思想上有几个特点:首先是在先秦道家道论的基础上对道的本根特性作了进一步阐发,特别是提出了更为系统的宇宙论解说。其开篇的《原道训》曰:"夫道者,覆天载地,廓四方,柝八极。高不可际,深不可测,包裹天地。"道"横四维而含阴阳,纮宇宙而章三光",是弥纶天地宇宙的根本存在。"山以之高,渊以之深,兽以之走,鸟以之飞,日月以之明,星历以之行……"道是宇宙万物变化的原因和规律。《俶真训》则对道演化宇宙的过程进行了详细解说,认为宇宙未形之前,只有"道"存在,道生"虚廓",虚廓生"宇宙",宇宙生"气",气之"清阳者薄靡而为天,重浊者凝滞而为地",天地之精为"阴阳",阴阳之精为"四时",而"四时之散精为万物"。《淮南子》的这种思想是对老子的道论、庄子的道气论、稷下道家的"精气"说的继承和发展,其宇宙生成论的解说更为系统和具体。

其次,《淮南子》在政治思想上强调无为而治和法度的作用。《主术训》曰:"人主之术,处无为之事,而行不言之教。清净而不动,一度而不摇,因循而任下,责成而不劳。"主张君主治理国家要清净无为。与战国黄老道家一样,《淮南子》也肯定治国以法,"法者,天下之度量,而人主之准绳也"(《主术训》)。既强调因循无为,又主张道法结合,这正是黄老道家政治理论的一般特点。此外,《淮南子》还以安民为治国之本,提倡利民的社会变革。

《淮南子》批评先秦诸子百家是"自是而相非",都是一隅之见。其《要略》评价全书说:"若刘氏之书观天地之象,通古今之事,……非徇一迹之路,守一隅之旨",视自己为博采众家之作。刘安组织编撰的《淮南子》,应该视作以黄老思想为主,对先秦各家学说的综合。

汉武帝时,董仲舒关于"罢黜百家,独尊儒术"的主张被采纳,黄老之

---

① 王云度:《刘安评传》,南京大学出版社1997年版,第136页。

学退出了政治和学术的前台。作为一种思想传统,黄老学主要被方仙道神仙方术所依附,向着重视个体避世修身以及修养成仙的黄老道演变。此外,黄老学的形名之学,在汉末魏晋得到复兴,对提倡刑名法术的风气和名实之辨的开展产生影响,成为玄学兴起的思想资源和引子①。

第二节 玄学家与魏晋玄学

儒学在西汉获得独尊地位后,在两汉历史发展中与谶纬迷信结合,逐渐堕落成神学化的教条,并以烦琐的经学形式表现出来,如"说五字之文,至于二三万言"(《汉书·艺文志》),变成一套压抑人性、禁锢思想、窒息心灵的制度与观念体系。东汉中后期外戚专权、宦官当政、诸侯叛离的严酷现实,使经学化的儒学所宣扬的纲常名教暴露出虚伪性。玄学正是在这种思想与现实背景下产生的,是在魏晋这个特定的黑暗动荡时代,对社会的和谐发展与人性的本质要求所作的理论探索。

从学术发展史看,魏晋玄学可视为道家思想以学派形式存在的最后形态。魏晋玄学虽也可称作新道家,实际上却表现出了儒道合流的特点,是以道解儒,以儒合道。玄学通过注解《老子》、《庄子》、《周易》"三玄",围绕名教与自然的关系,从哲学的高度来观照社会人生,在哲学层面上展开有无、本末、动静、一多、言意等一系列的理论思辨,探讨宇宙的本体,寻求事物存在的根据,试图以道家的自然之道会通儒家名教,来协调人的自然之性与社会之性的关系。因此,玄学的核心是名教与自然之辨,其实质是,破除不合人性自然的名教而又为合理(合道)的名教提供本体论依据。

玄学百余年的发展大致可分为:以何晏、王弼为代表的正始之音;以嵇康、阮籍为典范的竹林风度;以裴頠、郭象为领执的元康之学。本节着

---

① 关于黄老思想在向黄老道宗教形态转变之外的这一条思想史线索,学术界以往的注意不够。王晓毅《王弼评传》(南京大学出版社 1996 年版)之"引论:汉魏之际的学术巨变"的"黄老复兴"一节,有详细论说,可参见。

重介绍以上几位有代表性的玄学思想家,并对他们的思想和贡献略作述评。

一、何晏、王弼与正始之音

玄风初振始于正始名士何晏、王弼。史载:"正始中,王弼、何晏好老庄玄胜之谈,而世遂贵焉。"(《世说新语·文学》注引《续晋阳秋》)何晏是正始玄谈的领袖,有玄风发动之功,而王弼的成就和影响则最大。

何晏(207—249年)[①],字平叔,南阳宛(今河南南阳)人,汉大将军何进之孙,曹操养子。何晏少时即明慧过人,深为曹操喜爱,与曹操诸子共起止,受到良好的教育。太和元年(227年)后,何晏在洛阳上层贵族子弟中聚众清谈,品评人物,与夏侯玄、荀粲、司马师、裴徽等名士关系密切。清谈之风,对当时的知识界影响很大,控制了社会舆论,这引起了当朝权贵的不满。太和六年,司徒董昭上疏,要求予以制裁;明帝下诏禁止"浮华",何晏被黜。正始元年(240年),齐王曹芳即位,曹爽秉政,起用何晏、夏侯玄等太和浮华案被黜人物,何晏先后任散骑常侍、侍中、吏部尚书。期间何晏与王弼等人清谈玄理,见王弼《老子注》胜于己,遂放弃自己所注《老子》,又作《道德论》,编《论语集解》。正始十年(249年),司马懿发动高平陵政变,何晏被杀,年42岁。

清谈为魏晋玄风之特征,这一点历来为人们所肯定。清谈之风产生于正始时期,何晏为一代谈宗,是魏晋士人当时的一般看法。《世说新语·文学》注引《文章序录》说:"晏能清言,而当时权势天下,谈士多宗尚之。"汤用彤和唐长孺都曾指出魏晋清谈渊源于汉末清议,认为通过对人物的品评和人材抽象标准等诸多理论课题的讨论,最终导致了以辩论玄理为内容的清谈产生。王晓毅在二位先生的观点基础上,对汉末清议到清谈之风的历史流变,进行了更为细致地梳理,并对何晏在其中的地位

[①] 关于何晏的生年,学术界有多种推断,此取公元207年。参见王晓毅《王弼评传》附录一"何晏年谱"的考证。

作出了评价。他说:"在当时的魏晋士人心中,清谈之风产生于正始时期,何晏是首倡者,是没有疑义的。但是,确切点说,清谈是汉魏之季学术文化风尚长期演变的结果,它孕育于汉末清议,萌芽于建安游宴,诞生于曹魏太和'浮华交会',成熟于正始之音,而何晏则因居于学风巨变的中心位置而被看作开一代清谈新风者。"①

正始玄谈的内容非常丰富,集中在有关"圣人人格"和《老》、《易》、《庄》"三玄"义理的讨论,其理论焦点是自然与名教的关系问题,目的是调和儒道思想。在玄谈中,何晏为了论证君主无为的合理性,提出老子与儒家圣人相同的观点,抬高道家老子的地位。"自儒者论以老子非圣人,绝礼弃学。晏说与圣人同,著论行于世也。"(《世说新语·文学》注引《文章序录》)何晏认为圣人"体无","无喜怒哀乐之情"的观点,也为时人所接受,得到钟会等人的称述。虽然王弼对何晏"老子与圣人同"的观点进行了反驳,认为"老不及圣",但何晏调和儒道的努力,却代表了当时玄谈的根本倾向。在《老》、《易》、《庄》"三玄"哲学思想的讨论中,何晏也俨然为一代大师。裴徽说:"吾数与平叔共说《老》、《庄》及《易》,常觉其辞妙于理,不能折之。又时人吸习,皆归服之焉。"刘邠评论道:"数与何平叔论《易》及《老》、《庄》之道,至于精神遐流,与化周旋,清若金水,郁若山林。"(《三国志·魏书·管辂传》注引《辂别传》)其言辞清远,义理精妙,已折服时人,叹为观止。

关于何晏在玄学理论上的突出贡献,先贤时人大多以他和王弼一起创立的玄学"贵无"论可以当之,或认为二人的理论是一致的,不加辨析,通而论之。对此,王晓毅在他的《王弼评传》中有不同看法,认为玄学"贵无"论哲学,经历了一个创立和完善的过程,"在这个过程中,何晏是玄学'贵无'论的首创者,王弼则是理论的完成者。"②王晓毅指出,前期"贵无"论的代表作品是何晏的《无名论》,认为宇宙的本根是无名的"无所有",

---

① 王晓毅:《王弼评传》,南京大学出版社 1996 年版,第 99 页。
② 同上,第 124 页。

"夫道者,惟无所有也",这个"无所有"之道,存在于"自天地以来皆有所有"的万物之中;何晏"无所有"之道的玄学本体论虽然仍带有宇宙生成论的色彩,却将两汉时期一直探讨的宇宙本根从存在于天地之外转移到了事物之中,是王弼以"无"为本体的更为纯粹的本体论的先声。对于这一观点,从哲学的角度看仍有可探讨之处,我们在下一节讨论道家哲学时再作进一步分析,但从思想史的角度对"贵无"论的发展加以考查,却是非常值得肯定。

玄学在产生及发展的早期,有没有受到同时期的佛学的影响,一直是学术界关注的问题。汤用彤即持否定意见,他认为:"玄学的产生与佛学无关,……玄学是从中华固有学术自然的演进,从过去思想中随时演出'新意',渐成系统,玄学与印度佛教在理论上没有必然联系,易言之,佛教非玄学生长之正因。"①由于至今仍缺乏佛学对玄学产生和早期发展有所影响的思想史史料,汤先生的论断几成定论。但我们认为,从玄学产生以前佛经的翻译和流传、佛经中"本无"与"本末"概念有同时使用等许多情况来看,"虽然我们现在尚没有直接的材料来证明何王玄学思想的形成,受到了佛教的影响,但通过对历史的考察,可以认为,这种可能是存在的。"②对这一问题,王晓毅在考察何晏"无所有"之道的玄学本体论时也作出了新的探索。首先,他从何晏作为曹操养子的身世情况,推断何晏应该受到曹氏家族习佛风气的影响。其次,对"无所有"一词加以考察,肯定该词首先见于东汉时期的汉译佛经,认为"无所有"比较准确地表达了佛教缘起性空的本体思想,何晏《无名论》中"无所有"与东汉佛经中的"无所有"有承袭关系,"因为在现存史料中,何晏是继佛经之后第一个明确运用'无所有'表示宇宙本体的中国哲学家,所以在没有发现其

---

① 汤用彤:《中国现代学术经典·汤用彤卷》之《魏晋玄学论稿》,河北教育出版社 1996 年版,第 767 页。
② 洪修平《佛教般若思想的传入和魏晋玄学的产生》,原载《南京大学学报》1985 年专刊,收录于个人佛学论文集《中国佛教与儒道思想》,宗教文化出版社 2004 年版。

他相反材料的情况下,可以断定何晏笔下的这个概念来自佛经。"①虽然由此得出"来自印度的佛教哲学曾在汉魏之季影响了玄学本体论的形成"的结论还有待于进一步检讨,但这种探索仍然是非常有价值的。

王弼(226—249年),字辅嗣,山阳高平(今山东金乡)人,建安七子之首王粲的嗣孙。王弼少年时即有盛名,好论儒道,通辩能言。正始五年,参加何晏举办的清谈,一举成名,何晏见之叹称:"仲尼称后生可畏,若斯人者,可与言天人之际乎!"(《三国志·魏书·钟会传》注引何劭《王弼传》)曾担任尚书郎,注释《老子》、《周易》,奠定了玄学的理论基础。正始十年(249年),病亡,年23岁。王弼是正始清谈场上的天才少年,也是魏晋玄学的理论奠基人。

王弼通过本末体用之辨来融合儒道,倡"本无"说,为"名教本于自然"作论证。王弼在《老子注》第一章中,开宗明义地指出:"凡有皆始于'无',故未形无名之时,则为万物之始;及其有形有名之时,则长之育之,亭之毒之,为其母也。言道以无形无名始成,万物以始以成而不知其所以,玄之又玄也。"他把"道"直接说成"无",并以"无"作为现象世界背后的本体。在王弼看来,"无"和"有"的关系是体和用、本和末的关系。认为天下万物,皆因为"有"才存在,而"有"的产生,只能以"无"为本。所以在任何时候要保全"有",必须"反本"守住"无","无"为母,"有"为子,"无"为本,"有"为末,因此要"守母以存其子,崇本以举其末。"以"有无之辨"为自然与名教的关系作论证,就是自然为名教之本,名教为自然的人为表现,因此,"名教出于自然"。王弼关于"有无"的本末体用之辨,是在何晏"以无为本"思想的基础上进一步发展,其理论思辨程度更高,本体论色彩更为显明。

颇有意味的是,在王弼心目中真正能够体会本体之"无"的是孔子而非老子,他说:"圣人体无,无又不可以训,故不说也。老子是有者也,故恒言无所不足。"(《魏志·钟会传》注引何劭《王弼传》)认为圣人体无,无

---

① 参见王晓毅《王弼评传》,南京大学出版社1996年版,第133—141页。

又无法用语言加以训释,故不去说它;老子处于"有",才去追求"无",大讲"无",所以老子比孔子差一等。王弼一面以儒合道,倡"名教本于自然",一面又说"老不及圣",和他的"应物而无累于物"的圣人有情论一样,明显地表现出调和儒道的倾向。

言意之辨,也是王弼颇有价值的思想贡献。他在《周易略例·明象》中,说:"夫象者,出意者也。言者,明象者也。尽意莫若象,尽象莫若言。"他首先承认言可名象,象可尽意。接着又说:"意以象尽,象以言著。故言者所以明象,得象而忘言。象者所以存意,得意而忘象。"认为言和象是获得圣人之意的途径和工具,达到了目的即可舍弃,无须执著。"得意在忘象,得象在忘言。故立象以尽意,而象可忘也。"最后,他把"忘言"和"忘象"看作是"得意"的条件。王弼言意之辨的思想价值首先在于,扫除了汉儒拘泥于章句,牵强附会的风气,为自由解释儒家和道家经典扫清了障碍。其次,王弼的言意之辨,虽然也表现出不可知论的神秘主义因素,但他对语言认识和表达思想的局限性的揭示和思考,达到了较高的理论水平,对后世影响很大。

王弼通过本末体用的哲学论辩融合儒道,为徘徊于名教和自然矛盾中的士大夫指明了新的人生道路,重新建构了士人的理想人格。"王弼玄学的积极意义,就在于重新联结了士大夫精神世界对立的两极,使双重人格的世族知识分子心理趋于平衡,增加了生命的厚度和弹性,在社会动荡黑暗的环境中继续积极地面对现实,进行新的文化创造。"①

二、阮籍、嵇康与竹林风度

正始之后,阮籍与嵇康、山涛、刘伶、王戎、向秀、阮咸诸人,并居河内之山阳县(今河南修武县),共为"竹林之游",史称"竹林七贤"。学术界通常把竹林七贤的学术活动时间称为"竹林时期"。竹林时期正是司马氏加紧谋篡曹魏政权,大量诛杀异己的时期,社会政治十分黑暗。

---

① 王晓毅:《王弼评传》,南京大学出版社 1996 年版,第 333 页。

阮籍(210—263年),字嗣宗,陈留尉氏(今河南尉氏县)人,建安七子阮瑀之子。曾任从事中郎、东平相、步兵校卫等职,不满司马氏政治集团,但态度谨慎。《晋书·阮籍传》称阮籍傲然独得,任性不羁,博览群书,尤好老庄,喜登临,性嗜酒,善弹琴,常忘其形骸,时人多目为痴人,又说阮籍"本有济世志,属魏晋之际,天下多故,名士少有全者,籍由是不与世事,遂酣饮为常。"实际上,阮籍正是魏晋时期社会黑暗政治下士人苦闷的象征。

阮籍的理论著作主要有《乐论》、《通易论》、《通老论》、《达庄论》、《大人先生传》等篇,他的《咏怀诗》抒发了对社会和人生的感叹,也是了解阮籍思想的重要材料。阮籍的思想,经过了一个痛苦的选择与演变过程。高晨阳在综合各家说法的基础上加以考订,认为"阮籍的《乐论》作于正始初期,《通易论》作于正始中期。二论尽管渗入了道家思想,但基本倾向仍然是儒家的,当属儒学著作。《通老论》的撰作时间似晚于《通易论》,当在正始中期之后竹林之前,反映了阮籍综合儒道(老)的倾向。《达庄论》和《大人先生传》皆作于竹林时期,以庄学思想为旨趣,表现了阮籍把儒道对立起来的思想倾向。"①这一考订,为了解阮籍各个时期的思想倾向以及更好地理解阮籍思想所存在的矛盾,打下了基础。这里,我们仅通过《达庄论》和《大人先生传》来分析一下竹林时期阮籍的玄学思想。

阮籍认为,"自然"是天地万物之本,《达庄论》曰:"天地生于自然,万物生于天地。自然者无外,故天地名焉;天地有内,故万物生焉。""自然"又是万物存在和变化的原因,"自然一体,则万物经其常……一气盛衰,变化而不伤"。阮籍通过对"自然"这个最高范畴的解说,继承庄子"齐物论"的思想,说明"万物一体"的道理。他直接引用庄子的话,认为天地万物,"自其异者视之,则肝胆楚越也;自其同者视之,则万物一体也。"《达庄论》的思想旨趣就是追求庄子式的"天地与我并生,而万物与我为一"

―――――――
① 高晨阳:《阮籍评传》,南京大学出版社1994年版,第48页。

的精神境界。而"大人先生"正是具有这种精神境界的理想人格的代表。这个"大人先生","乃与造物同体,天地并生,逍遥浮世,与道俱成,变化聚散,不失常行。天地制域于内,而浮明开达于外。"(《大人先生传》)阮籍的"大人先生"其实就是道家之道的理想化身。他以这一理想人格为标准,对以"士君子"所代表的世俗人格进行了批判。他讽刺"士君子"这些所谓的礼法之士,处身于所谓"吉地"的名教里,其实就像虮虱处于裤裆之中,循规蹈矩,"行不敢离缝际,动不敢出裤裆",利禄为瞻,"饥则噬人,自以为无穷食也",可是一旦天火降临,连都市城邑都化为焦土,处于裤中的群虱则更难逃脱灭亡的命运。阮籍借大人先生之口,表示要追求超世独立、绝弃礼法、与道周流的理想人生:"今吾乃飘飘于天地之外,与造化为友。朝飧阳谷,夕饮西海,将变化迁易,与道周始。"在阮籍眼里,理想的社会应该是"无君庶物定,无臣而万事理"的自然社会。阮籍竹林时期的思想,具有以老庄道家的自然之说贬斥儒家名教的强烈色彩,代表了玄学发展在调和儒道之外的另一种倾向。

嵇康(223—262年),字叔夜,谯国铚(今安徽宿县)人。嵇康早孤,有奇才,远迈不群,学不师受,博览典籍,好老庄,娶曹操之子曹林的女儿长乐亭主为妻,拜中散大夫。他自称"轻贱唐虞而笑大禹","非汤武而薄周孔",不满司马氏集团执政,隐居不仕,后遭钟会构陷,以"言论放荡,非毁典谟"的罪名为司马昭所杀。与阮籍相比,嵇康表现出与现实政治更加不妥协甚至是激烈对抗的态度。

嵇康最有名的主张是"越名教而任自然"。他在《释私论》中提出:"夫称君子者,心无措乎是非,而行不违乎道者也。夫气静神虚者,心不存矜尚;体亮心达者,情不系于所欲。矜尚不存乎心,故能越名教而任自然;情不系于所欲,故能审贵贱而通物情。物情通顺,故大道无违;越名顺心,故是非无措也。"嵇康视儒家名教为"矜尚",为"所欲",有违人心和物情之自然,主张以道家的虚静无欲来摆脱名教的是非功利的羁绊,以回归人性的自然和本真。他在《难自然好学论》中又说:"六经以抑引为主,人性以从欲为欢,抑引则违其愿,从欲则得自然;然则自然之得,不由抑引之六经，全性之本，不须犯情之礼律。"这样公开反对《六经》，为人的自然欲望和个性张本，的确是惊世骇俗，具有异端的色彩。在《答难养生论》中，嵇康对人生的至乐境界加以描绘："故顺天和以自然，玩阴阳之变化，得长生之永久，任自然以托身，并天地而不朽，孰享之哉？"嵇康所追求的人生境界充满着庄子的精神，是一种回归自然，含道独往的精神超越境界。

嵇康在哲学思想上也有其贡献。他在自然观上，主张元气自然论，认为"元气陶铄，众生禀焉"（《明胆论》），"浩浩太素，阳曜阴凝，二仪陶化，人伦肇兴"（《太师箴》），认为人和万物都是禀受元气，由天地阴阳二气的作用而产生。他还提出"声无哀乐"的思想，对客观事物和主体感情及认识之间的关系加以探讨，认为"音声之作，其犹臭味在于天地之间，其善与不善，虽遭遇浊乱，其体自若而不变也，岂以爱憎易操，哀乐改度哉"，主张"心之与物，明为二物"（《声无哀乐论》），认为声音和人的思想感情是不相关的，音乐本身无哀乐可言。嵇康"声无哀乐"的理论，实际上与儒家的礼乐教化思想是相对立的，成为玄学讨论的一个重要问题。

阮籍、嵇康对儒家名教的激烈批判，常常被视为是对调和自然与名教关系的玄学主潮的反动，或名之为反玄学思潮，或目之为玄学之异端。在我们看来，竹林之学应该是玄学之歧出，也就是说，它在方向上与玄学从积极方面调和儒道思想的主流不一致，但在精神深处，却是对真正的合理（合道）的名教的渴望。正如鲁迅先生在《魏晋风度及文章与药及酒之关系》一文中所说的那样："魏晋时代，崇奉礼教的看来似乎很不错，而实在是毁坏礼教，不信礼教的。表面上毁坏礼教者，实则倒是承认礼教，太相信礼教。……不平之极，无计可施，激而变成不谈礼教，不信礼教，甚至于反对礼教。——但其实不过是态度，至于他们的本心，恐怕倒是相信礼教，当作宝贝，比曹操司马懿们要迂执得多。"①

---

① 鲁迅：《鲁迅全集》第三卷，人民文学出版社 2005 年版，第 535 页。

阮籍和嵇康正是这歧出的玄学的代表。他们在礼教遭到亵渎后,内心充满了真正执著于礼教的矛盾与痛苦。

三、裴頠、郭象与元康之学

西晋元康时期,玄风有了新的变化。一方面,清谈之风日盛,更加注重语言修辞和音调之美,成为士人获致令誉的途径和潇洒风流的标志。另一方面,由于西晋社会政失准的,加之玄风吹荡,士人中间出现了任情放诞、不守礼法的风气。《晋书·五行志》记载:"惠帝元康中,贵游子弟相与为散发裸身之饮,对弄婢妾,逆之者伤好,非之者负讥。希世之士耻不与焉。"从"逆之者伤好,非之者负讥"来看,这种放浪形骸的行为已成为风气。对此,乐广批评道:"名教中自有乐地,何必乃尔也。"而从理论上对"以无为本"、"越名教而任自然"的前期玄学进行修正,是由裴頠和郭象完成的。

裴頠(267—300 年),字逸民,河东闻喜(今山西绛县)人。曾任太子中庶子、散骑常侍、国子祭酒、尚书左仆射等职,善谈名理,为当时"言谈之林薮"。《世说新语·文学》注引《晋诸公赞》说:"頠疾世俗尚虚无之理,故著《崇有》二论而以析之,才博喻广,学者不能究。"《三国志·魏志·裴潜传》注引《惠帝起居注》说,裴頠"著《崇有》、《贵无》二论,以矫虚诞之弊,文辞精富,为世名论。"关于裴頠是否曾著《贵无论》颇值得怀疑,且此后《贵无论》并未为人所见。可以肯定的是,裴頠作《崇有论》,正是由于"疾世俗尚虚无之理",为了"矫虚诞之弊"。

裴頠的《崇有论》,对前期玄学"贵无论"的社会危害进行了揭示。他认为,提倡"贵无"则导致"贱有","贱有则必外形,外形则必遗制,遗制则必忽防,忽防则必忘礼。礼制弗存,则无以为政。"崇尚虚无,则会以外在的形制礼法之"有"为鄙贱,社会难以治理,风气就会败坏,"或悖吉凶之礼,而忽容止之表;渎长幼之序,混漫贵贱之极。其甚者至于裸裎,言笑忘宜。"要扫除这种不守礼法、任情放诞的风气,必须"居以顺仁,守以恭俭,率以忠信,行以敬让",维护儒家"名教"。

裴頠又从哲学的层面，对"贵无论"加以反击，论证"有"的合理性和重要性。他说："夫至无者，无以能生，故始生者，自生也，自生而必体有，则有遗而生亏矣；生以有为己分，则虚无是有之所谓遗者也。故养既化之有，非无用之所能全也。理既有之众，非无为之所能循也。"针对王弼"有之为有，恃无以生"的"以无为本"观点，裴頠指出，既然是"至无"，则不能生出万物，万物的产生是"自生"，没有什么更根本的原因。对于自生的万物来说，必然以"有"为体，因此，"无用"不能涵养万物，"无为"也不能总理群有。他认为，"是以生而可寻，所谓理也。理之所体，所谓有也"，"有"才是"总混群本"的"宗极之道"。这个"总混群本"的有，在裴頠眼里，更主要是指儒家的礼法名教。

裴頠的《崇有论》既出，"时人攻难之，莫能折。唯王夷甫来，如小屈。时人即以王理难裴，理还复申。"（《世说新语·文学》）这是说，对于裴頠的《崇有论》，时人虽有攻难，却无法反驳，只有王衍可以稍稍使他退让，其他人借用王衍之理来与他辩论，他又能反击申论。《晋书·王衍传》说王衍甚重何晏王弼的"贵无"思想，"惟裴頠以为非，著论以讥之，而衍处之自若。"这说明，裴頠的"崇有"之说虽然取得了成功，但并没有使"贵无"之论完全屈服。其原因，概因一时风气难以扭转，更主要的是，裴頠"崇有"论的哲学理路，实际上与何晏王弼的"贵无"说是同一的，都是从寻找万物生成的宇宙论根源出发，来确定主宰万物的根本原因。这样，一个主"有"，一个主"无"，都不可能彻底战胜对方。真正从理论上统一和超越有无之辨的，是郭象的"独化论"。

郭象（252—312年），字子玄，河南（今河南洛阳）人。少有才理，好老庄，善清谈，"如悬河泻水，注而不竭"（《世说新语·赏誉下》），"时人咸以为王弼之亚"（《世说新语·文学》注引《文士传》）。尝闲居，后辟司椽，历官黄门侍郎、豫州牧长史、太傅主簿。善弄权，政声不佳。据《晋书·向秀传》，他在向秀《庄子隐解》的基础上，"述而广之"，作《庄子注》，提出了"万物独化于玄冥之境"的"独化论"，试图在理论上彻底解决玄学的"有无之辨"，从根本上调和儒道思想。

郭象针对此前玄学理论关于"有"还是"无"是宇宙本源(原)的争论，指出："无既无矣，则不能生有；有之未生，又不能为生。然则生生者谁哉？块然而自生耳。"(《齐物论注》)如果宇宙的本源(原)是"无"，那么"无"不能生"有"；如果宇宙的本源(原)是"有"，那么一定有在"有"之前的状态，从"有"产生前的状态看，连"有"都没有产生，"有"又怎么能产生万物呢？因此，郭象认为，宇宙万物都是"块然自生"的。"块然自生"就是没有任何主宰和原因而自己发生。他又说："夫造物者有邪？无邪？无也，则胡能造物哉？有也，则不足以物众形。故明众形之自物而后始可与言造物耳。是以涉有物之域，虽复罔两，未有不独化于玄冥之境者也。"(《齐物论注》)无论是"无"还是"有"都不能成为造物主，万物无不是自己"独化于玄冥之境"。所谓"独化"就是上面所说的"块然自生"。"玄冥之境"，是一种深远幽暗的神秘之境。这种神秘之境超越有无，万物在其中各得其自然，"自生耳，非我生也。……自己而然，则谓之天然。"(《齐物论注》)

这样，天地万物、社会人生、贫贱富贵、生死穷通，都是自然而然的；有与无、自然与名教就这样统一在"万物独化"的"玄冥之境"中，由此得出"名教即自然"的结论。

元康、永嘉之后，东晋时期，玄风依然炽盛，玄学义理也有新的变化。但是，从总体看来，玄学发展到郭象的"独化"论，已经达到逻辑和思想的终点。

从道家学派史的角度看，玄学之后，实际上已不存在专门的道家学派，道家理论在玄学以后，主要是通过道家著作的注疏和道教的宗教理论形式而得以延续和发展。

第三节　道家思想家与道家的思想品格

在中国传统思想文化史上，道家这棵古茂参天、枝干繁盛的思想之树，有着自己的思想之根和理论主干，表现出独特的精神和风姿。正是道家思想家范围天地、牢笼百态的玄思,超迈幽远、傲世独立的人格,培育了道家的理论品格,外化出道家独有的精神风貌。这里,我们用"宇宙的思者"和"文化的清流"来对道家思想家的文化性格加以概括,并以此为视角考察他们对道家文化的贡献。

一、宇宙的思者与道家哲学

黑格尔在《哲学史讲演录》中,曾经对中国古代哲学加以评论。他说,"孔子只是一个实际的世间智者,在他那里思辨的哲学是一点没有的——只有一些善良的、老练的、道德的教训,从里面我们不能获得什么特殊的东西。"①他又说:"但中国人尚另有一特异的宗派,这派叫做道家。属于这一派的人大都不是官员,与国家宗教没有联系,也不属于佛教。这派的主要概念是'道',这就是'理性'。"而"这派是以思辨作为它的特性。"②黑格尔对包括中国哲学在内的东方哲学抱有偏见,但他对儒道思想家的性格特征和儒道哲学品格的比较却有所见。与儒家思想家积极参与现实政治以实现道德理想和政治目标的实践态度与现实品格不同,道家思想家通常是退隐的、超然的和思想的,表现出玄远的思辨性格,是从本源的形上智慧出发而对宇宙人生的观照。限于篇幅,本节仅仅从道论和自然无为理论——分别可以看作道家的思想之根和理论主干——来探讨作为"宇宙的思者"的道家思想家对道家的理论贡献。

道家思想体系的核心是"道","道"也是道家哲学的最高范畴,为所有的道家学派所尊崇,可视为道家的思想之根,道家学说的其他部分都是由"道"这个本根繁衍生发出的枝与叶。

"道"的本义是路。《说文》:"道,所行道也。"中国古代的圣哲,在很长一段时间内只是从经验的、有限的、可以言说的层次来谈论和运用道。《左传》、《国语》以及《论语》、《孟子》所说的先王之道、君子之道、人生之

---

① 黑格尔:《哲学史讲演录》第一卷,商务印书馆1959年版,第119页。
② 同上,第125—126页。

道等,都属于这种情况。而将"道"从经验的、有限的层次提升抽象为具有形上意义的最高哲学范畴,则始于道家老子。在老子思想中,"道"是宇宙万物的"本根",其意涵是:道既是自然和人类的生化之源,又是万物的存在之本。道生成万物,为万物之母,具有宇宙生成论的意义;道又决定万物的性质与变化,为万物存在的最终依据,具有本体论的意义。由道"本根"的本体义出发,"道"又有一些基本性质:一是规律性,道推动万物变化发展时,表现出相反相成的矛盾运动和返本复初的循环运动的规律;一是自发性,道以自身为存在和运动的依据,即"道法自然",道之外没有更高的存在和原因;一是超验性,道无形无象,不可感知,玄之又玄,不可言说,超乎感觉经验和名言规定。综括以上,老子的道本根论,实际上是对宇宙的创化功能及其规律的抽象和概括,"道"是道家的最高哲学范畴。

"本根"的概念初见于《庄子》,《庄子·知北游》曰:"然若亡而存,油然不形而神,万物蓄而不知,此之谓本根。"张岱年《中国元学之基本倾向》(1933年)一文,最早对中国传统思想的"本根"概念加以分析。他认为:"今所谓本体,古谓之'本根'或'元'。"①他又说:"关于本根,最早的一个学说是道论,认为究竟本根是道。最初提出道论的是老子。老子是第一个提起本根问题的人。"②张岱年在《中国哲学大纲》中曾对中国传统哲学的"本根"与西方哲学(包括印度哲学)的"本体"之间存在的差异做出分析,他说:"印度哲学及西方哲学讲本体,更有真实义。以为现象是假是幻,本体是真是实。本体者何?即是唯一的究竟实在,这种观念,在中国本来的哲学中,实在没有,中国哲人讲本根与事物的区别,不在于实幻之不同而在于本末、源流、根支之不同。万有众象同属实在,不惟本根为实而已。以本体为唯一实在的理论,中国哲人实不主持之。"③应该说,这段论述是运用西方哲学"本体"概念疏解中国哲学时最值得注意的。前

---

① 张岱年:《张岱年文集》第一卷,清华大学出版社1989年版,第141页。
② 张岱年:《张岱年文集》第二卷,清华大学出版社1990年版,第49页。
③ 同上,第41页。

现代西方哲学认为本体之于现象有优先性,此优先性即"逻辑上的最先",本体是真实的存在,现象是本体虚假的反映。而中国哲学讲本根往往是从生成的角度,本根之于众象是根与枝叶花果的关系,同为真实性的存在。本根不仅有"逻辑上的最先"之本体意,也有"时间上最先"之宇宙生成论意义。简言之,如果把中国传统哲学的本根论用西方哲学的本体概念概括的话,应该注意到,中国哲学的本根论是从生成的本、源的角度说本体,其本体论特质并不排斥宇宙生成意义,是时间上的最先与逻辑上的最先之统一,是本体宇宙论(Onto-cosmology)而非单纯的本体论(Ontology)。

历史地看,中国哲学这一本体宇宙论形上智慧的开启始于老子道论。老子之道,正是摄涵宇宙生化意义和本体意义的本根,这也是今人可以从中明确体会到本体论和宇宙论涵义而又难以判然区分的原因之一。

庄子援气入道,表现出道本根论的发展。"气"是构成万物的始基,"通天下一气耳"(《知北游》)。援气入道,是为了以"气"来为无形之道生成有形万物的具体历程和差异提供合理性说明。如果说援气入道是庄子对道本根的宇宙论意义的具体化,道遍在于物的思想则是道本根的本体义在庄子思想中自然的引申,因为作为万物本体的道当然不会与万物相隔绝。同样,稷下道家提出"道"即"精气"的观点,认为宇宙万物都是由"精气"产生的,也可视为是对老子道论的发展,只不过这种发展更多地着眼于道本根的宇宙论意义。

魏晋玄学从哲学的角度看究竟属于何种形态,常常是一个令人困惑的问题。

汤用彤在《魏晋玄学论稿》中指出:"汉代寓天道于物理。魏晋黜天道而究本体,以寡御众而归于玄极(王弼《易略例·明象章》);忘象得意,而游于物外(《易略例·明象章》)。于是脱离汉代宇宙之论(Cosmology or Cosmogony)而流连于存存本本之真(Ontology or theory of being)。"汉代谈玄"不过谈宇宙之构造,推万物之孕成。及至魏晋乃常能弃物理之寻求,进而为本体之体会。"①从汉魏之际学术变迁的大势来看,汤先生所言诚为至论,汉代哲学具有浓重的宇宙论色彩,而魏晋玄学表现出明显的本体论倾向。

更进一步,有学者在具体研究的基础上,也指出玄学本体论有一个发展成熟的过程。如王晓毅认为,何晏的"无所有"之道的玄学本体论仍然带有宇宙生成论的色彩,而王弼则把"《老子》关于'道'始成万物的思想从形名角度转化为'有以无本'的命题;'道'在万物中发挥决定作用的思想从形名的角度转化为'无以有为用'的命题。"对此,他评论道:"有不少学者认为,王弼哲学是本体论哲学,因此,'无'与'有'之间不是母子式的生成关系,而仅仅是本质(本)和现象(末)之间的关系。这些观点着重强调了王弼玄学与汉儒宇宙生成论的区别,有不少可取之处,却流于粗疏,开魏晋玄学本体论先河的王弼哲学,毕竟刚刚从汉代宇宙生成论的母体中脱胎出来,因而带有明显的过渡色彩。他对'无'和'有'关系的认识,包含了现代人所难理解的两层含义:'无'是'有'的生成者,同时又是'有'存在的根据。"②

实际上,从哲学的角度看,"'无'是'有'的生成者,同时又是'有'存在的根据"正是"道本根"本体宇宙论(Onto-cosmology)的基本特征,只不过王弼将"道"表述为"无"而已。王弼在《老子注》第一章中说:"凡有皆始于'无',故未形无名之时,则为万物之始;及其有形有名之时,则长之育之,亭之毒之,为其母也。言道以无形无名始成,万物以始以成而不知其所以,玄之又玄也。"明确说明"无"既有为万物的开始(始)和本源(母)的宇宙论意义,又有为万物存在根据(万物以始以成而不知其所以)的本体论意义。虽然在整体上,王弼"贵无论"的本体论色彩非常突出,但是他的"贵无论"实际并没有彻底突破老子道本根论的本体宇宙论的一般形态,在一定意义上可视为对老子道本根论中的本体义的强调和

---

① 汤用彤:《中国现代学术经典·汤用彤卷》,河北教育出版社 1996 年版,第 697 页。
② 王晓毅:《王弼评传》,南京大学出版社 1996 年版,第 247—248 页。

发展。

再进一步,裴頠的"崇有论"和郭象的"独化论"是否就是纯粹的本体论形态呢?根据他们的论证方法和具体的思想内容来看,也很难不容置疑地加以肯定。

裴頠的"崇有论"是针对"贵无论"而发的,他强调"至无者,无以能生,故始生者,自生也"(《崇有论》)。从论证的方法来看,"崇有论"同样也从探讨万物产生的本源出发,来否定"无"能够作为万物存在的根本。裴頠指出,既然是"至无",则不能生出万物,万物的产生应该是"自生","自生而必体有",因而"有"才是更为重要的原因。

郭象针对关于"有"还是"无"是宇宙本源(原)的争论,指出:无论"有"还是"无"都不能生出万物,宇宙万物都是"块然自生"的,是"独化于玄冥之境"。可见,"独化论"的论证方法同样也脱不开宇宙论的思路。所谓"块然自生""独化于玄冥之境",不过是将向外寻找宇宙生化之根源和万物存在之根本的努力,转向事物自身罢了。

中国哲学的"本根论"是从生成的本、源的角度说本体,其本体论特质并不排斥宇宙生成意义。在我们看来,裴頠的"崇有论"和郭象的"独化论"也同样没有彻底突破老子的道本根论的本体宇宙论形态,他们的思维模式和理论建构仍然没有摆脱传统的本根论的影响。那么,从裴頠的万物"自生"到郭象的"万物独化于玄冥之境",这种理论发展的意义何在呢?我们认为,这恰恰揭示了"道本根论"的理论局限,也标示了"道本根论"的自然主义归宿。

如前所述,在老子那里,"道"可视为摄涵宇宙生化意义和本体意义的本根,道既是自然和人类的生化之源,又是万物的存在之本。如果说,道既生成万物,为万物之母,同时又决定万物的性质与变化,为万物存在的最终依据,那么随之所必须面临的理论问题就是:道又从何产生,有没有比道更高的存在决定道的性质和变化?老子实际上对这一理论困境十分敏锐,他说了许多话,诸如"道可道,非常道","玄之又玄","视之不足见,听之不足闻,用之不足既"等,试图消解在"道"之上寻求更高存在的努力。但是,"道"既然是"万物之母"、"万物莫不尊道而贵德",那么在理论上寻找"道"之产生根源和决定"道"存在原因的要求就不会消失。为解决这一理论困境,老子提出了"道法自然"的主张,认为道仅仅以自身为存在和运动的依据,道之外没有更高的存在和原因。老子实际上正是以自然主义的态度消解了对更高存在的探求。老子之后,庄子虽然引入了"气"来为"道"产生万物做出进一步说明,但庄子也对寻找更高存在的形上学期待进行了抵制,他的方法是将道更多地理解为一种主体的精神境界,这种精神境界既是主观的,同时也是自然主义的。

　　让我们再回到裴頠的"崇有论"和郭象的"独化论"。裴頠认为"无"不能生万物,万物只能是"自生","自生而必体有","有"才是最更根本的原因。从理论逻辑看,裴頠通过万物"自生"所要得出的结论是"有"比"无"重要,他的"自生必体有"并不是强调"有"能生万物。从这点看,裴頠采取了宇宙论的思路去反驳"贵无论",但他并没有采取同样的思路去为自己立论,去强调"有"生万物。这一方面是因为"有"能生"有"在理论上说不通,另一方面,裴頠似乎也意识到继续去寻找更本原的存在难以避免进行无穷追溯的理论困境。在我们看来,郭象的"独化论"对这种理论困境已经具有了明确的认识,并且试图在理论上去解决它。所谓万物"块然自生","独化于玄冥之境",彻底否定了任何最高本源(原)的存在,万物只是自然而生,自然独化,而这个"玄冥之境"确乎可以看作就是庄子所开启的自然主义的境界。这是一种更为彻底的自然主义态度,是老子"道法自然"思想的彻底化,它甚至不承认有一个"道"的存在,不是道法道之自然,而只是万物法万物之自然。从这点看,郭象的"独化论"对老子的道本根论的本体宇宙论的基本形态有很大的突破。我们之所以没有说"独化论"彻底突破了道本根论的本体宇宙论理论形态,是由于它与裴頠的"崇有论"一样,在进入问题时还带有宇宙论思维模式的印痕,因为所谓"独化"、"块然自生",首先是对万物生化的本原进行的探讨,虽然其结论是对这一本原存在的否定。另一方面,"独化论"在消解了最高存在之后,并没有提出新的本体来代替它,而是彻底还原为一种自然主义哲学或境界哲学。这也是我们与许多论者认为"独化论"是一种新的本体论的看法的不同之处。如果说中国哲学有纯粹的本体论理论形态，那也是在充分吸收佛教哲学本体论之后才出现的，对于这一复杂而充满争议的问题，因与主题关系不大，不再详论。

从以上论述可见，由老子开启的道本根的本体宇宙论，是道家哲学的主脉。通过历代道家思想家的探索，道本根论也经历了不断深化发展的过程，体现出中国传统哲学发展的内在活力。

如果说道论是道家的思想之根，那么道家思想的主干就是自然无为理论。道家认为任何事物都应顺任它自身的情状去发展，不必用外界的意志去制约它。由于天、地、人同是道的产物，因此，天地人必效法于道，而"道法自然"。由此，天道自然而无为，人道无为而自然。自然长养万物而不为主，无为而无不为，自然而合道。人道应该遵从事物发展的必然趋势，放弃人为的干扰、征服和破坏，无为而合道之自然。通过自然无为这一主干理论，天、地、人回归于道，回归与道同体、与道合一的理想状态。道家正是以"道"为本根，通过"自然无为"这一主干理论，建构出天人一体同源的理论体系，并以之推衍出丰富的社会政治哲学和人生哲学。关于道家自然无为理论在社会政治哲学和人生哲学上的运用和体现，我们在前面介绍历代道家思想家的理论贡献时已有详细说明，这里不再赘言。

二、文化的清流与道家精神

"清流"在中国古代常指负有清誉的士人或士大夫，重在道德操守和人物品格的评判。也有学者借用"清流"来标示某一时期受道家思想影响的士人群体，如王晓毅认为："在玄学思潮的影响之下，追求思想自由和个性解放成为魏晋文化的价值取向。由于它与注重外在政治功利的汉代经学文化形成鲜明的对照，于是人们往往喜欢对其文化现象冠以'清'字，如清言、清谈、清理、清论等等。这一文化的创造主体——士族名士,亦被誉为'清流'"①。本节用"文化的清流"来概括道家思想家的人格风范,着眼于道家人物的精神风貌,不重在道德评判,也不是对儒道人物风范加以区分的标准。

我们所说的"清流"之"清",是指道家人物思想之清醒理智、言行之清越自然、人格之清介朴真、气象之清明通脱,这对民族心理和人格建构有着重要影响。

清醒理智是道家人物的共同特征。班固《汉书·艺文志》说:"道家者流,盖出于史官,历记成败存亡祸福古今之道,然后知秉要执本,清虚以自守,卑弱以自持,此君人南面之术也。"李泽厚先生认为,《老子》的思想来源与兵家有关,是由兵家的现实经验加上对历史的观察、领悟概括而成的,体现了清醒冷静的理知态度。不论上述两种说法是否准确,他们都注意到了道家身上所具有的清醒理智精神。道家人物的另一特点是人物品格的脱凡超俗,表现在外在言行的自然洒落和内在人格的超迈独立,历史上的道家人物和受道家影响的士人身上常有这种被称为"道家气象"的独特风范。道家独特的精神风貌的形成与道家人物身上这种自由超脱的精神品格有很大关系。

道家的基本精神可概括为崇尚自然,归真返璞,清静无为,追求自由等。

道家精神皆由崇尚自然而引出。老子说"道法自然",并非"自然"高于"道"而存在,而是说道效法它自己本来的样子。"自然"的真实含义是指"一切存在的本然状态",其对立面则是人为的雕饰和制度化的文明禁锢。由崇尚自然而追求返璞归真是道家精神的一个基本方向。所谓"朴"、"真"就是指事物之"自然"。老子有"复归于朴"、"见素抱朴"的说法。庄子认为矫饰仁义、滥用礼乐、卖弄智巧,如同骈拇枝指,附赘悬疣,不合于自然之道,更有害于人性的正常发育,应该"法天贵真",循道而治,使人性自然而然地成长发展。抱朴守真的理论内化到道家人物身

---

① 王晓毅:《中国文化的清流》,中国社会科学出版社1991年版,第5页。

上,就是讲求人格之清介朴真,后世也常以"真朴之士"来代指道家人物。清静无为是道家精神在治国治身问题上的体现。老子说:"我无为而民自化,我好静而民自正,我无事而民自富,我无欲而民自朴。"(《老子》第五十七章)《庄子·天道》也有进一步的概括:"夫虚静恬淡,寂漠无为者,天地之平而道德之至也。"道家精神的一大特点是崇尚自由,自由精神是道家精神的重要之维。我们赞同刘蔚华的判断:"如果说老子主要提倡了政治自由,那么杨子追求的则主要是个性自由,而庄子所倡导的'逍遥'境界则侧重于个人的精神自由。"[1]在我们看来,老子主张的君主无为而还自由于民的政治自由,杨朱贵己重身的个性自由,在以封建宗法伦理为基础的君主专制制度下,始终只是遥远而美好的幻想,相比较而言,对精神自由的追求则成为道家自由精神的主要归宿,是对中国传统文化心理影响最为深刻的内容。即使是魏晋玄学全面自由的要求,最终也在理想与现实、个体与社会、自然与伦理的冲突调和中走向了"独化于玄冥之境"的精神境界。

---

[1] 参见丁原明《黄老学论纲》书前刘蔚华"序文",山东大学出版社1997年版,第2页。

第二章　道家思想家与中国传统思想文化

　　将道家思想家的影响和贡献放入中国传统思想文化的整体中加以考察,有两个方面值得注意:一是他们对传统思想文化发展演进的影响;一是他们对传统思想文化精神建构的贡献。前者重在从思想文化的历史流变角度,考察道家思想家对传统思想文化主脉的形成和发展走向的作用,包括道家思想与其他各家思想以及外来文化的交流激荡;后者主要是从内在的精神层面,如哲学思想、人文精神以及艺术精神等方面,看道家思想家对传统文化精神结构形成的影响。实际上,如果从思想文化的基本精神层面扩展开去,这一影响还应该包括社会政治理念、生产生活观念等更为具体的内容,对此我们将在有关讨论中稍加涉及。

第一节　开放的胸襟与文化的创造和发展

　　一个伟大文化传统的形成和发展,既要有来自源头的清流活水,也要以开放自信的气度,吸纳百川,汇聚众流,与时俱变,增强文化生命的内在活力。在中国传统思想文化的发展过程中,道家思想家在继承上古文化,整合传统文化,融通外来文化等方面,都做出了自己的贡献。道家思想家牢笼古今、范围天地的玄思,与时迁移、应物变化的智慧,博采众家、兼容开放的胸怀,对传统文化的创造发展产生了重要的影响。

一、文化源头活水与文化主脉的形成

产生于先秦时期的道家思想汇聚了中华文明的源头活水,总结和发展了中华民族先民的生存经验和智慧。道家产生之后,它与先秦诸子百家展开争鸣,相互吸收融合,以文化的主动创造者姿态与儒家及其他学派一起构成了传统文化的主脉。

如果从文化学的角度探索道家思想的起源与特色,可以说,道家思想是华夏大陆大河型早熟的农业文明的产物。道家和老子最为核心的思想"道法自然",可以从华夏早熟和发达的农业文明找到其产生和存在的根源。如果说儒家文化是对建立在农业文明基础上的宗法社会人伦关系的规范和人伦教化的提升,带有浓厚的伦理主义的色彩,那么,道家思想则是对农业文明的基础——自然创生伟力和宇宙大化流行的深切体认和理性提炼,具有浓郁的自然主义倾向。

大自然创生万物,无私地长养万物;日星旋转,寒来暑往,四时代谢,阴阳大化,天道有规律地运行;天高地卑,水流就下,水土蕴藏着大自然长养万物的巨大力量,自身却又卑下柔弱,这些都成为道家思想产生的基础和道家哲人的灵感来源。老子说"大道氾兮,其可左右,万物恃之以生而不辞,功成而不有,衣养万物而不为主"(第三十四章),"道常无为而不为"(三十七章)。这个创生万物(无不为)而又不主宰万物(无为)的道即是老子对大自然无私的创生性的体认。"道法自然"是道家的核心思想,"人法地、地法天、天法道、道法自然"(第二十五章)。所谓"道法自然",是指道以自己的本然为依据,以它内在原因决定自身的存在和运动,而不必靠外在其他的原因,这实际上是对天道的自然运行变化和大自然长养万物的无目的性的领悟与概括。《老子》一书多处以水比喻道,认为"上善若水。水善利万物而不争,处众人之所恶,故几于道"(第八章);"天下莫柔弱于水,而攻坚强者莫之能胜,以其无以易之"(第七十八章)。老子从水的特性抽象出贵弱守雌、柔弱胜坚强的哲理,与农业文明在治水平土的生产实践中对水的作用和特性的认识有密切的关系。

如果从动态的历史发展角度看,中国传统文化的主脉形成于先秦,先秦道家是这一文化主脉形成的重要力量;秦汉和魏晋时期,道家继续对传统文化新格局的确立发挥积极的作用;魏晋以后,道家虽然不再以学派形式存在,却作为一种精神传统,深刻地影响了传统文化的发展和走向。

先秦是中国文化的轴心时期,先秦学术之派别,司马谈在《论六家要旨》中分为阴阳、儒、墨、名、法、道德六家。《汉书·艺文志》又增加纵横、杂、农、小说,是为十家,其中除去小说家,谓之九流。今人吕思勉先生在《先秦学术概论》中又补充入兵家和方技之学(医家),有十二家之说。以上概括,愈演愈为具体,可以使人看出先秦学术的概貌。实际上,在先秦诸子的言说中,也有对当时学术状况的详细议论。孟子说:"圣王不作,诸侯放恣,处士横议,杨朱、墨翟之言盈天下。天下之言不归杨,则归墨。"(《孟子·滕文公下》)《庄子·天下篇》评述了墨翟、禽滑离、宋钘、尹文、彭蒙、田骈、慎到、关尹、老聃、庄周、惠施、桓团、公孙龙等先秦各家学说,推崇老子道家之学,认为"百家众技"只能得到"道"的一偏。在《荀子·非十二子》中,有对当时"持之有故,言之成理"的各派代表人物思想的评析。吕思勉先生评价说:"盖此等或就一时议论所及,或则但举当时著名人物言之,初非通观前后,宗论学派之说也。"①吕先生所说甚是,但上述《孟》、《庄》、《荀》所言,固然不是通观前后、宗论学派之说,却可以使我们通过"一时议论所及"和"但举当时著名人物",了解到当时学术风气和学术争鸣的状况。

仅从上述《孟》、《庄》、《荀》所言的战国时期的学术风气,可以看出道家之学在当时十分炽盛。《庄子·天下篇》所举的众多学者的学说中,其中有四家——宋钘、尹文之学,彭蒙、田骈、慎到之学,关尹、老聃之学,庄周之学,属于道家。如果说《庄子·天下篇》本身有道家的立

---

① 吕思勉:《先秦学术概论》,东方出版中心1985年版,第15页,注4。

场倾向,那么孟子从儒家的立场辟杨墨,说"杨朱、墨翟之言盈天下。天下之言不归杨,则归墨","杨墨之道不息,孔子之道不著",则真实地反映出了道家杨朱的学说曾为一时之显学。另一位儒家的代表人物荀子所非的"十二子"中,除它嚣不可考外,属于儒家的有子思、孟子,属于墨家的有墨子,属于名家的有惠施、邓析。其他的学者,如魏牟、宋钘、慎到、田骈则是道家学者。陈仲为不食君禄的隐士,曾被孟子讥讽为"蚓而充其操者也",史鰌主张忍性情,离世独立,二人都有道家之风。此外,《荀子·解蔽》所列的六家中,道家也居其三。这都反映出战国中后期道家学派有很大的影响和势力。

萧萐父在评价先秦诸子学说时认为:"就理论思维的水平的深广度而言,兵、农、纵横、以至阴阳、名家,都以其理论上的固有局限而只能依附于儒、道、墨、法四家;而墨家在秦汉之际,以其所代表的'农与工肆之人'的政治地位的失落而归于中绝。真正能独立发展、体用兼备、统之有宗的,实有儒、法、道三家。"①他又对儒道法三家离合变化的基本格局加以概括:一是道法由相依而分驰,一是儒法由相乖而合流,一是儒道由相黜而互补。萧先生认为先秦诸子中儒道法三家体用兼备,统之有宗,其他各家,除后世中绝的墨家外,都因自身的局限不能独立发展,所言极是。如果仅就先秦而言,不考虑秦汉以后的学术变化,墨家也应视为先秦学术中独立的大宗。此外,在萧先生的概括中,"道法由相依而分驰"的"道法相依"是指齐学的黄老道家对道法的融合,而"道法分驰"则指以韩非为代表的三晋法家与南方庄子代表的荆楚道家的乖离。我们认为,这里并没有一个道法从相依到分驰的内在发展,毋宁说"道法相依"反映了稷下黄老道家结合道法的努力,而韩非法家与庄子道家的所谓"分驰",不过是道家和法家本身就存在思想的差异。即使在庄子学派中,也还有吸收法家的黄老思想,其代表就是庄子后学中的黄老派。但无论怎

---

① 参见黄钊主编《道家思想史纲》,萧萐父代序"简论道家思想的历史地位",湖南师范大学出版社1991年版。

样,儒家、道家、法家,作为先秦学术文化的主体地位是确定的,而且它们之间的相互吸纳、补充,奠定了传统文化的基本格局和发展方向。

从秦汉时期的学术变化看,儒法合流和儒道互补的趋势依然继续加强,而"因阴阳之大顺,采儒、墨之善,撮名、法之要"的黄老道家,吸收了先秦诸子百家的优点和长处,承担起文化的继承者和整和者的角色,一跃而成为汉初的统治思想和社会的主导文化。汉武帝采纳董仲舒"天人三策"独尊儒术之后,道家虽然退出了意识形态的前台,但以儒道为主体的传统文化的基本形态已经形成。

二、传统文化的整合与外来文化的融通

在中国历代思想家中,道家思想家因其所具有的独特品格,常常在传统文化的发展中扮演特殊的角色。他们以玄远的性格和耽于形上思辨而著称,又有着清醒理智的现实关怀,表现出超世而不离世的价值取向;他们将道家之道视为天地间最高的存在和真理,是百家之道的源泉,表现出独尊的色彩,又承认道术为天下裂,百家各引一端,肯定各家皆有所长,在将百家之道归于道家之道的前提下,去吸收和融合百家之学;他们认为道是宇宙万物运动的基本规律,万物皆循道而动,又承认万物运动变化有着自己的特殊境遇,强调因时乘势,与物迁移。道家思想家客观、理性、开放、包容的品格,使得他们能够在中国传统思想文化史上扮演着整和传统文化和融通外来文化的重要角色。

我们认为,道家丰富厚重的文化内涵、完整系统的理论体系、辩证开放的理论品格,是道家思想能够对传统文化发挥整和作用的内在因素。

道家有着丰富厚重的文化内涵。《汉书·艺文志》认为道家出于史官,是历史变迁的记载者和历史经验的总结者。现代的研究表明,道家与母系氏族的原始宗教文化、殷商的巫史文化以及荆楚的地域文化等都有密切的关联。道家的始祖老子,是史官、儒家圣人之师、神秘的隐士、修道养寿者等多种形象的复合。老子身上所包含的丰富的文化信息在道家整合传统文化的过程中曾发挥过巨大的作用。老子的史官身份,使

道家可以与社会政治发生密切关联。老子曾为儒家圣人之师,使孔老关系成为儒家和道家相互调和的一个重要入口。在儒道调和中,道家往往处于主动灵活的地位,既可以根据老子曾为圣人师的史实,强调道家学说的殊胜,又可以视需要借孔老关系拉近距离,平衡儒道思想。老子作为神秘的"修道养寿者"和"莫知其所终"的"隐君子",给后世的中国文化留下了无穷的想象空间,也给道家整合其他思想以及被其他文化因素所依附、借用提供了方便。

　　老子因修道而长寿。与老子同时及稍后的阴阳家、方技家、神仙家也讲求延年养生之术,它们逐渐合流,通过神化老子和依附于道家理论而发展出秦汉时期的方仙道和黄老道,成为后世道教的先河。老子"莫知其所终"的"隐君子"身份,甚至在两汉之际传统文化接纳佛教文化的过程中也发挥了作用,这就是"老子化胡说"的提出。据现有记载,"老子化胡说"在东汉末年已在社会上流传,襄楷在延熹九年(166年)上桓帝疏上就有"或言老子入夷狄为浮屠"的说法。西晋道士王浮根据这一说法,造出一部《老子化胡经》,说老子西行到了印度,在那里创立了佛教,并收释迦牟尼为徒。此举遭到了佛教徒的强烈反对和驳斥,针锋相对地提出了"佛化震旦"说。实际上,"老子入夷狄为浮屠"说在东汉时最初被提出包含有佛道的本质是一致的意思。老子化为浮屠,浮屠出于老子,佛道殊途同归,本出于一源,印度的佛教与华夏的老子道家、道教实际上就被纳入了同一个文化系统,成为统一的华夏文化中的一个流派。也许正因为此,佛教在最初的一段时期里对这一说法予以了默认,史籍中未见有任何有异议的记载①。

　　道家之所以能够对传统文化发挥整合作用,还在于道家具有完整系统的理论体系和辩证开放的理论品格。在传统文化中,除了儒家和外来的佛教以外,其他各家的学说大多是有术无学,有用无体,而道家

---

① 请参阅洪修平《老子、老子之道与道教的发展——兼论"老子化胡说"的文化意义》一文,载《南京大学学报》1997年第4期。

从形上学的高度对宇宙、社会、人生的关照就显得十分系统和完整。从思想史的具体情况看,道家的形上哲学常常被各家学说加以吸收和借鉴,以作为自己的形上智慧的源泉,促进自身理论的提高和完善。以先秦秦汉的黄老道家为例,黄老道家以道论法,道法结合,实际上是以道家之"道"为法家之"术"提供形上根据和理论指导,所谓"其术以虚无为本,以因循为用",就是坚持以老子自然无为的"道"作为根本,因循"道"所代表的客观法则,谋求事情的成功。道家在吸收和整合其他思想的过程中,自身的辩证开放的理论品格也起了很大作用。道家精于辩证思维,注意矛盾的对立和转化,很少陷入僵化的独断之中,强调事物对立方面的相反相成,敏于觉察和利用否定方面的因素。这种理论品格表现在自身发展的过程中,就是善于吸收其他思想文化的养料,承认百家皆有所长,在将百家之道归于道家之道的前提下,去吸收和融合百家之学。

道家与外来文化的融通,主要表现在魏晋玄学与佛教般若学的交涉和道家思想对中土佛教禅学思想的影响。

魏晋时期,老庄玄学盛行,佛教般若学者大都兼通内外之学,能够博综六经,精通老庄玄学,常常以老庄玄学来比附佛学,玄佛互证,以"无"谈"空",从而使般若学打上了玄学的烙印。般若学既受玄学的影响,也常反过来影响玄学。如支遁引佛理以解《庄》,以般若"即色论"来发挥逍遥义,并据此反对郭象"适性逍遥"的观点,被认为超过了郭象、向秀的水平。僧肇玄学化的般若学派的观点,提出了"不真空论",超越了玄学的"有无之辨",通过发展并最终取代了玄学。

道家思想对中国佛教禅学的演进也产生了很大影响。东汉后期,最早来华传译佛经的安世高与支娄迦谶在分别译介小乘说一切有部的理论和大乘般若学的同时,也译出了数部禅经,把大小乘禅法介绍到中国。大乘禅学虽经支谶译介而传入中土,但大乘禅学是在鸠摩罗什之后,借助于般若学的流行而被真正理解和接受。罗什所传禅法的特点,是将禅与般若实相结合起来,联系空观谈禅观,把禅法只是视为一种不能有任何执著的方便法门,反对把禅观的内容视为实在。罗什的般若禅观经其高足僧肇等人的发扬光大,对后世禅学发生巨大作用①。大乘般若禅观能够被接受,与玄学对般若学的接引不无关系。

禅宗于隋唐时正式立宗,至唐末五代时达到极盛,宋元以后仍继续流传发展。考诸禅宗思想发展的各个阶段,老庄道家的影响皆留下了清晰的痕迹。达摩禅以"与道冥符,寂然无为"为最高境界,强调安心无为,随缘而行,慧可与僧璨倡身佛不二、自然逍遥,皆表现出中国老庄道家自然无为、任性逍遥的意境,把佛教万法一如、即心即佛与老庄玄学的人生哲学巧妙地结合在一起。四祖道信之下旁出的法融牛头宗,融庄玄般若与禅为一体,被一些教内外学者称为"玄学化的牛头禅",其根本思想是"心境本寂、绝观忘守",并在此基础上强调无心合道,忘情为修,与庄子的逍遥放任、坐忘成真比较接近。惠能南宗把随缘任运作为解脱修行观的一条重要原则,惠能所说的顿悟之人,亦即所谓的"成佛",在一定程度上与道家的理想人格是相通的,表现出显著的中国化特征。

唐、五代以后,处于三教融合的时代思潮下以"五家七宗"为主流的后期禅宗,则表现出更明显的老庄化倾向。后期禅宗主张"无情有性","万类之中,个个是佛",与庄子的"道无所不在"的思想相通。在修行方法上主张无修无证,提倡随缘任运,纯任自然,不加造作,与老庄强调"自然无为"更是如出一辙。应该说,道家思想和自然主义人生态度对中国禅学发展的影响深刻,这也是禅宗能够成为最具中国化特色的佛教宗派的重要原因之一。

第二节 玄远的品格与文化的哲思和精神

在传统文化的主体构成中,如果说儒家主要将道德伦理作为认识和实践的核心,道家则更多地关注对宇宙万物的超越根据和变化规律

---

① 以上请参阅洪修平《中国禅学思想史纲》第一、第二章,南京大学出版社1994年版。

的探求；如果说儒家是致力于现实的社会政治和人伦教化，道家则表现出更多的自由精神和美学气质；如果说儒家是从人伦物用之中体认和实现自己的终极关怀，道家常常是从道的超越立场来反观宇宙人生，寻求人生价值的实现。相比较于儒家思想家，道家思想家的理论视野更为开阔，思想境界也更为超迈，宋苏辙《老子解》曰："凡远而无所至于极者，其色必玄，故老子常以玄寄极也。"所谓玄远，也正可用来描述道家思想家的精神品格。道家思想家这种玄远的精神品格对传统文化的哲学思考、文艺创作以及整体文化精神的塑造都有深刻的影响和作用。

一、传统哲学思想的主干构成

关于中国哲学的主干问题，学术界传统的认识有两种，一是认为中国哲学的主干是儒家学说，一是认为儒家和道家共同构成中国哲学的主干，只是在不同的历史时期儒道哲学的地位有所变化。到了20世纪90年代，以陈鼓应为代表，提出了"道家主干说"[①]。

"道家主干说"对改变以往哲学史研究过于关注儒家思想而忽略包括道家在内的其他各家思想的偏颇，是有积极意义的，但"道家主干说"本身却有一些值得商榷之处。我们认为，对道家哲学在中国哲学史上的准确定位，应该是：道家哲学是中国传统哲学的主干构成。"道家哲学是中国传统哲学的主干构成"这一提法，有以下一些含义：一、中国传统哲学的主干并非定于一家，而是由重要的几家哲学思想构成的；二、既然是

---

① 见陈鼓应《论道家在中国哲学史上的主干地位——兼论道、儒、墨、法多元互补》一文，载《哲学研究》1990年第1期，下引陈鼓应先生的有关论述均出自该文，不再另行标注。在陈文之前，另有周玉燕、吴德勤刊于《哲学研究》1986年第9期的文章《试论道家思想在中国传统文化中的主干地位》对此问题进行过讨论，周、吴之文在陈文中曾被引述，但周、吴之文的立论是道家思想"在传统文化中的主干地位"而非"在中国哲学史上的主干地位"，与陈文的差异是明显的，陈鼓应先生也多次声明自己主道家"哲学主干说"，而非"文化主干说"，因此本节的对传统哲学"道家主干说"的考察主要以陈文为中心。

构成,就有一个建构和形成的过程,也就是说,中国传统哲学的主干是一个历史的概念;三、道家是中国哲学主干的构成,道家与其他构成哲学主干的哲学思想存在着相互联系和补充的关系。

我们同意陈鼓应关于老子在中国哲学史上第一个建立相当完整的形上学体系的判断以及"道家既有自己系统的形上学——道论,又有自己以直觉('玄览')和静观为特点的认识学说"的认识。但是,我们不赞同陈先生参照西方哲学的立场提出的"以政治伦理学为主体的儒家显然不能正当地担起哲学之名"的看法,同时我们也不认同他只有道家才有系统的形上学和认识学说的观点。关于儒家以政治伦理为核心的思想有没有形上学,这的确是一个困难的问题,或者说这本身就是一个哲学问题,关涉到对什么是"形上学"的认识。仅仅从儒家思想不具备传统西方哲学典型的形上学(本体论及宇宙论)和认识论等外在形式,来判断儒家思想没有形上学和认识论,这非常值得探讨。诚然,具有本体论、宇宙论和认识论的道家哲学较合传统西方哲学的标准,但是儒家也并非没有自己的形上学。对儒家形上学的探讨,一直是当代新儒学的理论核心。新儒学值得肯定的一点是,他们突破了西方哲学的独断标准,能够对中国哲学包括儒家哲学的特质加以把握。牟宗三认为,与传统西方哲学的实体性形上学不同,中国传统的儒释道哲学是境界形态形上学,儒家哲学不能简单地视为一般的道德哲学,而是通过道德的进路来讲的形上学,是道德形上学。无论是在一般意义上所说的境界形态形上学,还是针对儒家所提的道德形上学,都是通过实践工夫的入路而实现的,与西方哲学通过认识论完成的形上学不同。牟宗三的观点并不是没有问题,如将道家哲学视为境界形态形上学,则对道家哲学宇宙论等所明显具有的自然哲学的实体性因素无法消解,但他肯定了儒家和佛教形上学的存在,并作出了系统严谨的论证,足以改变儒家哲学仅仅是一般的道德伦理学说的偏见。从儒学发展的历史看,讲求天道性命贯通是儒学的一贯立场,其内涵的道德形上学无论在先秦儒学还是在两汉、宋明的儒学发展中都有体现。另一方面，毋庸置疑，佛教也有自己独特的形上学体系，虽然它的哲学形上学通常受制于宗教解脱论，但佛教哲学所达到的理论高度是令人赞叹的，比儒道哲学有过之而无不及，对隋唐及以后的传统哲学发展产生了深刻的影响。因此，仅就哲学主干而言，客观地说，传统哲学的主干应该包括儒释道三家哲学在内。

中国传统哲学的主干是一个历史的概念，传统哲学主干有一个建构和发展的过程。先秦是中国哲学发生和成长期，也是传统哲学主干的形成期，经过百家争鸣，儒道哲学脱颖而出，成为哲学的主干。从应对当时的社会变革来说，先秦的九流十家"各引一端，崇其所善"，皆有所长，就哲学而言，体用兼备、统之有宗的非儒道莫属，正如《列子·九流》所说："道者玄化之本，儒者德教为宗。九流之中，二化为最。"秦汉魏晋是儒道二家哲学主干地位确立和巩固的时期，儒学定为一尊和道家黄老之学、玄学蔚为时代思潮是这一时期的基本特征。就哲学而言，汉代儒家建构了天人一体的庞大的目的论哲学系统，道家玄学则突破了汉代哲学偏重于宇宙论的限制，通过本末有无之辨发展出本体论哲学的初步形态，儒道两家的哲学主干地位得到了确立和巩固。佛教在两汉之际传入，至南北朝、隋唐时期，佛学兴盛，印度佛教空有二宗哲学得到阐扬，僧俗内外竞相研佛，发展出中国化的禅、台、贤诸宗哲学。隋唐佛学对脱胎于道家哲学的道教哲学影响广泛而深入，对儒学的转型也有相当的刺激作用，更为重要的是，佛教哲学达到的思辨深度和理论高度，对中国哲学的思维水平的提高和理论发展的推进作用，是无法低估的。可以说，忽视了佛教哲学，中国传统哲学是不完整的，忽视了佛教哲学与中国传统哲学的相互渗透和影响，所谓中国哲学的主干也无法得到准确的把握。与隋唐儒释道三教鼎立的文化格局相对应，隋唐时期中国哲学的主干是由儒释道三教哲学所构成，其中，佛教哲学有着非常重要的地位。宋明以后，由于新儒学为代表的儒学复兴，传统文化形成以儒学为主导、三教合流的基本格局。宋明新儒学的哲学特征是为发源于先秦的儒家思想提供宇宙论、本体论的论证，其目的是要重建儒家的道德形上学。新儒学从佛道哲学吸收了大量的形上学资源，已成为学界的共识。表面上看，宋明以后中国哲学的主干是儒学，其实佛道哲学在背后发挥着巨大的作用，佛道哲学仍然是传统哲学的主干构成。

对道家哲学与构成传统哲学主干的另外两家——儒家哲学和佛教哲学——的比较，能够使我们更准确地把握道家哲学的特质和在传统哲学中的主干地位。儒家荀子批评道家"蔽于天而不知人"，其实道家并不是仅仅推阐自然天道而不关心人道。道家是立天道以明人道，以人道来合天道之自然，其哲学关注于宇宙本原和万物本体的探索，具有一定的自然哲学的色彩，道家对社会人生的关怀有着浓厚的自然主义倾向。与道家不同，儒家是发人道而明天道，明天道以规范人道，其哲学关注于探讨一般的人伦规范和道德的超越根据，表现出伦理哲学的特征，儒家对社会人生的关怀带有明显的伦理主义色彩。与儒道二家不同，作为宗教哲学的佛教哲学虽然具有完整的哲学体系，但其哲学是为实现涅槃解脱而做的论证和解说，整个哲学体系受制于独特的宗教解脱论，然而佛教哲学的宇宙论、本体论、认识论或工夫论所达到的系统性和理论高度，则为儒道哲学所不及。儒道哲学在很长时期内能够成为传统哲学的主干，与儒道哲学的特质能够满足传统文化和传统哲学发展的需要有很大关系。殷周之际，中国文化的理性精神开始觉醒，带有原始宗教色彩的上帝、鬼神信仰受到深刻怀疑，老子标举自然之"道"，提出对宇宙万物生成和运动规律的理性解说，彻底突破了上古三代的对宗教神秘主义的迷狂，满足了人们希望对自然、社会的存在与演进做出理性解释的需要。道家的自然主义、理性主义和怀疑主义，作为重要的精神财富，影响和决定了中国传统文化和传统哲学发展的基本方向。由于中国的传统社会是建立在农业文明基础上的宗法社会，儒家的思想文化由于适应宗法社会规范人伦关系和提升人伦教化的要求而得以产生和发展，儒家关注人伦规范和道德超越根据的哲学之所以能够成为传统哲学的主干构成,逾两千余年而不衰,其原因正在于此。佛教哲学之所以能够成为传统哲学的主干构成,除了因为它在终极关怀上能够弥补儒道人生哲学过于关注现世的不足,更主要的是,佛教哲学的思辨深度和理论高度,对中国哲学包括儒道哲学的思维水平提高和理论发展起到了促进作用,佛教哲学已经溶入传统哲学的整体发展之中。

我们将道家哲学放到传统哲学的整体发展和构成中加以审视和比较,可以更为准确地把握道家思想家对传统哲学的贡献和在传统思想文化中的地位。

二、传统文学艺术的精神韵质

道家思想深刻地作用于中国传统的文学艺术。

在中国古代传统思想中,儒家的文艺思想强调文学艺术的教化功能,以中和为美。"文以载道"的教化功能和以"温柔敦厚"的伦理之善为美的文艺思想,对文学艺术的现实主义传统有很大影响,但在一定程度上禁锢了文学艺术家自由创造的心灵。

道家思想对传统的文学艺术创作和美学精神培养的影响至深至广,渗透进文艺家的人格和精神建构,深入到文艺创作的内部规律和美学追求的基本方向。道家思想之所以能够对传统文学艺术产生重要影响,其原因在于:道家强调精神的自由和人格的独立,可以帮助文学艺术家冲破现实的藩篱,以超越的目光审视宇宙人生,以自由的心灵投入文艺创作,以非功利的态度进行审美观照;道家对终极境界的直觉认识和神秘体认,与文艺创造和审美过程中对直觉和灵感的强调有相通之处,为文艺家所吸收和借鉴;道家所追求的超言绝象,物我两忘,与道合一的精神境界,与文艺创造活动希望达到的得意忘象,主客冥绝,自然天成的美学境界十分接近,成为文艺家文艺创作精神资源和美学追求的审美参照;此外,一些道家思想家本身,如庄子,就是伟大的文学艺术家,他们的文学创造和审美活动对传统文学艺术的发展有很强的示范和影响作用。从整体上看,道家对传统文学艺术的影响有两个大的方面:一是对浪漫主义文学传统的产生和发展的影响,一是促成传统美学的意境说的形成。

在中国传统文学艺术中,《庄子》和《离骚》开启了浪漫主义的先河。《庄子》、《离骚》的浪漫主义有相同之处,明陈子龙《谭子庄骚二学序》指出庄周和屈原在"才高而怨"、"甚不忘情"的浪漫气质和"用心恢奇、逞辞荒诞"、"宏逸变幻"的艺术风格上,有"相类"甚至"甚同"之处。清人胡文英在《庄子独见》中说:"庄子最是深情,人知三闾之哀怨,而不知漆园之哀怨有甚于三闾也。盖三闾之哀怨在一国,而漆园之哀怨在天下;三闾之哀怨在一时,而漆园之哀怨在万世。"此可谓知人之论也。《庄子》的浪漫主义,在思想内容上,表现为对生命存在的悲情体认和深切关怀,对现实世界的无情批判和理想世界的大胆幻想,以及对独立人格和精神自由的热情追求,极富浪漫主义精神。在艺术风格上,《庄子》构思宏伟,想象奇妙,汪洋辟阖,仪态万方,善用奇特的神话和寓言喻事说理,极具浪漫主义色彩,是浪漫主义文学的典范。《庄子》的浪漫主义对传统文学艺术的影响很大,郭沫若先生说:"秦汉以来的一部中国文学史差不多大半是在他的影响下发展的。"①

道家对传统文学艺术的影响,还表现在促成传统美学意境说的形成。叶朗在《中国美学史大纲》中说:"'意境'不是表现孤立的物象,而是表现虚实结合的'境',也就是表现造化自然的气韵生动的图景,表现作为宇宙的本体和生命的道(气)。这就是'意境'的美学本质。意境说是以老子美学(以及庄子美学)为基础的。离开了老、庄美学,不可能把握'意境'的美学本质。"②这里认为老庄美学是中国传统文学艺术"意境"说

---

① 郭沫若:《沫若文集》第12卷,人民文学出版社1959年版,第59页。
② 叶朗:《中国美学史大纲》,上海人民出版社1985年版,第276页。

的基础,"意境"并非对物象的机械和孤立反映,而是对自然造化之生动气韵的表现,是对宇宙本体和生命之道的表现。

对"意境"所体现的美学韵质的追求,渗透到了传统文学艺术的创造和审美活动之中。《东坡志林》评陶渊明诗"采菊东篱下,悠然见南山"曰:"着一'见'字而意境全出矣。"王国维《人间词话》有言:"词以境界为最上。有境界则自成高格,自有名句。五代、北宋之词所以独绝者在此。"除了诗词之外,在传统艺术的书法、绘画、音乐甚至舞蹈之中,这种深受道家影响的美学韵质都有丰富的体现。

三、传统人文精神的重要维度

中国传统思想文化本质上是一种关于"人"的学问,道家作为传统思想文化的重要组成部分,同样体现出传统人文精神关注现实社会和人生的基本特征,道家思想家关于人的价值的思考和价值实现的设计,构成了传统人文精神的重要维度。

儒家思想是中国传统文化的主流,儒家主张在群体的伦理中来把握人的本质和实现人的价值。佛教对人生的根本看法,是人生皆苦,认为人生的一切都是变幻无常、假而非真、一切皆苦,一切皆苦的原因是由于人的"无明"。因此,当人们破除了"无明",认识到佛教的真理,了悟了人生的真谛,就会进入一种烦恼灭尽、解脱生死的涅槃境界,其对待世俗生活的根本态度是出世的。

道家对人生的认识始于老子。老子认为,人与宇宙、天地一样,都是道的产物,其本性法道之自然无为。老子又说:"吾所以有大患者,为吾有身,及吾无身,吾有何患?"(《老子》十三章)老子对人生充满了深深的忧患意识。庄子认为,人是自然气化的产物,所谓"气变而有形,形变而有生"(《至乐》)。人性是自然本真的混沌,这是庄子对人的本质的自然主义认识。庄子说:"人生天地之间,若白驹之过隙,忽然而已。""一受其形,不亡以待尽,与物相刃相靡,其行尽如驰,而莫之能止,不亦悲乎!终身役役而不见其成功,苶然疲役而不知其所归,可不哀邪!"(《齐物论》)人生天地之间,其生命异常短暂,死亡为生命之大限,就是这短暂的生命,也要为物所役,不知所归。自然的生死之限,是庄子对人生困境的根本思考。与老子相似,在庄子的思想中,人的基本境遇还包括社会的制限。庄子说:"求其为之者而不得也,然而至此极者,命也夫。"(《大宗师》)"我讳穷久矣而不免,命也;求通久矣而不得,时也。"(《秋水》)这种社会的制限被抽象为"时"、"命",其实就是人被外在社会环境和当下的处境所制约。人生除了受生死的自然大限和时命的社会约束外,还要被自我的情欲所束缚,这些情欲包括哀乐之情和利害之欲。而要摆脱这些自然的、社会的、人性的束缚,必须寻找超越之路。庄子对人生本质和基本处境的认识,代表了道家对人生问题的看法。

道家面对人生的忧患,人生的困境,其基本的态度有两种,一是贵己重身、全身远害,保全性命于乱世;二是虚以待物,无为逍遥,追求精神超越于世间。两种态度在道家各派人物身上都有所体现,前者为杨朱学派所力倡,后者以庄子、玄学为代表。两种态度本身有相互补充的特点,但从总体上看,追求精神超越是道家思想最根本的指向,也是道家最具特质的人生自由和解脱设计。

如果说儒家伦理主义的人文关怀表现出积极入世的特征,佛教的宗教型人文关怀表现出出世主义的价值取向,那么道家从自然主义出发的人文关怀,所表现出的超世而不离世、顺化而不随俗的独特品格,适足以成为传统人文精神的另一个基本维度,与儒佛二家一起,使中国传统的人文精神既有共同的指向,又具有多元丰富的内涵。

第三章　道教思想家与道教文化

　　道教产生于东汉末年,是我国固有的、土生土长的宗教形态。它奉老子为教主,以"道"及其人格化的"太上老君"等主神为信仰核心,通过斋醮科仪和方术修持追求得道成仙、长生不死的宗教目标。被称为"杂而多端"的道教,是在承继了我国古代的传统信仰、迷信方术和某些社会思潮等多重因子的基础上诞生的。道教创教之后,经过魏晋南北朝时期的改造和建设,至隋唐北宋呈现兴盛之势,成为多元的传统文化格局中的重要一员;南宋金元时期,道教宗派纷起并继续有所发展,明代以后则走向衰落。道教在漫长的发展过程中,经过道教思想家的宗教实践和理论创造,表现出阶段性的演化特征,形成了自己独特的宗教信仰和神学理论体系,凸显了富有特质的宗教精神。

第一节　道教思想家与道教的形成发展

　　作为中华本民族的传统宗教,道教诞生于传统文化的土壤之中,同时也是一定社会条件的产物。道教的历史发展可分为五个时期:从东汉末年张陵"五斗米道"创教开始,到魏晋南北朝,是道教的创建和改造时期;隋唐至北宋,为道教的兴盛和发展时期;南宋以后至明代中叶,为道教的宗派纷起和继续发展时期;明中叶以后至近、现代,为道教的逐渐衰落时期。根据以上概括,本节先着重从历史发展的角度,介绍道教思想家在道教的创教与发展历程中的作用和贡献。

一、道教的创教与早期道派

道教的产生既有深厚的文化渊源,又有现实的社会原因。商周的鬼神崇拜,战国秦汉的神仙信仰与方术,先秦诸子特别是老庄道家以及后世黄老道家中的神秘主义因素,是道教植根的文化传统。两汉特别是东汉社会弥漫的宗教迷信气氛,为道教的孕育和产生,提供了适宜的气候和土壤。东汉中后期,日益败乱的朝政和黑暗的社会现实使统治阶级宣扬的天人感应和谶纬神学逐渐暴露出虚伪性,社会的苦难唤起了民间对新的宗教的渴望,这是道教得以产生的直接现实原因。与此同时,两汉之际传入的佛教在不断适应中土文化的过程中得到发展,其经典的译介、佛理的探讨、僧团的组织、信仰的传播等在东汉末已初具规模,表现出某些独立发展的特征。佛教的发展刺激了本土的传统宗教意识,促使传统宗教在教团组织、经典造作等方面加快步伐、形成规模,在一定程度上推动了道教的创教。

道教形成的标志,就是东汉后期"五斗米道"和"太平道"两大教派的创立。张陵和张角分别是这两大教派的创始人。

张陵,生卒年不详,字辅汉,沛国丰(今江苏丰县)人,五斗米道的创立者,道教徒称之"张道陵",尊奉为"天师",他所创建的五斗米道因此又被称为天师道。《后汉书·刘焉传》说,张陵"顺帝时客蜀,学道鹤鸣山中,造作符书,以惑百姓。受其道者,辄出五斗米,故谓之米贼。陵传衡,衡传鲁。"晋代葛洪《神仙传》说,张陵本是太学书生,博通儒家经典,晚岁感叹儒学"无益于年命",于是学长生之道,得"黄帝九鼎丹法",因家贫难以成就其事,后闻说蜀人生性纯厚,易教化,且多名山,乃与弟子入蜀,居鹤鸣山修道,后遇仙人授以新出正一盟威之道。张陵受道后,能为人治病,于是"百姓翕然奉事之以为师,弟子户至数万",即立祭酒,分领其户,订立规条制度。由以上记载可以推断,五斗米道的创教时间大约在东汉顺帝(126—144年在位)年间,创教的地点为西蜀鹤鸣山(今四川省成都市大邑县北)。五斗米道创立后,迅速壮大,它以"治"为组织单位,置祭酒掌管教职,初建二十四治,继增为二十八治,分布于巴蜀、汉中,远及东都洛阳。张陵死后,传子张衡,张衡死后,传子张鲁,这就是史书上通常所称之"三张"。张鲁后投降曹操,被封为万户侯,曹操将张鲁及其子女和臣僚以及汉中人民大量北迁,使天师道的势力扩展到北方,并促使了天师道内部的分化。

张陵的五斗米道针对当时社会上灾害疾疫流行的现实,倡首过奉道,以符水疗病吸引信众。所谓首过,就是让道徒将平生所犯的罪错写下来投入水中,以生命与神明相盟约,保证不再犯法,以获得神明保佑。张陵治病不用针灸汤药,而给病人服符饮水,用符水治病,并传授道徒行气、导引、房中、服食等祛病延年的道术。五斗米道认为一切灾害疾病,皆由精鬼作祟,强调用符箓禁咒召劾鬼神,祈求消灾降福,故特别重视"盟威之道"和"正一章符"。五斗米道各治的道民皆编户著籍,在各级道官的统领下从事宗教活动。重要的宗教活动有每年十月一日向天师、祭酒交纳五斗信米的"赴天仓"以及对天师治的三次朝会,此外,还有日常的宣行道法、设会求福、授箓受戒、捐献物品、修复道路等。

从宗教的信仰和理论上看,张陵的五斗米道表现出早期道教的一般特征。

首先,五斗米道是一种具有主神崇拜特征的多神教。五斗米道信奉的神仙名目繁多,《正一法文经章官品》所称的天君神官就有一百二十之多,其设置带有明显的随意性,缺乏系统的神仙谱系,但是五斗米道也并非没有一个主要信仰,这一主要信仰就是"太清玄元之神"以及《老子想尔注》所说的"一"(道)聚形而成的"太上老君"。其次,五斗米道混杂有民间巫鬼道的内容,带有浓重的民间宗教色彩。汉末巴蜀地区本是巫鬼道盛行的地方,淫祀风行,巫觋装神弄鬼,以传播巫鬼道聚敛民财,张陵及其弟子将中原的黄老信仰带进巴蜀,曾与巫鬼道发生冲突和融合。胡孚琛指出:"道教在四川盛传,迫使当地巫鬼道的巫觋改换门庭,当了天师道的祭酒、道民,天师道在四川扎下了根。由于天师道的宗教素质远远高于当地的巫鬼道,致使天师道在四川的影响深远,连'俗好鬼巫'的少数民族賨人也纷纷信奉天师道。"①张陵之子张衡死后,五斗米道的教权落入巴郡巫人张修之手。张修本为四川当地的巫鬼道首而入五斗米道者,他将五斗米道的教法同巫鬼道结为一体,道官称"鬼吏",道民称"鬼卒",使五斗米道的鬼道色彩更为浓厚。神仙谱系的杂乱和随意,以及过多地与民间的宗教和信仰相混杂,正是早期道教的基本特征。

《老子想尔注》是否为张陵所亲著,从史料的记载以及学术界研究的情况看仍不能确定,但《老子想尔注》为三张一系天师道的重要经典则是十分肯定的。《老子想尔注》假托仙人"想尔"之名注释《老子》,用道教修道养生成仙思想来改造和发挥老子道家学说,是一部改道家哲理为道教神学的理论著作,是天师道创教的理论依据。《想尔注》神化《老子》的道,使其人格化,作为根本信仰。如《想尔注》注解《老子》"载营魄抱一,能无离乎"说:"一者,道也,……一散为气,聚形为太上老君,常治昆仑,或言虚无,或言自然,或言无名,皆同一尔。今布道诫教人、守诫不讳,即为守一矣,不行其诫,即为失一也。"这就是说,道即"一","一"聚形为"太上老君"。视道为"一"或"太一"是秦汉思想界的通行说法,而将"一"变为道教的人格神"太上老君",则把道家思想的本根之道改造为宗教神学的教主,成为信仰的对象。《想尔注》还宣扬长生不死、得道成仙的宗教目标,说:"道设生以赏善,设死以威恶。死是人之所畏也,……俗人虽畏死,端不信道,好为恶事,奈何未央脱死乎。仙士畏死,信道守诫,故与生合也。"要想长生成仙,除了信道守诫外,《想尔注》还提倡集善成功、保精行气、服食房中等道功道术。《想尔注》体现了早期道教将老子之"道"人格化加以信仰,以及将道家的精神修养转变为追求长生不死的宗教实践的努力。《想尔注》较为完整的神学体系,为道教的创立奠定了理论

---

① 胡孚琛:《道学通论》,社会科学文献出版社1991年版,第280页。

基础。

张陵初创的五斗米道,在神学思想、宗教组织、经典科仪、实践影响等方面都颇具规模,因此后世通常视张陵为道教的创教者。

与五斗米道差不多同时出现的早期道教重要教派还有张角的太平道。

张角(？—184年),冀州钜鹿(今河北平乡)人,东汉太平道的创始人和黄巾起义的领袖。《后汉书·皇甫嵩传》说:"初,巨鹿张角自称'大贤良师',奉事黄老道,畜养弟子,跪拜首过,符水咒说以疗病,病者颇愈,百姓信向之。角因遣弟子八人,使于四方,以善道教化天下,转相诳惑。十余年间,众徒数十万,连接郡国,自青、徐、幽、冀、荆、扬、兖、豫八州之人,莫不毕应。"《后汉书·襄楷传》说,汉顺帝时,琅邪人宫崇将其师干吉在曲阳泉水上所得的《太平清领书》献给朝廷,"其言以阴阳五行为家,而多巫觋杂语。有司奏崇所上妖妄不经,乃收藏之。后张角颇有其书也。"李贤注之曰:"神书,即今道家《太平经》也。"根据以上史料,张角的太平道缘起于事奉黄老道,奉持《太平清领书》(《太平经》),通过跪拜首过,符水咒说疗病来汇聚徒众,宗教影响很大。张角将各地信众设置为三十六方,大方万余人,小方六七千人,各立统帅,他和其弟张宝、张梁分别称"天公将军"、"地公将军"和"人公将军",并散布谶语"苍天已死,黄天当立,岁在甲子,天下大吉",以"黄天太平"鼓动群众反抗东汉王朝,约定在甲子年(184年)三月五日各地同时起义,后因弟子济南唐周(或曰"沛阴人唐客")上书告密,被迫提前起事。《后汉书·灵帝纪》:"中平元年(184年)春二月,巨鹿人张角自称'黄天',其部帅有三十六方,皆着黄巾,同日反叛。"黄巾起义沉重打击了东汉王朝的统治,统治者随即全力以赴地展开了残酷镇压。同年,张角病卒,起义失败,太平道组织受到严重的破坏,从此传授不明。

张角太平道奉持的《太平清领书》,根据《后汉书·襄楷传》李贤注,就是《太平经》。《太平经》内容较为庞杂,《后汉书·襄楷传》中说该书"专以奉天地、顺五行为本,亦有兴国广嗣之术。"葛洪《神仙传》评其为:

"专论阴阳否泰、灾眚之事,有天道、有地道、有人道,云治国者用之,可以长生,此其旨也。"总的看来,《太平经》承继了老子的道论和传统的天神信仰,吸收了阴阳五行学说和神仙家方术,既宣扬天人合一和善恶报应思想,以实现封建的"太平世道"为社会理想,也突出道教长生久视的理论和方术,以得道成仙为宗教追求的目标。张角的太平道试图通过神道设教,以宗教的形式来干预现实政治,实现宗教理想,对后世道教的发展产生了一定的影响。

二、葛洪神仙道教与南北朝道教改革

魏晋以后,道教内部逐渐分化,一部分向上层发展,开始了对民间道教的改造。东晋时,葛洪系统总结和阐述了战国以来神仙方术的思想,建立了一套神仙实有、神仙可学、方术有效、长生能至的神仙理论。在神仙方术上,葛洪崇信烧炼服食金丹,讲究药物养生,开后世道教丹鼎派一系。贵族化神仙道教理论的确立,促使以讲究符箓禁咒为主的天师道向义理化演变并在江南上层士族中流行。士族道教徒开始大量造作道书,出现了上清、灵宝、三皇经法,至南朝刘宋时,由陆修静汇归整理,形成道教以经法相授为主的经箓派。对民间早期道教的改造,以北朝寇谦之和南朝陆修静最为成功,形成南北新天师道。陆修静之后,南朝的陶弘景对葛洪的金丹道教、《上清》经箓派及陆修静的南天师道,进行了总结改革,对外又吸取儒家、佛教思想,以法不偏执、三教调和兼容为宗旨,开创了道教茅山宗,成为道教改革的集大成者。

葛洪(283—363年),字稚川,号抱朴子,丹阳句容(今江苏句容)人,东晋著名道士、道教学者、炼丹家、医学家。葛洪出身江南士族,祖、父历仕吴、晋,年十三,其父去世,家道中落。他清苦好学,十六岁开始读儒家经典,好方术,尤喜"神仙导养之法",后从郑隐学炼丹秘术,颇受器重。年长出仕,由于镇压石冰农民起义有功,迁伏波将军,赐爵关内侯。后因遭世乱离,看破荣位势利,乃绝弃世务,锐志于修道养性、炼丹服食,总结发展道教方术理论。咸和(326—334年)初,闻交趾出丹砂,求为勾漏令,携子侄经广州,止于罗浮山炼丹,在山积年而卒。葛洪著述甚多,现存者主要有《抱朴子》内外篇 70 卷,《神仙传》10 卷,《肘后要(备)急方》4 卷等。其所著《抱朴子》,《内篇》言神仙方药、鬼怪变化、养生延年、禳邪却祸,系统地总结和发展了道教神仙思想,《外篇》言人间得失、世事臧否,属儒家,将道教的神仙方术与儒家的纲常名教相结合。《抱朴子》对魏晋道教的义理化和向上层传播产生了深远的影响。

葛洪在道教史上最重要的贡献是提出了道教的神仙理论体系,开始了神仙道教的发展。"神仙道教是魏晋时期独具特色的道教形式,它是士族文化的产物,是由汉末早期道教通向南北朝成熟的教会式宫观道教之间的过度桥梁。神仙道教继承了战国时期神仙家的传统,是秦汉以来方仙道和黄老道的演变,同时又是对早期道教的改造。"①神仙道教对早期道教的改造,体现在对传统庞杂含混的神仙信仰进行系统整理和理论论证,对带有巫术鬼道色彩的道法方术加以比较甄别和取舍提炼,改变早期道教集会聚众、政教不分的一般形态,向山林隐逸、师徒相授、自由修行的方向发展。葛洪《抱朴子·内篇》对神仙实有、神仙可学、长生能至等神仙道教的核心理论加以论证,并总结和提炼出一套以还丹金液为大要的修仙方术。

神仙道教所要论证的理论核心问题是神仙实有,否则长生成仙的宗教目标就无从说起。针对世人怀疑神仙的存在,葛洪说:"万物云云,何所不有?况列仙之人,盈乎竹素矣。不死之道,曷为无之?"神仙的存在就像自然界中诸多超乎人类想象的奇特事物一样,其存在是毋庸怀疑的。"夫所见少,则所怪多,世之常也。""况乎神仙之远理,道德之幽玄,仗其短浅之耳目,以断微妙之有无,岂不悲哉?"(《抱朴子·论仙》)将人们对神仙的怀疑归于人类认识能力的局限。葛洪对神仙存在的论证是信仰主义的,把对神仙的信仰和诚心当作学道修仙的前提,所谓"志诚坚果,无所不济,疑则无功,非一事也。"(《抱朴子·微旨》)论证了"神仙实

---

① 胡孚琛:《道学通论》,社会科学文献出版社 1991 年版,第 287 页。

有",那么常人能否成仙就是神仙理论必须回答的问题。在《抱朴子》中,有人问:"人之中有老彭,犹木中之有松柏,禀之自然,何可得学乎?"葛洪的回答是:"夫陶冶造化,莫灵于人,故达其浅者,则能役用万物,得其深者,则能长生久视。"他指出:"至于老彭,犹是人耳,非异类而寿独长者,由于得道,非自然也"(《抱朴子·对俗》),明确肯定仙人可学,长生能至。葛洪力倡"我命在我不在天",鼓励道徒积极寻求方术,从事自我修炼,以求长生不死。他认为:"欲求神仙,唯当得其至要,至要者,在于宝精行炁,服一大药便足,亦不用多也。"(《抱朴子·释滞》)在葛洪看来,修仙的方法不外内修和外养两个方面,内修主要是宝精行炁,也就是房中术和胎息吐纳之法,外养主要是服金丹大药。葛洪尤为重视金丹之道,认为金丹之道,才是最高的仙道,金丹大药,才是上品的神药,只要服了金丹大药,便一定可以长生成仙。他所主张的修炼方术,是以金丹之道为中心,荟萃众术而构成的一个独特的体系。葛洪还强调,"欲求仙者,要当以忠孝和顺仁信为本。若德行不修,而但务方术,皆不得长生也"(《抱朴子·对俗》),把道教的神仙思想和封建的纲常名教结合起来,体现出士族道教迎合封建宗法伦理要求的取向。

葛洪的神仙道教思想和宗教实践,集传统神仙思想之大成并加以创新,改革了早期道教的弊端,为道教在魏晋南北朝的发展开辟了新的道路。

东晋南北朝时期,随着神仙道教的兴起,一些世家名门子弟纷纷入道,中国的南北方都出现了士族道教徒改造旧道教的活动,无论是经典的造作,还是教理教义的整理,以及斋醮科仪的制定,都有很大发展,促使道教摆脱早期民间宗教的原始幼稚形态,向比较成熟的官方正统宗教演变。在对民间道教的改造中,以北朝寇谦之和南朝陆修静最为成功,影响最大。

寇谦之(365—448年),字辅真,冯翊万年(今陕西大荔)人,北魏初道士,出身于北方门阀士族家庭。早好仙道,年少时修张鲁之术,服食饵药,历年无效。十八岁随"仙人"成兴公游华山,采药服食,后至嵩山石室中隐修七年。成兴公逝后,寇谦之守志嵩岳,精专不懈。北魏神端二年(415年),寇谦之托称太上老君降临嵩山,授以天师之位及《云中音诵新科之戒》二十卷(现《道藏》所收《老君音诵诫经》即为该经残本),经卷指责旧五斗米道组织混乱,道官教职私相传授,逼取民财,违科犯戒,妄传房中之术,淫风大行,甚至聚众作乱,声称太上老君命他"宣吾新科,清整道教,除去三张伪法,租米钱税及男女合气之术。"这实际上是寇谦之假托老君之名来对旧天师道进行改革。寇谦之宣布将"三张"旧道法,特别是将祭酒世袭制、租米钱税制以及男女合气之术"尽皆断禁",完全依从《云中音诵新科之戒》。寇谦之改革天师道的原则是"专以礼度为首,而加之以服食闭炼",就是保留和增加符合儒家礼制的内容,革除和废弃违背封建礼教的制度,在此基础上辅以服食仙药、辟谷养生等方术修炼。寇谦之十分重视道教斋醮科仪的制定,为天师道增订了授箓、求愿、治病、超度、解厄等斋仪,且为各种斋仪制定了仪式,为后世道教斋仪奠定了基础。寇谦之改革后的新天师道,积极迎合北魏拓跋氏统治者的需要,为其所崇信,寇谦之也被北魏太武帝封为国师,新天师道在北方大盛,被后世称为北天师道。

陆修静(406—477年),字元德,吴兴东迁(今浙江吴兴)人,南朝刘宋著名道士。出身江南士族家庭,少宗儒学,长而弃儒学道,遗弃妻子,专精道法,云游各地名山,寻访仙踪,遇异人授以秘诀,乃云栖修行。曾为宋文帝及太后讲道说法,后因宫廷变乱离去。孝武帝大明五年(461年)在庐山构造精舍,隐居修道。太始三年(467年)奉宋明帝诏再次入京,与明帝论道,住明帝为之所筑的崇虚馆约十年,整理道经,广制斋仪,努力扩大道教在上层统治者中的影响。宋元徽五年(477年),解化于崇虚馆,诏谥曰简寂先生,归葬庐山。陆修静对道教发展的主要贡献之一,是搜集整理道书,建立道教经典分类体系。他早年即注意采访搜集道教经典,曾刊正《灵宝经》,编撰《灵宝经目》。居崇虚馆后,他得到了当时朝廷收藏的杨羲、许谧手书的上清经真诀,相传由鲍靓所造的《大有三皇经》也为他所得。于是,他"总括三洞",整理上清、灵宝、三皇三系经法,校理卷数目录,于泰始七年(471年)奉敕撰《三洞经书目录》献上。在整理道教经典的同时,陆修静创造了三洞四辅十二类的分类法,即将道书分为三洞、四辅七大部,其中三洞各部又分为十二小类,成为以后历代整理道书、编修"道藏"的规制。陆修静的另一个重要贡献,就是整顿天师道组织,制定道教科戒制度和斋醮仪式。如改革祭酒世袭旧制,代之以按级晋升的道官制度,恢复和健全天师道的三会制度等。他在总结前代斋仪的基础上,制定了"九斋十二法"的斋醮体系,并汲取儒家的封建礼法、道德规范以及佛教的"三业清净"思想,使道教斋法不仅有了系统的仪式科戒,而且使斋戒仪范的理论更加完备。陆修静对道教向正规化和制度化的成熟宗教发展有很大贡献。

陆修静之后,南朝齐梁著名道士陶弘景对葛洪的金丹道教、《上清》经箓派及陆修静的南天师道,进行了总结改革,开创了道教茅山宗,成为道教改革的集大成者。

陶弘景(456—536年),字通明,丹阳秣陵(今江苏南京)人。出身江南门阀士族家庭,早年学儒家经典,以才学闻名于世。仕途坎坷,直至三十六岁才任奉朝请小官,乃于永明十年(492年)上表辞官,至茅山建华阳馆,隐居修道,不复出仕。在四十余年的修道生涯中,陶弘景并未忘怀政治,奉表拥戴萧衍代齐,并援引图谶,以"梁"字为应运之符献之以为国号,受到梁武帝萧衍的崇礼,"国家每有吉凶征讨大事,无不前以咨询,月中常有数信,时人谓为山中宰相"(《南史·陶弘景传》)。梁大同二年(536年)卒于茅山,诏赠中散大夫,谥曰贞白先生。对道教来说,"他的贡献主要有三:一是弘扬上清经法,开创了茅山宗,二是发展了道教的修炼理论,三是为道教建立了神仙谱系。"①正是通过这三个方面,陶弘景完成了自葛洪以来南朝士族道教徒对早期民间道教的改造。下面我们对这三个方面略加叙述。

《上清经》是东晋后期出现的一组道经。上清经系始于西晋天师道

---

① 卿希泰主编:《中国道教史》第一卷,四川人民出版社1988年版,第505页。

祭酒魏华存的创造,而大部分是由东晋杨羲、许谧、许翙所共同造作,后传至陆修静,陆修静又传给孙游岳。《上清经》是继葛洪《抱朴子》之后道教神仙方术的又一次汇辑,其代表性经典《上清大洞真经》重"存养神气"及"吟咏宝章",辅以服气、咽精、念咒、佩符,宣称这是飞升之道。"上清经系的出现,表明以符箓为主的天师道,在转向炼养,有与丹鼎派相融合的趋向。"[①]陶弘景是孙游岳的入室弟子,得传杨羲、二许所书上清经法诰诀,又遍访江东诸郡名山,收集散失的杨、许真迹,归隐茅山后着手整理弘扬上清经法,撰成《真诰》一书。该书详细记载了东晋以来《上清经》出世及传布过程、杨羲和二许家世生平等,引用了大量道经,涉及众多道教历史人物、神话故事及具体修行方术等,是有关上清派早期教义、方术、历史的集大成著作。由于陶弘景在茅山对上清经的大力传扬,影响很大,加之继他之后的茅山历代传人,大都是较有学问的上清道士,茅山实际上成了上清派的中心,成为上清派的代表,于是人们便将这以后的上清派径称为茅山宗,并以陶弘景为创始人。茅山宗历经隋、唐、两宋,人才辈出,在道教史上一直占据重要位置。

  陶弘景从养生学、医药学和炼丹术方面,对道教的修炼理论和方法进行了较好的总结和发展。《登真隐诀》是陶弘景抄撮《上清经》中有关方术秘诀,专论上清派养生登仙之术的重要著作,该书继承和总结了东晋以来上清派思神、内视、导引、按摩等内修养生之术,并保存了部分天师道的请神上章、符咒驱鬼的方术。在养生学方面,陶弘景主张形神双修,养神与炼形并重,撰写了《养性延命录》。强调养神当"少私寡欲","游心虚静,息虑无为",炼形应"饮食有节,起居有度",再辅之以行气、导引、房中等方术,方能延年益寿、长生久视。陶弘景精通医药学,撰有多本医药学著作,尤以《本草经集注》最为著名,对各种药物的名称、产地、性状、主治疾病、配制保存等皆加以注明,对隋唐以后本草学的发展影响重大。服食药物是陶弘景修炼理论的重要内容,他说:"摄养无亏,兼饵

[①] 李养正:《道教概说》,中华书局1989年版,第75页。

良药,则百年耆寿,是常分也。"(《养性延命录》序)为获得良药,他积极从事炼丹活动,写成多种炼丹著作,成为继葛洪之后又一位重要的道教炼丹家。

道教神仙谱系的建立是陶弘景在道教史上的又一重要贡献。早期道教派别天师道、太平道的神仙来源多方,色彩各异,魏晋以后,上清派和灵宝派又各自创造了大批神灵,道教的神仙系统日益杂乱错综,纷然无序,很不利于信仰和传播。陶弘景撰写了《真灵位业图》,按从天上至地下的次序,将道教所奉近七百名神灵仙真排列为七个阶层,每一阶层各有一名主神排在中位,其余诸神分列于左位、右位、散仙位和女仙位,构造了一个等级有序、统属分明的庞大完整的道教神仙谱系,大体具备了后来道教以三清尊神(元始天尊、灵宝天尊、道德天尊)为主神的神灵崇拜体系的轮廓。此外,陶弘景还主张三教调和,道佛双修,他撰《茅山长沙馆碑》说:"万物森罗,不离两仪所有;百法纷凑,无越三教之境",强调"崇教惟善,法无偏执"(《十赉文》),对后世道教援佛入道的发展方向影响很大。

道教经过南北朝道教思想家理论和实践的改造之后,改变了早期比较原始的面貌,其信仰体系、教理教义、道法方术、斋戒仪范大大地得到充实和健全,为隋唐时期道教的兴盛奠定了基础。

三、隋唐道教思想家与道教的兴盛发展

隋唐到北宋,道教进入了兴盛时期。隋代帝王的政策是崇佛抑道,道教在这一短命王朝最突出的特点是"内丹"的提出。唐朝是道教的鼎盛时期。唐王室为了提高门第、显赫出身,利用神权维护统治,自称是老子后裔,尊之为"太上玄元皇帝",以道教为皇室宗教。唐太宗抬高道教,诏令"道士女冠,可在僧尼之前"。高宗命道士隶属管理皇室的宗正寺,位在诸王之次,并以《道德经》为上经,令贡举人必须兼通。唐玄宗令五岳各置老君庙,士庶家藏《老子》一本,贡举人加试《老子》策,并在天宝元年(742年)追号庄子为南华真人、文子为通玄真人、列子为冲虚真人、庚

桑子为洞虚真人，其所著书改为真经，并御注《老子》颁行天下。道教也凭借皇室宗教的身份，大为发展，呈现鼎盛之势。

对内融合道教各派，对外吸收儒释思想的茅山宗成为唐代道教的主流。在李唐王朝建立过程中迎奉并赞助李渊起义的楼观道，也受到了李唐统治者的宠信。从道教理论的发展看，最具影响的是重玄学及其影响下的道教性命之学。所谓"重玄学"，是指吸收佛教中观学的方法来解释发挥老庄思想的一种学说思潮，从其内涵来看，主要是以"重玄"为宗旨对老子的"玄之又玄"进行的哲学思辨与义理探究，特别是采用佛教中观学的"非有非无"的思辨方法来阐释道体有无、道性自然、性命修炼等问题①。"重玄"，语出老子《道德经》第一章"玄之又玄，众妙之门"，唐代道教学者以"重玄"为宗旨对道教所奉的老子之"道"，从道体、道性等多方面加以阐发，使道教在理论水平上得到很大提高，并成为重玄学的主要阐发者。唐代道教重玄学的主要代表人物有成玄英、李荣、王玄览等，而以成玄英最负盛名。

成玄英（生卒年不详），字子实，陕州（今河南陕县）人。曾隐居东海（今江苏北部），贞观五年（631年），为唐太宗李世民召至京师，加号西华法师。高宗永徽年间（650—655年），被流放郁州（今江苏云台山），流放期间致力于注疏《老》、《庄》及撰述其他著作。《新唐书·艺文志》录其："注《老子道德经》二卷，又《开题序诀义疏》七卷。注《庄子》三十卷，《疏》十二卷"。成玄英《老子》注疏现已佚失，散见于强思齐的《道德真经玄德纂疏》和顾欢的《道德真经注疏》。今《道藏》存郭象、成玄英《南华真经注疏》35卷，也为清人郭庆藩收入《庄子集释》。

成玄英在有关《老》、《庄》的注疏中，着重发挥"重玄之道"的思想来进一步深化道教哲理，提升道教的理论水平。在老子那里，"玄"本用来形容"道"之深远，"玄之又玄"是说道之深远，无复其极。成玄英对玄的

---

① 关于重玄学的内涵与性质究竟如何界定，学术界至今看法不一，请参阅孙亦平《杜光庭思想与唐宋道教的转型》，南京大学出版社2004年版，第154—155页。

释义是:"玄者,深远之义,亦是不滞之名。有无二心,徼妙二观,原乎一道,同出异名。异名一道,谓之深远。深远之玄,理归无滞,既不滞有,亦不滞无,二俱不滞,故谓之玄也。"(《老子道德经义疏》)在继承玄有"深远之意"的同时,成玄英强调玄也是"不滞之名",所谓不滞就是不执著,既不执著于"有",也不执著于"无",有无都不执著,才可称为玄。他说:"有欲之人,唯滞于有;无欲之士,又滞于无。故说一玄,以遣双执。又恐学者滞于此玄,今说又玄,更祛后病,既而非但不滞,亦乃不滞于不滞。此则遣之又遣,故曰玄之又玄。"(《老子道德经义疏》)既要不滞有无、有无双遣,也要不滞于非有非无,应遣之又遣,故称为"玄之又玄"。这种"遣之又遣"、"玄之又玄"的道就是"重玄之道"。这一"重玄之道",对老子道本根的本体义加以哲学思辨和义理阐发,达到了较高的理论水平。应该看到,成玄英的重玄之道固然是对老庄玄义的阐发,但其基本方法受到了佛教般若学有无双遣、非有非无的中道思想的影响。

成玄英从"重玄"道体出发,对道内在于人的真性进行了探讨。他说:"命者,真性惠命也。既屏息嚣尘,心神凝寂,故复于真性,反于惠命。""反于性命,凝然湛然"。内在于人的道性,就是人的自然本真之性。而"真性"常为人的妄心和各种矫伪之性所染污,"不知性修反德而会于真常之道者,则恒起妄心,随境造业,动之死地,所作皆凶"(《老子道德经义疏》),复归真性的方法在于修心,使心神寂凝,不为尘俗欲望所动,从而自然合道。在具体的修养方法上,成玄英提倡无欲无为、去躁守静。他说:"自守虚静,则道心坚固,不可拔也。"(《老子道德经义疏》)他认为,静则无为,无为是长生之本,躁则有欲,有欲是生死之因,无欲无为、去躁为静才能"保守身形","尽其天命",修炼长生。

在重玄学的影响下,以司马承祯和吴筠为代表,唐代道教在修道理论和实践上也有很大发展。

司马承祯(647—735年),字子微,河内温(今河南温县)人。少好学,入道,师事潘师正,传其符箓及辟谷导引服饵之术,而潘师正是茅山上清派大师陶弘景的再传弟子。司马承祯后居天台山玉霄峰隐居修道,自号

"白云子"。先后奉武则天、唐睿宗诏入宫讲道。开元九年(721年)玄宗遣使迎入京师,亲受法箓,赏赐甚厚,为之建坛室于王屋山。卒后赠银青光禄大夫,号真一先生。其主要著作有《修真秘旨》、《坐忘论》、《修身养气诀》、《服气精义论》、《天隐子》等。司马承祯将重玄学与上清派养生法相结合,"一方面阐发其服气养神之道,另一方面又将重玄学的心性修养论化为宗教实践,主张在坐忘主静的践行中复归真性","大要可概括为修性与养命两个方面。修性即坐忘主静,养命则服气炼行。"①其所著的《坐忘论》,提出修道的七个"阶次":曰"信敬",即对修道成仙信仰,深信不疑;曰"断缘",即断绝俗事尘缘,不与世人交;曰"收心",即收心离境,守静去欲;曰"简事",即安分守己不求分外之物;曰"真观",即善于观察,不为外物所迷;曰"泰定",即形如槁木,心如死灰,无感无求,寂泊之至;曰"得道",即形随道通,与神合一。学道者如能遵循上述修道要求,安坐收心离境,不著一物,住无所有,内不觉其一身,外不知宇宙万物,则能"身与道同,则无时而不存;心与道合,则无法而不同",与道冥一,得道成仙。这种静心坐忘的修真理论,成为后世道教在修真和养生功夫上的圭臬。

与司马承祯差不多同时,也是潘师正弟子的上清派道士吴筠(?—778年),著有《玄纲论》,对道教修养理论也有重要贡献。吴筠的修道论和他的以道为核心的宇宙论是一体的。在他看来,天地万物的生成根源是自然之道,至虚至无之道通过元气化生万物,"故生我者道,灭我者情。苟忘其情,则全乎性;性全则形全,形全则气全,气全则神全,神全则道全。道全则神王,神王则气灵,气灵则形超,形超则性彻,性彻则反复流通,与道为一,可使有为无,可使虚为实,吾将与造物者为俦,奚生死之能累乎?"(《玄纲论·同有无章第七》)吴筠的修道理论实际上是从去除情欲开始,根据道、神、气、形这一道化生人的顺序,通过反向的形、气、神的修炼,回归至虚至无的道,与道为一,所谓"任其流遁则死,反其宗源则

---

① 卢国龙:《道教哲学》,华夏出版社1997年版,第370—371页。

仙"。在修炼中,吴筠特别强调"守静去躁",至静才能契于至虚之道,去躁就是去除情欲,防止阴邪之气入。其守静去躁的性情修养论,对后世道教也有很大影响。

由于安史之乱的猛烈震荡,中唐以后,唐王朝的统治走上了下坡路,道教的影响也逐渐趋于低落。为维护和加强对道教的信仰,道教中的一些有识之士,纷纷致力于道教理论、方术、斋醮科仪等的进一步研究和建设,杜光庭就是其中的主要代表。

杜光庭(850—933年),字宾圣(一云宾至),处州缙云(今属浙江)人,(一曰长安人或括苍人)。唐懿宗朝应九经举不第,乃弃儒入道,师事天台道士应夷节,为司马承祯五传弟子。唐僖宗时,被举荐入朝,为道门领袖。中和元年(881年),随僖宗避难成都,遂留于蜀。受到前蜀高祖王建赏识,为光禄大夫、左谏仪大夫,封蔡国公,敕号广成先生。后主王衍立,亲受道箓,以为传真天师、崇真馆大学士。晚年隐居青城山白云溪。他精通儒道经典,学识渊博,著述极丰,对道教的教理教义、神话传说、斋醮科仪等,进行了系统的整理和阐发,对道教的建设有多方面的贡献①。

杜光庭在《道德真经广圣义》中,对历代关于《道德经》的研究加以总结,系统整理道教神化老子为太上老君的传说,完成了对道教教祖的神化。杜光庭在书中专门解说"老君事迹、氏族、降生年代",称"老子即太上老君也",全面叙述了道教关于老子神奇的来历、伟大的神力、尊神的位统、世代的国师、异凡的降生等各种神话,使老子作为道教道、神、人三位一体的信仰对象更加充实和确定。他还以道教的传说为前提,明确推断《道德经》为老君在黄帝时所说,将《道德经》出现的年代大大提前,以配合对老子的神化。杜光庭对《道德经》的主要内容加以概括,在该书中,他说:"夫此道德二字者,宣道德生畜之源,经国理身之妙,莫不尽此也。"②他还更进一步列出《道德经》的38条内容,分别引经为证。他说:

---

① 请参阅孙亦平《杜光庭评传》,南京大学出版社2005年版。
②《道德真经广圣义》卷一,《道藏》第14册,第314页上。

"此经以自然为体,道德为用,修之者,于国则无为无事,自致太平;于身则抱一守中,自登道果;得之者,排空驾景,久视长生。于国失道德则必败亡,于身丧道德则致沦灭,故在乎上士勤人抱之为式也。"[1]强调了奉行《道德经》的重要性。杜光庭还概括分析了历代60余家对《道德经》的注解,其中特别推崇唐玄宗的注本,认为其"内则修身之本,囊括无遗;外即理国之方,洪纤毕举"[2],他在思想上着重以"重玄之道"的观点来解释《道德经》,达到了较高的理论水平。

杜光庭非常重视对道教信仰的宣传,他编辑了《墉城集仙录》、《道教灵验记》、《神仙感遇传》等书,记录了大量的神仙传记、灵验传闻、遇仙传说,来证明神仙实有、仙道多途、集善成仙、善恶报应等信仰观点。他还编撰《历代帝王崇道记》,以诱导统治者对道教加以崇敬和支持;编录《洞天福地岳渎名山记》,把见于各种道书中所谓的神仙住所、修道胜地,作了统一的编纂和记录,形成一部较完整的道教的宗教神学地理集。对斋醮科仪的修订,是杜光庭在道教建设方面的又一重大贡献。他所修订的道门科仪,仅《正统道藏》署名的就有十余部,如《道门科范大全集》、《太上黄箓斋仪》等,是继南朝陆修静之后,对道教斋醮科仪的又一次系统整理和规范。

杜光庭是道教文化史上有影响的重要人物,"杜光庭思想的特点是通过注释老子《道德经》,在总结汉唐老学思想的基础上,吸取玄、儒、佛的思想和方法来关注宇宙、社会和人生问题,从而为道教的进一步发展开拓了新理路;杜光庭在宇宙起源论上形成了宇宙神创说和以'道气'为本的宇宙生成论两条线索,前者是为了彰显道教信仰的神圣性与超越性,而后者则是为了寻求对人生活于其中的宇宙世界做出解释,以为修道实践提供理论基础;杜光庭提出自然无为的道气论,又以有、无概念为基点而把宇宙的统一性归之为'妙本',形成了独特的宇宙本体论;杜光

---

[1]《道德真经广圣义》卷五,《道藏》第14册,第341页上。
[2]《道德真经广圣义》卷一,《道藏》第14册,第310页中。

庭不仅对唐代重玄学做了总结和发展,而且运用重玄学的思想和方法来说明修道就是复归于人本有的自然清静之心,从而促进了道教修道成仙之路径的由外向内转变;杜光庭在道性论的基础上提出的性命双修在唐宋道教的转型中具有重要意义。……杜光庭既是唐代道教思想的集大成者,也是其后宋元道教新发展的重要开拓者,杜光庭的思想在唐宋道教的转型中起到了承上启下的作用。"①

由于杜光庭对道教的卓越贡献,时人誉之为"词林万叶,学海千寻,扶宗立教,天下第一"②,他为重振道教所做的努力为道教在北宋的再度复兴准备了条件。

四、钟吕金丹道与张伯端金丹派南宗

唐代帝王崇道,幻求长生,因而烧炼金丹的黄白之术颇盛。但丹药金石,其性酷烈,服食之后,多有中毒而亡者,唐太宗、宪宗、穆宗、敬宗、宣宗皆服丹药中毒致死,金丹的毒害日益为世人所觉知,逐渐失去信仰领地,道教必须在金丹之术之外发展新的长生方术,内丹道正是在这种背景下产生的。所谓"内丹",是相对于烧炼服食金石药物的"外丹"而言,即将人体比作"炉鼎",以体内之精、气为药物,运用"神"去烧炼,使精、气、神凝结成"圣胎",从而永世长存,此"圣胎",或称神丹,或称内丹。内丹道虽在唐末五代才大为盛行,但内丹道的提倡则始自隋朝罗浮山道士青霞子苏元朗,他纂有《龙虎金液还丹通元论》,《罗浮山志》称之为"归神丹于心炼"。唐末五代倡导内丹道的最著名人物是钟离权与吕洞宾,因此内丹道又常被称为钟吕金丹道。

钟离权和吕洞宾皆为道教史上富有传奇色彩的人物。钟离权大概是唐末五代的隐修高道,在道教传说中,他被神化为汉代人,又说他与唐末五代的吕洞宾相遇长安,吕洞宾执弟子礼,得授剑法与丹道。《正统道

---

① 孙亦平:《杜光庭思想与唐宋道教的转型》,南京大学出版社2004年版,第29—30页。
② 吕太古集:《道门通教必用集·历代宗师略传》,《道藏》第32册,第8页中。

藏》载《破迷正道歌》，署名"正阳真人钟离"，列举并批判了当时大量的"三千六百旁门法"，认为只有"金液还丹法"才能"扫尽旁门不见踪"，并用诗诀描述了内丹修炼的方法和过程。吕洞宾，生卒年和里籍不详，大约生于唐末，卒于宋初。据《国史》记载：吕洞宾本儒生，因科场失利，转而学道，遇五代隐士钟离权授以内丹道要，隐居终南山，活动于关中等地，与陈抟、李琪交往，好以诗言内丹旨要，有弟子北宋施肩吾传其道。吕洞宾著有《九真玉书》、《肘后三成篇》、《纯阳真人金丹诀》等，后世有大量辑录的诗诀歌词，多真伪杂糅。

钟吕金丹道以内丹为修仙径路，用身体为鼎炉，神气精液为药物，要求固守目、耳、口、鼻诸门户，调和药物，匹配阴阳，制炼神气，顺应天道，反归"元阳真一太和纯粹之气"，以求长生。钟吕金丹道特别强调性命双修，所谓"性"即心神，修性即修炼心神；所谓"命"即生命，修命即炼精气求长生。《纯阳帝君神话妙通记》记吕洞宾与钟离权问答"性命"事，钟答曰："一点灵明无昧，性也；一点元气常调，命也。性无命则无依倚，亦不能安止；命无性则不能冲融，亦不能固密，二物混融一真玉莹。"性命双修成为内丹学思想的显著特征。

钟吕之后，施肩吾、陈抟等发明道要，内丹道成为北宋最重要的修道理论。

施肩吾，生卒年不详，字希圣，九江（今江西九江）人，自号华阳子。少年习佛，后转而学道，其活动年代约在北宋初期。据赵道一《历代真仙体道通鉴》与苗善时《纯阳帝君神化妙通纪》记载，施肩吾初得一托名晋代道士许逊者授其五种内丹诀及神仙诸方，后再遇吕洞宾传授内炼金液还丹大道，于是隐居西山（在今江西南昌）修道。施肩吾的著作有《钟吕传道集》、《西山群仙会真集》、《华阳真人秘诀》、《三住铭》等。

施肩吾的贡献，表现在对钟离权、吕洞宾金丹道思想加以整理和继承，如编著《钟吕传道集》等，此外，他对钟吕金丹道理论也有所发挥。他认为，人的本原为得道的阳神，人有了质体后"阴承阳生"，渐渐阴盛阳消而病老衰亡。为免于轮回生死，就应当修阳仙。在他看来，修道要识正道、正法,指出钟吕金丹道才是仙道正宗,他在"炼形化气"、"炼气成神"、"炼神合道"的内丹修炼之前又增加一项"炼法入道",强调得正道正法的重要性。在修炼过程中,特别强调"元气"的作用,认为"元气住则神住矣,神住则形住矣。三者住,则命在于我,岂在天耶"(《三住铭》)。施肩吾还对内丹修炼过程中的具体步骤和环节加以论列,并对内丹道所涉及的"性"、"命"、"心"、"精"、"神"、"道"等范畴作了诠释。

陈抟(？—989年),字图南,亳州真源(今河南鹿邑)人,生于唐末,五代时举进士不第,遂娱情山水,入道求仙,居华山云台观,与传奇人物吕洞宾、李琪交往甚密,后周世宗征辟为官,不就,赐号"白云先生"。入宋后,宋太宗两次召见,甚为礼重,赐号"希夷先生",并令有司增葺华山云台观,后还山,卒于莲花峰下张超谷中。《宋史·隐逸传》云:"抟好《易》,手不释卷。常自号扶摇子,著《子玄篇》八十一章,言导养及还丹之事。……抟又有《三峰寓言》及《高阳集》、《钓潭集》,诗六百余篇。"陈抟研《易》,著有《易龙图》,上承汉纬象数系统并有所发明,通过简单的象和数来推演宇宙的秩序和变化。相传他还传有《无极图》。

陈抟的内丹思想寓于《无极图》中,《无极图》以"无极"为宇宙本原,构造出无极—阴阳—五气—人—万物的宇宙图式。此图有"顺"、"逆"两种解释。"顺以生人",由无极而阴阳而五气,然后生出人和万物,表示宇宙化生的过程。"逆以修丹",自下丹田开始炼精化气,进而炼气化神,通过五气朝元、取坎中阳填离中阴、还精补脑,在此基础上炼神还虚,复归于无极,合道而成仙。陈抟的《无极图》,系统地阐述了内丹修炼的全过程,形象地揭示了内丹道"修丹与天地造化同途"的理论特质,是传统内丹理论的重要总结。由于陈抟对内丹教义的阐发,受到道教徒的尊奉,被尊为"陈抟老祖"。

经过施肩吾、陈抟等人的努力,北宋时期钟吕金丹道已颇具规模。随着理论和实践的发展,钟吕金丹道本身也在不断总结和创新,出现了以张伯端为代表的新道派。

张伯端(？—1082年),字平叔,天台(今浙江天台)人,自幼涉猎三教经书，博通各种方术。曾为府吏，坐累遣戍岭南。后至成都，遇刘海蟾，授以"金液还丹之诀"，于是改名张用诚，号紫阳真人，于北宋熙宁八年（1075年）著成《悟真篇》，开始传教。在明《正统道藏》中，题为张伯端所撰的道书有《悟真篇》、《青华秘问金宝内炼丹诀》、《金丹四百字》等。

张伯端的丹道理论及方法，渊源于钟吕金丹道，又有所发展，有自己的特色。其丹道方法和理论发展至南宋，形成与北方全真道相对的金丹派南宗。该派祖述钟、吕，以张伯端为开派祖师，并提出张伯端—石泰—薛道光—陈楠—白玉蟾的传法谱系，其内丹理论和实践对后世影响很大。

张伯端的《悟真篇》用诗词的形式总结了北宋以前的内丹方术，以隐秘之语讲炼丹之法。在丹道理论上，张伯端以老子《道德经》"道生一，一生二，二生三，三生万物"的宇宙论为立论根据，提出："道自虚无生一气，便从一气产阴阳，阴阳再合成三体，三体重生万物昌"的万物演化论。根据内丹道"修丹与天地造化同途"的思维模式，他认为内炼成仙的秘诀，在于逆行，或曰"颠倒术"，即逆道生万物的程序而返本归元，与道合一，便可同"道"一样万世长存，永恒不灭。据此，他把内丹修炼分为筑基、炼精化气、炼气化神、炼神还虚四个阶段。在修炼方法上，张伯端继承钟吕金丹道的传统，主张性命双修，但他根据上述逆炼成丹的原则，强调先修命，后修性。他在《悟真篇》自序中说"先以修命之术顺其所欲，渐次导之于道"。先修命，即修炼恢复人体亏损的精气神，后修性，即炼心神以"返虚"，回归于道。先命功后性功的内丹修炼法，是金丹道南宗修炼的圭臬。

张伯端内丹道的另一特点，是大量吸收佛教禅学思想和修行方法入道[①]。他在完成《悟真篇》后，曾说："篇集既成之后，又觉其中惟谈养命固形之术，而于本源真觉之性，有所未究，遂玩佛书及《传灯录》，至于祖师有击竹而悟者，乃形于《歌颂诗曲杂言》三十二首，今附之卷末，庶几达本

[①] 参见孙亦平《张伯端"道禅合一"思想述评》，载《中国哲学史》2000年第1期。

明性之道,尽于此矣。"认为《悟真篇》谈养命固形的"命功"较为充分,但对体现"本源真觉"的"性功"阐述不够,因而深研佛书,探究"达本明性"之道,以弥补性功之不足。张伯端的内丹思想受佛教禅宗心性理论的影响,实际上是将禅宗"明心见性"同内丹中的"炼神返虚"调和起来当作修性,而将道教修炼形气作为修命。他在《歌颂诗曲杂言》中,对自己援佛入道的思想和修行方法加以总结:"先以神仙命脉诱其修炼,次以诸佛妙用广其神通,终以真如觉性遗其虚幻,而归于究竟空寂之本源。"张伯端的援佛入道,反映出宋代以后,随着三教融合趋势的加强,佛教和道教之间的相互渗透影响更为深入和全面,道教进一步吸收佛教的理论和修持方法发展自己,成为道教发展的趋势。

金丹派南宗作为一个独立的炼养道派的时间并不长,但影响较大。金丹道南宗的三教合一和援佛入道的思想倾向,对宋以后道教发展影响深远。它的丹道理论和实践,也深刻影响到当时和后世的道教修炼方法。宋元全真道的内丹理论,就是在吸收南宗内丹成就的基础上得以充实和完善。它还促进了符箓派的改革,新出现的神霄、清微、净明等道派,将内丹修炼引入斋醮活动之中,以"内炼成丹,外用成法"为宗旨,一改旧符箓派只行符设法的传统,促使了新旧符箓道派的改造和会归①。

五、南宋金元道教与王重阳全真道

南宋金元时期,道教内部宗派纷起,得到了进一步的发展。南宋偏安,与金元形成南北对峙。北方广大地区,出现了全真道、真大道、太一道等多种道派。在南方,除金丹派南宗影响很大之外,旧有的龙虎天师、茅山上清、阁皂灵宝等三山符箓派受到南宋统治者的尊崇,从三山符箓派分化而来的,如神霄派、清微派、天心正法派、东华派、净明派等道派,也先后自立门户,传播发展。元代,由于受到统治者的支持,全真道盛极

---

① 参见卿希泰主编:《中国道教》第一卷,知识出版社1994年版,第157页。

一时。天师道为了与新起的全真道相抗衡,遂与上清、灵宝、净明等各符箓道派逐渐合流统一为正一派。此后,道教遂正式分为正一和全真两大宗派,在明代继续流传。这一时期道教发展的主要特点是,内丹说空前盛行,形成了以全真道为代表的专以内丹炼养为主旨,并融合其他内丹道派的大教团;内丹与符箓结合,孕生了新的符箓道派,促使了新旧符箓道派的会归与正一道的形成。

全真道,创建于金初。创始人王嚞(1113—1169年),原名中孚,陕西咸阳大魏村人,入道后改名嚞,字知明,号重阳子。自幼不群,读书入府学,长而修进士业并应试举,皆无所成,仅为小吏,郁郁不得志,遂慨然入道。金正隆四年(1159年),他自称于甘河镇酒肆中遇异人授以真诀,乃弃家入终南山隐修。大定七年(1167年),自焚其庵,赴山东传教,抵宁海(今山东牟平),收马钰为徒,马为之结庵曰"全真庵",全真之名盖始于此。继而又收谭处端、丘处机、王处一、刘处玄、郝大通、孙不二等为徒,组织会社,以"三教圆融、识心见性、独全其真"为宗旨,传全真大法、金丹之道,创立全真道。大定九年(1169年),王重阳率丘刘谭马四大弟子返乡,中途卒于大梁(河南开封),弟子扶柩西行,安葬于终南山刘蒋村修道故庵。王嚞的传世著作有《重阳全真集》、《重阳立教十五论》、《重阳教化集》、《重阳分梨十化集》、《重阳金阙玉锁诀》等。

王重阳卒后,其弟子四处弘教,以苦行清节行世,吸引了一批徒众,渐臻兴盛,为金朝统治者一再征召,教团得到蓬勃发展。蒙古太祖十四年(1219年),丘处机应蒙古成吉思汗邀请,率弟子远赴西域大雪山(今阿富汗境内兴都库什山),为成吉思汗讲论道教清净无为、敬天爱民戒杀之旨,以及以清心寡欲为要的长生久视之道,深受礼敬。在蒙元统治者的保护下,全真道在北方得以迅速传播。元统一后,全真道渡江南传,获得了更大的发展。此后,全真道历经元、明、清各朝,派系多经繁衍,先后会并了钟吕金丹派的南宗、真大道、楼观道和部分净明道等,成为与符箓派正一道平行发展的全国性的大教派。

王重阳以三教合一为立教宗旨,他高标三教平等,在《金关玉锁诀》

中说:"三教者,如鼎三足","三教者不离真道也,喻曰:似一根树生三枝也。"他又倡三教一致,在《示学道人》诗中说:"心中端正莫生邪,三教搜来做一家。义理显时何有异,妙玄通后更无加。"他认为"儒门释户道相通,三教从来一祖风",指出三教的门户虽异,其核心义理——"真道",并无差别。王重阳高唱三教同源一致平等,一方面是适应宋代以后三教融合的文化发展大势,为全真道拓宽生存空间;另一方面,也是为了通过对儒佛思想和修养方法的吸收,使全真道的宗教理论和炼养方法获得进一步的发展。

全真道的教义集中体现于"全真"二字,谓个人内修的"真功"与济世利人的"真行"兼备而两全。徐琰《郝宗师道行碑》概括全真道教旨说:"其修持大略以识心见性、除情去欲、忍耻含垢、苦己利人为之宗。"如果说全真道对"真行"的强调,深受儒家思想的影响,那么在"真功"的修炼上,全真道和张伯端的金丹派南宗一样,大量融摄了佛教禅学的内容。

与旧道派追求肉体不死成仙不同,全真道认为人的肉体是要死灭的,人的真性或阳神则可以长存升天,并以修习内丹为成仙证真的基本法门。其内丹术渊源于钟吕金丹道,以性命双修为基本内容。全真道的丹法,以修性为主,强调先性后命,与金丹派南宗先命后性、以修命为主的修持路线相反。

全真道修行特别强调"识心见性",王重阳说:"诸贤先求明心,心本是道,道即是心,心外无道,道外无心也。"(《授丹阳二十四诀》)全真道的"心"有两种意义,一是指人的有意识分别、被情感欲望染污的"妄心";二是指"真心"、"天心",也就是"性",是无染无著的清净之体。"性者,元神也"(《授丹阳二十四诀》),元神是不朽不坏之真灵,王重阳《金关玉锁诀》说:"唯一灵是真,肉身四大是假。"根据全真之学,真性本来常住妙明,但被人的妄心遮障而不得自见,如果能清除妄念,一念不生,真性便会自然显露,"是这真性不乱,万缘不挂,不去不来,此是长生不死也。"(《授丹阳二十四诀》)全真道这种"识心见性"的修炼理论,明显受到禅宗"明心见性"修行方法的影响。继承钟吕金丹道传统,全真道也讲炼化精气的命功,但在具体修炼中将修性置于首位,强调明心见性为丹功的前提和根本,丘处机说:"吾宗唯贵见性,水火配合(指炼气命术)其次也。"又说全真丹法是"三分命术,七分性学"(《长春祖师语录》)。

全真道在教义和教制、教规等方面,对儒、佛多有汲取。如吸收儒家的忠孝仁义等伦理思想入道,强调修仁蕴德、济苦拔困、先人后己、与物无私为修道"真行"。全真道还仿效佛教,行道士出家制,模仿禅宗丛林,建立自己的丛林制度,其制度和规戒大部分仿效佛教,较为完整并实行严格。可以说,全真道是三教合一思潮的典型代表,也是道教融合佛教最全面、最彻底的宗派。

金元以后,与全真道并立发展的还有正一道。正一道的形成,以元成宗大德八年(1034年)敕封张陵三十八代孙张与材为"正一教主"为标志。元统治者入主江南之后,为了维护统治和对发展过快的全真道进行抑制,特别荣宠在江南地区有较大影响的龙虎宗,以官方名义册封张陵子孙为"天师",至元成宗,加授张与材为"正一教主,主领三山符箓"。后继的历代天师皆袭此职。明清时,天师封号虽被取消,正一教主之名也非皇帝敕封,但教内仍把张陵的子孙视为当然的首领。正一道由原有的新旧符箓派组合而成,包括龙虎宗、茅山宗、阁皂宗、太一道、净明道,以及神霄、清微、东华、天心诸小派,组织比较松散。与传统的符箓道派专于画符念咒、祈禳斋醮不同,新的符箓道派强调内丹与符箓结合,表现出新的特征。

明清时期,道教由停滞走向衰颓。明朝统治者虽然对道教相当尊崇,但太祖以后诸帝,大多迷信扶乩、丹药、房中术,导致朝政的败乱,道教的影响和声望大大降低。清朝皇族素无道教信仰,对道教活动多加禁止,道教呈现了衰微之势。这一时期,道教虽然仍有所发展,如明代武当道的崛起,清初全真龙门派的短暂中兴和内丹学的普及等,但教派分化趋于停滞,教义学说没有新的突破,很少涌现出具有开创性意义的道教思想家。

第二节　道教思想家与道教的信仰理论和实践

作为一种宗教形态,道教和其他宗教一样,是由宗教信仰、教义理论、宗教实践所构成的统一复合体。在长期的历史发展过程中,经过道教思想家的理论创造和宗教实践,道教形成了自己独特的信仰和理论体系,凸显了中华本土宗教所具有的独特风貌,成为传统文化富有活力的组成部分。

一、道教思想家对道教信仰理论的发展

道教的信仰和理论,是在漫长发展过程中通过道教思想家的创造和努力逐步形成和完善的。从早期原始的民间宗教发展至成熟的官方教会式宗教,道教的基本形态经历了阶段性演化的历程,道教的信仰和理论在这一动态过程中既表现出驳杂丰富的面貌,也有清晰的演进轨迹可寻。我们认为,道教信仰和理论发展的最重要的思想线索之一,就是道教思想家对道家思想的宗教化改造和利用。概而言之,道教思想家通过对道家的理论核心"道"和道家创始人老子的不断宗教化和神秘化,发展出道教的信仰核心"道"及其人格化的至上神;道教思想家以老庄思想、黄老道家以及玄学理论为思想资源,为道教构筑出富有特色的神学思想体系和理论骨干。

"道"是道教的根本信仰。道教的各种经典和道教历史上的各个教派,无不宣称"道"为自己的终极信仰,"与道合一"、"得道"、"体道"成为道教宗教修持的根本目标。道教的神仙体系经过不断发展补充,形成了具有等级化特征的庞大的神仙谱系。道教的至上神在不同的时期、不同的教派中曾有不同的说法,但这些至上神无不都是"道"的人格化身,其中以"太上老君"出现最早,并在隋唐时期被称为"道德天尊",与"元始天尊"、"灵宝天尊"一起,被尊奉为"三清尊神",构成道教的至上神体系。

道教之"道"来源于道家之"道"。在道家老庄那里,道是宇宙万物的

本根,是天、地、人三才存在、变化的依据和规律;在稷下道家眼里,道是构成万物的"精气";对于秦汉黄老道家来说,道主要被用来代表现实政治和统治方略必须因循的法则;魏晋玄学家所说的道,多指现象之后的本体。可见,在道家那里,无论是作为哲学思辨中的宇宙本源,还是万物的本体,抑或具体的治国之本,道本身都不具有宗教的意义,也不可能成为宗教信仰的对象,而是道家学派的思想理论核心。如前所述,道家思想和道家老子的宗教化始于西汉黄老道家与方仙道合流而形成的黄老道。黄老道继承黄老道家对黄帝、老子的神秘化和道家的自然之说,吸收方仙道的神仙信仰和方术,发展出奉黄老以求长生的教旨,成为道教的前身。东汉初,蜀郡成都人王阜,著《老子圣母碑》称:"老子者,道也。乃生于无形之先,起于太初之前,行于太素之元",直接把老子等同于"道",老子成为创生宇宙、规定宇宙发展的"道"的化身,同时又使"道"人格化,具有"神"的性质。这既是道教创世说的雏形,也是"道"被人格化而与被神化的老子合一的开始。早期道教的主要经典《太平经》和五斗米道的《老子想尔注》对创生万物的道极力赞美神化。《太平经》卷六十八中说:"夫道乃洞,无上无下,无表无里,守其和气,名为神。"《老子想尔注》认为,道既在天地外,又在天地间,而且往来于人身体之中,"散形为气,聚形为太上老君"。三国时吴道士葛玄《五千文经序》说:"老君体自然而然,生乎太无之先,起乎无因,经历天地终始,……与大道而轮化,为天地而立根,布气于十方,抱道德之至纯,浩浩荡荡,不可名也。"也是发挥"老子者,道也"的思想。

由以上可见,道教继承了道家以道为宇宙万物本源的思想,同时又通过将道人格化,与被神化的老子(太上老君)合一,建构起自己的信仰和理论体系。至此,"道"在道教这里,就不是一个单纯的思想和哲学范畴,而成为被崇拜和信仰的对象,老子也不再是一个带有神秘色彩的历史人物,而成为道教的教主和至上神"太上老君"。

道教的至上神在不同时期、不同教派中有不同的说法。早期道教五斗米道以"太上老君"为至上神。北朝寇谦之在改造北天师道时,一方面仍尊太上老君为该教教主,另一方面又自造新神,如最高的无极至尊,次之的大至真尊、阴阳真尊等。东晋中后期的上清派和灵宝派,在撰著的道书中所构造出的新的至上神,主要有元始天尊,太上大道君(灵宝天尊)等。直至隋唐,道教才最后确立由分别居住在玉清圣境、上清真境、太清仙境的元始天尊、灵宝天尊和道德天尊"三清尊神"所构成的至上神体系。虽然历代帝王和民间传统都奉太上老君为道教始祖,但在道教三清尊神中道德天尊只是并列为三清之一,这一方面说明了道教神仙谱系经历了不断的发展,另一方面也表明道教的多神信仰是各方杂糅的结果。在道教经书和徒众中,又有老子一炁化"三清"之说,反映了道教对老子的至高信仰和试图将三清尊神三位一体的努力。

道教以"道"及其人格化的"太上老君"为最高信仰,其根本原因,是道教认为道是宇宙的创世主,天地万物包括人类都是道创造的产物,宇宙万物的生灭变化及其规律无不由之主宰,人类作为这一创世主的产物,如果想要获得永恒的生命,长生不死,必须信仰道及其人格化的至上神,通过道法的运用和道术的修炼,获得道的真性,回归本真永恒的存在,与道合一,得道成仙。

围绕"道"这一信仰核心,道教对道的创造性、道的本体义、道与物、道性与人性等多方面加以阐述,建构起了道教神学理论体系;对修道、体道、合道的理论和方法的探索,发展出道教的道法、道术。而对与道合一、长生不死的追求,则是道教信仰理论和宗教实践的根本目标。总的看来,道教的神学理论在内容上十分丰富驳杂,在形式上也缺乏统一严谨的体系,但我们仍可以从中确定其核心内容和发展线索,即道论及其发展衍化。

与道家的道本根论一样,道教的道论也有两个基本维度:道是宇宙万物的创造者,即造物主;道是一切存在的根据,是一切存在运动发展的规律,道存在于一切事物。在道教所谈的"道"中,这两方面的含义又是合二为一的,正因为道是宇宙的创造者,道才成为天地万物的主宰,道体与道性才能存在于一切事物之中。

与道家相比，道教的道论除了将"道"宗教化、人格化之外，在理论上最重要的特点是"道气论"的架构，突出"气"的作用，通过道生气、气生万物来解说道生万物的历程，解说万物在形质上差异，同时通过道体有无、道气关系、道性与人性等问题的思辨，对道的本体义进行阐发，为自己的信仰和修道理论服务。

在道家思想中，已有道气结合以说明万物生成的思想。老子有"道生一，一生二，二生三，三生万物，万物负阴而抱阳，冲气以为和"（《老子》第四十二章）的论述；庄子则明确引入"气"的范畴，认为万物之始本无生、无形，后"变而有气，气变而有形，形变而有生"（《庄子·至乐》）；稷下道家提出"道"即"精气"的思想，认为"气，道乃生"，有气，道才具有生成的作用。如果说，道家对"气"在万物生成中的作用已有初步的认识，那么道教则是自觉地在"道气论"的架构中解说万物的存在。早期道教经典《太平经》提出："元气行道，以生万物，天地大小，无不由道而生者也。"《老子河上公注》认为："道法清静不言，阴行精气，万物自然生。""万物皆归道受气也。"《老子想尔注》则径直把"道"说成是气："朴，道本气也，人行道归朴，与道合。""道气在间，清微不见，含血之类，莫不钦仰。"葛洪《抱朴子》以"玄"为道，认为："玄者，自然之始祖，而万殊之大也"，肯定道的造物主地位，又说"胞胎元一，范畴两仪，吐纳大始，鼓冶亿类"（《抱朴子·畅玄》），所谓"元一"是指宇宙的本源，"两仪"则是阴阳二气。

如果说早期道教通过"道气论"对宇宙的生成做出了自己的解说，实际上在这种解说中也有对道的本体意义的说明，前面引文中的"万殊之大"、"含血之类，莫不景仰"就包含有此种意义，而且细读早期道经，以道为本体的思想十分明确。但是，真正对道本体论进行论证和阐发的则是南北朝以后。南北朝道教思想家通过道体论和道性论对道的本体论内涵进行了探讨。道体论要说明的是道的体性为何以及道与物之间的关系，道性论则是要说明本体之道与人亦即道性与众生性之间的关系。南北朝道体论集中在道体有无、三一体义上，这两个问题都是源于老子《道德经》。《道德经》论道有"常欲无，以观其妙，常欲有，以观其徼"，"天下万物生于有,有生于无"等说法,因此道体是有还是无就成了道教争论的一个焦点。南北朝道教道体有无争论的问题在于,如果说道体是无,无又如何化生万有,如果说道体是有,具体的有又怎么能成为比万物更高的存在。南北朝道教思想家解决这一问题的办法是以道体为各具体事物背后的存在,无法感知,却实际存在,即感知意义上的"无"、存在论意义上的"有"。三一体义是对老子"道生一,一生二,二生三,三生万物"的解说,主要是关于道与气、道与物关系的认识。南北朝道教以本迹、体用关系加以认识,得出道体气用、道本物迹的结论。以道体论为依据,南北朝道性论的基本观点是道性清虚自然,人和一切有生命之物皆有道性,因此应清虚无为以合道。

  隋唐道教重玄学在道体、道性问题上表现出理论的进一步深化。在道体论上,既深受佛学影响,也表现出对这种影响的修正。隋唐重玄学的代表人物成玄英,以"非有非无"释道,其《道德经疏》曰:"言道之为物也,不有而有,虽有不有,不无而无,虽无不无。有无不定,故言恍惚。"道不仅成为极为抽象的本体,而且这种本体也在有无双遣中趋向消解。成玄英之后的重玄学家李荣表现出理论上的修正和复归,他反对单纯地以重玄双遣之"非有非无"论道,而认为道虽然无名、无象,但何名而不立,何象而不见,肯定了道是存在论上的有,同时又引入了成玄英抛弃了的"气",认为道"布气施化",才"贷生于万有",恢复了道的宇宙生成意义和气在道生万物中的作用。李荣对成玄英的修正从一个侧面为我们揭示了道教为何在道本根论的基础上引入"气"的范畴,因为如果不通过气对道本根生成万物的历程和作用加以具体说明的话,道本根的生成意义就不容易彰显,就容易被道本体义遮蔽,成为抽象的、静止的本体,如成玄英的理论那样。隋唐道教的道性论以王玄览《玄珠录》的理论最具代表性。王玄览认为,道普遍地、绝对地存在于万物之中,万物禀道而生,道无所不在,既然万物有道,无性无识皆含道性,那么众生当然都有道性。但道与众生亦同亦异,因为道与众生相因生,所以同,众生有生灭,其道无生灭,所以异。因此"众生禀道生,众生非是道",众生必须修习才可得道。而隋唐道教对道性的一般认识是即虚即静即真,因而在修道方法上强调虚其心志,守静坐忘,修心合道。

唐末五代以后,钟吕金丹道兴起。钟吕金丹道的理论内核是道气论及以之为基础的理气论。钟吕金丹的道同样承认道与气在宇宙生化中的作用,认为道以气化生万物,钟吕金丹道同时也把道视为气化生万物过程中的理。理是元气化生的自然造化之理,气是循此理运行化生之气,依据固然之理以修炼本元之气,则能使生命达到合道的境界。如唐末宋初道士施肩吾提出了炼形化气、炼气成神、炼神合道的内丹修道方法。五代后蜀道士彭晓以修炼元气为成仙之要,认为人要延年不死,就应知有限的形躯是有生死的,而天地阴阳之元气,则是无边无际,没有穷尽的,修还丹就是将无涯的元气,续个人有限之形躯,变化己身,使自身成为纯阳真精之形,从而可以与天地同寿。五代宋初道士陈抟所作《无极图》最能反映道气论在内丹修炼中的理论核心地位。该图以"无极"即道为宇宙本原,通过无极—阴阳—五气—人—万物而构造出宇宙生成图式,所谓"顺以生人",如果由下而上,通过炼精化气、炼气化神、炼神还虚,则能"逆以成丹",合道成仙。此图式既表明道是宇宙的本源,道以气化生万物,同时又表明如果循道化生万物之理进行修炼,则能返归于道,与道合一。

从理论发展的角度看,王重阳全真道的兴起标志道教理论的重心转向心性问题的探讨。全真道通过心、性、命这些基本范畴来讨论内丹修炼的性功与命功问题,认为修行应在心上下功夫,心是内丹修炼的现实基础。全真道对心进行了细致的区分,如真心、本心和尘心、贪心等,他们将所谓的本心、真心视为性,认为性是根源于道的真实实体,此性就是神。修性就是去除贪欲,明本心,见真性。全真道的命功修炼实际上就是炼化精气神以结丹成仙。在全真道的理论中,命就是气,此气即正阴之精与正阳真气,分藏于属火的心和属水的肾中。内丹修命就是凭借精神的控制,逆转心肾、水火二气的自然性能,使心气下降,肾精上行,会于中央丹田,相互交融,结成大丹,人有内丹,自然长生不死。全真道主张先性后命,七分性功,三分命功,以降伏心意,明心见性为首要,辅之以命功的修炼。全真道在其道派的分化和理论发展中对道教的心性理论多有贡献,但明心见性以合道,炼精化气以成丹的性命二法则是基本内容,从中我们可以看到传统道气论的影响。全真道将道放在本心本性之上,以修心为要,是道教理论的一大变化。

以上我们将道教思想家对道教的根本信仰和理论的发展进行了概要介绍。实际上,道教除了信仰道及其人格化的至上神之外,其信仰还包括由众多天神、地祇、人鬼等构成的庞杂体系,其崇拜的对象还有得道的众真人、仙人和被神化的帝王将相、历史名人,表现出多神教宗教的特征。道教理论除了道论之外,还包括由道教思想家通过修道实践发展和总结出的各种具体的修道论,如存在于积精炼气、外丹服食、内丹炼养、符箓科仪等道法道术中的理论和思想,但无论是何种具体的修道论,其理论基础仍是道论,其所遵循的根本方法仍是返本归极,回归于道。限于篇幅,我们不再详细加以论述。

二、道教思想家对道教宗教实践的推动

与道家纯为一种思想学术流派不同,作为宗教复合体存在的道教,其本身便具有强大的实践功能。道教的宗教实践既包括自身的建设,如信仰理论的完善,经典体系的整理,组织结构的发展,科仪戒律的制定,道法道术的探求等,也包括道教以宗教的形式对社会的政治、经济和文化所产生的影响。虽然我们在有关道教的历史发展和道教信仰理论建设的论述中,已经对道教思想家在道教宗教实践方面的贡献有所介绍,本小节仍准备从道法道术的探求和道教与王道政治的关系两个方面,来进一步理解道教思想家如何推动道教宗教实践的开展。

所谓道法和道术,在道教中统称为法术,是道教用来实践宗教信仰,以达至宗教目标的方法和手段。《云笈七籤》卷四十五《秘要诀法·修真旨要》称:"道者,虚无之至真也;术者,变化之玄伎也。道无形,因术而济人;人有灵,因修而会道。人能学道,则变化自然。"道教法术作为宗教的

行为系统之一,是道教所独有的、最富本宗教特色的东西,与道教的教理教义互为表里,有密切的关联,同时,道教的法术也是沟通道教实践主体——修道者与道教信仰和目标的桥梁。因此,考察道教思想家对道教法术的发展,是把握他们如何推动道教实践的独特视角。

宋马端临在《文献通考》中说:"道家之术,杂而多端",又说"盖清净一说也;炼养一说也;服食一说也;符箓又一说也;经典科教又一说也。"对于"杂而多端"的道教方术,我们选取斋醮科仪和炼养方术两个大的方面来对道教思想家如何通过道法道术的发展推动道教实践作些考察。

斋醮,是道教中礼仪化的祈神、祭祀活动。《无上黄箓大斋立成仪》称,"烧香行道,忏罪谢愆,则谓之斋;延真降圣,乞恩请福,则谓之醮。"所谓"斋",就是通过洁净身心,以虔敬的礼仪敬神;所谓"醮",是通过设供祭祀,以通神乞福。《道门通教必用集·序》说,"天师因经立教,而易祭祀为斋醮之科。"道教斋醮是从古代巫术和祭祀仪式发展而来的,早期张陵的五斗米道创制了最原始的斋法"涂炭斋",修斋者"露身中坛,束骸自缚,散发泥额,悬头衔发于格栏之下"(《无上秘要》卷五十《涂炭斋品》)。南北朝是道教的斋醮科仪获得大发展的时期。寇谦之在改造天师道时,十分重视斋醮仪范的制定,增订了授箓、求愿、治病、超度、解厄等斋仪,并且为各种斋仪制定了仪式,他强调:"男女官努力修斋,寻诸诵诫香火建功,仙道不远。"(《老君音诵诫经》)陆修静在整理和制定道教斋醮仪式上有突出的贡献,他把天师道原有的"涂炭斋"等一两种斋仪,扩展成包括上清二法、灵宝九法各派斋仪在内的"九斋十二法"的斋醮体系,其主体是灵宝斋的九种斋法,如用来调和阴阳、救度国王的金箓斋,用来超度祖先、拔除罪恶的黄箓斋和明真斋,用来自省谢过的三元斋和八节斋,用来修身救物、消灾祈福的自然斋等,使道教斋法有了系统的仪范和完备的理论,后世的斋仪大都不出陆修静九斋十二法的范围。唐代对斋醮科仪加以整理和规范的重要人物是张万福和杜光庭。张万福著有《醮三洞真文五法正一盟威箓成仪》,对道教的醮仪作了整理,强调建醮应"尽诚",设醮的地点和器物供品也须多方考究,并对醮仪的全过程,从设坛

427

开始，中经请神、送神，直到醮后的诸种禁忌，依次进行了规范和叙述。杜光庭继陆修静之后，对道教斋醮科仪进行了又一次系统整理和规范，广泛涉及到金箓斋、黄箓斋、明真斋、神咒斋等斋法，他的《道门科苑大全集》记载有"拜章、消灾、忏襀、安宅、坛醮、谢罪"等七种坛醮威仪。

斋醮科仪是道教吸引信众、组织宗教活动的主要形式，也是道教实践宗教信仰的重要方法。道教认为，通过具有神学意义的斋醮仪范，信徒可以修真得道，与神明相通；斋醮可以解决日常生产生活中所遇到的各种问题，为人们祈福禳灾。此外，斋醮活动也是道教获得信众供养，维持教派存在的重要方式。从教派方面看，由天师道发展而来的正一道非常注重斋醮活动，上清、灵宝以及宋元以后的净明、神霄等道派也以行斋设醮为职事，即使是专主炼养成仙的全真道派，也没有完全排斥斋醮活动。南宋金允中在《上清灵宝大法》中称："斋法起于中古，晋宋之间简寂先生（陆修静）始分三洞之目，别四辅之源，疏列科条，校迁斋法。又唐时张清都（张万福）经理之余，尚未大备。至广成先生（杜光庭）荐加编集，于是黄箓之科仪典格灿然详密矣。"在道教发展过程中，道教思想家对斋醮科仪的制定和规范贡献极大，直接推动了道教宗教实践的发展。

道教以得道成仙、长生不死为宗教目标，因此积极探求修炼成仙、延年永寿的炼养方术就成了道教宗教实践的重要内容。

道教的炼养方术，大致可分为服食与内炼两大类。道教所说的服食，指服食药物以求养生延年，乃至长生不死。道教服食丹药得以成仙的思想渊源于战国方仙道求仙人不死之药的说法。当时燕齐滨海一带的方士，曾编造说海中有蓬莱、方丈、瀛洲三神山及仙人和不死之药，以之蛊惑世人，游说诸侯，掀起求仙热潮。道教服食的丹药，大体有草木类和金石类两大种类，由服食金石药物发展出道教的外丹术。道教的内炼术，有守一、守静、存思、内观等修真之术，有近似于气功的服气、行气、导引、胎息等炼气之法，也还有辟谷、按摩、房中等养生之术。道教的内炼养生方术至唐末五代，发展出内丹术，内丹术吸收融会了众多的炼养方术，成为道教炼养术发展的顶峰。

无论是服食还是内炼，都是道教为试图实现长生成仙宗教目标所做的努力。道教的这种炼养实践，由于其实践目标——人的长生不死——的虚幻性，从总体上看是失败的。道教在一千多年的漫长时间里，以人的身体为对象，试验着各种各样的方术，苦苦地探寻着保全肉体生命的途径，期间所经历的曲折不难想象，正是虚幻的宗教目标所内蕴的失败的必然性，使修道实践经历了不断探索和不断失败的命运。也正是在这种不断探索和失败的过程中，道教思想家为道教的发展不懈地寻找着新的实践之路。

以服食为例，服食草木类药物以祛病延年并非道教所独有，传统医学在几千年的发展中已经有成熟的实践经验，道教想通过服用草木药物获致长生不死，既没有理论上的依据，也非常容易被传统医学的实践所证伪。因此，葛洪在《抱朴子·仙药》中特将草木类药物中罕见的"五芝"（如灵芝等）列入能使人"飞行长生"的"上药"，而把其他的草木类药物归入养性治病的"中药"或"下药"，实际上是想通过"五芝"的珍奇来夸大服食的效果。不过，"五芝"虽然如葛洪所说"生于海隅名山"，必须"久斋至精"，佩带"老子入山灵宝五符"才能得见，但"五芝"毕竟是自然草木之物，服食之后如何能使人"飞行长生"仍无法得到说明。魏晋南北朝服食金石类药物的兴起，与道教根据金石物性提出新的服食理论有很大关系。葛洪《抱朴子·金丹》说："金丹之为物，炼之愈久，变化愈妙。黄金入火，百炼不消，埋之毕天不朽，服此二药，炼人身体，故能令人不老不死，此盖假求于外物以自坚固。""假求于外物以自坚固"，这正是道教外丹术的理论根据。所以葛洪说："小丹之下者犹胜草木之上者也。凡草木，烧之即尽，而丹砂烧之成水银，积变又成丹砂，其去凡草亦远矣，故能令人长生。"（《抱朴子·金丹》）草木烧之即尽，而丹砂百炼不消，所以最差的金石类药物也要胜于最上的草木类药物。虽然道教并不懂得金石的化学性质与人体生物机体的性质有本质的不同，金属和矿物质的性质不但不能转移到人体之中使其"坚固"，反而可能对人体有剧烈的毒害，然而，获得新的理论支持的外丹术竟流行了数百年，直到唐末，在付出了无数生命的惨痛代价后,才逐渐式微而让位于内丹术。外丹术是道教宗教实践历史上惨痛的一页,它促使后世道教思想家对之加以深刻反思,探索新的道路。

在道教看来,形气神三者完整和充足,人才能保有健康的生命。道教的内炼之术,无论是偏重于炼神的修真之术,还是偏重于炼气炼形的养生之法,都为各道派所重视。早期的五斗米道,强调用符箓禁咒召劾鬼神,以符水治病,但也传授道徒行气、导引、房中等祛病延年的内炼术。行气,是道教通过呼吸吐纳,辅之以导引、按摩以调和人体精气的内修养生方法。炼气养生为道教普遍所采用,魏晋至隋唐,是道教行气术最盛行的时期。葛洪的神仙道教以金丹之道为根本,同时也重视内修之术,他认为:"欲求神仙,唯当得其至要,至要者,在于宝精行炁,服一大药便足,亦不用多也。"(《抱朴子·释滞》)所谓宝精行炁,也就是房中术和行气法。南朝陶弘景在《养性延命录》中对当时流行的行气、导引等方术加以总结,他在《服气疗病篇》中列举了十二种调气法,称"为之无有不差,愈病长生要术"。道教的守一、守静、存思、内观等修真炼神之术与道家的涤除玄览、心斋坐忘等修养方法有很深的渊源关系。如守一之术,实际上是来自《老子》十章的"载营魄抱一,能无离乎?"所谓"抱一",也就是守道的意思。《太平经圣君秘旨》云:"守一之法,乃万神本根,根深神静,死之无门。"守一,就是常保人的精神。葛洪在《抱朴子·地真》中说:"子欲长生,守一当明;思一至饥,一与之粮;思一至渴,一与之浆。"这里的"一",就是葛洪所说的"玄道"。葛洪又将"一"人格化为神,守一就成了"思见身中诸神",与南北朝上清派的存思术有相似之处。上清派的存思术,就是存思人体之中、天地之间各种"神灵"和身外的景物。无论是守一、存思,还是内观、守静,道教的内炼修真术无疑都是一种带有宗教神秘主义色彩的精神或心灵调节术。值得注意的是,道教的内炼之术虽然在魏晋至隋唐时期得到了很大的发展,有的道派还以之作为修道的主要方法,但它们都无法取代外丹术成为道教修仙的根本方法。其原因就在于,这些内炼之术通常都是有术无学,仅仅是作为一般的分散的修炼方法而存在,缺乏完整的理论体系对之加以说明。直到唐末五代内丹学兴起之后,道教的各种内炼方法被纳入内丹修炼的体系之中,才有了充分的理论基础。如前所述,道教内丹术的理论基础是"修丹与天地造化同途",人体本身是一个与外在的大宇宙相类相通的小宇宙,只要模拟宇宙生人的历程,通过炼精化气,炼气化神,炼神还虚,便能"逆以成丹",返归本源,得道成仙。在内丹学中,传统的炼气之术和修真之术,分别被吸收进内丹的炼精、炼气和炼神的各个修炼环节,在统一的修炼理论指导下成为内丹修炼的有机组成,从而重新焕发出活力。道教内丹学的兴起与外丹宗教实践的失败有很大的关系,鉴于外丹术的破产,内丹学一方面把修炼长生从外炼转入内修,另一方面将传统道教对肉体不死的追求改变为对精神永恒的实现。如王重阳全真道认为,人的肉体是要死灭的,人的真性或阳神则可以长存升天,强调以修性为主,先性后命。张伯端金丹派南宗虽然主张先命后性,以修命为主,但修命的根本目的还是要追求真性的永恒存在。道教从外丹服食向内丹修炼的转变,是道教修炼实践最重要的发展,在这一过程中,道教思想家的理论和实践探索具有决定性的作用。

　　道教思想家对道教宗教实践的推动,还表现在不断地调整道教在传统社会和传统文化中的角色,一方面最大可能地发挥道教对社会文化和政治的影响,另一方面为道教的发展争取良好的环境和有力的支持。这里我们试从道教与王道政治关系的视角对道教宗教实践的这一个侧面和道教思想家的作用作些考察。

　　中国的传统社会是王权至上的封建宗法社会,道教产生于这样一种社会土壤,为了长期发展,与王道政治的关系就成为道教需要处理好的重要问题。道教诞生于民间,早期道教的信徒基本上来自社会底层,其信仰深受原始巫风影响,组织形式多为民间自发形式,信徒结社入道也多缘于逃避社会乱离的苦痛和对现实政治黑暗的反抗。可以说,早期道教是作为皇朝统治的对立面出现的,与封建社会的主流文化有相当的距离。早期道教对王道政治的叛逆态度充分表现在以宗教形式对封建王朝的反叛,如东汉末年的张角太平道发动的黄巾起义,张陵、张鲁五斗米道通过政教合一的形式在汉中一带的割据,西晋末年李特和东晋孙恩、卢循利用天师道发动的起义等。封建王朝对早期道教的起义和反叛多采取残酷镇压的政策,张角太平道在黄巾起义失败后被彻底破坏,李特、孙恩、卢循的起义也在封建政权血腥镇压下很快失败。惟有以割据形式存在的五斗米道,在建安二十年(215年)曹操攻打汉中时投降,得以继续存在和发展,曹操对投降后的五斗米道也多有忌惮,将张鲁及其子女和臣僚以及汉中人民大量北迁,分化和瓦解了五斗米道原有的社会基础。

从历史发展看,道教大规模反叛封建王朝统治在魏晋以后便不多见,这与魏晋南北朝道教思想家如葛洪、寇谦之、陆修静、陶弘景等对道教的改造有很大关系。魏晋南北朝道教思想家对道教的改造有几个方面的特点:一是清理整顿道教的组织,大量吸收士族上层人士入道;二是改造和完善道教的教义理论,不断吸纳儒家伦理纲常思想入教;三是密切道教与皇权的关系,寻求统治者对道教的支持。这几方面的改造结合起来,使道教由早期民间宗教的原始形态逐渐演变成被官方所接受的正统宗教。从王朝统治的反叛者到王道政治的合作者,道教完成了最大的角色转换。道教之所以会产生这种变化,除了道教思想家的积极推动外,还有一些根本的原因:一方面,在中国传统社会中,由于社会经济和社会结构等因素的作用,王权具有至高无上的地位,任何宗教想凌驾于王权之上都是不可能的,相反,宗教的发展必须依赖于王权的支持;另一方面,社会政治目标如"致太平"等,仅仅是道教宗教目标的一个并非重要的组成部分①,当社会乱离和政治黑暗等外在环境得到一定改变之后,长生不死、得道成仙这一根本宗教目标就会成为道教全部宗教实践的核心,从这一方面看,道教也不会发展成为反抗封建王权的革命性力量。客观地说,魏晋南北朝道教思想家对道教与王道政治的关系的调整,大

---

① 关于这一问题,学术界也有不同看法,请参阅孙亦平《经国理身——论道教的终极理想及其现代意义》,载《中国道教》2001年第1期。

大地促进了道教的发展,使道教逐渐走上了传统文化的前台,成为一股重要的社会和文化力量,开始与儒家和佛教分庭抗礼。

隋唐时期及以后,道教对王道政治基本上采取迎合的态度,封建帝王利用道教来神化和巩固统治,道教也通过寻求帝王的支持来发展宗教势力,发挥社会影响。以唐朝为例,在唐高祖李渊起兵反隋前后,就有茅山宗道士王远知、楼观道道士岐晖等制作符命和谶语为李渊代隋大造舆论,甚至有道士直接参与军征。唐建国后,为显赫自己的出身和门第,唐王室自称是老子后裔,尊老子为"太上玄元皇帝",尊奉道教为皇室宗教。道教也在唐朝帝王的支持下发展到极盛,在三教的排位中被排在了儒家和佛教的前面,道教的教派组织、宫观经济、信仰理论等都得到了全面的发展,社会影响极大。再如,宋元全真道也参与了当时的天下之争。王重阳的弟子丘处机远赴雪山行营拜见成吉思汗,受到蒙元统治者的保护,使全真道在北方得到迅速传播。《元史·释老志》称:"太祖时西征,日事攻战,处机每言欲一天下者,必在乎不嗜杀人。及问为治之方,则对以敬天爱民为本。"丘处机为蒙元统治者讲论道教敬天爱民、无为戒杀的思想,也对他们入主中原后的统治政策有一定的影响。宋元以后,道教内部出现了大量的劝善书和功过格,大力宣扬三纲五常等传统伦理道德,以之为修道的日常规范,因其能够辅助统治者进行伦理教化,受到历代封建王朝的大力提倡,这一时期的道教已经逐渐成为封建统治的一种工具。

道教思想家对道教与王道政治关系的调整,一方面推动了道教的宗教实践,促进了道教的宗教发展和建设,但另一方面,道教从封建王权的反叛者到合作者,再到依附者甚至是工具,也使道教在宗教实践的社会功能方面越来越丧失了自己的独立和特性,成为封建大一统文化的一个形异神同的组成部分,在这一点上,道教的确表现出了中华本土文化产物的基本特征。

第四章　道教思想家与中国传统思想文化

道教作为植根于本土文化的民族宗教，对我国古代的思想文化和社会生活的各个领域产生过深刻的影响和作用。这种影响和作用，具有道教自身的特点，为多元文化构成中其他各家文化所不可替代，在传统思想文化中有着独特的意义。讨论道教思想家对传统思想文化的贡献，实际上，就是考察道教思想家通过富有道教特质的理论创造和宗教实践对传统思想文化发挥的影响和作用。我们认为，推动传统文化整体格局的形成，参与传统文化精神的塑造，是道教和道教思想家所发挥的最重要的文化作用；对民间社会广泛作用和对古代科学技术的深刻影响，是道教和道教思想家最富特色的文化贡献。

第一节　对传统文化演进与传统文化精神的影响

道教在形成和发展过程中既注意继承上古文化的遗产，又努力汲取其他文化传统的养料，对传统文化的传承起到了积极的作用，增强了传统文化的延续性和生命厚度；在道教思想家的推动下，道教逐渐发展成为传统文化的重要组成部分，推动了传统文化基本格局的形成，对民族的文化心理、宗教精神产生了重要的影响。

一、古代文化的传承和传统文化的建构

在中国传统思想文化史上,道教思想家的理论创造和宗教实践,保存和承继了我国古代的某些传统信仰、迷信方术和先秦秦汉社会思潮中的神秘主义等文化因素;他们以积极开放的姿态,与传统文化的其他各家——特别是儒家和佛教——相互碰撞和交流,使得道教发展成为传统文化的重要组成部分,为传统文化基本格局的奠定做出了贡献。可以说,忽视了道教的存在和道教思想家的贡献,我们将无法获得关于传统文化发展的连续性和完整性的认识。

道教的万物有灵观念、庞杂的神仙谱系和人死为鬼、得道飞升为仙的思想与古代的鬼神崇拜有着密切的关系,传统的鬼神观念是道教的文化思想渊源之一。鬼神信仰的最初形态是万物有灵论,自然物被人格化为精灵加以崇拜,山川河流、日月星辰、风雨雷电皆有神灵主宰。中国上古的自然崇拜由来甚久,随着文明的发展,殷商时期的信仰,已由自然神灵崇拜扩大到包括天神、地示、人鬼的复杂系统。商代的文化表现出浓厚的信鬼神、重淫祀的祭祀文化特征。《礼记》"殷人尊神,率民以事神,先鬼而后礼",这里的"神"兼指天神与人鬼。由甲骨卜辞的研究可知,殷人的神灵观念可分为三类:一、天神:上帝、日、东母、西母、云、风、雨、雪。二、地示:社、四方、四戈、四巫、山、川。三、人鬼:先王、先公、先妣、诸子、诸母、旧臣。"帝"是殷人信仰的最高的神,具有最高的权威,管理着自然与下国,最重要的权力是管辖天时而影响年成,并且有一个以日月风雨为其臣工使者的帝廷。"人鬼"是殷人作为祖先来崇拜的先公先王,可上宾于帝廷或帝所。地上的人王通过先公先王或其他诸神可向上帝转达人间的请求,或求雨祈年,或保佑战争的胜利。在周人的信仰体系中,"天"取代"帝"成为最高主宰并凸显了自身的伦理特征,所谓"天命靡常,惟德是辅",显示出人文理性的生长,但周人的祭祀体系仍包括天神、地示、人鬼三部分,表现出与殷商宗教信仰的连续性。《周礼·春官·大宗伯》明确提出这种分类:"大宗伯之职,掌建邦之天神、人鬼、地示之礼,以

佐王建保邦国。"其具体内容与殷商的信仰体系又有所不同，如"天神"中增加了天、昊天等内容，"地示"中出现了五岳、四方百物等实际对象，"人鬼"则与殷商相似，指祖先神。周代的祭礼十分系统完整，对祭祀的对象、规模、时间以及祭法都有严格的规定。道教成立之后，虽然出现了许多与古代祭祀相异的神灵，神灵谱系也愈来愈庞大，但所崇奉的对象大多是从古代"天神、地示、人鬼"系统保留或发展而来的。与殷周国家祭祀系统对鬼（祖先神）和神（天神、地示）的理解不同，先秦典籍里还有一种对鬼神的一般理解，《礼记·祭法》中说："万物死皆曰折，人死曰鬼。"《礼记·祭义》载孔子与弟子宰予论鬼神，孔子认为："众生必死，死必归土，此之谓鬼。骨肉毙于下，阴为野土。其气发扬于上，为昭明焄蒿凄怆，此百物之精也，神之著也。"也即人死后为鬼，发扬于上的气叫做神。这种思想较具有代表性。《正字通·示部》曰："神，阳魂为神，阴魂为鬼；气之伸者为神，气之屈者为鬼。"这种对鬼神的一般认识，被道教吸收进来，发展出人死为鬼、得道飞升为仙的思想。

神仙思想是道教信仰和理论的重要组成部分，但神仙思想并不是始于道教，而是道教对战国秦汉神仙信仰的继承和发展。考诸道教神仙思想的来源，基本有三：一是上古神话传说中关于神仙和仙境的描绘，二是战国秦汉方仙道的鼓吹和方术实践，三是老庄道家的摄生理论和有关神人、真人得道境界的描写，以及黄老道家对黄帝、老子的神化。《山海经》中有"不死之山"、"不死之国"、"不死之药"和"不死之民"的记载，上古神话中有羿请不死之药于西王母，嫦娥窃以奔月等传说，表明了先民对长生不死的向往。战国时，燕齐滨海一带的方士，编造说海中有蓬莱、方丈、瀛洲三神山及仙人和不死之药，掀起求仙热潮，不但当时的诸侯大做求仙长生之梦，后世的秦皇汉武也汲汲求之。方仙道求仙人不死之药的说法，成为道教服食丹药得以成仙的思想渊源。老子的清静无为、顺乎自然、循道摄生的思想，庄子对得道之神人、真人、仙人的逍遥境界、奇异功能的描写，是后世道教借以发挥神仙思想的重要资源。老庄提倡的静观、玄览、坐忘、守一、导引等修养方法，也为道教所继承并发展为修炼之道术。汉武帝独尊儒术以后,方仙道与黄老道家思想合流,成为黄老道,黄老道正是道教的前身。方仙道之所以能与黄老道家合流,除了后者有较为系统的理论外,与黄老道家对黄帝、老子的神化和推崇从而为方仙道提供依附的可能也大有关系。黄帝是传说中的中华始祖,老子是春秋时期周的柱下史,黄老道家借黄帝之名以崇老子之说,使老子和黄帝一样获得神圣性和神秘性,经过方仙道的加工和渲染,为后世道教神化老子,以老子为教主打下了基础。老庄和黄老道家中的神秘主义因素直接被道教继承和吸收,成为道教创教的最直接的文化资源,此外,道教还借助老庄和黄老道家思想构筑自己的神学体系和修道理论,奠定了宗教发展的理论基础。

以儒佛道三教为主体的中国传统思想文化基本格局的奠立,开始于魏晋南北朝,形成于隋唐,完成于两宋。魏晋南北朝,是佛教和道教走上文化舞台的前台,儒佛道三教之间相互碰撞、相互交流的重要时期。隋唐,由于佛教的兴盛和道教被奉为皇室宗教,三教鼎立成为文化格局的重要特征。宋代,理学兴起,隋唐三教鼎立的文化格局被打破,理学因适应后期封建社会的需要而成为正统的思想意识形态,佛道二教虽有发展,但都处于依附从属的地位,配合儒学发生作用。中国封建社会后期以儒为主,佛道为辅的基本文化格局最终奠定下来。

在儒佛道三教中,由于道教与佛教在信仰和理论上存在着差异和对立,在社会地位、宗教势力等方面也存在着竞争和矛盾,相互之间的斗争是佛道关系的重要特点。在佛道斗争中,道教经常采取主动的姿态去打击佛教。早期的佛道斗争较为激烈,魏晋南北朝时期,道教常常联合儒家,从中华文化本位主义的立场出发,对佛教在王道政治、伦理纲常等方面所持的异域文化价值体系进行批判,而佛教则采取对作为中国封建社会统治思想的儒家加以迎合的策略,集中力量批驳道教信仰、方术的荒谬,针锋相对地指斥道教历史上"挟道作乱"的危害性。佛道之争发展到极端,特别是南北朝时期,宗教之争还发展为政治斗争,曾经酿成多次流血事件,北魏太武帝和北周武帝的两次灭佛,就与道教借助帝王的政权力量来打击佛教有直接的关系。唐王朝虽然推崇道教,但实际上所采取的是三教并用的政策,佛道之间为了政治地位的高低,经常就排列的先后问题展开激烈的争论,双方在宗教地位上的矛盾依然存在,晚唐时期的武宗灭佛,既有政治和经济方面的原因,也与唐武宗笃信道教和道士赵归真等人在武宗面前诽毁佛教有关。宋元以后,随着儒家理学占据统治地位,三教融合发展成不可阻挡的历史潮流,佛道斗争也走向了式微。道教与佛教在历史上虽然冲突不断,但二教之间的相互渗透影响却也由来已久。由于佛教在传入中土之后,相比较于初创的道教,表现出较为成熟的宗教形态和较高的理论水平,因此在交往过程中,道教对佛教的理论、组织、仪轨、戒律甚至经典编纂方式等都大加模仿和借用,在佛道之争的刺激下也不断地完善自己的信仰和理论。道教在作为佛教的竞争者的角色背后,还是佛教的一个积极学习者。如果说,道教采取主动姿态与佛教斗争,为道教争得了宗教地位,扩大了宗教势力,那么,正是道教对佛教的积极模仿和借鉴促使道教在思想理论、组织形式、修行方法和仪轨戒律等方面成熟起来,得以发展成为与儒家、佛教鼎足而立的文化力量,促进了传统文化基本格局的形成。

魏晋南北朝时期,道教思想家为了摆脱民间宗教的粗俗形态,回击儒家和佛教对其"鬼道"色彩和方术迷信的抨击,通过对佛教的模仿和借用,开始在信仰、经典、戒律等方面进行建设。

据考证,东晋以前,道教尚无造像,随着佛教造像的大量兴起,南北朝初年,道教开始模仿佛教做法,建造了自己的神像。魏晋南北朝,佛教经律论的大量翻译和涌现,产生了很大影响。道教开始模仿佛教整理和造作经书,形成了三皇、灵宝、上清三系经文,至南朝刘宋时,由陆修静加以整理汇归,总括为"三洞"。道教在造作经典中对佛教经典和教义的模仿和采撮,曾被当时的佛教信徒所讥讽,南朝宋代谢镇之曾说:"道家经籍简陋,多生穿凿,至如《灵宝》、《妙真》采撮法华,制用尤劣。"(《弘明集·与顾道士书》)指责道教经典是模仿抄袭佛经的粗制滥造。这种说法虽有过分之处,但道经对佛经的确有模仿和借用,如陶弘景的《真诰》

一书,有不少思想即采自佛教的《四十二章经》。这一时期,道教在制订仪轨和戒律方面对佛教的形式和内容也多有参照,如陆修静在完备道教斋仪的过程中,一方面总结天师道原有的斋仪并补充进儒家封建礼法方面的内容,另一方面吸取了佛教"三业清净"的思想,认为斋仪是检索身、口、心"三业"使之不沉沦于恶境的重要方法,要求心去贪、恣、痴,身除杀、盗、淫,口断妄杂诸非言,他所谓的"三业",正是来自佛教的身、口、意三业。在思想上,此期道教还吸收了佛教生死轮回之说。由于道教倡导"肉体飞升",本无"六道轮回"、"地狱"等说法,寇谦之在改革旧天师道时,改变了只要炼形即可长生成仙的教义,引入佛教"生死轮回"之说,宣扬修持者前世之善恶,影响今身修行之成效,今世之善恶,又影响来世,要人修道从善,解过除罪,同时还用"六道轮回"以警告世人,如果诳诈作恶,就会被太上老君打入地狱,转生畜牲。在南朝,上清派、灵宝派的经典戒律也大量吸收佛教的因果报应、三世轮回、地狱天堂等思想。

早在汉末三国,道教就因信仰理论和方术实践的粗陋遭到过佛教的批判。在记载佛道之争的最早文献《牟子理惑论》中,道教的神仙之说被斥为"听之则洋洋盈耳,求其效,犹握风而捕影"的虚无之谈,神仙方术则被称之为"不知物类各自有性"的荒谬之法。为了自尊自文其教,与外来批判相抗争,东晋道教思想家葛洪撰述了系统阐述道教神仙理论的《抱朴子》。《抱朴子》针对外界对神仙信仰和方术的质疑,论证了神仙实有、神仙可学、长生能至、方术有效等仙学理论的核心问题,对道教的各种方术进行理论论证。佛教学者对道教理论粗陋、经教驳杂的攻击,对南北朝和隋唐道教的理论建设也起到了很大的刺激作用。南朝道教思想家开始以研习《老》、《庄》的方式发展道教义学。隋唐道教思想家通过援佛入道,注解《老》、《庄》,阐发义理,丰富和发展道教的理论和修养方法,开启了隋唐道教的新发展。在隋唐重玄学代表人物著名道士成玄英、李荣、王玄览等人的理论中,都可以发现对佛学的吸收和借鉴。成玄英以"玄之又玄"释道,实际上正是借用了佛教非有非无、有无双遣、非非有非非无、不著于空的中观理论和方法。成玄英又按照"重玄"观点,提倡无欲无为的静养方法，并引进佛教三业、六根之说，认为重静之人应当做到"三业清净"、"六根解脱"。李荣也借用佛教中观思想，阐发道的"重玄"义。他在《老子注》中认为道教的道德之意，超于言象，绝于有无，难以把握，故借玄以遣有无，有无既遣，玄亦自丧，故曰又玄。王玄览在《玄珠录》中完全采用佛教中观方法论证道体本"空"，认为道体的真相是空，但又不是空无所有之空，而是"能应物"的空，毫不隐晦地引佛教的"空"来解说道教的"道"。他还借用了《中论》八不缘起中的生灭、常断两对范畴，所谓"天下无穷法，莫过有与无，一切有无中，不过生与灭。一切众生中，不过常与断"，通过否定有无、生灭、常断以显道体的空寂。王玄览的心性理论也多受佛教思想的影响，如他认为，修道应向"心"上下功夫，所谓"道应内求"，并说"心生诸法生，心灭诸法灭，若证无心定，无生亦无灭"，认为"十方所有物，并是一识知；是故十方知，并在一识内"，识体是恒常清净，识用是变化众生，只有修识用以归识体，才能使恒常清净的真体不死。这明显是佛教唯识宗"万法唯识"理论和道教道体清净思想的糅合。司马承祯是唐代吸收佛教修行方法发展道教性命修养学说的重要代表人物。司马承祯一方面借鉴天台宗的"止"法，强调虚心、忘形；另一方面又借助天台宗的"观"法，主张决破疑惑，了悟道性。这一时期的道教还引入了佛教的许多概念术语为己所用，以完善自己的教理教义。如佛教有佛的法身、报身、应身"三身"的说法，道教模仿并发展为道的本迹各有三身，本三身为道身、真身、报身，迹三身为应身、分身、化身。如佛教有佛、法、僧"三宝"，道教则模仿出道、经、师"三宝"；佛教有空、假、中三观，道教则发展出假、实、偏或有、无、中道三观。

宋代以后，随着三教融合趋势的加强和佛道斗争的式微，道教思想家进一步吸收佛教的理论和修持方法，在三教融合上态度更为积极和主动，发展出以三教合一为宗旨的全真道等新道派。北宋张伯端先命后性的内丹理论，实际上吸收了佛教禅宗的心性修养方法以为道教修性的内容，是引禅理而炼心，以与金丹修命相配合。全真道以高唱三教合一而著称，王重阳在立教之初即以"三教"为标识，不独尊道教。全真道以"识心见性"为个人内在"真功"的核心,"识心见性"是禅宗的理论核心和修行法门。全真道吸收佛教如来藏系的心性说,认为人心所具的"本来真性"不生不灭,只有识得自心真性,降伏心意,保持不乱,才是证真成仙的保证。全真道效仿禅宗,也标榜不立文字,注重宗教实践。在明心见性的修养方法上,主张无心无念,不著一物,所谓无心、无念正是禅宗明心见性的法要,其具体的修行方式,又采用了禅宗的打坐、参究、机锋等方法。全真道还仿效佛教,行道士出家制,模仿禅宗丛林,建立自己的丛林制度。可以说,全真道是三教合一思潮的典型代表,也是道教融合佛教最全面、最彻底的宗派。明清时期,道教仍不时对佛教加以吸收,如明代道士何道全对佛教禅学颇有研究,常常与禅僧一起参禅,并用禅宗的"参究"法门来讲道法修炼。他作的《三教一源》诗云:"道冠儒履释袈裟,三教从来总一家。红莲白藕青荷叶,绿竹黄鞭紫笋芽。"认为三教同源,本来不二,这代表了道教对三教融合的文化发展大势的一般认识。

佛教在中国化的过程中,为了扎根中土社会,融入传统文化,对道教的一些适合民族文化心理的观念和方法也曾加以吸收和利用。汤用彤先生曾指出:"北朝佛教不脱汉世色彩,尤可于延寿益算说之盛行,而可知之。延寿益算,为众生之所最贪爱,自为南北之所普信。而因其与道教长生久视同科,为佛道混杂最重要之点。"①北朝佛教认为人行五戒,修功德,即延年益算;反之,则减算促年,死入地狱。实际上延寿益算并非是佛教的思想,而是来自道教,道教认为有司命之神通过考校人之功过,决定人的寿命。南朝和唐代,都有僧人将道教的修炼方法引入佛教修行之中。如陈代僧人、天台宗第三祖慧思,在其所著的《誓愿文》中发愿先成神仙再成佛,把修神仙作为修禅成佛的步骤和阶梯,他要达到"长寿命"的方法,是"得好芝草及神丹"、"借外丹力修内丹"等,明显引入了道教的思想和方术。唐代名僧湛然在《止观辅行传弘诀》中大谈"金丹"、"大仙",引入了道教服丹成仙的思想。唐代的佛教密宗,也吸取了道教

---

① 汤用彤:《汉魏两晋南北朝佛教史》,上海书店1991年版,第807页。

的东西,如咒语、修炼术等。佛教吸收道教的长生思想和方术,虽然往往是权便之设施,或出于吸引民众之需要,但也反映了佛教对道教所代表的一套适合民族心理的宗教理论和修养方法也不能漠然置之。

我们在前面的历史叙述中,曾对道教思想家积极吸收儒家仁义忠孝等伦理思想来发展道教,以争取封建帝王的支持作过介绍。实际上,儒家特别是宋明理学,也从道教那里吸收过养料。如理学开山祖师周敦颐所著的理学奠基之作《太极图说》,就来源于唐末宋初道教思想家陈抟所传之《太极图》或《先天图》。周敦颐将道教内丹学"顺以生人"、"逆以修丹"的宇宙炼养图式改造为儒家理学的宇宙发生论,用以沟通天道和性命,为儒家的伦理思想确立宇宙论和本体论依据。周敦颐还提出了"无欲"和"主静"的道德修养论,认为"无欲则静虚动直"(《通书》),要求人们"定之以中正仁义而主静"(《太极图说》),对道教的炼养方法也有所借鉴。此外,如张载、二程、朱熹等理学大师,都曾出入过道教之学,受到过道教影响。

由以上论述我们可以看到,儒佛道三教之间的相互碰撞,相互交流,是传统思想文化基本格局得以形成的重要因素。在三教之间既相互斗争又相互借鉴的复杂关系中,道教和道教思想家以积极的精神和主动开放的姿态,扮演了重要的角色,是促进传统文化演进和基本格局形成的重要力量。

二、生命超越观的凸显及其文化意义

人类面对生命局限和现实苦难所迸发的超越追求,是宗教产生的重要原因之一。任何一个成熟宗教,就其本旨来说,都包含对人类生命和境遇的深切关怀。与大多数宗教贬低或否定现实世界和肉体生命,将生命关怀投射到超越的彼岸世界并寻求神的救赎不同,道教在宗教形式下所表现出的是对现实世界和现实生命的肯定,希望通过个体的修炼以葆有肉体生命的永恒并创造出美好的现实生活,试图将个体和人类的命运牢牢地掌握在自己手中。道教所实践的,是一条独特的生命超越之路,对传统文化精神品格的塑造有很大影响。

商周之际,中国文化发生重要转折,在周人的信仰体系中,"天"取代至上神"帝"而成为最高主宰并凸显了自身的伦理特征,所谓"天命靡常,惟德是辅",人文理性得以生长并通过百家争鸣成为后世文化的主流。先秦百家争鸣的核心是为周文疲惫、天下大乱、道术分裂的政治和文化困境提供解决方案,现实的社会和人生问题是诸子百家所关注的重点,其精神很少指向超越的宗教世界。儒家孔子所关心的是恢复周礼、规范人伦、提升教化,有着深切的人文关怀。道家老子通过对道的阐发,表明自己的社会理想、政治理论和人生关怀,体现出清醒的理性精神。相比较而言,墨家墨子以"天志"、"明鬼"的"赏贤罚暴"来保证自己"兼爱"、"非攻"的社会理想的实现,透露出某种宗教的情怀,但这种宗教情怀所指向的却是"求兴天下之利,除天下之害"(《墨子·兼爱下》)的现实目标。除儒道墨三家外,其他各家虽各有侧重,但关注现实的精神旨趣大致相同。此外,战国秦汉的神仙家则把寻找长生不死的神仙和长生不死之药作为自己的主要目标,其落脚点正是人的现实生命。可以说,中国文化关注现实、关怀人生的价值取向早在先秦就已奠定。但是,传统的宗教精神却未因这种人文关怀和理性精神的成长而消灭,从国家祭祀到民间巫风,从董仲舒天人感应说到东汉的谶纬神学,从方仙道到黄老道,宗教的追求绵延不绝,宗教的力量时隐时现,始终存在于社会生活的各个时期、各个层面,并发生着作用。然而,只是在佛教传入和传统宗教会归发展出道教之后,宗教才开始发挥自己独立的社会和文化影响。

道教以长生不死、得道成仙为终极目标,并围绕这一核心发展自己的信仰理论和修道方法,把传统文化对人的现实生命的关怀发展到极致。可以说,乐生、重生、追求长生不死既是道教的根本关怀,也是道教以宗教的形式对传统文化人生关怀的凸显。

道教乐生、重生的背后是对人生的短暂悲苦的哀叹。《列子·杨朱》说:"万物所异者生也,所同者死也。生则有贤愚贵贱,是所异也;死则有臭腐消灭,是所同也。……十年亦死,百年亦死。仁圣亦死,凶愚亦死。

生则尧舜,死则腐骨;生则桀纣,死则腐骨!腐骨一矣,孰知其异?"人生不满百年,死亡是人之大限,圣贤凶愚都不免一死,人生的意义何在？东晋道士葛洪在《抱朴子·勤求》中写道:"百年之寿,三万余日耳,幼弱则未有所知,衰迈则欢乐并废。童蒙昏耄除数十年,而险隘忧病相寻代有,居世之年略消其半。计定得百年者,喜笑平和则不过五六十年,咄嗟灭尽,哀忧昏耄,六七千日耳,顾眄已尽矣。"人生苦短,纵得百年之寿,除去童蒙未启、年老衰迈数十年,人生险恶,忧愁疾病时时困扰,喜笑平和之时所剩下的只有五六十年,即使在这些日子里,还要忧惧死亡,害怕年老,而生命却转眼逝去。葛洪悲叹道:"里语有之:人在世间,日失一日,如牵牛羊以诣屠所,每进一步而去死转近。"可见,正如佛祖释迦牟尼发心求道缘于目睹人的生老病死诸苦,道教对人的生命的悲剧性体认也十分深刻。但与佛教不同的是,道教对转瞬即逝、忧惧悲苦的感性生命并不采取否定的态度,去追求超脱生死的目标,而是转而祈望牢牢地抓住现实的感性生命,追求长生不死。陶弘景《养性延命录·序》说:"禀气含灵,唯人为贵,人所贵者,盖贵为生。"在道教眼里,生命才是人最宝贵的东西,而生命最大的不幸就是死亡,如果能战胜死亡,永葆生命,长生不死,则人间的悲苦,诸如疾病、忧惧等等都会烟消云散,展现在面前的将是永恒的生命盛宴。

　　死亡的威逼、生命的愁苦反而激起了道教对现实感性生命的深深眷恋和对生命永恒的追求,喊出了"我命在我不在天"的口号,试图去掌握和控制自然,走上了一条独特的生命超越之路。理解了这一点,也就理解了道教的精神和价值取向,这就是强烈的生命关怀和现实品格。

　　相对于儒家的入世、道家的超世和佛教的出世,道教的价值取向呈现出一种复杂性,既有结庐深山、炼养林谷、山中一日、世上千年的出世企求,也有脱却尘俗、清净无为、心游方外、豁达通脱的超世品格,还有以道导民、方术要众、精察时运、干预世变的入世倾向。但是,透过这些表面现象,道教的现实品格是非常明显的,其最终的落脚点还是现实的生命、人生和世间。

以追求个体生命长生不死为目标,以重生、乐生为根本关怀的道教,它的文化意义在于:传统文化不但在社会的、政治的世俗层面保持着现实品格,而且其宗教的超越层面也被现世化了,以至于以出世为主要倾向的佛教传到中国后也不能不受到影响。

道教在宗教观念领域所表现出的现实品格有以下几个主要方面。首先,继承传统文化"神道设教"的思想,强调"以道教化民众",突出宗教的道德伦理功能。从历史上看,道教从创立之始就比较认同儒家的仁孝忠君观念,如《太平经》所提出的十条戒律的第一条就是"大慈孝顺",即讲究仁慈与孝顺;南北朝上清经派的《玉清下元戒品》说:"道学不得不忠于上,道学不得教人不忠于上";唐宋以后,为初学者所设的《虚皇天尊初真十戒文》第一条就是"不得不忠不孝,不仁不信,当尽节君主,孝顺父母",把对世俗政治权力和伦理规范的承认作为学道者的首要品格;南宋出现的净明忠孝道更是提出了"以忠孝为本"的宗旨。其次,以宗教作为变革社会的组织和旗帜,突出宗教的社会政治功能。东汉的太平道、五斗米道皆以宗教的形式,或发动起义,或割据一方,以自己的社会理想批判社会弊病,变革社会,成为重要的社会力量,被统治者视为"挟道作乱",后世带有道教成分的民间宗教黄天教、红阳教等也成为社会下层反叛朝廷的组织形式。最为重要的是,道教将宗教的超越追求落实到现实生命的保存、延续和修炼上,以俗世生活的幸福代替彼岸世界的理想,使宗教变成获取神灵保佑、确保现世和来生幸福、福及子孙的实际手段,走向了功利化和世俗化。

我们认为,当传统文化在世俗的层面和宗教层面都表现出现实性的特征之后,中国文化的现实品格才真正确立下来。可以说,道教既是中国文化现实品格的产物,又使这种现实品格得到了强化和拓展。

第二节　对民间社会和古代科学技术的广泛影响

对于宗教的考察,忽视它与日常生活世界的广泛联系及由此所产生的影响,将是极大的缺憾。与传统的儒家和外来的佛教有所不同,道教发源于民间宗教,植根于民间土壤,发展壮大于民间社会,它的影响也广泛地存在于中国传统的乡土生活当中。鲁迅先生曾有感而发:"人往往憎和尚,憎尼姑,憎回教徒,憎耶教徒,而不憎道士。懂得此理者,懂得中国大半。"①另一方面,道教对中国古代的科学技术的发展也产生过重要影响,国际著名的中国科技史家李约瑟认为"它对于了解全部中国科学技术是极其重要的"②。因此,研究道教思想家对传统思想文化的影响和贡献,不能仅仅局限于传统文化的精神塑造或传统文化的格局演变等一般的思想史层面,还应该展现道教思想家通过宗教实践对生活世界所发生的广泛而深远的影响。

一、对民间信仰和民俗文化的影响

对万物有灵论的普遍信奉和多神崇拜是中国传统民间信仰的主要特征之一。中国民间的万物有灵信仰和多神崇拜,既是上古的原始宗教的遗存,又在文明的发展过程中,不断地被各种宗教信仰,特别是道教所强化。

万物有灵观念来源于原始宗教。原始人出于对睡眠、做梦、死亡等生理、心理现象的观察和猜测,产生了灵魂观念,将灵魂观念应用于万物,出现了万物有灵信仰。将万物有灵的观念赋予自然物和死去的祖先,则产生了自然神和自然崇拜、祖先神和祖先崇拜。由于中国上古文化发展的连续性,无论是自然崇拜还是祖先崇拜,在进入文明社会之后,都继续被保存下来,并在此基础上发展出至上神崇拜。商周国家祭祀所包括的天神、地示、人鬼系统,既有对至上神上帝、昊天的崇拜,也有对先王、先公等祖先神的崇拜,还有对日月山川、风云雨雪等自然神的崇拜。客观地看,由于在商周之后,中国古代并没有发展出

---

① 鲁迅:《小杂感》,《鲁迅全集》第三卷《而已集》,人民文学出版社 2005 年版,第 556 页。
② 李约瑟:《中国科学技术史》第二卷,科学出版社、上海古籍出版社 1990 年版,第 35 页。

占据统治地位的一神教,多神崇拜和各种信仰的混杂则成为传统宗教领域的基本特征。

以商周的祭祀和崇拜为代表的宗教文化,在后世被两个文化系统所继承,一是历代封建王朝的宗法性国家祭祀制度和信仰系统,还有一个就是道教。对于前一个文化系统,牟钟鉴称之为"宗法性传统宗教",他认为:"宗法性传统宗教,它以天神崇拜和祖先崇拜为核心,以社稷、日月、山川等自然崇拜为羽翼,以其他多种鬼神崇拜为补充,形成相对稳定的郊社制度、宗庙制度和其他祭祀制度,它是中国最正宗的国家民族宗教,它在组织活动上与政权和宗法家族制度相结合,又形成宗教风俗,普及于民众之中,近于全民信仰。"[①]我们认为,由于这种祭祀制度和信仰系统是封建社会统治思想的传达和控制手段,更多地表现出理性化的正统色彩,对民间信仰的影响也主要表现在"敬天法祖"的宗法性内容上。相比较而言,道教则对民间信仰,特别是对万物有灵观念和多神崇拜的影响更为广泛和深入。

道教在传统宗教文化所形成的天神、地示、人鬼系统的基础上,根据"一切有形皆含道性"、"一切有生皆含道性"的理论,创造了庞大的神灵系统,表现出鲜明的泛神化色彩。这种泛神化色彩作用于民间信仰,一方面大大强化了传统的万物有灵观念,举凡自然界的一切,如天地四方、日月星辰、风雨雷电、山川河流、草木瓦石,都有各自的神灵,人世间的一切,生老病死、农工商贾、村墟都邑、房舍道路,甚至人的身体各器官,都有神灵主宰;另一方面也为民间信仰提供了大量的崇拜对象,道教的三清尊神、四御天帝、星君斗姆、五岳神灵、海神河伯等众神灵,古代传说中的黄帝、赤松子、广成子、西王母、东王公等众仙人,以及历代被视为已经得道体虚的仙真和历史名人等等,大多被民间接纳为信仰和崇拜的对象。此外,道教还创造加工出一批俗神,如城隍、土地、雷公、雨师、门神、灶君、药王、财神等等,为民间所广泛崇信,对民俗信仰影响很大。道教

[①] 牟钟鉴:《道教通论》卷前语,齐鲁书社1991年版,第5页。

对民间多神崇拜信仰的影响还表现在，道教有意将佛教所崇拜的对象拉入自己的阵营，在道教宫观中常常可见菩萨、金刚与道教神仙并立并祀、同受香火的场面，表现出道教迎合民间信仰的需要所具有的开放和灵活的态度。

传统民间信仰的另一大特征，是讲求实用性以及宗教活动与日常生活的合一。对于中国传统社会的下层民众来说，他们所关注的既不是宗教信仰体系的庄严完整，也不是宗教神学理论的精致高深，而是希望通过信仰和供奉神灵，为自己和家族祈福禳灾，祈求神灵的力量佑助自己解决生产生活中的难题，只要能满足自己的需要，则"逢神就拜，遇庙烧香"，而不大关心所崇拜的神灵属于哪一个宗教。在实用目的支配下，民间的宗教活动与日常生产生活常常融为一体，岁时年节要祭祀祈福，农事活动需求雨魃旱，婚配嫁娶应拜天祭祖，丧礼葬仪行道场法会等等，信仰活动渗透到生活的方方面面，发展成为民间习俗。

与对民间信仰也具有广泛影响的儒家和佛教相比，道教在满足民间信仰的实用性需求方面具有很大的优势。一方面，道教的信仰和方术"杂而多端"，其中不少道法道术就是从民间宗教活动发展而来的，其本身就是为了满足日常生产生活中各方面的需要而发明的。另一方面，道士多成长和生活于民间社会，与民间有着广泛密切的联系。特别是不驻宫观的正一道士，当披上道袍，作法弄术时，他们是神秘力量的化身，在走下醮坛，撤去剑印之后，他们和周围的人一样，也要耕作劳动，娶妻生子，因此，正一道士很能了解和满足民间信仰的需要，在民间活动的时间最长，影响也最大。其实，即使是模仿佛教驻宫观守戒律而以个人修炼为主的全真教徒，也强调随机应化，做济世救人的真行。在道教的道法道术中，除了以修仙为旨要的外炼和内修之术外，大量的法术是用来满足日常信仰和生产生活需要的，斋醮超度生死、符箓召劾鬼神、扶乩传达神意、金丹符水治病，从祈年、求雨、禳灾，到建宅、祈子、安葬，到处都有道士施法弄术的踪影。在不断深入民间社会和满足民间需要的过程中，道教的信仰和活动也在不知不觉中转化成民间习俗,代代相传,蔚成风气。在传统的乡土中国,一个人从生到死,都免不了要与道士打交道;一年到头,岁时年节,有各种道教节令庆典活动;甚至连工商业者也多以道教神仙作为自己的行业神,如铁匠崇老君,墨匠崇吕祖,乞丐、剃头匠崇罗祖大仙,文具商崇文昌帝君等。

道教对民间信仰的影响还表现在,明清时期,许多民间宗教通过从道教汲取营养来发展自己。如明代嘉靖年间兴起的黄天教,被信徒神化为教主李宾"蒙玉清敕赐"而创立,所谓的"玉清",就是道教最高神"玉清境元始天尊"。黄天教深受道教内丹学和全真道影响,讲求内丹修炼,希望通过性命双修,达到"结圣胎,得长生"的目的。黄天教在当时十分风行,思想家颜元称其"京师府县,以至穷乡山僻都有"(《四存编·存人编》)。再如明代万历年间由韩太湖创立的红阳教,也是一个典型的受道教影响的民间教派。红阳教的全称是"混元红阳教",以"混元老祖"为至上神,所谓的"混元",是道教创世说中天地开辟前的时代,北宋真宗曾敕封老子为"混元上德皇帝",红阳教在教名上冠以"混元",表明了自己与道教的亲缘关系,所推尊的"混元老祖",其实就是道教的太上老君。与黄天教讲求内丹修炼不同,红阳教受道教符箓派影响更大,十分重视筑坛诵经,设斋打醮,常常应村民之请,为丧葬之事设道场,超度亡灵。明清两代,红阳教在民间下层广为流传,教徒众多,影响甚大。此外,其他民间宗教,如白莲教、罗教等,也都或多或少受到过道教的影响。

最后需要提出的是,宋元以后道教所大量创制的劝善书和功过格,对民间的信仰和道德教化曾产生了广泛而深入的影响。劝善书又称善书,是道教中宣扬因果报应,劝人行善积德、弃恶从善的道德教化书。道教劝善书以产生于北宋时期的《太上感应篇》影响最大,后世出现的《文昌帝君阴骘文》、《关圣帝君觉世宝训》等也很有名。《太上感应篇》以道教因果报应论开篇,提出"福祸无门,唯人自招;善恶之报,如影随形"的总纲,告诫人们天地间有各种神灵在监视和考校众人的行为,若多行善事,则"天道佑之,福禄随之,众邪远之,神灵卫之,所作必成,神仙可冀",若多行不义,则"刑祸随之,吉庆避之,恶星灾之,算尽则死",并列举了二十余条善行,一百多条恶行作为标准,劝告人们"诸恶莫作,众善奉行"。功过格也是道教劝善书的一种形式,它将人们日常的行为按善恶标准分为功和过两大类,通过记分赋值的形式来考校人的行为。道教的功过格首创于金代大定年间又玄子撰著的《太微仙君功过格》。该书计有功格三十六条,分为救济、教典、焚修、用事四门,囊括了教内教外的各种贡献和善行,又列出了过律三十九条,有不仁、不善、不义、不轨四门。该书根据功过的轻重订立了记功和记过的数值,每天有功则记功,有过则记过,月末将功过相比较,或以功折过,或以过除功,到年底再做一次大的比较,这样可以"自知罪福,不必问乎休咎","依此行持,远恶迁善,诚为真诚,去仙不远矣"。不论是劝善书还是功过格,除了宗教内容外,所提倡的大都是封建的伦理道德和日常的行为规范。其实在儒家和佛教中,也有宣传伦理思想和教义的通行读物,但是在对民间的影响上,它们都不能与更加通俗简易和更为贴近民众生活的道教劝善书相比。南宋理学家真德秀在《太上感应篇序》中曾把其中的原因说得很清楚,他说像儒家的《大学章句》、《小学字训》和佛教的《金刚经注》等书,都被不断地翻刻流传,"然《大小学》可以诲学者而不可以语凡民;《金刚》秘密之旨又非利根宿慧者不能悟而解也。顾此篇指陈善恶之报,明白痛切,可以扶正道,启发良心,……庶几家传此方,人挟此剂,足以起迷俗之膏肓,非小补也。"道教劝善书和功过格依恃"善恶报应"理论,所规定的都是日常生活中的具体伦常和行为准则,形式上也十分简明通俗,所谓"愚夫愚妇,易知易行",深入到民情民俗之中,在民间具有广泛的影响。历代统治者也非常重视发挥道教劝善书对下层民众的伦理教化作用。如《太上感应篇》问世后,南宋理宗为其刊本题词:"诸恶莫做,众善奉行",名儒大臣纷纷为之作序;明清两代的皇室和官府都曾大量翻刻流传该书,不少著名学者为其作注,更是推动了它在社会上的普及。

二、自然的探求与古代的科学技术

以宗教神秘主义来概括道教的基本特征而忽视其中所包含的复杂因素,曾经是中西方道教研究的基本倾向。李约瑟在他的巨著《中国科学技术史》中批评欧洲学术界对道家(实际上也包括道教)思想的误解,他说:"必须指出的是,由于这样或那样的原因,道家思想曾几乎完全被大多数欧洲翻译者和作家误解了。道教被人们所忽视,道家方术被视为迷信而被一笔勾销;道家哲学被说成是纯粹的宗教神秘主义和宗教诗歌。道家思想中属于科学和'原始'科学的一面,在很大程度上被忽略了,而道家的政治地位则更加是这样。……说道家思想是宗教的和诗意的,诚然不错;但它至少也同样强烈地是方术的、科学的、民主的,并且在政治上是革命的。"①对于中国学术界来说,诚然不会将道家思想完全归入宗教神秘主义而一笔抹杀,但对道教研究来说,这种倾向却曾经占有主导地位。虽然出于审慎,我们不能大胆地从道教中也得出"民主的"甚至是"革命的"判断,然而根据道教与道家的血脉联系以及道教历史发展的事实,我们应该肯定在道教中也具有"属于科学和'原始'科学的一面",也具有"科学"的因素。我们试图用"宗教迷狂下的自然探求"来对这些方面和因素所表现出的一般特征加以概括,并且我们通过考察可以看到,道教思想家正是这种自然探索的实践者和推动者。道教思想家对自然的探索实践,促使道教对传统文化诸多领域特别是科学技术方面的创造产生了重要的影响。

李约瑟的《中国科学技术史》第二卷,主要讨论了中国科学思想史和科技发展的思想背景,他在该卷导言中指出:"道家对自然界的推究和洞察完全可与亚里士多德以前的希腊思想相媲美,而且成为整个中国科学

---

① 李约瑟:《中国科学技术史》第二卷,科学出版社、上海古籍出版社 1990 年版,第 36—37 页。

的基础。"①在该卷的《道家与道家思想》一章的结论部分,他又说:"正如我们在以上分析中所看到的,道家哲学虽然含有政治集体主义、宗教神秘主义以及个人修炼成仙的各种因素,但它却发展了科学态度的许多最重要的特点,因而对中国科学史是有着头等重要性的。此外,道家又根据他们的原理而行动,由此之故,东亚的化学、矿物学、植物学、动物学和药物学都起源于道家。"②上述所谓的"道家",无疑包括我们通常所说的道家和道教。事实上,李约瑟十分清楚作为哲学的道家和强调修仙的道教之间"似乎存在着一种矛盾",但他很快对这种令人惊奇之处做出了解释:"可以毫不迟疑地说,它是由于道家的双重起源所致,即道家是以神秘自然主义的隐士哲学家为一方,和以部族的萨满术士为另一方之间的奇异的结合。"③这种解释自然有其合理之处,却也令人感到缺乏思想史的具体考察,不过认真区分道家和道教并非李约瑟所关注的问题。李约瑟所关注的是,"道家"凭借什么能够对中国古代科技发展产生影响,它何以能够成为中国古代科学的基础。在前面的引文中,其实已经告诉了我们他的结论,这就是"对自然界的推究和洞察"以及"发展了科学态度的许多最重要的特点"。如果说导言部分"对自然界的推究和洞察",既是对道家而言也是对道教所说,那么在《道家与道家思想》一章,所谓的"发展了科学态度的许多最重要的特点"却主要是通过考察道家哲学和思想而来的。这些科学态度"最重要的特点"包括:强调自然界的统一性和自发性;深刻地意识到变化和转化的普遍性;在观察自然过程中所具有的排除一切先验的特别是伦理观念干扰的科学观察心理等。这些特点,在道家身上的确有鲜明的表现。虽然道教也有"对自然界的推究和洞察",但明显的不同是,道教对自然的探求实际上被宗教目的论所决定,而且它对自然的观察也并非能够排除一切先验观念和主观情感的干扰。这正是我们将道教"对自然界的推究和洞察"称之为"宗教迷狂下的

---

① 李约瑟:《中国科学技术史》第二卷,科学出版社、上海古籍出版社 1990 年版,第 1 页。
② 同上,第 175 页。
③ 同上,第 154 页。

自然探求"的基本原因。

也许我们还能够从道教中找到"强调自然界的统一性和自发性"以及"深刻地意识到变化和转化的普遍性"这样一些类似的特征,来说明道教具有"属于科学和'原始'科学的一面",也具有"科学"的因素,但是我们更愿意强调的是李约瑟这样的判断:"科学与方术在早期是不分的。道家哲学家由于强调自然界,在适当的时候就必然要从单纯的观察转移到实验上来。后面我们将研究在炼丹术这一纯道家的原始科学的历史中的初始情况。而且医学和药物学的开端也都和道家思想有密切联系。不过,当观察一旦转移到实验(其实这不过是改变了条件并再进行观察),这就迈出了决定性的一步,使他跳出了封建贵族哲学以及后来的官僚者的狭窄的文化圈子,因为实验必须包含手工操作。"①的确,科学与迷信、方术相混杂是东西方科学发展在初始阶段的一般特征,这也正是对道教中具有科学因素加以肯定的基本依据。从对自然界的观察转向包含手工操作的实验,被李约瑟看成是道家诞生原始科学的关键,这实际上准确地描述了作为哲学学派的道家与以炼养成仙为旨要的道教在对待自然的态度上的不同,也揭示了道教中能够出现科学因素的重要原因,这就是对外在的自然物和内部的人体这两个自然对象的观察和实验。李约瑟认为这种具有重要意义的由观察到实验的转移,是因为道家思想家"由于强调自然"而在"适当的时候就必然"要产生。我们同意无论是观察还是实验都具有"强调自然"的思想背景,但需要明确和补充的是,由观察到实验的转移是由道教寻求得道成仙、长生不死的宗教实践所推动,正是在这种充满着宗教迷狂的对自然、生命的探求和方术实验中,才生长出科学和技术的幼苗。

如前所述,道教的修炼方术主要有服食和内炼两大类。道教服食的丹药,大体有草木和金石两种,其中以由金石类矿物质烧炼而成的外丹为主。道教为了炮制和烧炼丹药,必须对各种植物和矿物质的性质加以

---

① 李约瑟:《中国科学技术史》第二卷,科学出版社、上海古籍出版社1990年版,第36页。

考察和实验,这一工作实际上已经涉及到原始的植物学、矿物学、化学、药物学以及冶金学等内容。道教的内炼术,有守一、守静等修真之术,有服气、导引等炼气之法,还有辟谷、按摩、房中等多种养生方术,这些也都广泛涉及到传统的医学和卫生学。下面,我们以道教的炼丹术和医药养生学为例,简要评述道教及道教思想家对中国古代科技发展的影响和贡献。

中国古代的炼丹术产生于道教之前,秦汉时期的方仙道就曾尝试用丹砂(硫化汞 HgS)点化合成伪黄金"药金"(铜合金)来制造饮食器具而益寿。《史记·封禅书》记载,方士李少君对汉武帝说:"祠灶则致物,致物而丹砂可化为黄金,黄金成以为饮食器则益寿,益寿而海中蓬莱仙者可见"。东汉黄老道方士以服食还丹(丹砂)、金液为升仙之要,认为服食之后人体就能像丹砂和黄金一样百变不消、不朽不坏。道教创立前后,张陵、阴长生、左慈、魏伯阳都研习炼丹术。魏伯阳所著的《周易参同契》,以汉代易学为理论基础,试图为外丹术建立一个理论框架,五代道士彭晓说:"(魏)公撰《参同契》者,谓修丹与天地造化同途,故托易象而论之"(《周易参同契分章通真义序》),指出《参同契》在说明炼丹的鼎器、方位、药物、火候、时辰、变化等方面,都用《周易》的卦爻辞义来表述。《周易参同契》因其根据对自然界统一性和变化规律在当时所能够达到的认识水平和理论模型来概括炼丹术,建立起了一个炼丹术的理论框架,对当时以及后世的道教丹鼎派影响很大,《四库全书总目》说:"后来言炉火者,皆以是书为鼻祖。"

李约瑟在概括中国古代炼丹术的发展时说:"它经过早在四世纪的葛洪(284—364)的系统化,以及经过五世纪的陶弘景(456—536)和七世纪的孙思邈(581—682)这些人的扩充,必不可免地形成了中国早期化学史的基础。"[①]炼丹术作为道教修仙的主要方术之一,千百年来被无数的

---

① 李约瑟:《东西历史中所见之炼丹思想与化学药物》,《李约瑟文集》,辽宁科学技术出版社 1986 年版,第 698 页。

道教徒所探索和实验,如仅唐代就有陈少微、刘道和、柳泌、赵归真、孟要甫、郭虚舟、金陵子、沈知言等炼丹家,甚至内丹家苏元朗、张果等人也兼炼外丹。李约瑟所举的葛洪、陶弘景、孙思邈三位道教思想家,正是他们中间最重要的人物。葛洪把金丹黄白之术视为修仙的第一要道,提出"假外物以自坚"的外丹理论,使炼丹术被彻底地纳入道教的方术体系,从此获得了不断发展的生命力。在《抱朴子内篇》的《金丹》、《黄白》篇里,葛洪系统地总结了晋代以前的炼丹成就,记载引述了大量的古代丹经,并具体介绍诸多炼丹药物和炼丹的方法。他还亲身投入炼丹实践,观察和总结了部分矿物质的化学性质和相互之间的化学反应,提供了许多原始实验化学的可靠史料。与葛洪一样,陶弘景也把服食丹药作为修炼的重要方法。他从事炼丹活动长达 20 年之久,曾献丹于梁武帝,并在炼丹经验的基础上写成多种炼丹著作,如《合丹药诸法式节度》、《集金丹黄白方》、《太清诸丹集要》、《炼化杂术》等。由于陶弘景的上述炼丹著作全部亡佚,现在很难对他的炼丹成就作出充分的评价,仅从他的《本草集注》来看,就收有无机类药物 67 种,在叙述这些药物的性能、制作中,间接地透露出他本人和前人的一些炼丹经验,如有关"丹砂"、"水银"的性能和制法、铅及其化合物的性质、铜与铁的置换反应、用火焰法鉴别消石(硝酸钾)真假的方法等。唐代道教炼丹术呈现兴盛之势,丹药烧炼除了传统的金砂派之外,还有以铅汞为主要烧炼药物的铅汞派和用硫磺、水银合炼的硫汞派。孙思邈是唐代金砂派的代表,著有《太清丹经要诀》、《黄帝神灶经》、《烧炼秘诀》等丹书,他在将服食丹药和医疗养生相结合方面有很大的贡献。

关于道教炼丹术中积累的化学知识和取得的科技成就,我们参考金正耀先生的归纳以及相关资料[1],并结合道教思想家的贡献做如下概括介绍。

---

[1] 参见金正耀《外丹黄白术》一文之"外丹黄白术的实践和化学成就",收于牟钟鉴等主编的《道教通论——兼论道家学说》,齐鲁书社 1991 年版。

一是有关物质和化合物的化学反应知识。如丹砂和汞的有关化学反应。葛洪《抱朴子·金丹》有"丹砂烧之成水银,积变又成丹砂"的说法,这是对丹砂的化学性质的正确概括。丹砂(硫化汞 HgS)开放加热,产生二氧化硫(SO_2)气体和水银(Hg);将硫(S)和水银(Hg)加热作用,生成黑色的硫化汞(HgS),如封闭加热,可升华为赤红色晶体硫化汞即丹砂。用硫和汞化合成丹砂的方法,在唐代已经达到定量反应的水平。《太清石壁记》"太一小还丹方"记载化合丹砂用"水银一斤,石硫磺五两",初唐孙思邈《太清丹经要诀》"造小还丹法"已进一步精确到"水银一斤,石硫磺四两",到了盛唐炼丹家陈少微,又改进到"水银一斤,石硫磺三两",非常接近用原子量测算的硫化汞(丹砂)中汞硫比例的理论值。道教炼丹家对铅和砷化合物的有关化学反应也进行了实验和探索,如孙思邈在《太清丹经要诀》中所收的"造赤雪流朱丹法"实际上是还原雄黄为单质砷,而西方直到 13 世纪才由德国罗马教修道会学者、炼金术士大阿尔伯特(Albertus Magnus)从化合物中分离出单质砷。

二是有关矿物学知识和冶金方面的技术。中国古代关于矿物的认识,很多出于炼丹术士的记载,其中对于炼丹的主要药料丹砂、铅及四黄八石等,记载尤为详细。葛洪在《抱朴子·金丹》中所涉及的矿物质就有铜青、丹砂、水银、雄黄、戎盐、赤石旨、滑石、胡粉、赤盐、曾青、慈石、雌黄、石流黄、黄铜、珊瑚、云母、铅丹等二十余种。陶弘景在《名医别录》中曾记述云母砂、马齿砂、豆砂等不同品质的丹砂的性状和产地。在采矿和冶金方面,汉魏之际的炼丹家狐刚子撰有《出金矿图录》一卷,其基本内容由《黄帝九鼎神丹经谈》卷九录存,专述金银矿的开采,并详细记载了几种金银矿石的冶炼方法及详细的工艺过程,其中的"作炼锡灰胚炉法",就是众所周知的"吹灰法"冶炼贵金属的原始形式。水法炼铜是冶金史上的一项重大发明,一般认为,成熟水法炼铜工艺应用于生产起于宋代,是将铁放在胆矾的溶液中,使胆矾中的铜离子被铁取代而成为单质铜沉淀下来。但据专家研究,唐代以来已有小规模的水法炼铜生产,其中就有炼丹家的贡献。

三是火药的发明。传统火药最主要的成分是作为氧化剂的硝石,其次是硫和木炭成分。炼丹术中常用硝石与三黄(硫、雄、雌黄)等为炼丹原料,易发生剧烈燃烧或爆炸,导致了火药的诞生。葛洪在《抱朴子·仙药》中记载了炼饵雄黄之方,其中用硝石、玄胴肠(猪大肠)、松脂与雄黄合炼。玄胴肠和松脂加热炭化后即相当于木炭成分,雄黄含硫,这一配方与黑火药配方几乎完全相当。李约瑟在《火药和火器的史诗》一文中,提到孙思邈用硫、硝研磨混合再加入植物皂角子以烧炼药物的实验,他指出:"当孙思邈要制硫酸钾时,他却在世界上首先错制成一种先是起火,而后是爆炸的混合物。"①9世纪中叶成书的《真元妙道要略》中记载:"有以硫磺、雄黄合硝石并蜜烧之,焰起,烧手面及烬屋舍者。"李约瑟评论说:"这是任何文化中关于含硫、硝和碳源的爆炸或爆炸混合物即原始火药的最早文献。"②火药的发明是道教炼丹家对世界科技所做出的最重要的贡献。

服食草木类药物和内炼也是道教修炼方术的主要内容,道教在探索和实践这些修炼方术的过程中广泛地涉及到了医药和养生。在道教史上,许多著名的道教人物同时又是名医,如张陵、张角、葛洪、陶弘景、孙思邈等,他们对传统的医学、本草学和养生学都有很大的贡献。葛洪在《抱朴子·杂应》中指出:"古之为道者,莫不兼修医术,以救近祸焉。"他认为,道士如果不兼通医术,"疾病及己,无以攻疗,乃更不如凡人之专汤药者",不仅不能长生成仙,还将连自身性命也难保。葛洪主张医学应着眼于下层百姓,医药医术必须经济适用,简便易行。他曾介绍自己的医学著作的特点:"余所撰百卷,名曰《玉函方》,皆分别病名,以类相续,不相杂错,其《救卒》叁卷,皆单行径易,约而易验,篱陌之间顾眄皆药,众急之病,无不毕备,家有此方,可不用医。"(《抱朴子·杂应》)葛洪所撰写的《肘后备急方》,内容包括急性传染病,各脏腑慢性病,外科、儿科、眼科和

---

①② 李约瑟:《火药与火器的史诗》,《李约瑟文集》,辽宁科学技术出版社1986年版,第569页。

六畜病的治疗法,对各种疾病的起源、病状均有叙述,特别是有关天花病和结核性传染病的记载,是医学史上现存的最早的文献记录。陶弘景在葛洪《肘后备急方》的基础上,"采集补阙凡一百一首(三卷)"而成《补阙肘后百一方》。在《补阙肘后百一方》中,陶弘景将道家和道教关于气的学说用于病因病理的分析,把疾病的原因归之为邪气、恶气、毒疠之气,这是对传统的六气(风、寒、暑、湿、燥、火)致病说的发展;他还提出了内疾、外发、他犯三种疾病分类法,这对传统的将疾病按生理系统分为脏腑、经络、气血、津液的分类法是一个突破。陶弘景的《补阙肘后百一方》还总结了上述三类疾病的急救法,重视对症状的描述和鉴别症状的客观指标的观察,标志着南北朝时期道教临床医学水平的提高。孙思邈是唐代著名的道教学者、炼丹家,也是中国历史上最卓越的医学家。孙思邈的医学代表作是《备急千金要方》,他总结了唐以前特别是东汉以来的许多医论、医方、用药、针灸,兼及服饵、食疗、导引、按摩等养生内容,记载了他自己的临床经验和采集的民间单方,全书计232门,合方、论5300余首,是我国医药学发展中具有代表性的巨著。孙思邈特别重视医家的医德医范,强调"大医精诚"、"大医习业",他在《千金要方·序》中说:"人命至重,有贵千金,一方济之,德逾于此,故以为名也",要求把人的生命价值放在医家考虑的首位。孙思邈在临床实践上,不但精于内科而且长于妇产科、小儿科、外科,还具有相当高的针灸技术和渊博的药物学知识,并提倡饮食疗法。他在《千金要方》中首创"复方",打破了所谓"非此方不能治此病,非此药不能成此方"的传统,或一病而立数方,或一方而治数病,使药方更为经济简便,以切合庶民百姓的需要。

道教学者对传统的药学特别是本草学也有突出的贡献。葛洪的《肘后备急方》所用药物约有350种,其中植物药230种,动物药70种,矿物和其他药50种。他在《抱朴子·仙药》篇中,也列举了许多本草药物,并详细叙述了它们的形态特征、生活习性、主要产地、入药部分以及主治范围,为后世的本草学著作所大量引用。陶弘景在系统整理《神农本草经》和全面总结六朝以前药学经验的基础上写出了《本草经集注》,书中分药物为玉石、草木、虫、兽、果、菜、米食等七类,首创按药物性质分类的药物分类法,后来唐代的《新修本草》和明代李时珍的《本草纲目》的分类法,都是在这基础上发展起来的。该书还记述了各种药物的名称、来源、产地、性状、鉴别、功用、炮制、保管等,具有很高的医药学和文献学价值。孙思邈的《千金要方》和《千金翼方》在本草学上也颇具价值,特别是《千金翼方》保存了已经佚失的《唐本草》的大部分内容,记载了唐代除京畿、黔中两道外其他各道所产药物计519种,显得弥足珍贵。

道教对中国传统养生学的贡献是传统文化其他各家所不能比拟的。葛洪强调养生之道应"以不伤为本",认为"凡言伤者,亦不便觉也,谓久则损寿耳"(《抱朴子·极言》),主张养生要注重日常的预防和调养。他在养生方术上特别重视行气和房中,认为通过行气可以吐故纳新,调节体内元气的新陈代谢,房中之术能够平衡阴阳,补救伤损,增年益寿。陶弘景也是养生学的大师,著有《养性延命录》,主张养神和炼形并重。在养神方面要"游心虚静,息虑无为",清心寡欲,节制情感;在炼形上,应"饮食有节、起居有度",再辅以行气、导引、房中等方术,可达到养生益寿的目的。孙思邈在养生学上也取得了较高的成就,"孙氏的养生学成就高于他的前辈葛洪、陶弘景之处,就在于他自觉地将养生学与预防医学结合起来,并贯彻在内外科杂症的各个方面。"[1]他继承《内经》"治未病"的思想,指出:"上医医未病之病,中医医欲病之病,下医医已病之病。"(《千金要方序例·诊候第四》)强调预防医学对保健养生的重要性。他还视养性为"养生之大旨",他所谓的养性,就是修养道德,培养善性,认为人如果能做到"道德日全",就能"不祈善而有福,不求寿而自延"。这种将养生与道德修养结合的思想非常具有特色。

李约瑟认为,"道家"所体现的科学态度以及对东亚的化学、矿物学、植物学、动物学和药物学起源的贡献,同古希腊的苏格拉底和伊璧鸠鲁派的科学哲学家有很多相似之处,他又感叹"道家":"可惜他们未能对实

---

[1] 卿希泰主编:《中国道教史》第二卷,四川人民出版社1996年版,第316页。

验方法达到任何明确的定义,或把他们对自然界的观察加以系统化。他们是如此之迷恋经验主义,如此之有感于自然界的无限复杂性,又如此之缺乏亚里士多德对事物分类的胆略,以致当他们同时代的墨家和名家力求创造一套适合于科学的逻辑时,他们却完全没有参与。他们也没有体会到有制作一部适宜的科技名词全书的需要。"① 前面已经指出,"道家"对于李约瑟,在说明对自然的观察具有科学态度时,通常是指作为思想学派的道家,而在说明手工操作的实验时,基本上是指道教。我们认为,道教迷恋于经验主义而又在实验方法上缺乏科学的归纳分类和严格的定量、定性分析,以及对科学逻辑的漠不关心,与中国古代的大的文化传统有关,更与道教的宗教特质关系密切。道教对长生不死宗教目标的追求,既促使自己积极地探索自然,从事各种方术实验,从而为中国古代科学技术的创造和发展做出贡献,但这种宗教目标,也制约了道教思想家在科学方面的探索以及道教内部具有现代意义的科学因素的生长。

---

① 李约瑟:《中国科学技术史》第二卷,科学出版社、上海古籍出版社1990年版,第175—176页。

结语：道家道教的现代意义与价值

思想家长期的理论创造与实践，使道家道教成为中国传统思想文化有机的重要组成部分。在漫长的发展过程中，道家道教也成为推动中国传统文化不断向前演进和发展的重要力量。近代以来，道家道教既面临中西文化碰撞和古今文化冲突带来的挑战，同时也在交流和冲突中表现出世界性的文化影响力，展现出其独特的现代价值和魅力。

道家道教的现代意义与价值，首先体现为其开放包容的文化心态和寻求对话的文化态度对于当代文化建设的意义和作用。

正如我们在前面所讨论的那样，在中国传统思想文化中，道家因其所具有的客观、理性、开放、包容等品格，在继承上古文化、整合传统文化、融通外来文化等方面，都做出了自己的贡献。而道教的理论创造和宗教实践，既保存和承继了我国古代的某些传统信仰和文化因素，又以积极开放的姿态，与传统文化的其他各家——特别是儒家和佛教——展开对话与交流，推动了传统文化的演进，奠定了传统文化的基本格局。可以说，开放包容的文化心态和寻求对话的文化态度正是道家和道教的基本品格。

1990年代，美国哈佛大学教授亨廷顿提出"文明冲突"理论，认为随着冷战的结束，人们对国家的认同和忠诚正在转向对文明的认同和忠诚,文明间冲突将成为世界和平的最大威胁。近二十余年来国际政治的演变,特别是因民族问题、宗教信仰矛盾所引发的世界局部范围的动荡,也使得人们意识到"文明冲突"带来的挑战。倡导"文明对话"成为理论上的主导性选择。中国传统的道家和道教在处理不同思想与文化矛盾过程中所表现出的开放包容的心态和寻求对话的态度,适足以为解决所谓的"文明冲突"提供借鉴和帮助。

科技的发展和科学理性的昌明大大改变了近代以来人类社会的基本图景。对于现代人来说,由于科学日益占据人类文化的中心地位,日常的生活世界和传统的价值世界都发生了深刻的变化。科技进步给世界带来繁荣,也带来诸多灾难性后果,如生态危机、资源枯竭、人与自然关系的日益紧张。经济发展使人类越来越紧密地联系在一起,却无法解决文化和精神的危机,如不同文化之间的对立加剧,终极价值的失落以及人与自身、人与人之间关系的疏离等等。面对挑战,越来越多的有识之士开始把目光投向东方,从道家和道教中寻求文化对策和解决危机的智慧。

无论是道家还是道教,对于世界都具有一种整全性思考。这种思考从自然无为之"道"的超越立场出发,对价值世界、物质世界和生活世界作出整体性的观照,寻求人的精神、客观的物质技术性存在和生活的统一性,以此实现对人以及人所身处的世界的关怀。这样一种整全性的智慧关照,可以为现代人类克服与自然的对立以及人与自身存在的疏离提供借鉴。

当代人类价值世界所面临的最大危机实际上是价值的虚无化。后现代思潮对传统的理性、同一性进行了解构,其批判实际上是对传统价值作为一种宰制性力量(权利)的批判。但在解构之后还是要面临寻找人类价值依归的问题。道家之"道"作为一种"自己而然"的价值导引,敞开了人类精神的自由空间而又不归于虚无幻灭,提升了人的精神境界而又不疏离人的现实生活。这种虚而不无、自由活泼的精神品格可以为当代人类价值危机的解决提供新的智慧源泉。在我们看来,道家思想的意义还在于,它很早就依据自然主义的理念,预见到了物质化技艺的过度发展带来的灾难性后果,并通过深刻的反思指示出人与自然协和的生态智慧。这在当代无疑具有重要的价值和意义。对于人类来说,生活世界是价值世界和科学世界的出发点和归宿点。价值世界意义追求的主体间理解和认同,只有在生活世界中才能得以实现,而科学理性作为一种工具理性的运用,其利弊成败也需要生活世界的判断和检验。道家在体道、行道过程中所表现出的超世而不离世、顺化而不随俗的独特品格,道教在宗教形式下对现实世界和现实生命的关怀以及来自民间又广泛地影响民间生活,是关注生活世界并与生活世界积极互动的良好范例。经过深入发掘和创造性转化,传统道家道教思想家的理论创造和实践将会发挥更大的影响,给人类带来更丰富的价值和意义。

主要参考文献

朱熹:《四书章句集注》,中华书局1983年版。
吕不韦:《吕氏春秋》,四库全书本。
王通:《中说》,四库全书本。
啖助、赵匡、陆质:《春秋集传纂例》,丛书集成初编本。
陆质:《春秋微旨》,丛书集成初编本。
陆质:《春秋集传辨疑》,丛书集成初编本。
刘禹锡:《刘宾客文集》,四库全书本。
白居易:《白居易集》,顾学颉点校,中华书局1979年版。
陈子昂:《陈子昂集》,徐鹏校,中华书局上海编辑所1960年版。
陈子昂:《陈子昂诗注》,彭庆生注释,四川人民出版社1981年版。
刘知几:《史通通释》,浦起龙释,上海古籍出版社1978年版。
韩愈:《韩愈校诠》,童第德校诠,中华书局1986年版。
陆贽:《陆宣公集》,刘泽民校点,浙江古籍出版社1988年版。
骆宾王:《骆宾王文集》,中华书局1986年影印版。
骆宾王:《骆临海集笺注》,陈熙晋笺注,上海古籍出版社1985年版。
李世民:《唐太宗集》,吴云、冀宇校注,陕西人民出版社1986年版。
严可均辑:《全隋文》,商务印书馆1999年版。
董诰等编:《全唐文》,上海古籍出版社1990年版。
吴钢主编:《全唐文补遗》第一、二辑,三秦出版社1994、1995年版。
王溥:《唐会要》,四库全书本。
吕温:《吕衡州集》,四库全书本。
韩愈:《韩昌黎全集》,中国书店1994年版。

朱熹:《昌黎先生集考异》,上海古籍出版社1985年影印本。
柳宗元:《柳河东全集》,中国书店1991年版。
柳宗元:《柳河东集》,上海人民出版社1974年版。
柳宗元:《柳河东全集》,中国书店1991年影印版。
章士钊:《柳文指要》,中华书局1971年版。
刘禹锡:《刘宾客文集》,陕西人民出版社1974年版。
刘禹锡:《刘禹锡集》,中华书局1990年版。
刘禹锡:《刘禹锡集笺证》,瞿蜕园笺证,上海古籍出版社1989年版。
朱熹:《朱文公文集》,四部备要中华书局本。
林慎思:《续孟子》《伸蒙子》,四库全书本。
罗隐:《谗书》,丛书集成初编本。
皮日休:《鹿门子》,丛书集成初编本。
皮日休:《文薮》,四库全书本。
皮日休:《皮子文薮》,萧涤非整理,中华书局上海编辑所1959年版。
皮日休:《皮日休诗文选注》,申宝昆选注,上海古籍出版社1991年版。
皮日休、陆龟蒙:《松陵集》,四库全书本。
谭峭:《化书》,丛书集成初编本。
陆贽:《翰苑集》,四库全书本。
权德舆:《权文公集》,四库全书本。
皇甫湜:《皇甫持正集》,四库全书本。
欧阳詹:《欧阳行周文集》,四库全书本。
刘昫等:《旧唐书》,中华书局1975年版。
欧阳修、宋祁等:《新唐书》,中华书局1975年版。
杜佑:《通典》,四库全书本。
郑樵:《通志》,四库全书本。
马端临:《文献通考》,四库全书本。
司马光:《资治通鉴》,四库全书本。
王溥:《唐会要》,四库全书本。
周敦颐:《周濂溪集》,中华书局1985年版。
周敦颐:《周子全书》,万有文库本,商务印书馆1937年版。
张载:《张子正蒙》,上海古籍出版社2000年版。
朱熹:《朱子语类》,中华书局1986年版。
陆九渊:《陆九渊集》,中华书局1980年版。
王阳明:《王阳明全集》,上海古籍出版社1992年版。
黄宗羲:《明儒学案》,中华书局1985年版。
王夫之:《尚书引义》,中华书局1976年版。

颜元:《颜元集》,中华书局1987年版。
戴震:《戴震全书》,黄山书社1995年版。
戴震:《戴震集》,上海古籍出版社1980年版。
李贽:《藏书》,中华书局1959年版。
李贽:《焚书》,中华书局1975年版。
章学诚:《文史通义校注》,中华书局1994年版。

李申:《中国儒教史》,上海人民出版社1999年版。
任继愈主编:《中国哲学发展史》(隋唐卷),人民出版社1998年版。
范文澜:《中国通史》,人民出版社1978年版。
白寿彝主编:《中国通史》第六卷,上海人民出版社2000年版。
匡亚明:《孔子评传》,南京大学出版社1995年版。
冯友兰:《中国哲学史》,中华书局1992年版。
钱穆:《中国文化史导论》(修订本),商务印书馆1998年版。
徐复观:《学术与政治之间》,台湾学生书局1985年版。
吴光主编:《中华人文精神新论》,上海古籍出版社1998年版。
杨泽波:《孟子评传》,南京大学出版社1998年版。
陈来:《古代宗教与伦理——儒家思想的根源》,三联书店1996年版。
陈来:《陈来自选集》,广西师范大学出版社1997年版。
胡适:《胡适日记全编》,曹伯言整理,安徽教育出版社2001年版。
荆门市博物馆:《郭店楚墓竹简》,文物出版社1998年版。
[德]卡尔·雅斯贝斯:《历史的起源与目标》,魏楚雄、俞新天译,华夏出版社1989年版。
陈寅恪:《金明馆丛稿初编》,上海古籍出版社1988年版。
陈寅恪:《金明馆丛稿二编》,上海古籍出版社1988年版。
余英时:《现代儒学论》,上海人民出版社1998年版。
萧萐父、许苏民:《明清启蒙学术流变》,辽宁教育出版社1995年版。
姜义华主编:《胡适学术文集》,中华书局1991年版。
[意]利玛窦,[比]金尼阁:《利玛窦中国札记》,何高济、王遵仲、李申译,中华书局1983年版。
陈登原:《国史旧闻》,中华书局1980年版。
王国维:《王国维遗书》,上海古籍出版社1983年版。
杨向奎:《宗周社会与礼乐文明》,人民出版社1992年版。
谢谦:《中国古代宗教与礼乐文化》,四川人民出版社1996年版。
包弼德:《斯文:唐宋思想的转型》,刘宁译,江苏人民出版社2001年版。
葛晓音:《汉唐文学的嬗变》,北京大学出版社1990年版。

葛晓音:《诗国高潮与盛唐文化》,北京大学出版社 1998 年版。
邓小军:《唐代文学的文化精神》,台湾文津出版社 1993 年版。
[日]平野显照:《唐代文学与佛教》,张桐生译,台湾华宇出版社 1986 年版。
张跃:《唐代后期儒学》,上海人民出版社 1997 年版。
查屏球:《唐学与唐诗:中晚唐诗风的一种文化考察》,商务印书馆 2000 年版。
刘蔚华、赵宗正主编:《中国儒家学术思想史》,山东教育出版社 1996 年版。
陈寅恪:《唐代政治史述论稿》,上海古籍出版社 1999 年版。
陈寅恪:《隋唐制度渊源略论稿》,中华书局 1977 年版。
尹协理、魏明:《王通论》,中国社会科学出版社 1984 年版。
卞孝萱、卞敏:《刘禹锡评传》,南京大学出版社 1996 年版。
孙昌武:《柳宗元评传》,南京大学出版社 1998 年版。
孙昌武:《柳宗元传论》,人民文学出版社 1982 年版。
孙昌武:《唐代古文运动通论》,百花文艺出版社 1984 年版。
许凌云:《刘知几评传》,南京大学出版社 1994 年版。
卞孝萱、张清华、阎崎:《韩愈评传》,南京大学出版社 1998 年版。
徐洪兴:《思想的转型——理学的发生过程研究》,上海人民出版社 1996 年版。
张清华:《韩学研究》,江苏教育出版社 1998 年版。
刘国盈:《韩愈评传》,北京师范学院出版社 1991 年版。
池万兴、刘怀荣:《梦逝难寻——唐代文人心态史》,河北教育出版社 2001 年版。
张岂之主编:《中国思想史》,西北大学出版社 1996 年版。
朱刚:《唐宋四大家的道论与文学》,东方出版社 1997 年版。
罗香林:《唐代文化史研究》,上海书店 1992 年版。
孟二冬:《中唐诗歌之开拓与新变》,北京大学出版社 1998 年版。
吴相洲:《中唐诗文新变》,台湾商鼎出版社 1996 年版。
尚定:《走向盛唐》,中国社会科学出版社 1994 年版。
郭绍林:《唐代士大夫与佛教》,河南大学出版社 1987 年版。
程方平:《隋唐五代的儒学》,云南教育出版社 1991 年版。
张国刚:《唐代政治制度研究论集》,台湾文津出版社 1994 年版。
杜晓勤:《初盛唐诗歌的文化阐释》,东方出版社 1997 年版。
胡如雷:《隋唐政治史论集》,河北教育出版社 1997 年版。
周予同:《群经概论》,民国丛书本,上海书店 1990 年影印版。
吕思勉:《先秦学术概论》,东方出版中心 1985 年版。

《大正新修大藏经》,台湾新文丰出版社 1996 年影印版。
《卍续藏经》,台湾新文丰出版社 1983 年影印版。
慧皎:《高僧传》,汤用彤校注,中华书局 1992 年版。

赞宁：《宋高僧传》，范祥雍点校，中华书局1987年版。
僧祐：《出三藏记集》，苏晋仁、萧炼子点校，中华书局1995年版。
惠能：《坛经》(敦煌本)，《中国佛教思想资料选编》第二卷第四册，石峻、楼宇烈等主编，中华书局1983年版。
杨曾文校：《敦煌新本〈六祖坛经〉》，上海古籍出版社1993年版。
杨曾文编集：《神会和尚禅话录》，中华书局1996年版。
颐藏主编集：《古尊宿语录》，萧箑父、吕有祥点校，中华书局1994年版。
普济集：《五灯会元》，苏渊雷点校，中华书局1984年版。
金陵刻经处编：《藏要》，上海书店1991年影印版。

汤用彤：《汉魏两晋南北朝佛教史》，中华书局1983年版。
汤用彤：《隋唐佛教史稿》，中华书局1983年版。
吕澂：《印度佛学源流略讲》，上海人民出版社1979年版。
吕澂：《中国佛学源流略讲》，中华书局1979年版。
吕澂：《吕澂佛学论著选集》，齐鲁书社1990年版。
任继愈主编：《中国佛教史》，中国社会科学出版社1981、1985、1988年版。
刘培育主编：《虞愚文集》，甘肃人民出版社1995年版。
方立天：《佛教哲学》(修订本)，中国人民大学出版社1990年版。
方立天：《法藏》，台湾东大图书出版公司1991年版。
杜继文、魏道儒：《中国禅宗通史》，江苏古籍出版社1993年版。
杨曾文：《唐五代禅宗史》，中国社会科学出版社1999年版。
赖永海：《中国佛性论》，上海人民出版社1988年版。
赖永海：《湛然》，台湾东大图书出版公司1992年版。
洪修平：《禅宗思想的形成与发展》，江苏古籍出版社1992年版。
洪修平、吴永和：《禅学与玄学》，浙江人民出版社1992年版。
洪修平、孙亦平：《惠能评传》，南京大学出版社1998年版。
洪修平：《中国禅学思想史纲》，南京大学出版社1994年版。
葛兆光：《中国禅思想史——从6世纪到9世纪》，北京大学出版社1995年版。
潘桂明：《智颉评传》，南京大学出版社1996年版。
沈剑英：《因明学研究》，中国大百科全书出版社1985年版。
姚卫群：《佛教般若思想发展源流》，北京大学出版社1996年版。
陈英善：《天台缘起中道实相论》，台湾东初出版社1995年版。
魏道儒：《中国华严宗通史》，江苏古籍出版社1998年版。
印顺：《中国禅宗史》，台湾慧口讲堂1978年版。
印顺：《如来藏之研究》，台湾正闻出版社1981年版。
印顺：《印度佛教思想史》，台湾正闻出版社1988年版。

印顺:《妙云集》,台湾正闻出版社1992年版。
霍韬晦:《绝对与圆融》,台湾东大图书出版公司1986年版。
马定波:《中国佛教心性说之研究》,台湾正中书局1980年版。
释恒清:《佛性思想》,台湾东大图书出版公司1997年版。
廖明活:《嘉祥吉藏学说》,台湾学生书局1985年版。
杨惠南:《吉藏》,台湾东大图书出版公司1989年版。
许抗生:《僧肇评传》,南京大学出版社1998年版。
班班多杰:《藏传佛教思想史纲》,三联书店上海分店1992年版。
王尧、褚俊杰:《宗喀巴评传》,南京大学出版社1995年版。

黄钊主编:《道家思想史纲》,湖南师范大学出版社1991年版。
高亨:《老子正诂》,中国书店1988年版。
崔大华:《庄学研究》,人民出版社1992年版。
刘绍瑾:《庄子与中国美学》,广东高等教育出版社1989年版。
宗白华:《美学散步》,上海人民出版社1981年版。
白奚:《稷下学研究》,三联书店1998年版。
丁原明:《黄老学论纲》,山东大学出版社1997年版。
蒙文通:《古史甄微》,《蒙文通文集》第一卷,巴蜀书社1987年版。
王云度:《刘安评传》,南京大学出版社1997年版。
汤用彤:《魏晋玄学论稿》,《中国现代学术经典·汤用彤卷》,河北教育出版社1996年版。
王晓毅:《中国文化的清流》,中国社会科学出版社1991年版。
王晓毅:《王弼评传》,南京大学出版社1997年版。
高晨阳:《阮籍评传》,南京大学出版社1994年版。
鲁迅:《鲁迅全集》,人民文学出版社2005年版。
黑格尔:《哲学史讲演录》第一卷,商务印书馆1959年版。
张岱年:《张岱年文集》第一卷、第二卷,清华大学出版社1989、1990年版。
卿希泰主编:《中国道教史》第一、二、三、四卷,四川人民出版社1988、1992、1993、1996年版。
卿希泰主编:《中国道教》第一、二、三、四卷,知识出版社1994年版。
卿希泰主编:《道教与中国传统文化》,福建人民出版社1990年版。
李养正:《道教概说》,中华书局1989年版。
李养正主编:《当代道教》,东方出版社2000年版。
牟钟鉴等主编:《道教通论——兼论道家学说》,齐鲁书社1993年版。
胡孚琛:《道学通论》,社会科学文献出版社1991年版。
何建明:《道家思想的历史转折》,华中师范大学出版社1997年版。

卢国龙:《道教哲学》,华夏出版社1997年版。
卢国龙:《中国重玄学》,人民中国出版社1993年版。
孙亦平:《杜光庭评传》,南京大学出版社2005年版。
孙亦平:《杜光庭思想与唐宋道教的转型》,南京大学出版社2004年版。
李约瑟:《中国科学技术史》第二卷,科学出版社、上海古籍出版社1990年版。
李约瑟:《李约瑟文集》,辽宁科学技术出版社1986年版。
董光璧:《当代新道家》,华夏出版社1991年版。
叶朗:《中国美学史大纲》,上海人民出版社1985年版。
郭沫若:《沫若文集》第十二卷,人民文学出版社1959年版。
[法]安娜·塞德尔:《西方道教研究史》,蒋见元、刘凌译,上海古籍出版社2000年版。

Taoism under the T'ang. Religion & Empire during the Golden Age of Chinese History, by T. H. Barrett, London: The Wellsweep Press, 1996

Religion and Society in T'ang and Sung China, ed. Patricia Ebrey and Peter Gregory, Honolulu: university of Hawaii Press 1993.